# 取引の相手方と金融実務

[改訂版]

吉原 省三 監修

一般社団法人 金融財政事情研究会

## 改訂にあたって

　本書は、平成14年10月に刊行された「取引の相手方と金融実務」の改訂新版である。旧版が刊行されてから10年が経過したわけであるが、その間、金融機関を取り巻く情勢の変化には、著しいものがある。

　この点法制度の上でも、会社更生法（15年施行）、破産法（17年施行）、会社法（18年施行）が全面改正されて新法となり、法人制度について新たに一般社団財団法、公益社団財団法（20年施行）が制定されて、これに伴い民法の一部が削除されると共に、関係する諸法律の改正が行われている。また、LLP（有限責任事業組合法　17年施行）など、新しい取引主体も現れている。一方外国人については21年に入管法が改正されて中長期在留者には在留カードが交付されることとなり（24年施行）、外国人登録法は廃止となっている。また、金融機関に関係の深い本人確認については、14年制定の本人確認法が廃止されて、19年制定の犯罪収益移転防止法の一部となっている（20年施行）。そこで、これらの変化に対応するために、旧版を全面的に改訂することとしたものである。

　本書は、それぞれの設問について結論を要約して述べると共に、その結論について解説するという形式をとっている。そして、第1章が総論に相当し、第2章以下が各論に相当する。そのため解説に重複する部分があるので、本書の利用に当たっては、関連する項目についても参照していただきたい。また、具体的な取引の対応については、それぞれの金融機関において事務手続がきまっているはずであり、本書とは一致しない場合があるかとも思われる。その場合は、それぞれの事務手続に従って結構であり、本書は原則を説明したものと理解していただきたい。

　以上のようなわけで、本書が利用される方々のよい参考となることを願うと共に、執筆して下さった方々に、深く感謝申し上げる次第である。

平成24年12月

弁護士　吉　原　省　三

## 改訂版 監修者・執筆・校閲・企画協力者一覧

【監修者】
吉原　省三（吉原特許法律事務所・弁護士）

【執筆・校閲・企画協力者】（50音順）

五十嵐裕美子（西村あさひ法律事務所・弁護士）
井川　正行（三菱東京UFJ銀行）
伊藤　邦彦（三井住友銀行）
井ノ上真人（三井住友銀行）
今出　尚孝（三井住友銀行・弁護士）
小倉　慎一（虎門中央法律事務所・弁護士）
尾瀬　香菜（三菱東京UFJ銀行・弁護士）
絹山　慶花（三菱東京UFJ銀行）
木村健太郎（三井住友銀行・弁護士）
佐久間　亨（三井住友信託銀行）
笹川　豪介（三井住友信託銀行・弁護士）
佐田　崇雄（三菱東京UFJ銀行）
佐藤　英之（三菱東京UFJ銀行・弁護士）
佐藤　亮（虎門中央法律事務所・弁護士）
澤　重信（國學院大學兼任講師）
髙橋　泰史（虎門中央法律事務所・弁護士）
髙橋　由紀（三井住友銀行・弁護士）
武井　一彦（三井住友信託銀行）
竹田　和寛（三井住友銀行）
辻井　健（三井住友銀行・弁護士）
常本　由佳（三井住友銀行）
堂園　昇平（三井住友信託銀行）
中村　弘明（三菱東京UFJ銀行）
西川　育江（三井住友銀行）
長谷川　卓（三井住友銀行）
長谷川俊明（長谷川俊明法律事務所・弁護士）
八田　剛（三菱東京UFJ銀行・弁護士）
早坂　文高（三井住友信託銀行）
林田健太郎（虎門中央法律事務所・弁護士）
藤﨑　毅（三菱東京UFJ銀行・弁護士）
藤原　彰吾（みずほ銀行）
本多　知則（三井住友銀行・弁護士）
真船　秀郎（三井住友信託銀行）
水口　大弥（三菱東京UFJ銀行）
水野　貴博（三井住友銀行・弁護士）
峯崎　二郎（前 中京大学法科大学院教授）

村田　慧（三菱東京UFJ銀行・
　　　　　弁護士）

望月　崇司（虎門中央法律事務所・
　　　　　弁護士）

森下　哲朗（上智大学法科大学院
　　　　　教授）

守屋　章浩（三井住友銀行・弁護士）

箭内　隆道（虎門中央法律事務所・
　　　　　弁護士）

山崎　哲央（虎門中央法律事務所・
　　　　　弁護士）

山下　実紀（三井住友信託銀行・
　　　　　弁護士）

は　し　が　き

　ここ２、３年来、成年後見制度の新設、銀行取引約定書ひな型の廃止、民事再生法の成立・改正、改正商法の施行、私的整理ガイドラインの発表、中間法人法の施行、本人確認法の制定等、ダイナミックな制度変革により、金融機関実務を取り巻く諸状況は未曾有の規模で変貌を遂げようとしている。当然に、金融機関の取引先との取引形態・方法もいままで以上に複雑・精緻なものになり、実務に携わる者にとって、取引開始時の諸手続や債権管理・回収に必要な行為をする場合等、あらゆるケースにあたって、齟齬なく対応していくことはますます困難を極めるようになってきている。
　そこで、本書は、金融機関の取引先との関連で起こりうる諸問題を、基礎知識、自然人（個人）との取引、株式会社との取引、合名会社・合資会社との取引、有限会社との取引、その他の法人との取引、権利能力なき社団との取引、地方公共団体・地方公営企業との取引、法的整理・内整理の9章に分けて、一問一答形式で、詳細かつ平易に解説した。さらに、巻末には、「各種取引先の法的性格と代表者の資格一覧表」を掲載するとともに、必要となる書式例を随時盛り込むことで、取引先との間で発生する諸問題を的確かつ遅滞なく処理していくための工夫を施している。
　近時、本書ほどこの種の問題の実務対応について網羅的かつ詳細に取り上げ、しかもコンパクトにまとめあげた実務書は他に類がなく、取引先とその変動に関してどのようなケースに対してもほとんど対応できるのではないかと考えている。金融実務に携わる方はもとより、取引先の一般企業職員や弁護士等にも読んでいただきたい一冊である。
　終りになったが、業務多忙のなか、まげてご執筆いただいた方々には心から感謝申し上げる次第である。

　　　平成14年8月

　　　　　　　　　　　　　　　　　　　　　　　　　石　井　眞　司

## 初版　監修者・執筆者一覧

**【監修者】**

石井　眞司（みずほ銀行法務部顧問・弁護士）

**【執筆者】**

| | |
|---|---|
| 明瀬　雅彦（北陸銀行） | 今井　和男（弁護士） |
| 井上　博史（都市銀行） | 大友　啓生（都市銀行） |
| 加地伊和男（住友信託銀行） | 片岡　雅（住友信託銀行） |
| 小西　一郎（弁護士） | 佐伯　聡（都市銀行） |
| 澤　重信（東京スター銀行） | 玉上　信明（住友信託銀行） |
| 堂園　昇平（住友信託銀行） | 遠山　浩之（都市銀行） |
| 永田　義博（ディーシーカード） | 中原　利明（都市銀行） |
| 中村　弘明（都市銀行） | 南雲　洋史（都市銀行） |
| 長谷川俊明（弁護士） | 秦　光昭（前横浜国立大学） |
| 早坂　文高（住友信託銀行） | 三上　徹（三井住友銀行） |
| 峯崎　二郎（都市銀行） | 森下　哲朗（上智大学） |
| 箭内　隆道（弁護士） | 吉岡　伸一（UFJ総合研究所） |
| 両部　美勝（UFJ銀行） | |

# 凡　例

## 1．法令等の略記について

かっこ内で引用・参照する法令は、下記のように略記しました。

| | | |
|---|---|---|
| 一般社団財団法人法 | ⇨ | 一般社団法人及び一般財団法人に関する法律 |
| 会更法 | ⇨ | 会社更生法 |
| 外為法 | ⇨ | 外国為替及び外国貿易法 |
| 公益法人認定法 | ⇨ | 公益社団法人及び公益財団法人の認定等に関する法律 |
| 後見登記法 | ⇨ | 後見登記等に関する法律 |
| 財政援助制限法 | ⇨ | 法人に対する政府の財政援助の制限に関する法律 |
| 産活法 | ⇨ | 産業活力の再生及び産業活動の革新に関する特別措置法 |
| 商登法 | ⇨ | 商業登記法 |
| 商登規則 | ⇨ | 商業登記規則 |
| 整備法 | ⇨ | 会社法の施行に伴う関係法律の整備等に関する法律 |
| 組織的犯罪処罰法 | ⇨ | 組織的な犯罪の処罰及び犯罪収益の規制等に関する法律 |
| 独禁法 | ⇨ | 私的独占の禁止及び公正取引の確保に関する法律 |
| 入管法 | ⇨ | 出入国管理及び難民認定法 |
| 任意後見契約法 | ⇨ | 任意後見契約に関する法律 |
| 犯罪収益移転防止法 | ⇨ | 犯罪による収益の移転防止に関する法律 |
| 非訟法 | ⇨ | 非訟事件手続法 |
| 民再法 | ⇨ | 民事再生法 |
| 民再規則 | ⇨ | 民事再生規則 |
| 民執法 | ⇨ | 民事執行法 |
| 民執規則 | ⇨ | 民事執行規則 |
| 民訴法 | ⇨ | 民事訴訟法 |

## 2．判決（決定）の表記の仕方について

かっこ内で引用、参照する判決は、

(1) たとえば最高裁判所平成3年3月22日判決 を 最判平3.3.22
東京高等裁判所平成11年1月27日判決 を 東京高判平11.1.27
名古屋地方裁判所昭和61年9月8日判決 を 名古屋地判昭61.9.8

のように略記しました。
(2) 言渡裁判所の略記（判決は…判と、決定は…決と表示）
　　大　判　⇨　大審院判決
　　最　判　⇨　最高裁判所判決
　　最大判　⇨　最高裁判所大法廷判決
　　高　判　⇨　高等裁判所判決
　　地　判　⇨　地方裁判所判決
　　家　審　⇨　家庭裁判所審判

3．主な判例集、法律雑誌の略称
　　判決（決定）の本文が引用等されている判例集、法律雑誌等は、次のような略称を用いました。
　　民　録　⇨　大審院民事判決録
　　民　集　⇨　大審院民事判例集、最高裁判所民事判例集
　　高民集　⇨　高等裁判所民事判例集
　　下民集　⇨　下級裁判所民事判例集
　　家　月　⇨　家庭裁判所月報
　　金　法　⇨　金融法務事情（金融財政事情研究会）
　　判　時　⇨　判例時報（判例時報社）
　　判　タ　⇨　判例タイムズ（判例タイムズ社）
　　金　商　⇨　金融・商事判例（経済法令研究会）

# 目　次

## 第1章　金融機関における本人確認

第1節　犯罪収益移転防止法等 ……………………………………… 2
　1　本人確認はなぜ行うのか ……………………………………… 2
　2　犯罪収益移転防止法では、本人確認についてどのような定めがあるか ……………………………………………………………… 4
　3　本人確認を行うべき対象となる自然人に該当する先はだれか ……… 6
　4　犯罪収益移転防止法に定める本人確認方法には、どのようなものがあるか ………………………………………………………… 8
　5　本人確認のための確認書類について、注意すべき点は何か ……… 11
　6　印鑑登録証明書、戸籍謄（抄）本、住民票写しとは何か ……… 13
　7　本人限定受取郵便とはどのようなものか ……………………… 15
　8　本人確認の記録として、犯罪収益移転防止法が求める事項、保存方法はどのようなものがあるか ……………………………… 17
　9　犯罪収益移転防止法の定める罰則には、どのようなものがあるか ……………………………………………………………………… 18
　10　個人取引先の本人確認をするにはどうしたらよいか ………… 20
　11　法人取引先の本人確認をするにはどうしたらよいか ………… 23
第2節　自然人および確認資料 ……………………………………… 26
　12　取引先の行為能力の確認はどうするか ……………………… 26
　13　法定後見制度とはどのようなものか ………………………… 28
　14　成年後見登記制度とはどのようなものか …………………… 30
　15　任意後見制度とはどのようなものか ………………………… 32
　16　代理人と取引を行う場合、どのようなことに注意すべきか … 33
　17　いわゆる署名の代理は許されるか …………………………… 35

### 第3節　法人および確認資料 ······················································· 37
- 18　商業登記はどのようにみるか ················································ 37
- 19　どのような場合に利益相反行為となるか ································ 38
- 20　特別代理人の選任手続はどうすればよいか ··························· 40
- 21　法人と役員との利益相反行為に該当する場合にはどうするか ······· 42
- 22　本店が登記簿上の場所と異なる場合には、どう対応すべきか ······· 44
- 23　法人の代表者が通称を使用する場合には、どのような注意をすればよいか ············ 46
- 24　取引先（株式会社）の代表者が更迭されたときは、どのように処理するか ············· 48

# 第2章　個人との取引

### 第1節　取引の開始 ································································· 52
- 25　制限行為能力者と取引を行う場合、どのようなことに注意すべきか ············ 52
- 26　高齢者と取引を行う場合、どのようなことに注意すべきか ············· 54
- 27　2人以上の者から連名の預金口座開設の申出があった場合、どうすればよいか ·········· 55
- 28　未成年者と取引をする場合には、どのような注意をすべきか ········· 57
- 29　後見開始の審判を受けた者と取引する場合には、どのような注意をすべきか ··········· 60
- 30　保佐開始の審判を受けた者と取引をする場合には、どのような注意をすべきか ·········· 61
- 31　補助開始の審判を受けた者と取引をするには、どのような注意をすべきか ············ 63
- 32　成年後見監督人、保佐監督人、補助監督人が選任された場合には、どのような注意をすべきか ············ 66
- 33　任意後見契約を締結している者と取引をするには、どのような注意をすべきか ············ 68

| | | |
|---|---|---|
| | 34 | 精神保健及び精神障害者福祉に関する法律に基づく保護者からの取引申出があった場合、どのような注意をすべきか ……… 70 |
| | 35 | 病人と取引する場合には、どのような注意をすればよいか ……… 72 |
| | 36 | 通称、雅号による取引には、どのような注意をすればよいか ……… 73 |
| | 37 | 商号（屋号）付の個人と取引する場合は、どのような手続を行い、何に注意するか ……… 74 |
| | 38 | 営業性個人が法人成りする場合には、どのような注意をすればよいか ……… 75 |
| | 39 | 連名で貸出取引をする場合には、どのような注意をすればよいか ……… 77 |

第2節　代理人との取引 ……… 80

| | | |
|---|---|---|
| | 40 | 代理人と取引する場合、どのようなことに注意するか ……… 80 |
| | 41 | 代理人の行為についての本人の追認手続をどうするか ……… 83 |
| | 42 | 実印または届出印による取引は表見代理が成立するか ……… 85 |
| | 43 | 配偶者による取引、いつも来る使者との取引には表見代理が成立するか ……… 88 |
| | 44 | 代理人届にはどのような効果があるか ……… 90 |
| | 45 | 代理人届と委任状とはどう違うか ……… 91 |
| | 46 | 法定代理人との利益相反取引とは、どのような場合か。また、どのように対応するか ……… 93 |

第3節　取引先の死亡・相続 ……… 97

| | | |
|---|---|---|
| | 47 | 死亡、行方不明と継続的取引の関係（権利・義務・委任契約・代理権） ……… 97 |
| | 48 | 不在者財産管理人と取引する場合は、どのような注意をすればよいか ……… 100 |
| | 49 | 金融機関が本人の死亡を知らないで代理人との間で行った取引の効果はどうか ……… 102 |
| | 50 | 行方不明の者に対する意思表示はどのようにするか ……… 103 |
| | 51 | 取引先が死亡し相続人が数人いる場合の債権債務の帰属関係はどうなるか ……… 106 |

- 52 積極財産と消極財産を債権者に不利なかたちで相続させる内容の遺言・遺贈・遺産分割協議があった場合、どうすればよいか ……… 109
- 53 相続人の1人または全員が相続を放棄した場合、相続人が不存在である場合の注意点は何か ……………………………………… 111
- 54 相続人が限定承認した場合の注意点は何か ……………………… 114
- 55 担保提供者の死亡後は、どのように対応すればよいか ………… 117
- 56 保証人死亡後は、どのように対応すればよいか ………………… 120
- 57 遺言執行者と取引する場合には、どのような注意をすればよいか ……………………………………………………………………… 122

### 第4節 外国人との取引 ……………………………………………… 125

- 58 外国人と取引する場合はどのような点に注意し、どのような書類を徴求するか ………………………………………………………… 125
- 59 外国人の権利能力が制限される場合には、どのようなものがあるか …………………………………………………………………… 127
- 60 外国人制限行為能力者と取引する場合、どのような点に注意するか …………………………………………………………………… 128
- 61 外為法上の居住者と非居住者の区別はどこにあるか …………… 130
- 62 外国人が死亡した場合、どのような点に注意すべきか ………… 131
- 63 取引先の韓国人、中国人が死亡した場合、どのような点に注意すべきか ……………………………………………………………… 132

## 第3章 法人との取引

### 第1節 基礎知識 ……………………………………………………… 136

- 64 成立前の会社との取引はどのような点に注意すべきか ………… 136
- 65 金融機関は株式会社と取引をする場合に、どのような機関を相手方とすべきか ………………………………………………………… 139
- 66 定款に記載されている「会社の目的の範囲」はどのように解釈するか ……………………………………………………………… 145

第2節　代表取締役との取引 …………………………………… 148
　　67　代表取締役と取引する場合、代表権の有無はどのように確認す
　　　　ればよいか ……………………………………………………… 148
　　68　未登記代表取締役と取引を行った場合、その効果はどうなるか…… 149
　　69　代表取締役死亡後、取締役の定数を欠いた場合はどうすべきか…… 151
　　70　会社が行った行為が、利益相反取引として無効となる場合には、
　　　　どのような事例があるか ……………………………………… 154
　　71　会社は代表権のない専務、常務、支店長の行為について責任を
　　　　負うか（表見代表取締役）……………………………………… 158
　　72　後任未選出のまま代表取締役が退任した場合の取引の相手方は
　　　　だれか …………………………………………………………… 161
　第3節　会社との取引 …………………………………………………… 163
　　73　株式会社と取引するには、どのような注意をすればよいか …… 163
　　74　設立中の会社と取引するには、どのような注意をすればよいか …… 169
　　75　特例有限会社と取引するには、どのような注意をすればよいか …… 172
　　76　合名会社と取引するには、どのような注意をすればよいか ……… 175
　　77　合資会社と取引するには、どのような注意をすればよいか ……… 178
　　78　合同会社と取引をするには、どのような注意をすればよいか …… 180
　　79　外国会社と取引するには、どのような注意をすればよいか ……… 182
　　80　相互会社と取引するには、どのような注意をすればよいか ……… 185
　　81　持株会社と取引するには、どのような注意をすればよいか ……… 186
　　82　休眠会社と取引するには、どのような注意をすればよいか ……… 188
　　83　金融商品取引法の登録が必要な取引相手と取引する場合には、
　　　　どのような注意をすればよいか ……………………………… 189
　　84　割賦販売法上の届出が必要な取引相手と取引する場合、どのよ
　　　　うな注意をすればよいか ……………………………………… 193
　　85　貸金業者と取引するには、どのような注意をすればよいか ……… 197
　　86　第三セクターとの取引では、どのような注意をすればよいか …… 200
　第4節　各種法人との取引 ……………………………………………… 204
　　87　非営利法人（公益法人）制度はどのように改正されたか ………… 204

| 88 | 一般社団法人・一般財団法人と取引するには、どのような注意をすればよいか | 207 |
|---|---|---|
| 89 | 公益社団法人・公益財団法人と取引するには、どのような注意をすればよいか | 210 |
| 90 | NPO法人と取引する場合、どのような注意をすればよいか | 213 |
| 91 | NGO法人と取引する場合、どのような注意をすればよいか | 215 |
| 92 | 医療法人と取引をする場合、どのような点に注意して手続をするか | 217 |
| 93 | 学校法人と取引をする場合、どのような点に注意して手続をするか | 220 |
| 94 | 国立大学法人と取引するには、どのような注意をすればよいか | 223 |
| 95 | 社会福祉法人と取引をする場合、どのような点に注意して手続をするか | 225 |
| 96 | 宗教法人と取引をする場合、どのような点に注意して手続をするか | 227 |
| 97 | 中小企業等協同組合と取引するには、どのような注意をすればよいか | 230 |
| 98 | 農業協同組合と取引するには、どのような注意をすればよいか | 233 |
| 99 | 消費生活協同組合と取引するには、どのような注意をすればよいか | 236 |
| 100 | 水産業協同組合と取引するには、どのような注意をすればよいか | 239 |
| 101 | 労働組合と取引するには、どのような注意をすればよいか | 242 |
| 102 | 健康保険組合と取引するには、どのような注意をすればよいか | 244 |
| 103 | 町内会等地縁団体と預金取引をする場合、どのような注意をすればよいか | 246 |
| 104 | 監査法人と取引するには、どのような注意をすればよいか | 248 |
| 105 | 会計事務所との取引では、どのような注意をすればよいか | 250 |
| 106 | 弁護士法人と取引するには、どのような注意をすればよいか | 251 |
| 107 | 法律事務所との取引では、どのような注意をすればよいか | 254 |

108 税理士法人と取引するには、どのような注意をすればよいか………255
109 税理士事務所と取引するには、どのような注意をすればよいか……257
110 司法書士法人と取引するには、どのような注意をすればよいか……258
111 司法書士事務所と取引するには、どのような注意をすればよいか……260
112 特許（弁理士）事務所や特許業務法人と取引するには、どのような注意をすればよいか………261
113 マンション管理組合（マンション管理組合法人）と取引するには、どのような注意をすればよいか………263
114 権利能力なき社団と取引するには、どのような注意をすればよいか………265
115 「……会　代表○○○○」等、権利能力なき社団とは認められない団体との取引を行う場合は、どのような注意をすればよいか……270
116 民法上の組合と取引するには、どのような注意をすればよいか……273
117 商法上の匿名組合と取引するには、どのような注意をすればよいか………276
118 土地改良区と取引する場合、どのような注意をすればよいか………278
119 土地区画整理組合と取引を行う場合、どのような注意をすればよいか………281
120 公社と取引を行う場合、どのような注意をすればよいか……283
121 独立行政法人との取引においては、どのような注意をすればよいか………285
122 地方独立行政法人との取引においては、どのような注意をすればよいか………288
123 建設業の共同企業体（JV）と取引するには、どのような注意をすればよいか………290
124 特定目的会社と取引するには、どのような注意をすればよいか……292
125 有限責任事業組合（LLP）と取引するには、どのような注意をすればよいか………295
126 投資事業有限責任組合（LPS）と取引するには、どのような注意

をすればよいか ............................................................................ 298
 127 投信法に基づく投資法人と取引するには、どのような注意をすればよいか ............................................................................ 301
 128 限定責任信託と取引するには、どのような注意をすればよいか ..... 303
第5節 支店、出張所、支社との取引 ................................................ 307
 129 支店、出張所、支社との取引では、どのような注意をすればよいか ............................................................................ 307
 130 支店人との取引では、どのような注意をすればよいか ............... 310
 131 部長、課長等と取引する場合には、どのような注意をすればよいか ............................................................................ 313
第6節 解散、通常清算 ........................................................................ 316
 132 清算法人と取引を行う場合、どのような注意をすればよいか ....... 316
 133 会社が解散した場合、どのような書類を徴求するか ................... 319
 134 清算会社と取引する場合、どのような手続を行うか ................... 321
 135 清算人の代表権限はどこまであるか ................................................ 323
 136 清算手続完了前に清算人が死亡・行方不明になった場合、どのような手続をするか ............................................................................ 327
 137 清算結了の確認手続は何をするか .................................................... 329
 138 清算結了後、清算人から徴求すべき書類が必要となった場合、どのような手続をするか ............................................................................ 330
 139 債権者に知らせず清算結了の登記がなされていた場合、債権者はどうすればよいか ............................................................................ 331
第7節 合併、会社の分割、組織変更 ................................................ 333
 140 株式会社の合併はどのようなものか ................................................ 333
 141 会社の新設分割と吸収分割とはどのようなものか ....................... 337
 142 会社分割の場合、債権者はどのようなことに注意して対応するか ............................................................................ 341
 143 事業譲渡とは何か。取引先が事業譲渡を行ったときに、債権者はどのようなことに留意して対応するか ............................................................................ 345

## 第8節 外国法人との取引 ……………………………………… 349
- 144 外国法人の能力は制限されるか ………………………… 349
- 145 外国法人の代表者については、どのような確認手続をするか …… 351

## 第9節 地方公共団体・地方公営企業 ……………………… 355
- 146 地方公共団体と地方公営企業とはどう違うか ………… 355
- 147 地方公共団体と金融機関取引を行う場合、どのような注意をすればよいか …… 357
- 148 地方公営企業と金融機関取引を行う場合、どのような注意をすればよいか …… 362
- 149 取引はだれとすべきか ……………………………………… 363
- 150 会計管理者との取引で留意すべきことは何か ………… 366
- 151 特別地方公共団体とは何か。また、代表者はだれか …… 368

# 第4章 法的整理等

## 第1節 事業再生手続を利用する場合の取引 …………… 374
- 152 取引先が事業再生ADR手続を利用している場合、どのような注意をすればよいか …… 374
- 153 取引先がRCC企業再生スキームを活用している場合、どのような注意をすればよいか …… 377

## 第2節 取引先が民事再生になった場合の取引 ………… 380
- 154 民事再生手続上の機関の種類と役割および代表者の権限はどうなっているか …… 380
- 155 民事再生債務者との取引はだれとすればよいか。また、その確認方法はどうすべきか …… 382
- 156 民事再生債務者の行為を制限することができるか …… 384
- 157 民事再生法による保全処分・要許可事項を知らずになした行為は、どの程度効力があるか …… 386

## 第3節 取引先が会社更生になった場合の取引 ………… 388
- 158 会社更生手続とはどういうことか ……………………… 388

- 159 更生手続開始の申立て以後、代表取締役との取引はどうしたらよいか……391
- 160 保全管理人が選任された場合の取引はどうなるか……393
- 161 監督委員が選任された場合、取引をするうえで注意することは何か……395
- 162 保全管理命令・監督命令のあったことを知らずになした取引には、どのような効力があるか……396
- 163 更生手続開始後はだれと取引をすることになるか……398
- 164 裁判所の許可を要する管財人との取引では何に注意すべきか……399
- 165 更生計画認可後の会社と取引する場合、何に注意するか……401

## 第4節 取引先が破産手続開始決定を受けた場合の取引……403

- 166 保全処分決定後はだれと取引をすることになるか……403
- 167 破産手続開始決定後はだれと取引をすることになるか……405
- 168 破産手続終結の確認手続はどのように行うか……407
- 169 復権者と取引する場合、どのようなことに注意するか……408

## 第5節 取引先が特別清算になった場合の取引……411

- 170 特別清算における清算人の義務と裁判所の権限はどうなっているか……411
- 171 清算ないし特別清算に入った会社と取引する場合、どうすればよいか……413
- 172 特別清算手続開始後の清算株式会社と取引する場合、どのような制約を受けるか……415
- 173 保全処分のあった場合の特別清算株式会社との取引を行う際に、どのようなことに注意するか……418
- 174 保全処分を知らずになした第三者との取引には、どのような効力があるか……419

## 第5章　民事介入暴力への対応

175　全国銀行協会における反社会的勢力排除の取組みはどうなっているか ……………………………………………………………… 422
176　反社会的勢力か否かの確認はどのようにすればよいか ……… 424
177　反社会的勢力が取引を求めてきた場合、どのように対処すべきか ……………………………………………………………… 425
178　取引を開始してしまった場合、どのように対処すべきか …… 428

〔資料〕　各種取引先の法的性格と代表者の資格一覧表 …………… 432

# 第1章
## 金融機関における本人確認

## 第1節 犯罪収益移転防止法等

### 1 本人確認はなぜ行うのか

**結論**

犯罪収益移転防止法により、金融機関には、預金契約の締結等、所定の取引を行う場合には、顧客の本人確認を行うことが義務づけられている。

また、外為法でも送金取引等、一定の取引を行う場合に顧客の本人確認を行うことが義務づけられている。

なお、上記の法令上の要請以前に、そもそも金融取引に係る契約が有効に成立するためには、取引名義人が実在し、その権利能力と行為能力に問題がないことが前提であり、本人確認は金融取引の基礎をなすものである。

**解説**

1　犯罪収益移転防止法に基づく本人確認義務

「犯罪による収益の移転防止に関する法律」（以下「犯罪収益移転防止法」という）とは、金融機関等の特定事業者が、所定の取引（特定取引）を行う場合には、顧客の本人特定事項を確認しなければならないことを定めた法律である。

従来、金融機関においては、自身の経済的損失のリスク回避はもとより、マネーローンダリング防止のため、大蔵省（当時）の要請に基づき、全国銀行協会ガイドラインに従った一定の本人確認や、「組織的な犯罪の処罰及び犯罪収益の規制等に関する法律」（以下「組織的犯罪処罰法」という）による疑わしい取引の届出が行われてきた。

しかし、平成13年の米国同時多発テロ発生を契機として、マネーローンダリングの防止に加え、国際的にテロ資金を捕捉する必要性が高まり「公衆等脅迫目的の犯罪行為のための資金の提供等の処罰に関する法律」の施行およ

び組織的犯罪処罰法の改正が行われ、平成15年1月6日に「金融機関等による顧客等の本人確認等及び預金口座等の不正な利用の防止に関する法律」（以下「本人確認法」という）が施行され、金融機関に対し法律上の本人確認義務が課された。

その後、本人確認法は平成16年と平成19年の改正を経て、平成20年3月に本人確認法および組織的犯罪処罰法を置き換えるかたちで、金融機関のみならず、ファイナンスリース業者、クレジットカード業者、宅地建物取引業者、司法書士、行政書士等についても本人確認義務を義務づける犯罪収益移転防止法が施行されるに至った。

なお、マネーローンダリングに関する国際的な要請をふまえ、同法は平成23年4月に改正され、新たに追加的な取引時確認事項を求める改正法は平成25年4月1日の施行が予定されている。

同法において、金融機関は、①預金契約や貸金契約等の締結を行う場合、②200万円を超える現金等の取引（現金振込等の為替取引は10万円を超える取引）等、所定の取引（特定取引）を行う場合には、顧客の本人特定事項を確認しなければならないこととされている（犯罪収益移転防止法4条、同法施行令8条）。

同法により銀行が行う本人確認は、法律上の義務であるため、顧客が本人確認に応じない場合には、これに応じるまで金融機関は取引に係る義務の履行を拒むことができる旨の定めが置かれている（同法5条）。

## 2 外為法に基づく本人確認義務

また、外国為替取引等、対外取引に関する各種管理・規制を定める「外国為替及び外国貿易法」（以下「外為法」という）においても、本邦から外国へ向けた支払または非居住者との間でする支払等（顧客が非居住者である場合を除く）に係る一定額以上の為替取引等、所定の取引を行う場合は本人確認が義務づけられている（外為法18条1項、22条の2、22条の3）。

外為法においても、犯罪収益移転防止法と同様、顧客が本人確認に応じない場合には、これに応じるまで金融機関は取引に係る義務の履行を拒むことができる旨の定めが置かれている（同法18条の2）。

### 3 金融取引の基礎

なお、上記の法令上の要請以前に、そもそも金融取引に係る契約が有効に成立するためには、取引名義人が実在し、その権利能力と行為能力に問題がないことが前提であり、本人確認は金融取引の基礎をなすものである。特に、与信取引を行う際、本人確認を怠り、架空名義取引やなりすまし取引等が発生すると債権回収に著しく支障をきたすので注意する必要がある。また、投資信託やデリバティブ取引等、いわゆるリスク性金融商品の取引を行う際は、説明義務・適合性の原則の観点からも本人確認を含む顧客の属性の確認はきわめて重要である。

## 2 犯罪収益移転防止法では、本人確認についてどのような定めがあるか

**結　論**

犯罪による収益の移転防止を図るために、預金契約や貸金契約等の締結および200万円を超える現金等の取引（現金振込等の為替取引は10万円を超える取引）等、所定の取引（特定取引）を行う場合には、所定の方法による本人確認と、確認内容、取引内容の記録の作成・保存が義務づけられている。また、法令の不遵守に対しては是正命令が出され、命令違反に対しては罰則が課される。

**解　説**

### 1 犯罪収益移転防止法の目的

犯罪収益移転防止法に基づく本人確認の具体的な方法は、「犯罪による収益の移転防止に関する法律施行令」（以下「施行令」という）および「犯罪による収益の移転防止に関する法律施行規則」（以下「施行規則」という）に詳細な定めが置かれている。犯罪収益移転防止法制定の目的は、同法１条に定めるとおり、犯罪による収益の移転防止を図り、あわせてテロリズムに対する資金供与に関する国際的な要請への対応を確保することにあり、犯罪による収益の移転に利用されるおそれのある事業者（特定事業者）が適正な顧客

管理措置を講じることによって、犯罪行為を牽制する効果をねらうものである。このため、金融機関等の特定事業者に対し、所定の取引（特定取引）について、顧客の本人確認と確認記録の作成、取引記録の作成および記録の保存に関し、詳細かつ厳格な義務を課している。

## 2　本人確認についての定め
### (1)　本人確認義務

金融機関は、預金契約や貸金契約等の締結および200万円を超える現金等の取引（現金振込等の為替取引は10万円を超える取引）等、所定の取引（特定取引）を行う場合には、運転免許証の提示を受ける方法等、所定の方法により、顧客の本人特定事項の確認を行わなければならないとされている（同法4条、施行令8条）。本人特定事項とは、自然人（個人）の場合は氏名・住居・生年月日、法人の場合は名称・本店（または主たる事務所）の所在地である（同法4条）。顧客が法人である場合のほか、顧客と実際に取引を担当する個人が異なる場合は、顧客の本人確認に加え、実際に取引を担当する個人の本人確認を行わなければならず（同条2項）、顧客が国、地公体、人格のない社団または財団等である場合には、実際に取引を担当する個人を顧客とみなして本人確認を行わなければならない（同条3項）ので注意が必要である。

この本人確認義務の実効をあげるために、顧客が本人確認に応じない場合には、これに応じるまで金融機関は取引に係る義務の履行を拒むことができる旨の定めが置かれている（同法5条）。

なお、平成25年4月1日施行の改正法においては、新たに追加的な取引時確認事項として、①取引を行う目的、②自然人については職業、法人については事業の内容、④法人の事業内容を実質的に支配することが可能となる関係にある者がある場合にあってはその者の本人特定事項の確認が必要になる。さらに、なりすましの疑いがある取引、本人確認事項を偽っていた疑いがある顧客との取引、一定の国・地域に係る取引等で200万円を超える取引に関しては、厳格な顧客管理を行う必要性が特に高いと認められる取引として、資産および収入の状況の確認も必要になる。

(2) 記録の作成・保存義務、罰則等

　本人確認を行った場合は、直ちに所定の方法により、本人特定事項等の必要項目を記載した「本人確認記録」を作成して、契約終了後7年間保存することとされている（同法6条、施行規則9～11条）。また、当該顧客との取引に関しても必要項目を記載した「取引記録」を作成し、取引後7年間保存することとされている（同法7条、施行規則12～14条）。これらは犯罪行為捜査時に資金トレースができるようにデータの整備を義務づけているものである。所轄行政庁には、必要な場合には、指導、助言および勧告をする権限が与えられているほか（同法15条）、本人確認、記録、保存の義務違反に対しては、所轄行政庁は是正命令を出すことができ（同法16条）、これらの権限行使を妨げる行為および是正命令違反に対して刑事罰（2年以下の懲役または300万円以下の罰金）が課される（同法23条）。なお、顧客が本人特定事項を隠ぺいする目的で本人特定事項を偽った場合、50万円以下の罰金が課される（同法25条）。

## 3　本人確認を行うべき対象となる自然人に該当する先はだれか

**結　論**

　取引の相手方となる顧客本人のほか、その代理人、使者など、金融機関等との間で実際に契約締結等の取引の任にあたっている個人についても、顧客本人と同様の本人確認を行わなければならない。

―――――解　説―――――

1　顧客本人および現に取引の任にあたっている自然人

　自然人との取引において、犯罪収益移転防止法の定める本人確認を行うべき対象となる自然人（個人）についても、法令に詳細な定めがあるので、確認が洩れないようにしておく必要がある。

　個人との取引にあたって、その顧客本人について所定の本人確認が必要なことは当然であるが、同法はこのほかに、「会社の代表者が当該会社のため

に当該特定事業者との間で特定取引を行うときその他の当該特定事業者との間で現に特定取引の任に当たっている自然人が当該顧客等と異なるとき」は、その自然人（個人）についても同様に本人確認を義務づけている（同法4条2項）。

　この「取引の任に当たっている自然人」には、顧客が会社である場合はもとより、顧客が個人である場合にも、顧客本人の代理人、使者など、実際に取引契約の窓口となる個人が該当することになる。顧客本人についてはすでに本人確認が完了している場合でも、後日顧客本人以外の者が取引の窓口となる場合には、その者について、あらためて本人確認手続をとることが必要になる。これは、同法の制定目的が、文字どおり、犯罪収益の移転の防止にあるためで、取引契約の法的有効性とは別に、資金が何者の手に渡ったのかを明らかにすることができるように定めが置かれたものである。逆に権利義務の関係では法的に重要な取引であっても、資金の移動が伴わない取引、または資金の移動先が同法の防止対象とならないことが明確な取引については、同法の目的に関係のない取引として、確認義務の対象外とされている。前者の例としては保証取引、後者の例としては国または地方公共団体に対する金銭の納付に係る取引などがある。

## 2　その他

　外国人についても本人確認の対象となるが、日本国籍のない者で本邦在留者以外の者については確認書類を別途定めているが、本邦在留者である外国人については日本人と同様の基準とされている。

　また、顧客が人格のない社団または財団や、財形契約の勤労者、団体のうち国、地方公共団体、独立行政法人、特殊法人、外国政府地方公共団体・中央銀行、わが国が加盟している国際機関、金融商品取引法施行令27条の2各号に掲げる有価証券の発行者である場合等については、本人確認の対象となる個人は代表者ではなく、現に取引の任にあたっている自然人を顧客とみなして本人確認を行う定めとなっており（同法4条3項、施行令12条）、その確認基準も個人顧客と同様であるから、本章の自然人との取引における本人確認の方法に準じて理解することができる。

**犯罪収益移転防止法に定める本人確認方法には、どのようなものがあるか**

> **結　論**
>
> 自然人と法人の別や本人確認に用いる書類などにより確認方法が定められており、大別すると、①確実な公的確認書類の提示を受ける、②公的確認書類の写しを入手し、または①より劣る公的確認書類の提示を受けて、かつ、当該書類記載の住居宛に転送不要、配達証明付きの書留郵便で取引関係文書を送付する、③所定の要件を満たす本人限定郵便により取引関係文書を送付する、④認定を受けた電子証明書、電子署名のある申込み、承諾を受ける、等の方法が認められている。

――――――――― 解　説 ―――――――――

## 1　本人特定事項

犯罪収益移転防止法の求める本人確認は、本人の同一性の確認であり、具体的には、自然人（個人）の場合は氏名・住居・生年月日、法人の場合は名称・本店（または主たる事務所）の所在地（これらの項目は「本人特定事項」と呼ばれる）を確認することと定められている。本人確認方法は具体的には次のとおりである（施行規則3～4条）。

## 2　本人確認方法

### (1) 自然人の場合

**a　確実な公的確認書類の提示を受ける場合**

本人のみが所持し、または本人に1通しか発行されない確実な公的確認書類の提示を受けることで本人確認が完了する本人確認書類として、たとえば次のようなものが認められている。

① 印鑑登録証明書のうち取引を行うための申込みまたは承諾に係る書類に顧客が押印した印鑑（以下「取引契約印」という）に係るもの
② 国民健康保険、健康保険、船員保険、後期高齢医療もしくは介護保険の被保険者証、健康保険日雇特例被保険者手帳、国家・地方公務員共済組

合の組合員証、私学教職員共済制度の加入者証（当該自然人の氏名、住居および生年月日の記載があるものに限る）
③　国民年金手帳、児童扶養手当証書、母子健康手帳、身体障害者手帳、精神障害者保険福祉手帳、療育手帳、戦傷病者手帳（当該自然人の氏名、住居および生年月日の記載があるものに限る）
④　運転免許証、在留カード（外国人登録証明書は入管法附則15条が定める期間在留カードとみなされる）、住民基本台帳（当該自然人の氏名、住居および生年月日の記載があるものに限る）、旅券等
⑤　その他官公庁発行の書類（当該自然人の氏名、住居および生年月日の記載があり、かつ当該官公庁が当該自然人の写真を貼り付けたもの）
b　取引関係文書の送付が伴う場合
　次の本人確認書類については、本人以外が入手または所持している可能性があるため、その原本の提示を受けるか、写しの送付を受けて、取引に係る文書（以下「取引関係文書」という）を、書留郵便もしくはその取扱いにおいて引受けおよび配達の記録をする郵便またはこれらに準ずるもの（以下「書留郵便等」という）により、かつその取扱いにおいて転送をしない郵便物またはこれに準ずるもの（以下「転送不要郵便物等」という）として確認書類記載の住居宛に送付することにより、本人確認が完了する。なお、取引関係文書を書留郵便等により転送不要郵便物等として送付することにかえて、金融機関の役職員が本人確認書類記載の住居に赴いて取引関係文書を交付する方法によることもできる。
①　取引契約印と異なる印鑑の印鑑登録証明書、外国人登録原票の写し、外国人登録原票の記載事項証明書、戸籍の謄本もしくは抄本、住民票の写し、住民票の記載事項証明書、その他官公庁発行の書類（当該自然人の氏名、住居および生年月日の記載があるもの）
②　上記ａの書類の写し
c　本人限定郵便
　本人限定郵便（金融機関にかわって住居を確認し、本人確認書類の提示を受け、所定の事項を金融機関に伝達する措置がとられているものに限る）を使用する方法は、確認すべき顧客などに向けて取引関係文書を送付することで本人確認

が完了する。
　d　電子証明書および電子署名
　次に、「電子署名及び認証業務に関する法律」4条1項に規定する認定者が発行する電子証明書および当該電子証明書により確認される電子署名付きの申込みまたは承諾の送信を受けることにより、本人確認が完了する。
　e　そ　の　他
　このほかに、取引が特定の預貯金口座で口座振替の方法により決済されるものについては、あらかじめ取引金融機関などと口座振替受託金融機関との間で、当該決済預貯金口座の契約締結の際に、受託金融機関が取引金融機関などのためにも本人確認と確認記録の保存を行う旨の委託をしておき、その本人確認と本人確認記録保存がされていることの確認を行う方法がある。もっとも、金融機関の場合には、この確認方法を委託するより受託することのほうが多いと思われる。

### (2) 法人の場合

次の書類の提示を受ける方法が認められている。
① 　当該法人の設立に係る登記事項証明書または印鑑登録証明書（当該法人の名称および本店または主たる事務所の所在地の記載があるものに限る）
② 　その他官公庁発行の書類（当該法人の名称および本店または主たる事務所の所在地の記載があるものに限る）

　また、①および②の書類またはその写しの送付を受け、取引関係文書を書留郵便等により転送不要郵便物等として確認書類記載の営業所宛に送付することでも、本人確認が完了する。なお、取引関係文書を書留郵便等により転送不要郵便物等として送付することにかえて、金融機関の役職員が本人確認書類記載の営業所に赴いて取引関係文書を交付する方法によることもできる。

## 5 本人確認のための確認書類について、注意すべき点は何か

### 結　論

　犯罪収益移転防止法では、本人確認方法として使用することのできる確認書類を限定しており、その共通点は、官公庁から発行された書類であって、当該書類上に本人確認事項（自然人（個人）の場合は氏名・住居・生年月日、法人の場合は名称・本店（または主たる事務所）の所在地）の記載があるもの、という要件を満たしていることである。一般的に本人確認に用いられている写真入りの社員証などは、犯罪収益移転防止法の定める確認書類としては認められていない。また、書類の別による本人確認方法の違いはもとより、一部の確認書類には有効期間があるので注意を要する。

### 解　説

#### 1　共通要件、書類による本人確認方法の違い、有効期間

　犯罪収益移転防止法に定める本人確認書類の種類は前記〔4〕に記載のとおりであるが、確認書類の扱いは一律ではなく、かつ確認書類によっては有効期限の定めがあるので注意が必要である。確認書類の提出または送付を受ける確認方法による場合には、前述のように、提示を受けて所定の内容を記録するだけで完了する確認書類と、提示または送付を受けて所定の内容を記録し、さらにその書類記載の住所に向けて所定の郵送方法で取引関係書類を送付しないと確認にならない確認書類との区別を行って、間違わないようにすることが必要である。

　確認書類に共通する要件は、施行規則4条1号ヘ、同号ト、同条2号ロの定めにあるとおり、当該確認書類が官公庁から発行された書類で、書類上に本人特定事項、すなわち自然人（個人）の場合は氏名・住居・生年月日、法人の場合は名称・本店（または主たる事務所）の所在地の記載があることであり、他の本人確認書類もこの要件を備えている。また、保険証や免許証など有効期限のあるものについては、提示・送付時点で有効なものに限られることは当然であり、印鑑登録証明書や住民票などは、提示・送付日前6カ月

以内に作成されたものに限られている（施行規則4条）ので注意を要する。

## 2　その他の注意点

　ここで、提示または送付を受けた確認書類に記載されている住居・所在地が転居・移転等により、現在のものと異なっている場合や、確認書類に住居の記載がない場合の取扱いが問題となる。施行規則3条2項は、この場合の確認書類として、本人確認書類とは別に住居を確認するための書類の定めをおいている。同項に定める書類は、前記の本人確認書類のほか、国税・地方税・社会保険料・公共料金の領収証書、および納税証明書等であり、いずれも領収日付または発行年月日が提示・送付を受けた日より6カ月以内であることを要する。

　ところで、これら本人確認のための確認書類の提示・送付を受ける取扱いは、犯罪収益の移転の防止を目的とする犯罪収益移転防止法の求める手続であり、行政上の目的による定めである。同法を遵守することと、契約成立など私法上の効果も解決するかどうかはまったく別の問題である。たとえば、法定の確認書類である健康保険の被保険者証の提示を受けて、所定の記録を作成、保存した場合には、同法の定める本人確認義務は尽くしたことになるが、顔写真のない確認書類であるために、本人と同性で近い年齢の別人が本人になりすまして提示した場合、同一人であることは必ずしも保証されない。この場合、少なくとも本人または近親者の協力がないとまったくの別人が確認書類を入手することは簡単ではないが、詐欺、強迫等の可能性を考えると、私法上の契約の有効性と必ずしも一致するものとはいえない。また、その他にも、たとえば本人が制限行為能力者である場合には契約の取消しを受けるリスクがあり、別途の確認や手当が必要となる。

印鑑登録証明書、戸籍謄（抄）本、住民票写しとは何か

**結　論**

　印鑑登録証明書は、印影があらかじめ登録されている印鑑と同一であることを証明する官公署の書面であり、戸籍謄本は、戸籍の全部を謄写したもの、戸籍抄本は申請者の指定する戸籍の部分を抜き写したものである。住民票は市区町村長が住民を登録するもので、金融機関に提出されるのは通常「住民票の写し」である。

**解　説**

## 1　印鑑登録証明書

　印鑑登録証明書、戸籍謄（抄）本、住民票の写しは、いずれも市区町村にあらかじめ登録されている印鑑、戸籍、住所などの内容を証明するために、市区町村に請求して発行を受けるものである。

　印鑑登録証明書は、印影があらかじめ登録されている印鑑と同一であることを証明する市町村長の証明書である。市町村にあらかじめ届け出た印鑑は一般に実印と呼ばれ、重要な書類への押印に使用される。実印の押捺された書類には同一印影の印鑑証明書が添付され、登録印による押印であることを示して、当事者の真意に基づき作成された書類であることを示す習慣がある。もっとも、印鑑証明書付きの印影がある文書は、当事者の意思に基づくことの信頼性を高めるが（いわゆる、「二段の推定」）、それを確実に保障するわけではなく、あくまで私署証書の一種である。

　犯罪収益移転防止法施行規則で、本人確認すべき取引の契約に押印された印影と同一印（契約使用印）の印鑑登録証明書の提示をもって本人確認を完了したとするのは、上記のとおり市町村発行書類に顕示された印による取引であることへの信頼性からくる。契約使用印以外の印鑑証明書の提示・送付を認めるのは、印鑑登録証明書の印影に着目するのではなく、印鑑登録証明書が公文書であり、公文書記載の住居に信頼を置いたものである。したがって本人確認のためには、記載住居宛に取引関係文書を所定の方法で送付する

必要がある。

　金融取引においても印鑑登録証明書の登録印を使用した契約書の作成が多いが、印鑑登録証明書があることをもって、契約の意思確認に問題なしと考えるのは短絡的である。印鑑登録証明書の不正使用、登録印の盗用、印章・印影の偽造の可能性を考えると、本人の同一性確認、意思確認は慎重を期すにこしたことはない。印影が本人の盗難印章による場合、あるいは偽造印について金融機関職員による印鑑照合に過失がない場合であっても、他に金融機関の過失がみられる場合には、責任を問われるおそれがある。

　なお、近時市町村が印鑑登録証明書を電子機器を利用して作成するようになり、これに伴って印鑑登録証明書の偽造を防止するために、原本をコピーすると「無効」などと表示した地文様が浮き出るなどの対策が施されている。

## 2　戸籍謄本（戸籍抄本）

　戸籍謄本は、戸籍の全部を謄写したもので、戸籍は個人の出生から死亡までを届出により記載し、親子や夫婦などの身分関係を明確にするために必要な事項を記載する公文書であり、本籍地の市町村に置かれる。戸籍抄本は戸籍の記載事項のうち、申請者が求める一部の者の事項のみを記載した公文書である。なお、戸籍事務のコンピュータ化に伴い、正式には、戸籍謄本は「全部事項証明書」、戸籍抄本は「個人事項証明書」がその名称である。

## 3　住民票の写し

　住民票の写しは、市区町村が住民を登録した住民票を、申請者の請求により写し取り交付する公文書である（なお、各市区町村において、住民票を世帯ごとに編成して作成されたものが住民基本台帳である）。住民票の写しは、市町村の窓口で、または郵送により、従来はだれでも交付を請求することができたが、現在では、自己または自己と同一世帯に属する者による請求、国・地方公共団体の機関による請求、特定事務受任者（弁護士や司法書士など）が職務上必要な場合において行う請求、自己の権利行使や義務履行に必要なときなど住民票の記載事項を確認することにつき正当な理由があるものによる

請求の場合に限り交付が認められる。住民票記載事項証明書は、戸籍の場合の抄本に該当するもので、住民登録事項のうち申請者が証明を求める事項について記載・発行する公文書である。いずれも特定個人の氏名、住所、生年月日の確認に用いられる。

## 7 本人限定受取郵便とはどのようなものか

**結論**

本人限定受取郵便とは、名宛人本人であることを確認することができた場合に限り郵便物を引き渡す扱いの郵便で、一般書留（簡易書留は不可）にのみ認められる。犯罪収益移転防止法においては、本人限定受取郵便のうち、金融機関にかわって住居を確認し、本人確認書類の提示を受け、所定の事項を金融機関に伝達する措置がとられているものにより取引関係文書を送付する方法は、本人確認方法の一つとして認められている。

**解説**

1 犯罪収益移転防止法に定める要件

　犯罪収益移転防止法は、自然人の本人確認方法の一つとして、名宛人本人もしくは差出人の指定した名宛人にかわって受け取ることができる者に限り交付する郵便またはこれに準ずるもので、金融機関等にかわって住居を確認し、本人確認書類の提示を受け、①本人確認を行った者の氏名、②本人確認書類の提示を受けた日時、③本人確認書類の名称、記号番号等を金融機関に伝達する措置がとられているものにより、取引関係文書を送付する方法を認めている（施行規則3条1項1号ニ）。

2 本人限定受取郵便（特定事項伝達型）の概要

　郵便事業株式会社（通称、日本郵便）が提供する本人限定受取郵便のうち、上記の要件を満たす本人限定受取郵便（特定事項伝達型）の取扱いの概要は次のとおりである（平成24年4月現在 日本郵便ホームページによる）。

まず本人限定受取郵便（特定事項伝達型）を利用するには、事前に差出事業所（郵便局を除く）に利用の申出を行う必要がある（料金後納）。一般書留（簡易書留は不可）とする必要があり、速達、一般書留、引受時刻証明、配達証明、内容証明および代金引換以外のオプションサービスをあわせて受けることができない。郵便物には表面中央部に朱で二本線を表示し、「本人限定受取（特伝）」またはこれに相当する文字、「転送不要」その他転送を要しない旨の記載およびあらかじめ付与した追跡番号を記載する。また、可能な限り、名宛人の電話番号を記載する。配達担当事業所に郵便物が到着すると、名宛人に対して通知書が送付される（電話番号がわかる場合は、電話連絡も行われる）。通知を受けた名宛人の希望に従い、郵便窓口（郵便局の窓口を除く）で受け取るか、または名宛人本人に配達される。郵便物の引渡しの際には、本人確認のための確認書類の提示が求められ、本人確認書類の名称、記号番号等が記録される。確認書類は運転免許証、旅券、健康保険被保険者証、その他官公庁が発行した写真付きの証明書等、施行規則において定める確認書類のうち提示を受けることで本人確認が完了する場合と同様の公的書類が定められている。差出人には、日本郵便のホームページ（登録制）を通じ、①本人確認書類の名称、記号番号、②本人確認書類に記載されている名宛人の生年月日、③本人確認を行った者の氏名、④本人確認書類の提示を受けた日時が伝達される。

### 3　留意点等

本人限定受取郵便（特定事項伝達型）を利用した本人確認方法は、郵送費用はかかるが、インターネット取引等、非対面取引をビジネスモデルとしているような金融機関等にとっては、場合によっては簡便な本人確認方法として活用することができる。ただし、顧客において保管期限内（通常10日間前後）に受け取る必要があること、旧姓・旧住所が記載されている本人確認書類が提示された場合は所定の本人確認書類以外の他の書類または口頭質問による確認は行われず受け取ることができないこと等には留意を要する。

なお、その他民間業者の同種のサービスを利用する場合は、犯罪収益移転防止法の要件を満たしているかどうかよく確認する必要がある。

## 8 本人確認の記録として、犯罪収益移転防止法が求める事項、保存方法はどのようなものがあるか

### 結論

犯罪収益移転防止法4条は、特定事業者が顧客等との間で特定取引を行う等の場合に、同条1項が規定する本人特定事項（自然人については氏名、住居および生年月日、法人については名称、本店または主たる事務所）の確認を求めている。また、同法6条1項は、特定事業者が本人確認を行った場合に直ちに本人特定事項、当該本人確認のためにとった措置等に関する確認記録を作成することを求め、同条2項は、本人確認記録を特定取引終了日から7年間保存することを求めている。

### 解説

#### 1 確認事項

① 犯罪収益移転防止法4条、同法施行令8条、11条は、「特定事業者」に対して、(1)「顧客等」との間で「特定取引」を行う場合、(2)取引相手が他の「顧客等」になりすましている疑いがある場合や「顧客等」が「本人特定事項」を偽っている疑いがある等の場合に「本人特定事項」の確認を求めている。

② 「特定事業者」は同法2条2項で定義されており、銀行を始めとする金融機関その他の事業者が列挙されているが、同法4条との関係では同法2条2項42号が定める弁護士等（弁護士、外国法事務弁護士および弁護士法人）は除かれている。

③ 「顧客等」は同法4条1項で顧客またはこれに準ずるものとして政令で定める者と規定されており、同法施行令5条で定義されている。

④ 「特定取引」は同法4条の別表および同法施行令8条1項で定義されている。

⑤ 「本人特定事項」は同法4条1項で定義されており、自然人については氏名、住居および生年月日、法人については名称、本店または主たる事務所の所在地とされている。

2　記録事項

　犯罪収益移転防止法6条1項は、特定事業者が本人確認を行った場合に直ちに、主務省令で定める方法により、本人特定事項、当該本人確認のためにとった措置その他主務省令で定める事項に関する確認記録を作成することを求めている。これを受け、同法施行規則9条は確認記録の作成方法として、文書、電磁的記録またはマイクロフィルムにより作成する方法（1号）、確認記録に添付資料を添付する方法（2号）を規定しており、同法施行規則10条1項は確認記録に記載すべき事項として、本人確認を行った者の氏名、本人確認記録の作成者の氏名、本人確認を行った取引の種類、本人確認を行った方法、顧客等の本人特定事項等を規定している。

3　本人確認記録の保存義務

　犯罪収益移転防止法6条2項は、本人確認記録を特定取引が終了した日その他主務省令で定める日から7年間保存することを求めている。これを受け、同法施行規則11条1項は保存期間の起算日として、取引終了日および本人確認済取引に係る取引終了日のうち後に到来する日と規定している。

4　その他

　犯罪収益移転防止法5条1項は、特定事業者は、顧客等または代表者等が特定取引等を行う際に本人確認に応じない場合は、顧客等または代表者等がこれに応ずるまでの間、当該特定取引等に係る義務の履行を拒むことができることを規定している。

## 9　犯罪収益移転防止法の定める罰則には、どのようなものがあるか

**結　論**

　犯罪収益移転防止法が定める本人確認に関する罰則としては、①本人確認義務に違反した特定事業者に対するものとして、金融庁による是正命令、当該是正命令違反に基づく懲役または罰金刑またはその併科、金融庁または国

家公安委員会による報告または資料の提出要求等違反に基づく懲役または罰金刑またはその併科、②本人特定事項を隠蔽する目的で特定事業者に対して虚偽の事項を告げた顧客等または代表者等に対するものとして、罰金刑、③他人になりすまして特定事業者との間で取引を行う目的で当該取引のために必要なものを入手した者および当該目的を有することを知りながら入手させた者に対するものとして、罰金刑がある。

─── 解　説 ───

1　特定事業者に対するもの

①　犯罪収益移転防止法16条は、特定事業者が本人確認に関する義務に違反した場合に、行政庁（金融庁）が当該特定事業者に対して是正命令を行うことができると規定する。

②　同法23条は、金融庁の是正命令を受けた特定事業者が是正命令に違反した場合に、2年以下の懲役または300万円以下の罰金またはその両方を科すと規定する。

③　同法24条1号は、特定事業者が、本人確認に関する義務を含む義務違反に関する金融庁または国家公安委員会による報告または資料の提出要求等に違反した場合、虚偽の報告または資料を提出した場合に、1年以下の懲役または300万円以下の罰金またはその両方を科すと規定する。

④　同法24条2号は、特定事業者が、本人確認に関する義務を含む義務違反に関する金融庁または国家公安委員会による立入検査または物件検査、質問検査に違反した場合、虚偽の答弁をした場合に、1年以下の懲役または300万円以下の罰金またはその両方を科すと規定する。

2　特定事業者以外に対するもの

①　犯罪収益移転防止法25条は、顧客等または代表者等が、当該顧客等または代表者等の本人特定事項を隠蔽する目的で、当該顧客等または代表者等の本人確認に関して虚偽の事項を告げた場合に、50万円以下の罰金を科すと規定する。

②　同法26条1項および27条1項は、他人になりすまして特定事業者との間

で取引を行う目的で当該取引のために必要なものとして政令で定めるものを譲り受け、交付を受け、またはその提供を受けた者について、50万円以下の罰金を科すと規定する。
③　同法26条2項および27条2項は、相手方が他人になりすまして特定事業者との間で取引を行う目的を有することを知りながら、当該取引のために必要なものとして政令で定めるものを譲り渡し、交付し、または提供した者について、50万円以下の罰金を科すと規定する。

### 3　両罰規定

犯罪収益移転防止法28条は、法人の代表者または法人もしくは個人の代理人、使用人等が同法23条、24条、25条に違反した場合は当該行為者のほか、当該法人または個人に対しても罰則を課すと規定する。

## 10　個人取引先の本人確認をするにはどうしたらよいか

**結　論**

犯罪収益移転防止法が定める本人確認手続が必要である。同法に基づく本人確認手続が未済の個人については、印鑑登録証明書、運転免許証、各種年金手帳、各種福祉手帳、各種健康保険証、在留カード（外国人登録証明書）やパスポート等の公的書類により本人確認を行う。貸出取引については、同法上の本人確認に加えて、債権保全上の観点からの本人確認および意思確認が必要であり、相手方から約定書等の書類について面前自署により作成および提出を受けるべきである。

**解　説**

### 1　本人確認が必要な場合

金融機関が顧客について執るべき本人確認手続は犯罪収益移転防止法が定めている。顧客等の本人確認が必要な場合について、同法4条を受けた同法施行令8条は、①預金・定期預金口座の開設、信託に係る契約の締結、貸金

庫の貸与契約の締結、保護預かり契約の締結等顧客との継続的な取引を開始する場合、②1回の取引金額が200万円を超える現金、持参人払式小切手、自己宛小切手（線引小切手を除く）、旅行小切手または無記名公社債の本券または利札の受払い（現金の受払いをする取引で為替取引または自己宛小切手の振出しを伴うものにあっては1回の取引金額が10万円を超えるもの）を行う場合、③本人特定事項の真偽に疑義がある顧客と取引を行う場合に、金融機関は、顧客等の本人特定事項を確認すべき旨規定する。

## 2 本人確認方法

犯罪収益移転防止法施行規則3条および4条は、個人の本人確認を行う際の確認資料を印鑑登録証明書、運転免許証、各種年金手帳、各種福祉手帳、各種健康保険証、在留カード（外国人登録証明書）やパスポート等の公的書類に限定している。それらの確認資料のうち、運転免許証、各種年金手帳、各種福祉手帳、各種健康保険証、在留カード（外国人登録証明書）やパスポート等、第三者が入手できないものについては、その提示を受けることで足りるが、印鑑登録証明書や住民票等、第三者が入手できるものについては、当該書類の提示を受けることに加えて、当該書類を確認対象者の住所宛に郵送することによる確認も必要とされる。

犯罪収益移転防止法4条2項は、取引相手が顧客本人でない場合について、取引相手についても本人確認を必要と規定する。

同法4条、同法施行令8条、11条、同法施行規則7条により、同法または従来の全銀協ガイドラインに基づく本人確認がなされている顧客等と本人確認対象取引を行う場合は、本人確認がなされていることを確認することで足り、取引のつど、あらためて本人確認を行う必要はない。ただし、同法4条、同法施行令8条、11条により、当該顧客等が本人特定事項を偽っている疑いがある場合や、取引相手が顧客本人になりすましている疑いがある場合は、あらためて本人確認を行う必要がある。

貸出取引については、上記の同法上の本人確認に加えて、債権保全上の観点からの本人確認および意思確認が必要である。これは、取引に際して徴求する約定書等の書類の署名が、本人の意思に基づき本人によってなされたこ

との確認であり、相手方から約定書等の書類について面前自署により作成および提出を受けることにより確認を行うべきである。

## 3 その他
### (1) 架空人名義による取引
a 預金取引の場合

預金取引については、金融機関は犯罪収益移転防止法に基づく本人確認手続を義務づけられていることから、架空人名義での預金口座を開設することはできない。既存の預金口座について架空人名義であることが発覚した場合は、金融機関は真実の預金者の認定および同法に基づく本人確認を行い、真実の預金者の名義に口座名義を変更させたうえで取引を行わなければならない。真実の預金者の認定ができない場合、金融機関としては預金を弁済供託するか、法的手続により真実の預金者が判断されることを待って預金を払い戻すことが考えられる。なお、架空人名義の預金口座が犯罪等に利用されていることが判明した場合、預金規定にそのような場合に預金取引の停止や口座の解約を可能とする規定があれば、当該規定の適用も考えられるが、預金残高は正当な払戻権限を有する者に払い戻す必要がある。

b 貸出取引の場合

貸出取引については、そもそも実在しない架空人を取引相手とする貸出取引は取引自体が無効と判断されるおそれがあることに加え、金融機関が違法な取引に加担したことの責任を問われるおそれがあるため、架空人名義での貸出取引を行ってはならない。既存の貸出取引について架空人名義であることが判明した場合は、金融機関は真実の借入人の認定および法に基づく本人確認を行い、真実の借入人の名義に取引名義を変更したうえで取引を行うか、直ちに融資を回収することが考えられる。

### (2) 第三者名義による取引
a 預金取引の場合

預金取引については、架空人名義による取引と同様、金融機関は同法に基づく本人確認手続を義務づけられていることから、第三者名義での預金口座を開設することはできず、既存の預金口座について架空人名義であることが

発覚した場合は、金融機関は真実の預金者の認定および犯罪収益移転防止法に基づく本人確認を行い、真実の預金者の名義に口座名義を変更させたうえで取引を行わなければならない。真実の預金者の認定ができない場合、金融機関としては預金を弁済供託するか、法的手続により真実の預金者が判断されることを待って預金を払い戻すことが考えられる。

b　貸出取引の場合

貸出取引については、取引相手が第三者の名義を使用する理由を確認する必要がある。取引相手が名義人の使者または代理人である場合は、取引相手の行為は本人の行為または代理権に基づく行為として本人に効果が帰属するため、本人意思を確認して名義人本人との取引として扱うか、代理人の代理権の有無を確認して名義人本人の代理人との取引として扱うことになる。他方、取引相手が名義人の名義を勝手に使用する場合は、取引相手は名義人の名義を使用する権限を有しないため、架空人名義による取引と同様、行ってはならない。

## 11　法人取引先の本人確認をするにはどうしたらよいか

**結　論**

犯罪収益移転防止法が定める本人確認手続が必要である。同法に基づく本人確認手続が未済の法人については、法人および代表者等の取引担当者の双方について本人確認が必要であり、法人については設立登記に係る登記事項証明書、印鑑登録証明書等により本人確認を行い、代表者等の取引担当者については、印鑑登録証明書、運転免許証、各種年金手帳、各種福祉手帳、各種健康保険証、在留カード（外国人登録証明書）やパスポート等の公的書類により本人確認を行う。個人取引先と同様、貸出取引については、同法上の本人確認に加えて、債権保全上の観点からの本人確認および意思確認が必要であり、代表者等が代表権を有することおよび代表権が制約されていないことを確認のうえ、代表者等から約定書等の書類について面前自署により作成および提出を受けるべきである。

―――― 解　説 ――――

1　本人確認が必要な場合

　顧客等の本人確認が必要な場合については、〔10〕参照。

2　本人確認方法

　犯罪収益移転防止法4条2項は、同法が定める本人確認手続が未済の法人について法人および代表者等の取引担当者の双方について本人特定事項を確認すべき旨規定する。

　同法施行規則3条および4条は、法人の本人確認を行う際の確認資料を設立登記に係る登記事項証明書、印鑑登録証明書等の公的書類に限定している。登記事項証明書および印鑑登録証明書は第三者が入手できるため、その提示を受ける場合は提示を受けることで足りるが、送付を受ける場合は当該書類の送付を受けることに加えて、当該書類を確認対象者の住所に送付することによる確認も必要とされる。

　代表者等の取引担当者の本人確認方法については、〔10〕参照。

　犯罪収益移転防止法4条、同法施行令8条、11条、同法施行規則7条により、同法または従来の全銀協ガイドラインに基づく本人確認がなされている顧客等と本人確認対象取引を行う場合は、本人確認がなされていることを確認することで足り、取引のつど、あらためて本人確認を行う必要はない。ただし、同法4条、同法施行令8条、11条により、当該顧客等が本人特定事項を偽っている疑いがある場合や、取引相手が顧客本人になりすましている疑いがある場合は、あらためて本人確認を行う必要がある。

　貸出取引については、上記の同法上の本人確認に加えて、債権保全上の観点からの本人確認および意思確認が必要である。これは、取引に際して徴求する約定書等の書類の署名が、本人の意思に基づき本人によってなされたことの確認であり、取引相手が法人の場合はそのような本人確認および意思確認の前提として、行為者である代表者等が代表権を有することおよび代表権が法律および内部規定に基づき制約されていないことの確認が必要である。代表者等の代表権の有無の確認は登記事項証明書（現在事項証明書、履歴事項証明書）、商業登記簿謄本、定款などにより行い、代表権が制約されていな

いことの確認は顧客本人に適用される法律および内部規定に基づき行う。そのうえで、代表者等から約定書等の書類について面前自署により作成および提出を受けることにより確認を行うべきである。

## 第2節 自然人および確認資料

### 12 取引先の行為能力の確認はどうするか

**結論**

行為能力とは単独で有効な意思表示を行う能力のことである。自然人の取引先の場合、行為能力に制限がないか（制限行為能力者でないか）確認する必要がある。

**解説**

#### 1 権利能力とは

自然人が法律行為を行うためには、権利能力、意思能力、行為能力を備えている必要がある。権利能力とは権利を取得したり、義務を負担する能力ないし、権利・義務の主体となる地位・資格のことである。出生と同時に取得し、死亡と同時に失う。

#### 2 意思能力とは

意思能力とは、自らの行為の結果を認識・判断して有効に意思表示を行う能力とされる。幼児や泥酔者等、法律行為の時点で意思能力を備えていないとされた場合には、当該法律行為は無効とされる。

#### 3 行為能力とは

行為能力とは、単独で有効な意思表示を行える能力のことであり、制限行為能力者であるか否かに注意する必要がある。制限行為能力者とは、未成年者、成年被後見人、被保佐人、被補助人のことである。未成年者であるか否かについては、住民票等で生年月日を確認する。成年被後見人、被保佐人、被補助人については、成年後見登記制度に基づく登記事項証明書を得て確認

することができる。

## 4 なぜ行為能力の確認が必要か

制限行為能力者の行った法律行為については本人のほか、成年後見人等によって取り消される可能性がある。取り消された行為は初めから無効であったものとみなされるため注意が必要である。

なお、制限行為能力者について、取消しの対象となった行為により現に利益を受けている部分については返還する義務があるものとされている（民法121条）。この点、現在の成年後見制度ができる以前であるが、「準禁治産者（被保佐人に相当）が借り入れた利益を賭博に浪費したときは、その返還義務を負わない」（最判昭50.6.27金商485号20頁）とされているので注意が必要である。

## 5 確認の方法

現在の成年後見登記制度のもとでは、登記されている者については登記内容にかかわる証明書の発行が受けられるほか、法定後見・任意後見を受けていない者については、自己が登記されていないことの証明書の交付を受けることができる。したがって、制限行為能力者である可能性があると思われる場合には、これらの証明書によって確認すべきであるが、本人や配偶者、四親等以内の親族、成年後見人などの一定の関係者以外は交付を受けられないので、本人等に依頼する必要がある。証明書は、窓口での交付については東京法務局の後見登録課および東京法務局以外の各法務局・地方法務局戸籍課で扱っている。郵送での取扱いは現在のところ東京法務局の後見登録課のみである。

## 13　法定後見制度とはどのようなものか

> **結論**
>
> 家庭裁判所によって選任された成年後見人等が本人（成年被後見人等）の利益のために、本人を代理して契約などの法律行為を行ったり、本人が自ら行う法律行為に同意を与えたり、同意なく本人がした法律行為を取り消す等により、本人を保護する制度である。

―――― **解　説** ――――

　成人の利用可能な後見制度には大きく法定後見制度と任意後見制度の2つがある。このうち法定後見制度とは、本人に十分な判断能力があるときにあらかじめ後見人を選任しておく任意後見制度と異なり、自ら後見人等を選任することが困難な状態にある人に対して、裁判所の手続により後見人等を選任し、事務にあたらせる手続である。対象となる本人の判断能力の程度によって、後見、保佐、補助の制度に分かれる。

### 1　後見とは

　法定後見制度は、対象となる本人の判断能力の程度に合わせて、後見、保佐、補助の3種類に分かれている。後見の対象となるのは、本人において、普段判断能力が欠けているのが通常の状態である場合である（民法7条「精神上の障害により事理を弁識する能力を欠く常況にある者」）。この場合、本人、配偶者、四親等内の親族、未成年後見人、未成年後見監督人、保佐人、保佐監督人、補助人、補助監督人または検察官の請求により、家庭裁判所が後見開始の審判を行い、成年後見人を選任し、成年後見人が本人（成年被後見人）の財産を管理する。その代理権の範囲は財産に関するすべての法律行為に及び、本人（成年被後見人）が成年後見人の同意を得ずに行った、日常生活に関する行為（食料品や衣料品の購入など通常の日常生活の範囲に属する行為）以外の法律行為については取消しが可能である。

## 2　保佐とは

　判断能力に著しく欠けている人（民法11条「精神上の障害により事理を弁識する能力が著しく不十分である者」）については、本人、配偶者、四親等内の親族、後見人、後見監督人、補助人、補助監督人または検察官の請求により、家庭裁判所は保佐開始の審判を行い、保佐人をつけることができる。保佐人がついた場合、本人（被保佐人）が借入れや保証をしたり、不動産その他重要な財産の処分をしたり、その他法律（同法13条）に定められた特定の行為を行う場合には、保佐人の同意が必要である。保佐人の同意なく行われたそれらの行為は取消しが可能である。

## 3　補助とは

　判断能力が不十分な人（民法15条「精神上の障害により事理を弁識する能力が不十分である者」）については、本人、配偶者、四親等内の親族、後見人、後見監督人、保佐人、保佐監督人または検察官の請求により、家庭裁判所は補助開始の審判を行い、補助人をつけることができる。補助を要する人（被補助人）については、借入れや保証行為、不動産その他重要な財産の処分行為といった法律（同法13条）に定められた特定の行為のうちから、選択したものについて補助人の同意を必要とするものと定めることができる。補助人の同意なく行われたそれらの行為は取消しが可能である。

## 4　成年後見人等の選任

　成年後見人、保佐人、補助人は家庭裁判所が選任する。本人の親族のほか、弁護士等の専門家が選ばれることもある。法人であってもよいし、複数選任されることもある。また、家庭裁判所は必要に応じて、それぞれ成年後見監督人、保佐監督人、補助監督人をつけることがある。各監督人らの主な業務は、後見人らを監督すること、後見人らと本人の利益が相反するときに本人を代表することである。

## 14 成年後見登記制度とはどのようなものか

**結　論**

成年後見登記制度とは、成年後見人らの権限や任意後見契約の内容等を登記し、また登記された内容について、登記事項証明書を発行する制度である。

**解　説**

　家庭裁判所が法定後見開始の審判や任意後見監督人の選任の審判を行ったり、公証人が任意後見契約の公正証書を作成すると、東京法務局の後見登録課に登記の嘱託がなされる。東京法務局の後見登録課では全国の成年後見登記事務を取り扱っている。プライバシー保護の観点から登記事項証明書の発行を請求することができるのは、本人、配偶者、四親等内の親族、成年後見人ら一定の者に限定されている（後見登記法10条）。登記事項証明書は、成年後見人が本人（成年被後見人）を代理して法律行為を行うときに利用されるほか、成年後見を受けていない人の場合、登記されていないことの証明書の発行を受け、契約時に利用すること等がある。なお、窓口での証明書交付は東京法務局のほか、各地の法務局でも扱っているが郵送での交付申請を扱っているのは現在のところ東京法務局だけである。

### 1　法定後見の登記内容

　法定後見の場合に登記される内容は、①後見・保佐・補助の種別、開始の審判をした裁判所、審判の事件の表示および確定の年月日、②成年被後見人、被保佐人または補助人の氏名、生年月日、住所および本籍、③成年後見人、保佐人または補助人の氏名または名称および住所、④成年後見監督人、保佐監督人または補助監督人が選任されたときはその氏名または名称および住所、⑤保佐人または補助人の同意を得ることを要する行為が定められたときはその行為、⑥保佐人または補助人に代理権が付与されたときはその代理権の範囲、⑦複数の成年後見人等または複数の成年後見監督人等が共同してまたは事務を分掌して権限を行使することが定められたときはその定め、⑧

後見・保佐・補助が終了したときはその理由および年月日、⑨成年後見人等または成年後見監督人等の職務の執行を停止する審判前の保全処分がされたときはその旨、⑩⑨の場合に、成年後見人等または成年後見監督人等の職務代行者を選任する審判前の保全処分がされたときは、その氏名または名称および住所、⑪登記番号、であるほか、審判前の保全処分にかかわる内容が登記されることもある（後見登記法4条）。

2　任意後見の登記内容

　任意後見の場合に登記される内容は、①任意後見契約にかかわる公正証書を作成した公証人の氏名および所属ならびにその証書の番号および作成年月日、②任意後見契約の委任者（後見を受ける本人）の氏名、生年月日、住所および本籍、③任意後見受任者または任意後見人の氏名または名称および住所、④任意後見受任者または任意後見人の代理権の範囲、⑤複数の任意後見人が共同して代理権を行使することが定められたときはその定め、⑥任意後見監督人が選任されたときはその氏名または名称および住所ならびにその選任の審判の確定の年月日、⑦複数の任意後見監督人が共同してまたは事務を分掌して権限を行使することが定められたときはその定め、⑧任意後見契約が終了したときはその理由および年月日、⑨任意後見人または任意後見監督人の職務の執行を停止する審判前の保全処分がされたときはその旨、⑩任意後見監督人の職務代行者を選任する審判前の保全処分がされたときはその氏名または名称および住所、⑪登記番号、である（後見登記法5条）。

3　変更の登記

　法定後見、任意後見いずれの場合であっても、登記された後に登記事項に変更が生じたことを知ったときには、変更の事実を登記申請しなければならない。変更登記申請を行うべき者は、登記記録に記録されている者（成年被後見人や成年後見人、成年後見監督人、任意後見契約の本人、任意後見受任者、任意後見人、任意後見監督人等）である。登記記録に記録されている氏名、住所、本籍等が変更されたときには、裁判所書記官によって変更登記の嘱託がなされる場合を除き、変更登記申請をしなければならない（後見登記法7条）。

### 4　終了の登記

成年被後見人等が死亡したとき、法定後見あるいは任意後見が終了したときには、同様に終了登記の申請をしなければならない（後見登記法8条）。

## 15　任意後見制度とはどのようなものか

**結　論**

任意後見制度とは、法定後見とは異なり、将来援助が必要となったときに備え、あらかじめ締結した契約に基づく後見制度である。本人の判断能力が低下した時点で、本人らから裁判所に任意後見監督人の選任を求め、任意後見監督人が選任されると任意後見契約の効力が生じる。効力発生後は、任意後見人が受任した事務を行い、任意後見監督人がこれを監督する。

**解　説**

任意後見制度は、「任意後見契約に関する法律」に基づく後見制度の一種である。将来、精神上の障害により物事を理解する能力が低下したときに備え、あらかじめ任意後見契約を締結し、代理権を与える任意後見の受任者（任意後見受任者）を選任しておく。法定後見が、すでに判断能力が衰えた等自分で後見人を選任するのが困難な場合に利用される制度であるのに対し、任意後見は自分で後見人となる者（任意後見受任者）を選ぶことが可能である場合に利用される制度であるという違いがある。任意後見契約の内容は原則として本人と任意後見受任者が自由に決めることができるが、一定の公正証書でなければ効力を発揮せず、また任意後見契約は公証人の嘱託により登記される。

### 1　任意後見人の選任

本人の信頼する者であればだれでも任意後見人（任意後見受任者）にすることができるが、未成年者、破産者、本人に対して訴訟をした者およびその配偶者ならびに直系血族、任務に適しない者などは除かれる。これら除外さ

れる者を除けば、自然人であっても法人であってもよいし、単独でも複数でもよい。

## 2　本人の判断能力が衰えたとき

本人の判断能力が衰えてきたときには、本人、配偶者、四親等内の親族または任意後見契約の受任者（任意後見受任者）の申立てにより、家庭裁判所が任意後見監督人を選任し、任意後見受任者は任意後見人として受任した財産管理等に関する事務を行うこととなる。

## 3　任意後見人の業務

任意後見人の受任する業務は任意後見契約によって定められるが、その主な内容は、財産の管理と介護や生活面の手配である。任意後見人の業務は任意後見監督人が選任されてはじめて開始され、任意後見監督人の監督を受ける。

## 4　任意後見の解除

任意後見監督人が選任される前であれば公証人の認証を受けた書面によっていつでも解除することができる。一方、任意後見監督人が選任された後は家庭裁判所の許可が必要となる。その他、任意後見人に不正行為があるときやその任務に適しない事由があるときには、任意後見監督人、本人、親族または検察官の申立てにより家庭裁判所は任意後見人を解任することができる。任意後見人の代理権の消滅は登記しなければ善意の第三者に対抗できない。

## 16　代理人と取引を行う場合、どのようなことに注意すべきか

> **結論**
> 代理人と取引を行う場合、代理権授与の意思およびその範囲について確認する。

―――― 解　説 ――――

　代理とは、本人以外の者（代理人）が本人にかわって意思表示を行うことで、法律行為の効果を本人に帰属させる制度である（民法99条）。代理人が能動的に行う場合のほか、第三者が代理人に対して意思表示を行う場合についても同様に本人に効果が帰属する。

## 1　顕名主義

　代理人は本人にかわって意思表示を行うときには、本人のためにすることを明らかにして行わなければならない（例：甲野乙夫　代理人甲川乙子）。明らかにしなかった場合、相手方が当該意思表示は本人のためにすることを知っているか知ることができた場合を除き、その意思表示は自らのために行ったものとみなされる（民法99条、100条）。ただし、商行為については代理人が本人のためにすることを示さなかった場合でも本人に効果が帰属する（商法504条）。手形・小切手の場合には特則として、権限を有さない代理人が署名した場合に当該代理人が自ら責任を負うことが定められている（手形法8条、小切手法11条）。

## 2　代理人との取引

　本人にかわって代理人を名乗る者が取引を申し出てきたときには、真の代理人であるかを確認する必要がある。具体的には委任状等により、代理権授与の有無、またその範囲を確認する必要がある。委任状等が真正であるかも確認すべきである。疑いがあるときには本人に確認をとるべきである。

## 3　表見代理

　表見代理とは、第三者に対して他人に代理権を与えたことを示した場合、その代理権の範囲内において責任を負うという制度である。たとえば、「営業責任者」といった肩書を与え、そのような表示のある名刺の使用を認めると、取引の相手方がその人物に営業に関する権限があるように信じるのも無理からぬところである。表見代理とはこのような場合に取引の相手方を保護する制度である。表見代理にはほかに権限外の行為について成立する場

合、代理権消滅後に成立する場合がある（民法109条、110条、112条）。

### 4　無権代理
　代理権を有しない者が勝手に代理人を名乗って法律行為を行っても当然本人に対してその効果は帰属しない。これが無権代理と呼ばれるものである。無権代理行為については本人が追認しなければ本人に効果が帰属しない。無権代理行為を行った者は、追認を得られない限り、取引の相手方の選択により、当該法律行為を履行するか、損害賠償をしなければならない（民法113条、117条）。

### 5　代理権の消滅
　代理権は本人の死亡、代理人の死亡または代理人が破産手続開始の決定もしくは後見開始の審判を受けたときには消滅する（民法111条）。

## 17　いわゆる署名の代理は許されるか

**結　論**
　本人から代理で署名することについて権限を与えられている場合には有効と認められる。

**解　説**
　通常、契約をはじめとする法律行為を行うにあたっては、契約者（契約名義人）本人が自署・捺印するのが原則であるが、有効に代理人が選任されている場合、本人の意思表示によるほか、代理人による意思表示もまた有効なものとして、本人にその効果が帰属する。
　代理は本人のために行うことを明示して行うのが原則であるが（顕名主義：民法99条）、商行為においては、代理人として有効に選任されている限り、本人のために行うことを明示していない場合であっても、本人に当該法律行為の効果が帰属する（商法504条）。このため、本人にかわって代理人が署名

する場合も、署名の代理権限が付与されている場合には当然有効であるし、代理権限は与えているものの、署名については明示的に権限を付与していないとしても、表見代理の成立等により、有効とみなされることが多い。

**署名の代理とは**

　署名の代理とは、代理人が本人にかわって、本人の氏名を手書きすることである。すなわち、代理人が本人のために法律行為を行うときには、原則として、「A代理人B」というように「本人Aのために代理人Bが行う」ことを明らかにする必要があり、これを顕名主義という。しかし、商行為の場合においては、顕名主義の例外として、代理人が本人のために法律行為を行う場合、本人のためにすることを示さなくてもよいとされている。この場合、「代理人B」あるいは単に「B」とのみ署名されることになり、これは署名の代理とは異なる。署名の代理とは、代理人Bが「A」とのみ署名することである。そもそも署名とは、本人が自らの氏名を手書きする事実行為であるので、代理人とはいえ他人が行うことができるのかについては争いもあったが、判例はこれを認める立場に立つ。本人が署名の代理を行う権限を授与していれば当然に有効であるし、また、代理が有効に成立していれば、代理人Bが「A」とのみ署名する行為は有効あるいは表見代理が成り立つと考えられる。代理が有効に成立していなければ、その他の事情により表見代理が成立するか、あるいは無権代理ないし偽造という扱いになる。

　先に述べたとおり、通常の契約では署名の代理は行われず、本人自ら署名するか、代理人が代理人であることおよび本人のためにすることを明らかにして署名するのが一般的ではあるが、親（親権者）が未成年者である子のために法律行為を為すときには、子の名前のみ署名することも珍しくないと思われる。このような場合は、利益相反の場合など代理人として適切でない特殊な場合を除いて有効である。ただし、権限のない（時には権限がある場合であっても）第三者が本人にかわって署名を行って紛争になることは少なくないため、実務において署名の代理を認めるときには、後々の紛争を回避するために、署名の代理権限が付与されているか、合理的な事情があるかを確認しておいたほうがよい。

## 第3節 法人および確認資料

### 18 商業登記はどのようにみるか

**結論**

商業登記とは、商人に関する一定の法定事項を商業登記簿に記載するものであり、会社の商号、本店、目的、取締役の氏名などが記載されている。会社と取引を開始する場合は、商業登記簿の登記事項証明書の提出を求め、会社の存在、住所、目的、代表者等を確認する。登記簿の原本は会社の本件所在地を管轄する登記所にある。

**解説**

#### 1 商業登記の目的

商業登記の主な目的は、株式会社その他の商人の発生、変動、消滅など一定の重要な事項を公示することであり、商人と取引をする者や利害関係を有する第三者の利益を保護しようとするものである。商業登記簿には、①商号登記簿、②未成年者登記簿、③後見人登記簿、④支配人登記簿、⑤株式会社登記簿、⑥合名会社登記簿、⑦合資会社登記簿、⑧合同会社登記簿、⑨外国会社登記簿、の9種類がある（商登法6条）。

#### 2 登記事項

登記事項には、①商号や支配人など商人一般に関するもの、②未成年者や後見人のように個人商人に関するもの、③会社の設立や合併など会社に関するものがあり、法定されている。また、必ず登記しなければならないもの（絶対的登記事項）と、登記するか否かが当事者の裁量に任されているもの（任意的登記事項または相対的登記事項）とがある。

登記事項の多くは絶対的登記事項であるが、たとえば、株式会社の絶対的

登記事項は、会社法911条3項に詳細に定められている。具体的には、①目的、②商号、③本店および支店の所在場所、④株式会社の存続期間または解散の事由についての定款の定めがあるときは、その定め、⑤資本金の額、⑥発行可能株式総数、⑦発行する株式の内容等、項目は多岐に渡る。なお、任意的登記事項の例としては、個人商人の商号や会社の支配人の登記があげられる。任意的登記事項といっても、一度登記をした事項については、変更・消滅は必ず登記しなければならないと定められている（会社法909条）。

### 3　登記事項証明書・登記事項概要書

登記簿の原本は、会社の本店所在地を管轄する登記所に保管されており、登記簿に記録されている事項は、手数料を納付することで、だれでも「登記事項証明書」の交付を請求することができる（商登法10条）。また、登記簿に記録されている事項の概要を記録した書面（登記事項概要書）の交付も必要に応じて請求することができる（同法11条）。なお、旧法における「謄本」「抄本」の用語は現行商業登記法では廃され、登記事項証明書、登記事項概要書の交付に改められたが、実務上は謄本・抄本の呼称が残っている。登記事項概要書は「証明書」とされていない点で、従前の「抄本」とは異なることに留意が必要である。

また、旧商業登記法11条1項にある「登記事項に変更のないこと」「ある事項の登記がないこと」の証明に係る規定が現行法では削除され、「登記事項証明書」の交付に一本化されており（商登法10条1項）、資格証明はこれで代替されることとなった。

## 19　どのような場合に利益相反行為となるか

**結　論**

法人の場合、一般的には、①法人と理事の取引、②会社と取締役の取引、③社員の自己取引のように、法律行為の両当事者として対立し、一方のためには利益となり、他方のためには不利益となる行為をいう。ただし、実際に

> 利益相反行為に当たるか否かは具体的ケースに応じて定められるものであり、範囲が明確に定められているものではない。利益相反行為については、特別代理人等の選任または取締役会の承認、社員総会や理事会の承認を必要とする。

---
### 解　説

### 1　利益相反行為に対する制限

　会社法では、取締役ないし社員のいわゆる自己取引が制限されており、この場合、株主総会または取締役会ないし他の社員の過半数の承認を必要とする（会社法356条、365条、595条）。また、法人と理事との間で利益相反行為に当たるような行為についても、理事の代表権は制限されている。この場合、社団法人においては社員総会、財団法人においては理事会の承認を受ける必要がある（一般社団財団法人法84条、197条）。

　このほか、中小企業等協同組合法38条においても理事の自己契約が制限されており、農業協同組合の理事（農業協同組合法35条の2第2項）などについても、同様の制限が加えられている。なお、学校法人や医療法人、社会福祉法人の場合は、所轄庁に申立てを行い、特別代理人を選任する必要がある。

### 2　自己取引（直接取引と間接取引）

　自己取引とは、①取締役が自己または第三者のために会社と取引をなすこと（直接取引）および②会社が取締役の債務を保証し、その他取締役以外の者との間において会社と取締役との利益相反する取引をなすこと（間接取引）をいう（会社法356条1項2号・3号、595条1項）。これらの行為については、前記のとおり、取締役会の承認や特別代理人の選任等が必要とされており、違反行為は、無権代理または無効とされる。

　なお、会社が取締役と直接取引する場合ではなくて、会社が取締役の債務を保証するなど、第三者と取引することによって取締役との利益相反に至るような、いわゆる間接取引については、商法上のいわゆる自己取引に該当するかどうかについて異論があった（なお、ここでいう「会社」とは、会社法に規定する株式会社および持分会社をいう）。しかしながら、最高裁判決は「自

己取引に該当するが、会社は相手方に対し取締役会の承認を受けなかったことのほか、相手方の悪意を主張立証しなければ無効を主張し得ない」（最判昭45.4.23民集24巻4号364頁）としており、平成17年に改正される前の商法は、間接取引が自己取引に含まれることについて明文の規定があった（商法旧265条1項後段）。この趣旨は、そのまま会社法に継承されている（会社法356条1項3号、595条1項2号）。

## 3　その他

法人以外の場合でも、親権を行う父または母とその子の利益が相反する行為（親権者と未成年者が法律行為の両当事者として対立する場合、親権者のために利益であって、子のためには不利益な行為）については、親権が制限されており、特別代理人の選任を家庭裁判所に請求しなければならない。

## 20　特別代理人の選任手続はどうすればよいか

### 結　論

特別代理人とは、本人と代理人、または法人と法人代表者との間において利益の相反する事項のあるときに、裁判所によって選任される法定代理人のことをいう。利害関係人の申立てにより、裁判所（法人によっては監督官庁）が選任する。

代表者が死亡し後任者が選任されることがない会社の所有する物件に対する仮差押えや、（根）抵当権に基づく物上代位による賃料差押えをするときにも、特別代理人選任の申立てが利用されている（民執法20条、民事保全法7条による民訴法の規定の準用）。

### 解　説

### 1　法人と理事の利益相反行為の場合

旧民法57条においては、法人と理事との間に利益相反がある場合、理事は代表権を認められないので、ほかに代表権を行使する理事がいる場合はその

理事が法人を代表して法律行為を行うが、その理事のいない場合は特別代理人を選任することを要するとされていた。その後、平成20年12月1日に施行された一般社団財団法人法において、法人と理事との利益相反について、社団法人においては社員総会、財団法人においては理事会の承認を受けなければならない（同法84条、197条）ものとされた。

旧民法57条を準用していた学校法人、医療法人、社会福祉法人においては理事または代表役員は代表権を失い、特別代理人を選任して、この代理人が法人を代表することになる（私立学校法40条の4、医療法46条の4第6項、社会福祉法39条の4）。申立先は所轄庁であるが、社会福祉法人は一定の場合には、指定都市の長、中核市の長、厚生労働大臣のときもある。なお、宗教法人の場合は、規則で定めるところにより仮代表役員を選ばなければならないとされている（宗教法人法21条）。

## 2 親権者とその子との利益相反行為の場合

親権者とその子の間で利益相反行為がある場合等は、特別代理人の選任が必要となるが、特別代理人の選任申立ては、子または被後見人の住所地を管轄する家庭裁判所に行う。申立ては、親権者または後見人に限られ、家庭裁判所が職権で特別代理人を選任することはできない。なお、だれを特別代理人に選任するかは家庭裁判所が定めるが、一般には親族・知人が多く、申立人である親権者が推薦する候補者のなかから選任するのが普通のようである。申立方法は、書面または口頭ですることができ、申立ての趣旨、事件の実情を明らかにし、証拠書類があるときは、原本または謄本を提出する（家事審判規則2条、3条）。

## 3 その他

前記以外の場合としては、特別代理人の選任が民事訴訟法で規定されている。訴訟遂行において法定代理人がいない場合や法定代理人が代理権を行うことができない場合に、訴訟当事者の権利保全を図るために、以下のような制度が定められている。①未成年者または成年被後見人に対する訴訟行為にかかわる特別代理人（民訴法35条）、②証拠保全手続における特別代理人（同

法236条)、③遺産に対する執行の場合の特別代理人（民執法41条2項・3項）これらの場合は、申立てによって、裁判所が選任することとなっている。

## 21 法人と役員との利益相反行為に該当する場合にはどうするか

**結論**

法人と役員との取引が利益相反行為に該当する場合、①株式会社であれば株主総会または取締役会の承認、②持分会社であれば他の社員の過半数の承認を得る必要があり、③学校法人や医療法人等の場合は特別代理人の選任を要する。各法人について、それぞれの根拠法で利益相反行為を規制しているものであり、注意が必要である。

**解説**

### 1 株主総会における承認

会社法356条（商法旧265条）では、以下の場合において、株主総会において当該取引について重要な事実を開示し、その承認を得なければならないと規定している。すなわち、①取締役が自己または第三者のために株式会社の事業の部類に属する取引（競業取引）をしようとするとき、②取締役が自己または第三者のために株式会社と取引をしようとするとき、③株式会社が取締役の債務を保証することその他取締役以外の者との間において株式会社と当該取締役との利益が相反する取引をしようとするとき、以上の場合である（同条1項）。ただし、株主総会の承認を受けた場合の前記②の取引については、民法108条の規定（自己契約・双方代理の禁止）を適用しない旨を定めている（会社法356条2項）。これは、取締役が自ら会社を代表するときはもちろん、他の取締役が会社を代表するときにおいても、容易に結託するなどの行為によって会社にとって不利益な取引をなすおそれがあるところから、株主総会の承認によってこれを防ぐことを目的としている。取締役がこの規定に違反して会社と取引をしたときは無権代理行為に準じ、追認のない限り無効となる。なお、この株主総会の承認は、事前に限らず事後でもよいとされ

ているが、承認は個々の取引に対してなされることが原則で、包括的承認は許されていない。また、会社と取締役との直接取引は当然であるが、取締役個人の債務を会社が保証したり、債務引受をする場合等、間接的な取引であっても、会社の利益が害されるおそれのあるときは、同条が適用される。

## 2　取締役会設置会社の場合

利益相反行為の承認について、会社法においては取締役会が必置の機関ではなくなったため、株主総会の承認（普通決議）によることとされているが、旧商法の規定では承認機関が「取締役会」とされていたことを反映し、取締役会設置会社の場合に限り、「取締役会」の承認で足りるものとしている（会社法365条）。したがって、銀行取引が利益相反行為に該当する場合、まずは、取引会社が取締役会設置会社であるかどうかを確認し、非設置会社であれば、株主総会の承認を得ている議事録の写しを受け入れる必要がある。

## 3　利益相反取引の第三者の保護

仮に株主総会や取締役会の承認等がなくても、利益相反取引につき第三者が善意であれば、会社は第三者に無効であることを主張できないとする（相対的無効説）のが通説・判例であるので、第三者は保護されることになる。ただし、取締役個人の債務の会社の保証や債務引受は、金融機関が自己取引により振出または裏書された手形を第三者として善意で取得する取引と異なり、当該会社と金融機関とが相対して行うものであること、また金融機関に対しては一般人に比べ注意義務が加重されていることからも、金融機関に重過失があると保護されるかどうか懸念されるから、実務上は株主総会や取締役会等の承認があることを確認しておくべきである。また、当該行為が会社の目的の範囲内にあるかどうかについても注意する必要がある。

## 4　会社法356条の範囲（手形取引の考え方）

会社法356条（商法旧265条）にいう取締役と会社との間の取引のなかに、手形行為が含まれるかどうかについて、種々議論はあるが、判例は、原則として自己取引に該当するものとし、会社が取締役会の承認を受けないで取締

役に手形を振り出した場合において、「その手形が第三者に裏書譲渡されたときは、会社は、その第三者に対しては、当該手形の振出につき取締役会の承認を受けなかったことのほか、その第三者の悪意（悪意のほか重過失を含む趣旨と考える）をも主張し、立証するのでなければ、その振出の無効を主張して手形上の責任を免れえない」（最判昭46.10.13民集25巻7号900頁）としており、手形取引についての第三者保護の立場を明確にしている。

## 22 本店が登記簿上の場所と異なる場合には、どう対応すべきか

**結 論**

銀行取引開始にあたり、実際の本店が登記簿上の場所と異なる場合、理由としては、①本店が移転されたのに変更登記がされていない場合、②商法旧19条（会社法制定に伴い廃止）に抵触した結果、類似商号等のため実際の場所での登記ができず、当初から別の場所を本店の所在地として登記している場合、③実際の場所で不渡を出したため、他の場所で同一名の会社を設立した場合（反対に登記簿上の場所で不渡を出したため実際の場所で同一の業務を始めた場合）、④実際の場所を営業所として利用している場合等が考えられる。まずは、不一致が生じている理由をただし、変更登記をすみやかに行ってもらうことや営業所届の提出を求める。やむをえず符合しないまま取引を行う場合は、実態面からみて同一性のあることを確認のうえ、当社が便宜登記簿上の本店とは別の場所を当社の住所として取引をすること、かつ、その取引により銀行に損害が生じても当社がその責めを負う旨の「念書」の提出を求める。同一性が確認できなければ、架空会社のおそれもあるから、取引は差し控えるべきである。

**解 説**

### 1 会社の法的実在性

会社の住所は本店の所在地にあるものとされており（会社法4条）、会社は本店の所在地で設立の登記をすることにより成立する（同法49条、579条）。

すなわち、会社の法的実在性は、本店の所在地での設立登記によって生ずるもので、営業上の肩書地が登記簿上の本店所在地と異なっていても、当該会社の実在性が左右され、その存在が否認されるべきいわれはない（最判昭36.1.24民集15巻1号76頁）。つまり、会社が本店移転の登記をしないときでも、会社の法人格は消滅せず、会社はその移転の事実を善意の第三者に対抗できないだけである（同法908条）。したがって、登記簿上の本店所在地と実際の場所が異なっていても、定款、税務申告書等の資料、実地調査等により実質的に同一のものであることが認められれば、会社の存在を否定できない。しかし、本店の所在地は登記事項であり（同法911条3項3号、912条3号）、銀行が登記簿上と実際とが異なることを知った以上は、すみやかに実体と登記とを一致させるべく変更登記を求めるべきである。

## 2 取引上の留意点・対応について

### (1) 本店を移転したが、変更登記が未了の場合

すみやかに変更登記手続を求めるのが望ましい。最小行政区画内の変更であれば、取締役会の決定事項であるが、区画外への変更は定款の変更が必要であり、株主総会の決議を要する。変更登記手続中に取引開始をする場合、これらの決議録（写し）を求め、変更登記後に、その登記事項証明書を添付して「本店移転届」の提出を求める対応とする。

### (2) 商法旧19条、20条による類似商号等のため実際の場所での登記ができなかった場合

定款（写し）、税務申告書（写し）等の資料の提出を求めるほか、実地調査等により、名称のみならず同名の会社の実在等実態面について調査し、実際の場所での会社と登記簿上の会社とが同一のものであることを確認したうえで、商業登記法29条に則した変更登記を求める。

### (3) やむをえず実際の本店が登記簿上の場所と符合しないまま取引を行う場合

会社の同一性は確認できたが、実際の本店が登記簿上の場所と符合しないまま、やむをえず取引を行う場合には、住所変更登記のできない理由およびその取引により銀行に損害が生じても当社がその責を負う旨を明記した「念

書」の提出を求める。なお、その念書の本店の肩書地は登記簿上の場所を記載し、あわせて登記事項証明書・印鑑登録証明書等の確認書類の提出を受ける。なお、同一性が確認できなければ、架空会社のおそれもあるから取引は差し控えるべきである。

(4) **実際の場所を営業所として利用している場合**
　登記簿上の本店との不一致について確認した結果、実際の場所が営業所にすぎないことが判明した場合、「営業所届」の提出を求める。

## 23 法人の代表者が通称を使用する場合には、どのような注意をすればよいか

**結　論**

　代表者の登記が通称によりなされている場合、代表者が通称を使うことは法人の意思に基づくものであるといえ、登記簿上でも公示されていることから、代表者名の通称を本名と考えて取引することはさしつかえないが、登記が代表者の本名でなされている場合は、通称名使用が法人の意思によるものか不明瞭であり、債権保全上危険があるので、原則として回避すべきである。

**解　説**

**1　代表者の登記が通称によりなされている場合**

　現在は、商業登記や法人登記において法人の代表者の氏名や住所を登記する場合、本名かどうか、現に住んでいる住所に間違いないかということは、登記所でチェックがなされている。これは、登記の効力により取引の相手方の保護を図るためである。株式会社の設立（合併組織変更による設立を除く）の登記および株式会社の代表取締役の就任（再任を除く）による変更登記の申請の際には、当該代表取締役の就任を承諾したことを証する書面や取締役会議事録の印鑑につき市区町村の作成した証明書を添付しなければならない（商登規則61条2項・4項）とされている。

　しかし、過去においてすでに代表者名が通称により登記されているケースがあり、その場合は、代表者が通称を使うことは法人の意思に基づくもので

あるといえ、かつ、登記簿上でも公示されているので、その法人に関する限り、代表者名の通称を本名と考えて取引してもさしつかえはなく、貸出取引を、登記されている通称で行っても、その者が実在している限り、まず危険はないといえる。しかしながら、できるだけ実名で取引すべきであり、本名による代表者変更登記を促すことも必要である。実名については、代表者の個人の印鑑証明などによって確認する。なお、もしも通称で取引するときには、約定言上に「通称何某こと本名」などと通称と本名との併記を求めるとともに、法人から、本名による署名のある「通称名使用届」および当該通称使用による代表者の行為はすべて法人が責を負う旨の「念書」の提出を求める。

## 2 登記が本名でなされている場合

代表者の登記が本名でなされているにもかかわらず、取引を通称名で行うのは、登記が通称でなされている場合とは異なり大きなリスクがある。代表者の通称名使用が法人の意思によるものかどうかが、登記されている場合と異なり、はっきりしないからである。さらに、代表者が通称を使用しているがために、法人が取引の効果について争ってきた場合、金融機関側が、通称の有効性や代表権の有無について立証をしなければならないが、その通称が社会的にかなり知られた通称でもない限り、立証はかなりむずかしいと思われる。したがって、登記が本名でなされている場合に、通称で取引を行うか否かは慎重に検討する必要があり、原則として応ずるべきではない。やむなく取引に応ずるときは、通称使用の理由を聞き出すとともに、事前に取締役会の承認をとっておく等、慎重に対処する。また、前記の「登記が通称でなされている場合」と同様に、法人から「通称名使用届」および「念書」（当該通称使用による代表者の行為はすべて法人が責を追う旨を記載する）の提出を求める。

## 24 取引先（株式会社）の代表者が更迭されたときは、どのように処理するか

**結　論**

更迭されたとしても、会社の人格に影響はないから、新代表者の選任手続や代表者変更登記を確認し、銀行取引上の代表者変更手続を行って、新代表者と取引を継続することになる。ただし、実務的には、代表者更迭の原因や背景事情を慎重に調査する必要があり、事情によってはその後の取引に注意する必要がある。

**解　説**

### 1　代表者変更手続

更迭の場合でも、法律的には代表者変更の一態様であることから、当該取引先の商業登記簿の登記事項証明書を求めて新代表取締役の選任を確認する。なお、任期中の突然の辞任、解任の場合などは、株主総会議事録（写し）、取締役会議事録（写し）等の提出も求めてその経過を確認しておく。なお、前記の資料のほかに、通常の代表者変更の場合と同様に新代表取締役の印鑑登録証明書等を添付した「代表者変更届」の提出を求める。更迭の場合、通常は直ちに取締役会で後任の代表取締役が選任され、それ以後は新代表取締役名で会社の行為がなされることとなるので、商業登記簿の登記事項証明書によって代表者変更の年月日とその登記の年月日を確認しておく。

### 2　旧代表取締役名義で行われた取引

新代表取締役が選任された後、あるいは旧代表取締役が解任された後に旧代表取締役の名でなされた行為は無効であるが、前記変更の事実が登記されるまでは、会社はその無効をもって善意の第三者に対抗することができない（会社法908条1項）。また、第三者がその登記事実を正当の事由によって知らなかった場合にも、その第三者に対して無効を主張できないものとされている。ただし、金融機関がこの善意の第三者と認められるかは疑問があるので、旧代表取締役の名義での行為や手形・小切手の振出などは、新代表取締

役からの追認が得られない限り、有効な行為として扱うことは回避すべきである。

### 3　旧代表取締役の個人保証や個人所有物件に対する担保の取扱い

更迭に伴って、解約申出があっても当然にこれに応ずることはない。しかし、個人保証、物上保証が存続しているような場合において、退任後に発生した会社の債務を担保し続けるか否かは疑問があり、後日のトラブル発生の原因ともなりかねないので、引き続き、その責任を求めるか、旧代表取締役の人的・物的保証を解除して新代表取締役の保証・物上保証を求めるか、両者あるいは会社の意思をも確認して、その要否を定める必要がある。

### 4　実務上の注意点

実力者役員への経営権移譲や経営者一族内での経営移譲であれば、一般に起きうることであり、それほど注意は必要ないことと思われるが、任期中の辞任や解任など、突然の代表者更迭であれば、銀行取引上の信用に影響するなんらかの背景事情が必ずあるはずであり、新代表取締役その他の会社関係者に詳細な説明を求め、真相を確認しておく。

代表取締役の更迭の原因としては、①社内の経営権争奪や派閥に絡む経営紛争、②親会社や大口取引先の経営介入、③更迭された旧代表取締役の重大な事業上の失敗や背任行為等の社内不祥事件、④金融トラブル等がもとでの第三者による経営権の奪取などがみられる。これらの事由が交錯して存在することも多く、いずれも取引金融機関にとって看過できない事態である。

**(1)　社内の経営紛争による代表取締役更迭の場合**

新代表取締役選任によって必ずしも落着するわけではなく、更迭された旧代表取締役が解任決議や新取締役選任決議の無効確認訴訟を提起し、新代表取締役の職務執行停止・職務代行者選任の仮処分（民事保全法23条2項）を申請するなど抗争が続き、会社の事業にとっての重大なマイナス要因となることがある。

**(2)　旧代表取締役の事業上の失敗や放漫経営、背任、横領行為**

社内不祥事件は、秘匿されることも多く、社長更迭などで明るみに出たと

きは、会社の資金繰りを悪化させていることもあるので、新代表取締役からの融資依頼に対しては、使途、事業計画や経理内容を念入りに確認すべきである。

(3) **金融トラブル等がもとで第三者により経営権が奪取されたような場合**
　金融トラブルが原因で、事業継続が困難となることが多いので、事実関係の把握につとめ、会社や新代表者の動向には引き続き注視が必要である。

# 第2章

## 個人との取引

## 第1節
# 取引の開始

**25** 制限行為能力者と取引を行う場合、どのようなことに注意すべきか

**結　論**

制限行為能力者と取引を行った場合、当該取引が取り消されるおそれがある。したがって、取引先の行為能力に疑義がある場合には、法定後見制度の利用の有無を確認のうえ、利用している後見制度手続に従った対応を行う必要がある。

**解　説**

### 1　法定後見と任意後見

　法定後見には3種類ある。補助（民法15条：事理弁職能力が不十分）・保佐（同法11条：事理弁職能力が著しく不十分）・後見（同法7条：事理弁職能力を常時欠いている）である。一方、現状は判断能力を有しているが、将来判断能力欠如の状況となることに備えて事前に後見人を指名する制度として任意後見制度（任意後見契約に関する法律）がある。

### 2　法定後見制度の手続上のメリット

　法定後見制度については、平成12年4月から新制度がスタートしたが、その前は（準）禁治産制度があった。しかし、その宣告を受けるには、前提となる精神鑑定に30万円から50万円の費用がかかるうえ、3カ月以上の期間を要して戸籍に記載されることから制度の利用が敬遠されていた。しかし、新制度については、東京法務局1局での登記となり、最高裁判所が作成している成年後見制度の手引には、鑑定書の書式、ガイドライン、記載例が示されているので、精神鑑定も鑑定書を書きやすくなっている。また、鑑定期間が1カ月程度、費用も10万円程度になっているため、申請者の負担もかなり緩

和されている。このため、新制度の利用数は、東京家庭裁判所の場合、従前より増加している（判タ1055号87頁）。

### 3 取引上の注意事項

#### (1) 成年被後見人と取引をする場合

成年被後見人と取引をする場合は、日用品の購入その他日常生活に関する行為を除いて成年後見人と取引をしなければならない（民法9条）。銀行取引については、「日用品の購入その他日常生活に関する行為」に含まれるとは考えにくいことから、常に成年後見人と取引することになる。また、成年後見人が、成年被後見人にかわって、その居住用の建物・敷地を売却、賃貸、使用貸借、賃貸借の解除、抵当権・譲渡担保の設定等をする場合には、家庭裁判所の許可が必要である（同法859条の3）点に注意が必要である。成年被後見人の重要な財産であるし、成年後見人による権利濫用の可能性もあるからである。

#### (2) 被保佐人・被補助人と取引をする場合

保佐人が選任されている場合、借財や保証、不動産その他重要な財産の処分などを行う場合には、保佐人の同意を得ないと、取消しの対象となる（同法13条1項・4項）。

補助人が選任されている場合、被補助人と取引をするにあたっては、補助人の同意を要する旨の審判を受けた特定の法律行為について、補助人の同意を得ないと、取消しの対象となる（同法17条1項・4項）。

また、家庭裁判所は、保佐人・補助人等の請求により、被保佐人・被補助人のために特定の法律行為について保佐人・補助人に代理権を付与する旨の審判をすることができる（同法876条の4、876条の9）。したがって、代理権が与えられている場合は、保佐人・補助人と取引を行う必要がある。

被保佐人、被補助人の居住用の建物・敷地を売却等する際については、成年被後見人の場合と同様、家庭裁判所の許可が必要である（同法876条の5第2項、876条の10第1項）。

#### (3) 任意後見人と取引をする場合

任意後見契約は、任意後見監督人が任命されてはじめて効力を生じる（任

意後見契約に関する法律2条1号)。したがって、任意後見人との取引にあたっては、家庭裁判所による任意後見監督人の選任審判を確認し、任意後見契約の効力の発生を確認する。そして、任意後見人の代理権の範囲については登記事項証明書により確認することになる。登記事項証明書の記載を確認して任意後見人と取引をすれば、仮に任意後見人の代理権が消滅していたとしても、本人は取引の相手方に対して当該行為が本人に対して効力を生じない旨の主張をすることができない（同法11条）ので、金融機関が不利益を受けることはないと考えられる。

## 26 高齢者と取引を行う場合、どのようなことに注意すべきか

### 結　論

　取引先が高齢者である場合、当該高齢者が成年後見制度を利用しているか否かで異なった対応が必要である。当該高齢者が成年後見制度を利用しているのであれば、基本的には成年後見制度にのっとった取引を行えばよい。

　当該高齢者が成年後見制度を利用していない場合には、面談等を通じて意思能力の存否を見極めなければならず、判断には困難を伴う。さまざまな要素を総合考慮して意思能力の存否について判断し、その過程については可能な限り証拠として残すべきである。事理弁識能力に問題があると判断される場合には、法定・任意の後見制度を利用してもらうよう申し入れるべきである。

### 解　説

#### 1　成年後見制度を利用している場合

　取引先が成年後見制度を利用している場合には、当該制度に従って手続を進めればよい。

#### 2　成年後見制度を利用していない場合

　高齢者との取引においては、後日、取引時点で本人の意思能力がなかった

と申し出られたとき、当該高齢者との取引が無効とされるおそれがあるので、注意する必要がある。したがって、当該高齢者の意思能力の確認とその記録がきわめて重要となる。

　高齢者の意思能力の確認にあたっては、高齢者本人にできる限り多くのことを話させ、金融機関担当者は「聞き役」に回ることも重要である。これにより、高齢者のいっていることが不自然であったり、判断内容がおかしかったり、矛盾したことをいったりしていないか、チェックができるからである。そして、これらの面談の様子を記録に残したり、金融機関側の職員の対応を複数で行うことも重要と考えられる。

　高齢者との取引において、後日問題となる可能性が高いものの一つが、相続人からのクレームである。高齢者自身が自由な意思で判断して取引した場合であっても、その相続人が当該取引にクレームを申し立ててくることもままあるからである。そこで、このような事態を回避するためには、取引の開始にあたり、推定相続人から同意書を徴求することが考えられる。もっとも、推定相続人から同意書を徴求できるからといって、意思能力に問題のある高齢者と取引を進めてよいということではなく、意思能力に問題がある場合は、法定・任意の成年後見制度を利用するよう申し入れるべきである。

## 27　2人以上の者から連名の預金口座開設の申出があった場合、どうすればよいか

**結　論**

　連名預金取引は法律関係が複雑になり、金融機関に困難な法律判断が要求されるおそれがあることから、連名預金の申出があった場合には、原則として謝絶すべきである。取引先より連名預金口座開設の強い要請がある場合もその動機・必要性を吟味し、他の方法によって達成できないか検討すべきである。やむをえず連名預金口座にする必要がある場合には、払戻し、差押え、相続、相殺といった場面における取扱いについて、取引先との間で明確にしておくべきである。

━━━━━━━━━━━━ 解　説 ━━━━━━━━━━━━

## 1　連名預金が行われるケース

連名預金がなされるケースとしては、以下のようなものが考えられる。
(1)　本契約の成立まで証拠金等を連名預金とするケース
(2)　遺産分割協議が調うまで共同相続人の連名預金とするケース
(3)　資金を出し合って一口の連名預金とするケース
(4)　親が複数の子名義の連名預金を作成するケース
(5)　共同事業のための出資金を連名預金とするケース
(6)　損害が発生した場合の賠償金をあらかじめ連名預金としておくケース
(7)　グループで宝くじを買う資金を連名預金とするケース

## 2　連名預金の預金者の認定

　預金者の認定について、判例はその名義や預金の預入行為をしたものに関係なく、いわゆる出捐者をもって預金者とみる見解（客観説）を採用しており、このことは連名預金の場合においても変わらないと考えられる。
　なお、最判昭和62年12月27日（金法1189号27頁）は、共同の目的によって結合的存在となっていた甲および乙がその共同目的を達成する手段として連名で銀行に預け入れた定期預金につき、このような共同目的下にある債権は、甲、乙に「合有的に帰属する」とし、片方の持分のみを差押えの対象とした差押えを無効と判断しているが、これは一般的な判断を示したものではなく、預金者の認定についてはその態様により個別具体的に判断されるため、この判決の考え方を一般化することはできない。

## 3　連名の預金口座開設の申出を受けた場合の注意点

### (1)　**連名預金にする理由を聞くこと**

　連名預金といっても、共有関係に当たるといえるもの、合有関係に当たるといえるもの、実質的には単独所有といえるものなどさまざまな種類がある。そのため、連名の預金名義口座開設の申出があった場合には、その事情をよく聞き、上記のどの種類の預金であるかを事前に把握しておくことが重要である。その際に、聴取した内容が正しいのかどうかについては裏付け資

料によって確認し、そのコピーは後日のために保管しておくべきである。

**(2) 他の方法によることはできないか確認してみること**

連名預金の場合は法律関係が複雑であり、金融機関の取扱いに際しても煩雑な対応が要求される。したがって、連名預金にする必要性を吟味し、顧客から事情を聴取した結果、連名預金にしなくても目的が達成できる場合には、単名預金での対応とすべきである。

**(3) 念書の提出を受けること**

事情を聞いたうえでやむをえず連名の預金口座開設を受ける場合には、預金者全員から連名で念書を差し入れてもらう。念書の内容としては、たとえば「①預金の払戻しは全員の連名でなければ行えない（一部の名義人による分割請求はできないこと）、②全員の届出印が押捺してある限り、金融機関が払い戻しても異議のないこと、③金融機関が連名預金者の１人（または数人）に対して融資をしている場合、当該預金全額と相殺をしても各自は何ら異議を述べないこと」といった内容が考えられる。

## 28 未成年者と取引をする場合には、どのような注意をすべきか

**結　論**

普通預金取引については、未成年者に不相応な金額でない限り、成年者と同様に取引の相手方としてよい。それ以外の取引については、原則として法定代理人と取引するか、あるいはその同意を得て未成年者と取引する。同意の取得にあたっては、後日の紛争を避けるため、同意する取引の内容を明記した同意書に法定代理人の記名・押印を受けるべきである。

――――― 解　説 ―――――

## １　未成年者の法律行為

**(1) 未成年者とは**

未成年者とは20歳未満の者をいい（民法４条）、単独で有効な法律行為をすることができない制限行為能力者であるが、例外として、未成年者でも婚

姻した者は成年者とみなされる（同法753条）。また、営業を許された未成年者は、その営業に関しては成年者と同一の行為能力を有するので（同法6条1項）、たとえば、飲食業の営業を許可された未成年が飲食店の開業資金の借入れを行う場合については親権者の同意は不要である。営業の許可の有無は未成年者登記簿（商登法6条2号、35条1項）の謄本で確認する。

(2) **未成年者の法律行為**

　未成年者が法律行為をするにはその法定代理人の同意が必要であり、法定代理人の同意なく行われた法律行為は取り消しうる（同法5条1項・2項）。そのため、未成年者と取引する場合は法定代理人を未成年者の代理人として取引の相手方とするか、取引のつど、法定代理人の同意を確認する必要がある。ただし、未成年者が単に権利を得、義務を逃れる行為や法定代理人が目的を定めて未成年者に処分を許した財産（小遣い等）の処分については、法定代理人の同意は不要であり（同条1項・3項）、金融機関との取引においては、普通預金の預入れや未成年者にとって分相応な金額の預金の払戻しなどは、特段、法定代理人の同意を必要としないものと思われる。

## 2　未成年者の法定代理人との取引上の注意

(1) **未成年者の法定代理人**

a　親　権　者

　未成年者の法定代理人は第一に親権者（実父母、養子の場合は養父母）である。父母の婚姻中においては親権は共同行使するのが原則であるため、取引を行う際は原則として父母双方の記名・押印が必要となる。父母の一方に親権を行使できない事由（後見開始や親権喪失等の法律上の理由、または行方不明や長期不在等の事実上の理由）がある場合は、他方が単独で親権を行うことができる（民法818条3項）。もっとも、父母の一方が他方に無断で未成年の子を代理して担保提供を行った場合に、かかる担保提供は無効であるとした判例（最判昭42.9.29）もあるため、何らかの理由により一方の親権者の同意が確認できない場合は「父海外滞在につき」などと理由を明記しておくべきであろう。

　また、父母が離婚した場合や一方が死亡した場合は父母の一方が単独の親

権者となる。
　b　未成年後見人
　父母の死亡等により未成年者に対し親権を行う者がいないときや、親権者が管理権を有しないときは未成年後見人が親権者にかわり法定代理人となる。未成年後見人が複数いる場合には、金融機関が取引の相手方とするのは未成年後見人のうちの1人でよいが（同法857の2第5項）、財産管理権について事務分掌の定めがなされる場合もあるので（同法857条の2第3項）、登記事項証明書により相手方とする未成年後見人の権限に制限がないか確認すべきである。未成年後見人が法人の場合は、法人の代表者と取引を行う。


〔書式1〕　未成年者の法定代理人との取引

```
住所
未成年者氏名
住所
上記法定代理人
親権者　父　　　　　　　㊞
親権者　母　　　　　　　㊞
（未成年後見人　　　　　㊞）
```

〔書式2〕　法定代理人の同意書

```
                              平成　年　月　日
　　　　御中
                    住所
                    親権者　父　　　　　　　㊞
                    親権者　母　　　　　　　㊞
                    （未成年後見人　　　　　㊞）
未成年者　　　　　が貴行との間で下記取引をすることについて同意
します。
1.
2.
```

第1節　取引の開始

c 児童相談所長

「一時保護中の児童」「里親等に委託中の児童」で、親権者や未成年後見人がいない場合、親権を行う者または未成年後見人が選任されるまでは、児童相談所長が親権を代行することがある（児童福祉法47条2項）。取引を行う場合は、未成年者に親権者や未成年後見人がいないことを戸籍謄本や登記事項証明書等で確認し、真にやむをえない事情がある場合に限るべきであろう。

## 29 後見開始の審判を受けた者と取引する場合には、どのような注意をすべきか

**結論**

家庭裁判所による後見開始の審判を受けた者は成年被後見人となり、意思無能力ないしそれに近い状態であるため、成年後見人の同意なく行われた法律行為は常に取消しの対象となる（日常生活に必要な行為を除く）。よって、必ず成年後見人と取引すべきである。

――――― 解 説 ―――――

### 1 成年被後見人とは

成年被後見人とは「精神上の障害により事理を弁識する能力を欠く常況にある者」で、家庭裁判所の後見開始の審判を受けた者のことをいい、成年被後見人には成年後見人が付される（民法8条）。成年後見人は、成年被後見人の財産管理権および代理権を有する（同法859条）。成年被後見人の行為は日用品の購入その他日常生活に関する行為を除き、常に取り消すことができる（同法9条）。

### 2 取引上の注意と手続

(1) **取引開始時**

成年被後見人と取引を開始するとき、または既存の取引先について後見開始の審判があったときは、「登記事項証明書」（または「審判書および確定証明書」）の提出を受け、成年後見人および成年被後見人の本人確認を行い、成

年後見制度の利用に係る所定の届出書の提出を受ける。

(2) **取引時の注意**

すでに述べたとおり、成年被後見人の法律行為は日用品の購入その他日常生活に関する行為を除き、常に取り消しうるので（民法9条）、金融機関は必ず成年後見人と取引すべきである。成年被後見人が日用品の購入に必要な金額を普通預金から出金することについては成年後見人の同意は不要であるとも考えられるが、金融機関が当該出金を「日用品の購入その他日常生活に関する行為」として妥当であるか判断することは困難であるし、安易に出金に応じた場合、成年後見人からクレームを受ける懸念もあることから、必ず成年後見人に確認したうえで判断すべきである。

また、成年後見人が複数いる場合は、代理権について共同行使や事務分掌の定めがなされることがあるので（同法859条の2）、登記事項証明書等により成年後見人の代理権の内容と範囲を確認し、その取引について代理権を有する成年後見人と取引する必要がある。

共同行使の定めがある場合は、原則として共同行使すべき成年後見人全員の記名・捺印により取引を行う。また、成年後見人が法人の場合は（同法843条4項）、法人との取引と同様に法人の代表者の記名・捺印により取引を行う。成年後見人と本人の利益が相反する場合については、〔46〕参照。

## 30 保佐開始の審判を受けた者と取引をする場合には、どのような注意をすべきか

**結　論**

保佐開始の審判を受けた者は被保佐人となり、金融機関との取引のほとんどに保佐人の同意が必要となる。保佐人に代理権が付与されている行為については保佐人を代理人として取引することもできる。

━━━━━ 解　説 ━━━━━

## 1　被保佐人の法律行為

### (1)　保佐人の同意権

　被保佐人とは「精神上の障害により事理を弁識する能力が著しく不十分な者」で、家庭裁判所の保佐開始の審判を受けた者をいい（民法11条）、被保佐人には保佐人が付される（同法12条）。

　被保佐人は成年被後見人と同様に、日常生活に関する行為は単独で有効になしうるが、元本の領収、借財・保証、不動産その他重要な財産の権利の得喪等の行為、および、このほかに審判で定められた行為については、保佐人の同意を得る必要があり、保佐人の同意を得ないで行われた場合は取り消しうる（同法13条）。よって、金融機関が被保佐人と取引を行う場合は、原則として保佐人の同意を確認すべきである。

### (2)　保佐人の代理権

　保佐人は成年後見人と異なり、当然には代理権をもたないが、被保佐人、配偶者、親族、保佐人等の申立てにより、家庭裁判所が被保佐人の特定の法律行為について保佐人に代理権を付与する審判をすることがある（同法876の4）。保佐人に代理権が付与された取引については、保佐人と取引することができ、代理権の範囲は登記される。

## 2　取引上の注意と手続

### (1)　取引開始時の手続

　被保佐人との取引を開始するとき（または取引先に保佐開始の審判があったとき）は、「登記事項証明書」（または「審判書」および「確定証明書」）の提出を受け、同意権・代理権の内容を確認する。同意権・代理権の内容は個々の審判によって異なるので個別に確認し、不明な点があれば保佐人に確認するなどして、その後の取引（手続）が円滑にできるよう配慮することが望ましい。

### (2)　取引時の注意

　被保佐人本人と取引する場合は、金融機関との取引のほぼすべて（預金の払戻し、借入れ、担保設定など）が保佐人の同意を必要とする行為に該当する

ので、取引のつど、保佐人の同意を書面等で確認する必要がある。

　保佐人が代理人として取引する場合は、登記事項証明書等により、代理権の内容と範囲をよく確認し、同意による取引か代理による取引かを識別したうえで、それに適した方法により取引を行う必要がある。

　なお、日常生活に関する行為については、法律上、保佐人の取消権・同意権の対象外とされているが、各取引が日常生活に関する行為かどうかは必ずしも明確ではない。そこで、たとえば、日常生活に利用する預金口座を定めたうえで、その口座の取引については本人単独で取引を行う旨の届出をあらかじめ行っておくことなどが提唱されているが、その場合でも、取引のつど、金額が多額すぎないか確認する必要があると思われる。

　なお、代理権の行使について共同行使の定めがある場合、保佐人が法人の場合の記名・捺印は、成年後見人の場合と同様である。また、保佐人と本人の利益が相反する場合については、〔46〕参照。

## 31　補助開始の審判を受けた者と取引をするには、どのような注意をすべきか

### 結　論

　補助開始の審判を受けた者は被補助人となる。被補助人と取引を行う場合には、補助人の同意を得て本人と取引をする。また、補助人に代理権が付与された場合には、補助人と取引することもできる。同意権・代理権の内容と範囲をよく確認し、同意による取引か代理による取引かを識別したうえで取引を行う必要がある。行為によっては被補助人が単独で取引する方法、補助人が代理人として取引する方法のいずれも可能な場合がありうる。

### 解　説

1　被補助人の法律行為
(1)　**補助人の同意権**
　被補助人とは「精神上の障害により事理を弁識する能力が不十分である者」で、家庭裁判所の補助開始の審判を受けた者をいう（民法15条）。被補

助人には補助人が付される（同条）。補助開始の審判では、被補助人の特定の法律行為について、補助人の同意を得ることを要すると定めることができる（同法17条）。ただし、補助人の同意を要する行為は、上記の民法13条1項各号の行為の一部に限られる。補助人の同意を要する被補助人の行為は補助人の同意がないと取り消しうるので、これに該当する取引については補助人の同意を確認することが必要である。

### (2) 補助人の代理権

補助人は成年後見人とは異なり、当然には代理権をもたないが、家庭裁判所は、被補助人、配偶者、親族、後見人・保佐人・補助人等の請求により、被補助人の特定の法律行為について補助人に代理権を付与する審判をすることがある（同法876条の9）。家庭裁判所が特定の法律行為について代理権を与える審判をしたときは、補助人はその行為についてのみ代理権（法定代理権）をもつ。代理権の範囲は登記される。補助人が代理権を付与された場合にも被補助人自身が代理権の対象となる行為を行うことは可能である。したがって、補助人に代理権が付与された取引については、本人たる被補助人を相手に取引を行うことができるほか、法定代理人である補助人と取引することもできることになる。

なお、補助人が被補助人にかわって居住用不動産（建物・敷地）について売却、抵当権の設定等の処分を行うには、家庭裁判所の許可を得なければならない（同法876条の8第2項による859条の3の準用）。

## 2 取引上の注意と手続

### (1) 取引開始時の手続

被補助人との取引を開始するとき（または取引先に補助開始の審判があったとき）は、「登記事項証明書」（または「審判書」および「審判確定証明書」。以下同じ）とともに、本人および補助人から成年後見等に関する届出書の提出を受け、「登記事項証明書」により、同意権・代理権の内容を確認する。同意権・代理権の内容は個々の審判によって異なるので個別に確認し、不明な点があれば補助人に確認するなどして、その後の取引（手続）が円滑にできるよう配慮することが望ましい。

(2) **取引時の注意**

　被補助人と取引を行う場合には、同意を要する行為については補助人の同意を書面等で確認したうえで本人と取引することになる。

　補助人に代理権が付与された取引は、補助人と取引することもできる。補助人との取引は、補助人に代理権があることを登記事項証明書で確認したうえで、本人のために補助人が取引することを補助人が明示して取引を行う。

　なお、日常生活に関する行為については、法律上取消権・同意権の対象外とされているが、各取引が日常生活に関する行為かどうかは必ずしも明確ではない。そこで、たとえば、日常生活に利用する預金口座を定めたうえで、その口座の取引については本人単独で取引を行う旨の届出をあらかじめ行っておくことなどが提唱されているが、その場合でも、取引のつど、金額が多額すぎないか確認する必要があると思われる。

　補助の場合、本人の行為について補助人が同意する場合と、補助人が法定代理人として取引する場合との双方がありうるので、登記事項証明書等により、同意権・代理権の内容と範囲をよく確認し、同意による取引か代理による取引かを識別したうえで、それに適した方法により取引を行う必要がある。補助人の同意権の範囲と代理権の範囲との間にずれがあり、行為によっては被補助人が単独で取引することも、補助人が代理人として取引することのいずれでも可能な場合がありうる。このような場合には、特に補助人に代理権が与えられていることを重視して、金融機関としては基本的に補助人と取引を行うべきであろう。

　なお、代理権の行使について共同行使の定めがある場合、補助人が法人の場合の記名・捺印は、成年後見人の場合と同様である。また、補助人と本人の利益が相反する場合については、〔46〕参照。

## 32 成年後見監督人、保佐監督人、補助監督人が選任された場合には、どのような注意をすべきか

**結論**

　成年後見監督人、保佐監督人、補助監督人は、成年後見人、保佐人、補助人の監督のほか、急迫の事情がある場合に、必要な処分を行うこと等がある。また、利益が相反する行為について被後見人、被保佐人、被補助人を代表することも可能である。成年後見人が民法13条1項各号にあげる行為（元本の受領・利用を除く）をする場合には、後見監督人の同意を得る必要がある。

**解説**

### 1　成年後見監督人、保佐監督人、補助監督人共通の職務

　家庭裁判所は、必要があると認めるときは親族等の請求によりまたは職権で、成年被後見人に成年後見監督人、保佐人に保佐監督人、補助人に補助監督人を選任することができる（民法849条、876条の3、876条の8）。成年後見監督人・保佐監督人・補助監督人（あわせて「監督人」。以下同じ）は、下記の職務を行うこととされている（同法851条、876条の3第2項、876条の8第2項）。

① 　成年後見人、保佐人、補助人（あわせて「法定代理人」）の事務を監督すること
② 　法定代理人が欠けた場合に、遅滞なくその選任を家庭裁判所に請求すること
③ 　急迫の事情がある場合に、必要な処分をすること
④ 　法定代理人またはその代表する者と成年被後見人、被保佐人、被補助人（あわせて「本人」。以下同じ）の利益が相反する行為について、本人を代表すること

### 2　成年後見監督人固有の職務

　後見監督人が選任されている場合、成年後見人が被後見人にかわって営業もしくは民法13条1項各号にあげる行為（元本の受領・利用を除く）をするに

あたっては、後見監督人の同意を得なければならない（民法864条）。被後見人保護の観点から、特に重要な行為に関しては後見監督人の同意を得るものとしたものである。

## 3 取引上の注意

### (1) 法定代理人の監督

監督人による監督行為は法定代理人に向けられたものであり、法定代理人によってなされる個々の金融機関取引の際に監督人の承諾を得ることを要求するものではない。金融機関は、成年後見人を相手に取引をするか、保佐人、補助人と取引（代理・同意）を行えば足りる。

### (2) 法定代理人が欠けた場合の選任請求

法定代理人が死亡等により欠けたことを金融機関が知った場合には、監督人に対して新たな法定代理人の選任を請求するよう、促すことになろう。

### (3) 急迫の事情がある場合の必要な処分

法定代理人が欠けた場合や一時不在などの事由により職務を行うことができない場合に、本人または法定代理人を代理して、監督人自ら必要な処分を行うことができる。監督人から急迫の事情に基づく申出があった場合には、金融機関としては、監督人からの事態聴取を十分に行う必要がある。このときの監督人の申出が預金の解約や出金であった場合には、「急迫の事情」の該当性や真に「必要な処分」であるかについて特に慎重に検討する必要がある。

### (4) 利益相反取引

法定代理人またはその代表する者と本人の利益が相反する行為については、家庭裁判所より選任された特別代理人を相手に取引（代理人として取引する、または同意を得る）を行う必要があるとされているが（民法860条、874条の3第2項、874条の8第2項）、成年後見監督人が選任されている場合には、成年後見監督人が代理権を有する。また、保佐監督人、補助監督人がいる場合には、保佐監督人、補助監督人が被保佐人・被補助人を代表し、または被保佐人・被補助人がこれをすることに同意する。したがって、監督人が選任されている場合には、特別代理人を選任する必要はないことになる。

(5) 成年後見人の民法13条1項各号にあげる行為の同意

たとえば、預金の解約等は「重要な財産に関する権利の得喪を目的とする行為」（同法13条1項3号）に該当すると考えれば、後見監督人が選任されている場合、成年後見人は後見監督人の同意を得たうえで取引を行う必要がある。他方、元本の領収（同条1号）と考えれば、同意を得る必要はない。

そこで、成年後見監督人の選任を知った際には、成年後見人が単独で銀行取引をすることができる旨、成年後見監督人からあらかじめ包括的同意を得ておくか、成年後見人が成年後見監督人作成の同意書を持参のうえで金融機関に個々の手続を依頼するように成年後見人・成年後見監督人に徹底しておくべきである。

## 33 任意後見契約を締結している者と取引をするには、どのような注意をすべきか

**結論**

任意後見契約の内容により任意後見人の代理権の範囲が異なるため、公正証書や登記事項証明書により代理権の範囲を確認する必要がある。また、任意後見契約の効力が発生しているか否かを確認するために、登記事項証明書等により家庭裁判所が任意後見監督人を選任したことを確認する必要がある。

**解説**

### 1 任意後見契約とは

任意後見契約とは、自分の判断能力が低下した場合に生活・療養監護・財産管理についての一定の範囲の代理権を任意後見人に付与することを、委任者と受任者との間であらかじめ契約するものをいう。「任意後見契約に関する法律」（以下「任意後見契約法」という）を根拠とする制度であり、任意後見契約は任意後見委任者（本人）と任意後見受任者との間で公正証書の方法で締結する必要がある（同法3条）。そして「後見登記等に関する法律」があり、嘱託または申請によって登記される（同法5条）。

## 2 任意後見契約の効力発生時期と任意後見人の権限

任意後見契約は、契約締結後に家庭裁判所が本人の判断能力が不十分な状況にあることを認めて、任意後見監督人を選任したときにはじめて効力を生じる（任意後見契約法2条1号）。また、任意後見人の権限は、代理行為目録等に記載された行為に限られる。

## 3 委任契約と任意後見契約

任意後見契約の利用の仕方にはいくつかの方法がある。任意後見契約締結直後に契約の効力を発生させる方法、将来判断能力が低下した場合に任意後見契約の効力を発生させる方法等がある。比較的よくみられるのは、本人と任意後見受任者との間で、本人の判断能力の低下前においては、財産管理等の事務を委託する通常の「委任契約」、本人の判断能力の低下後においては、任意後見監督人の選任時から任意後見受任者が任意後見人として代理権を行使する「任意後見契約」、という二つの契約を一つの公正証書で締結する方法である。

この委任契約から任意後見契約に移行する方法をとる場合、任意後見監督人の選任の有無を確認することで「委任契約」と「任意後見契約」のいずれが効力を有しているのかを確認する必要がある。任意後見監督人の選任は、本人、配偶者、四親等以内の親族または任意後見受任者の申立てにより、家庭裁判所が行い、任意後見監督人が選任されると登記される。

## 4 取引上の注意と手続

### (1) 取引開始時の手続

任意後見契約の効力が発生した先との取引を開始するとき（または取引先に任意後見契約の効力が発生したとき）は、「登記事項証明書」（または「審判書」および「審判確定証明書」。以下同じ）とともに、任意後見人から成年後見等に関する届出書の提出を受け、「登記事項証明書」により、代理権の内容を確認する。

任意後見人が複数選任される場合があり、複数の任意後見人の事務について共同行使または事務分掌の定めがなされることもありうる。代理権の行使

について共同行使の定めがある場合には、法人の共同代表の場合に準じて記名・捺印し、任意後見人が法人である場合には、法人との取引と同様に法人の代表者が記名・捺印する。

代理権の内容は個々の審判によって異なるので、個々に確認し、不明な点があれば届出人に確認するなどして、その後の取引（手続）が円滑にできるよう配慮する必要がある。

(2) **取引時の注意**

任意後見監督人の選任により任意後見契約の効力が生じている場合とは、裁判所が「精神上の障害により本人の事理弁識能力が不十分な状況にある」と判断した場合であるため、金融機関は、任意後見開始後は、本人ではなく、任意後見人を相手方として取引を行う必要がある。任意後見人の代理権の範囲は、任意後見契約書の写しまたは任意後見登記に係る登記事項証明書で確認する。

また、任意後見監督人は、任意後見人またはその代表する者と本人の利益が相反する行為については、本人を代表するため（同法7条1項4号）利益相反取引に該当する場合には、金融機関は任意後見監督人を相手に取引を行う必要がある。

## 34 精神保健及び精神障害者福祉に関する法律に基づく保護者からの取引申出があった場合、どのような注意をすべきか

**結　論**

保護者は、精神障害者の「財産上の利益を保護」することはできるが、財産を処分する権限はない。したがって、保護者による精神障害者の預金の払戻しは、財産を処分する行為であり、このような取引は謝絶しなければならない。したがって、原則としては、取引開始時に、預金者本人である精神障害者と面談するなどして判断能力を確認し、本人の判断能力に疑義がある場合には、保護者には預金の払戻権限がないことを説明のうえで、成年後見人など財産の管理処分権がある者を選任してもらうよう、要請すべきである。

## 解　説

　「精神保健及び精神障害者福祉に関する法律」によれば、精神障害者については、後見人・保佐人・配偶者・親権者・扶養義務者のほか、市町村長が「保護者」となり（同法20条、21条）、「保護者」は以下の義務を負うとされている（同法22条）。

① 精神障害者に治療を受けさせ、精神障害者の財産上の利益を保護しなければならない（同法22条1項）
② 精神障害者の診断が正しく行われるよう医師に協力しなければならない（同法22条2項）
③ 精神障害者に医療を受けさせるにあたっては、医師の指示に従わなければならない（同法22条3項）

　保護者は、精神障害者の「財産上の利益を保護」しなければならないとされている。このため、保護者は、精神障害者の障害者年金等を受給するための手続を代行することができることから、その一環として、金融機関においては、保護者から障害者年金等の受取りのための預金口座の開設依頼を受けるケースが考えられる。

　預金口座の開設については、障害者年金等の受給に関するものであり、精神障害者の「財産上の利益を保護」する行為に当たると考えられるが、一方で、預金の払戻しについては、精神障害者の財産を処分する行為といえ、「財産上の利益を保護」する行為には当たらないと考えられる。保護者が、精神障害者を監護する義務を負うからといって、精神障害者の財産を処分できる権限があるというわけではない。したがって、保護者が法定代理人を兼ねるといった事情がない限りは、保護者による精神障害者の預金の払戻しには、原則として応じることはできない。

　実際に、精神障害者の医療費用・入院費用・生活費用として必要であるといった理由で、保護者から預金の払戻依頼を受けることもあると考えられるが、保護者には預金の払戻権限がないことを十分に説明し理解を得たうえで、預金者本人である精神障害者と面談するなど判断能力を確認しつつ、本人との取引を行うべきである。本人の判断能力に疑義があると考えられる場合には、緊急を要しない限り、成年後見人など財産の管理処分権がある者を

選任してもらうよう要請すべきである。

## 35 病人と取引する場合には、どのような注意をすればよいか

**結論**

一口に、病人といってもいろいろな人がいる。法定・任意後見を受けている人であれば、これは、「制限行為能力者との取引」ということになる。しかし、たとえ制限行為能力者でないとしても、取引の相手方のかたちはいろいろであり、実質的に納得のできる取引方法を考えざるをえない。ポイントは精神的な能力いかんということである。身体は不自由でも精神的な能力には問題がないという人との取引は、その人の意思をどのように確認し、後日の証拠として残すことができるかということである。録音テープや証人の確保の問題であろう。精神的な能力に問題がある場合は、法定・任意の後見制度を利用してもらうべきである。

**解説**

### 1 預金取引

預金や為替取引等、不特定多数の人を相手方とする取引については、現実の取引面で、特に注意すべきことは少ないと考えられるが、精神的な能力に問題があるような場合には、法定・任意の後見制度を利用してもらうべきである。

### 2 融資

融資の相手方に精神的な能力（意思能力）の面で問題がある場合は、［25］で述べたような法定・任意の成年後見制度を利用してもらうべきである。しかし、融資先がそのような方法をとることに応じず、かつ、取引に緊急性や必要性があるなど、金融機関がその取引を断りきれない場合に（断るのが安全で手っ取り早い方法であるが）、どのような方法が考えられるかということである。そのような融資先は、主治医がいたり顧問の弁護士がいることも少

なくないことから、金融機関としては、その主治医に、本人が精神的に安定しており意思表示可能な状態のときに、弁護士や家族とともに立ち会ってもらって、(顧問)弁護士を代理人として特定の融資を受けるという書面(委任状)を作成してもらうことが考えられる。後日のために、医師と弁護士には立会人として自署・捺印してもらう。その後は、弁護士を代理人として手続を進めればよいことになる。

## 36 通称、雅号による取引には、どのような注意をすればよいか

### 結論

差押え・相続発生時における紛議に巻き込まれることを回避するため、また、マネーローンダリング防止の観点から、通称・雅号名義の預金は基本的には慎むべきである。やむなく許容する場合であっても、通称、雅号による取引の場合は、本人Aが、その「通称、雅号であるB」を利用することを明らかにして、本名Aで取引する場合と同じような効果を生ずるようにしなければならない。金融機関の取扱いとしては、「A＝B」の処理をすることになる。通称使用届には、その旨を明記しておくべきである。税金逃れや差押逃れのための通称使用は認められない。

### 解説

自然人の場合、権利の主体はあくまでもAである。AがBという名称を使っても、権利・義務はAに帰属する。Aという取引名を使ってもBという取引名を使っても、権利・義務の帰属主体に変わりはない。金融機関としては、「通称使用届」を提出させて取引を行うべきである。混乱を避けるために、他にその住所・氏名で取引している者がいないことがその前提となる。Aが通称Bで取引している場合は、Aに対する振込金もBの口座に入金することになる。Aの滞納処分としての差押えの場合も、Aに対する裁判所の差押えの場合も、B名義の預金が差し押えられることになり、その旨を取引先にも十分に説明し、通称使用届にも「通称名義で行った取引の効果はすべて本人

に帰属する」旨を明確にしておくべきである。

## 37 商号（屋号）付の個人と取引する場合は、どのような手続を行い、何に注意するか

**結論**

　個人が商号を使用する場合、その商号（屋号）を付して取引することができる。商号が登記されていれば、登記事項証明書や登記簿謄本にて登記の内容（商登法28条）を確認できるため、登記の内容が実態と一致することを確認のうえ、取引を行えばよい。
　商号が登記されていない場合、預金取引では顧客の指定する商号を付して取引することもあるが、個人に相続が発生した場合、預金の帰属につき争いが生じることがある。また、融資取引では、その商号による事業を行っているか事実確認をすることになる。

―――――― 解　説 ――――――

### 1　商号の意義

　商号とは、「田中屋」「中村商店」「山田産業株式会社」のように、商人が、営業上、自己を表示するために使用する名称である。
　個人の場合は氏名を有しているので、営業をする場合に、その氏名を「商号」として使用することも可能だが、会社のような法人の場合は氏名を有さないので、必ず商号を定めなければならない。そして、その商号中に、「株式会社」「合同会社」等の文字を入れなければならず、かつ、他の種類の会社と誤認されるおそれのある文字を用いることはできない（会社法6条、会社法の施行に伴う関係法律の整備等に関する法律3条）。個人は、「会社」といった文字を使用できないが（会社法7条）、原則として、他人のすでに登記した商号であっても、その営業所の所在場所が同一とならない限りは（商登法27条）、自由に商号を定めることができる。そのため、取引の相手方の特定は慎重に行う必要がある。
　商号は、長年使用することによって、商号そのものが価値を有するように

なるため、取引の相手方の信用を測る目安となる。したがって、会社でない者は、商号中に会社と誤認される文字は用いることができないし（会社法7条）、また、不正の目的をもって、他の会社であると誤認されるおそれのある商号は使用できない（同法8条1項）。かかる規定に違反した場合、100万円以下の過料に処される（同法978条）。

## 2 商号の確認

法人と異なり、個人は商号を登記する義務はないが、登記している場合は、取引にあたって、その登記事項証明書・登記簿謄本にて登記の内容を確認しておくべきである。登記事項は、商号、営業の種類、営業所、商号使用者の氏名・住所である（商登法28条）。実態と相違がある場合は、事情を聴取し、実態と登記とを一致させてもらい、取引を行うべきである。

## 38 営業性個人が法人成りする場合には、どのような注意をすればよいか

**結 論**

取引先の営業性個人が法人成りする場合、新規に設立する法人が個人の事業を承継する一方、債務については当然に承継するわけではない。

よって、事業収入を得ることとなる法人に債務引受を行わせることを検討する必要があるが、この際、個人との利益相反取引になることに注意が必要である。

**解 説**

## 1 法人成りとは

法人成りとは、営業性個人が出資者（株主）となり、法人を設立し、当該法人に事業や資産を移転する手続である（個人病院から医療法人への法人成りが、よくみられる例である）。

## 2　法人成りによる影響

　法人成りにより、個人の負っていた債務が、当然に法人に引き継がれるわけではない。仮に、個人と法人との間で「個人の債務は法人が承継する」等の合意がなされていたとしても、それはあくまで当事者間での合意であり、債権者が拘束されるものではない（すなわち、当該合意の存在をもって、債権者が法人に対し、当然に債務の履行請求を行えるものではない）。

　一方、法人成りにより営業性個人の行っていた事業は、新規設立した法人が行うこととなるため、債務者たる営業性個人は、事業収入を得られなくなることとなり、債務の弁済に支障を生じる可能性が高い。

## 3　債権者のとるべき対応

　かかる点をふまえると、債権者としては、事業の譲渡を受けた法人に請求できるようにすべきである。それには、①法人に免責的債務引受を行わせる、②法人に重畳的債務引受を行わせる、③法人に新規貸金を実行し、当該貸金により個人の債務を弁済させる、という方法が考えられる。①の場合、個人は債務者ではなくなるため、個人宛にも請求できる余地を残すよう、個人から新規に保証を差入れさせたほうがよい。②であれば、個人、法人のいずれにも請求できることとなる。

　③の場合には、法人に新規に貸金を実行することとなるため、個人宛貸金のために徴求した担保・保証では、法人宛貸金は担保（保証）されない。新規に担保・保証を徴求する、という手段はあるが、他の債権者に担保権の順位が劣後する可能性があるし、また、再徴求時に担保提供者または保証人が危機時期にある場合、破産管財人に否認権を行使されるおそれがある（債務者自身が危機時期にある場合、借入れ自体を否認されるおそれもある）。よって、③の方法は、避けたほうが無難である。

　なお、①・②の場合には、法人が債務を負担する一方、個人（新規設立する法人の代表者になることが多い）は債務を免れることとなるため、取締役と会社との利益相反取引に該当することとなる（会社法356条1項）。よって、法人が債務引受を行うことにつき、株主総会における決議、または、取締役会設置会社の場合には取締役会決議（同条）がなされていることを確認する

必要がある。

## 4　既存の担保・保証への影響

### (1)　**法人が免責的債務引受を行う場合**（上記3①）

債務者が変更されることとなるので、債務引受に関し既存の保証人の同意がなければ、当該保証は有効に存続しないため、くれぐれも留意が必要である。担保については、債務者を個人から法人に変更し、根抵当権であれば被担保債権の範囲に引受債務を追加する必要がある。

### (2)　**法人が重畳的債務引受を行う場合**（上記3②）

債務者を、個人のみから、個人・法人の両者に変更する必要がある。また、根抵当権の場合、上記(1)と同様、被担保債権の範囲に引受債務を追加しなければ、当該根抵当権で、法人の引き受けた債務が担保されないこととなってしまうので注意が必要である。

## 39　連名で貸出取引をする場合には、どのような注意をすればよいか

**結　論**

連名による融資取引を行う際は、各人を連帯債務者として金銭消費貸借契約証書に署名・捺印させる。手形貸付の場合は、全員を共同振出人として、署名・捺印させる（手形法25条1項、31条1項）。しかし、実務としては、連帯債務者全員を相手にして融資取引を行うのは煩雑であるから（民法432～455条）、1人を債務者として、他の者は連帯保証人（同法454条、458条）とするほうがよい。

**解　説**

共同事業者同士で当該事業に関する資金調達がなされる場合や、二世帯住宅を建築する際に、親と子がともに債務者となるといった場合に、2名以上の者を連名として貸出取引が行われることがある。このような債務者を連名とする貸付取引における注意点は何か。

まず、債務者を連名として貸付を行うことは可能である。しかし、債務者を連名とする場合、連帯債務、不可分債務とするといった別途の合意を行わない限り、各債務者は平等の割合をもって義務を負うものとされている（民法427条）。この場合、複数の債務者が存在するものの、各債務は分割されているため、結局、金融機関としては各人に分割された債務について個別に請求することとなる。したがって、債権保全上の観点から、連名による貸出取引においては、各債務者がお互いの債務について責任をもつようにするため、当該債務は連帯債務である旨を明記するのが望ましい。

　複数の取引相手方を連帯債務者とした場合には、一つの債務について、複数の債務者がそれぞれ独立に全部の義務の履行をすべき義務を負担することになる。債権者である金融機関としては、債務者の1人に対して全額を請求することも、全員に対して同時に全額の請求を求めることもできる（同法432条）。この場合、債務者がお互いに他の債務者の債務を保証したのと同じ効果を得ることができる。

　ただし、各債務者を連帯債務者とした場合でも、以下のような問題点が残ることになる。

① 時効の中断に関して、請求以外の事由（承認・差押え・仮差押え・仮処分等）については、他の債務者に対して効果が及ばない（同法274条）
② 連帯債務者のうち1人に対して債務の免除を行った場合、当該連帯債務者の負担部分について、他の連帯債務者が負う債務についても債務を免れることとなる（同法437条）
③ 連帯債務者の1人について時効が完成した場合、当該連帯債務者の負担部分について他の連帯債務者も義務を免れることとなる（同法439条）
④ 債権譲渡を行う場合、対抗要件を具備するためには、債務者全員に対する通知・承諾を備える必要がある（同法440条）
⑤ 契約条件の変更を行う場合、一部の連帯債務者との間で合意しても他の連帯債務者に対しては変更の効力が及ばない（同条）

　上記の問題に対処するために、連帯債務というかたちではなく、取引の相手方の1人を債務者とし、他の相手方を連帯保証人とする方式をとることも考えられる。連帯債務者も連帯保証人もすべての債務について履行する義務

を負う点に変わりはない。しかし、連帯債務と比べて、以下のような点で債権管理上の利点がある。
① 時効の中断に関して、主債務者に対する時効の中断の効力は連帯保証人に対して効力が及ぶ
② 連帯保証人に対する保証債務を免除しても、主債務には影響がない
③ 連帯保証では、主債務の譲渡の効果は連帯保証債務にも及ぶ
④ 契約条件の変更を行う場合、連帯保証人の負担を重くする変更でなければ、主債務に関する契約変更の効果は連帯保証人へも及ぶ

　以上のような利点があることから、実務上は複数の相手方と貸出取引を行う場合には、それぞれの相手方を連帯債務者とするよりも、主たる債務者を定めたうえで、他の相手方を連帯保証人とする方式が多い。もっとも、連帯保証の場合には、あくまで保証人は従たる立場として取引に関与するにすぎないことから、あえて連帯債務者とすることによって、相手方に対して返済義務について強く意識づけを行うという方法も考えられる。

## 第2節 代理人との取引

**40** 代理人と取引する場合、どのようなことに注意するか

**結論**

代理行為は、代理人が本人から授権された正当な代理権に基づき、その権限内で行うことが必要である。金融機関が、代理人を相手方として取引をするときは、本人が作成し印鑑証明書を添付した代理人選任届などの書類を徴求するなどの方法により、本人からの授権が真正なものであることを確認するとともに、万一紛争が生じた際の証拠とするために保管する。さらに、本人の意思確認が書類だけでは不十分と考えられる場合は、電話による照会、照会状の送付、訪問などの方法により直接確認すべきである。

**解説**

### 1 代理制度

代理とは、代理人が、その権限内において本人のためにすることを示して第三者に対する意思表示を行うか、または第三者から意思表示を受けることで、直接本人に当該意思表示による法律効果が発生するものである（民法99条）。

自然人を相手方とする取引においては、法定代理と任意代理とがある。法定代理とは、本人が法律行為を行うための十分な意思能力を有しないため、本人にかわって財産上の行為を行う者が必要な場合に法律の規定に基づいて本人の意思によらず代理人を置くものである。任意代理とは、本人が多忙であるとか、高い能力を必要とする内容であるといった理由で、本人がその意思で、信頼できる者にかわって行為をしてもらうことを選択し、代理人を置くものである（そのほか、特殊なものとして、本人が意思能力が不十分となった場合の代理権をあらかじめ付与する任意後見契約がある）。

## 2　代理の成立

　法定代理関係の成立には、①法律の規定により当然に成立するもの（例…未成年の子の父母：民法818条）、②裁判所の選任による場合（例：離婚の際の裁判所が選任した親権者：同法819条2項・5項・6項、後見人：同法840条、843条、保佐人：同法876条の4、補助人：同法876条の9、不在者財産管理人：同法25条1項）、③本人以外の者の協議または指定により成立するもの（例…父母の協議による親権者：同法819条1項・3項・4項、未成年者後見人の指定：同法839条）などがある。

　任意代理関係は、代理権授与を内容とする本人と代理人との間の契約（委任契約等）に基づくもので、すなわち本人の意思により成立するものである。

## 3　代理権の範囲

　代理人は、その代理権の範囲内においてのみ代理行為をなすことができる。代理権のない者のなした行為および代理権を超えてなした行為は原則として無効となる（本人との間で効果を生じない）ので、代理人が取引の相手方となるときは、代理権の有無や範囲を明確にしてもらい取引を行わなければならない。

　法定代理の場合、それぞれを規定する法律に選任方法や権限等が定められているため、これに従って代理権の有無と範囲を確認する。たとえば、本人が未成年の子の場合、親権者であることを戸籍謄本で確認し、また、裁判所が選任する後見人等の法定代理人の場合は、裁判所の選任審判書の謄本や登記事項証明書により確認する。

　法定代理の場合、本人を保護するための厳格な規定であり、注意を要する場合がある。たとえば両親が親権者であるときは、共同で代理権を行使しなければならない。また、裁判所から与えられた権限内容を確認せずに取引を行い、本人に損失を与えた場合は過失を問われることとなり、当該取引において本人と代理人とが利益相反関係に当たる場合は特別代理人や後見監督人を相手方としなければならない。

　任意代理の場合は、さまざまな目的や状況のもとで代理権授与が行われ、その考え方や対応によっては争いを生じることも少なくないので、取引の内

容に従って代理権の有無や範囲を確認する必要がある。

　任意代理関係のもととなる委任契約は一定の形式を必要としない不要式行為であり、当事者間の口頭の方法でも代理権は与えられるが、実務では、本人の代理権の付与および範囲について明確にするため、本人が記名・押印して作成し、印鑑証明書を添付した委任状の提出を受けて確認することが一般的である（継続的な取引のための代理人選任届の提出を受けることも多い）。提出された委任状では権限内容が不明確なときは、明確な委任状の再提出を依頼したり、本人に直接電話したり、照会状送付や訪問等の方法により本人の意思を確認することが行われている。

　取引の形態によって代理権の確認の程度は異なるが、担保提供行為や保証契約の締結等においては本人の意思確認が特に重要であり、代理人を相手方とすることには特に慎重でなければならない（〔44〕参照）。

　個人商店の場合でも、支配人（商法20条）が選任されている場合、商業登記簿抄本でその登記を確認する。支配人は、選任された営業所において営業に関するいっさいの裁判上、裁判外の行為をなす代理権限を有する。支配人の代理権に加えた制限は善意の第三者に対抗できない。

### 4　復代理

　任意代理の場合、本人の許諾を得たとき、またはやむをえない事情があるときは、代理人は自らのかわりに代理権を行使する復代理人を選任することができる（民法104条）。なお、法定代理の場合は、制約なく復代理人を選任できる。復代理人は、代理人から与えられた権限内で、代理人と同一の権利義務を有する。したがって、代理人および復代理人双方の代理権の有無と範囲の確認が必要となる。

### 5　代理権の消滅

　代理権は、本人の死亡、代理人の死亡もしくは破産、または後見開始により消滅する（民法111条1項）。
　未成年者の法定代理人の代理権は、本人が成年に達した時に当然に消滅する。成年者の法定代理人は、設置の原因となった事由がやんでも当然には消

滅せず、取消しの審判によりはじめて消滅する。このほか、法定代理人が、家庭裁判所の許可を得て辞任することにより、または家庭裁判所によって親権あるいは管理権を喪失させられたり後見人等を解任されたりすることにより、代理権が消滅する。

　任意代理の代理権は、委任契約等の代理権のもととなった契約の終了や解約により消滅する（同法111条2項）。委任契約は当事者がいつでも解約することができる（同法651条1項）ので、本人から代理人を解任する通知があれば、その後は当該代理人を相手方とすることはできない。なお、解任された代理人が在任中に行った権限内の取引（解任の通知があるまでの行為を含む）は有効である。代理人の変更があった場合も同様である。

　また、任意代理権は本人が死亡したときも消滅するとされているが（同法111条1項）、委任者にとって商行為である委任に基づく代理権は、本人死亡の場合でも消滅しない（商法506条）。

　復代理権は、復代理自体の消滅事由によるほか、基盤となる代理権の消滅により、消滅するとされている。

## 41　代理人の行為についての本人の追認手続をどうするか

**結論**

　取引の相手方が無権代理人であった場合や、取引が代理権限を超える行為であった場合、原則としてその法律効果は本人には及ばないが、その場合でも本人が追認すれば当初にさかのぼって有効となり、当該取引の効果が本人に帰属する。追認は、本人による「特定の無権代理行為を、当初から代理権に基づいて行ったのと同じに扱う」旨の意思表示であり、要式行為ではなく、また相手方または無権代理人のいずれに対してなしてもよいが、実務では、金融機関宛の書面により明確にしている。

## 解説

### 1　無権代理行為の効果

　代理権を有しない者が他人の代理人として行った取引や、代理人が行ったその代理権限を超える内容の取引は無権代理であり、原則として本人に効果は生じない。例外とされるのは、表見代理が成立する場合と、本人が当該無権代理を追認した場合である。

　無権代理行為であっても、必ずしも本人にとって不利であるとはいえない。本人と無権代理人との関係や相手方との関係から、本人の側でも当該代理行為の結果を本人に帰属させたいとする場合は多い。

　本人は、理由は問わずに、無権代理行為を追認できる。追認は、本人が特定の無権代理行為について、当初より代理権ある行為であったのと同じに扱うことを求める意思表示であり、単独行為である。追認の意思表示は、無権代理人の相手方あるいは無権代理人のいずれに対してなされても有効である（最判昭47.12.22金法675号33頁）。要式行為ではないため、口頭でもその効力に変わりはないが、実務では、本人から追認を行った事実を明らかにする書面を金融機関宛に提出させる方法によって、追認があったことを明確にする扱いとしている。

### 2　催告・取消行為

　本人は、追認することもできるし、追認を拒絶することもできる。

　しかし、追認がなされるか拒絶されるかが決まらないままでは、無権代理行為の相手方にとって契約は不安定な状態となるため、無権代理行為の相手方には、かかる不安定な状態を早期に解消するため、催告権と取消権が認められている。

#### (1)　催告権

　相手方は、相当の期間を定めその期間内に追認をするか否かを確答すべき旨を本人に催告できる。本人が期間内に確答しないときは、追認を拒絶したものとみなされる（民法114条）。催告は、実務上、内容証明郵便で行い、催告期間は不相当に短い場合は無効となると解されている。具体的にどの程度の期間が相当かという点については、本人の検討に足る程度の期間としては

1カ月程度が相当と解されている。

### (2) 取消権

契約の当時無権代理行為であることを知らなかった相手方は、本人の追認がなされるまでの間に、契約を取り消すことができる（同法115条）。取消しは、本人または無権代理人のいずれに対してなしてもよいとされるが、取消しがなされたことを明確にさせるために、内容証明郵便で行われるのが一般的である。

### 3 無権代理人が追認を受ける場合

無権代理の場合でも、無権代理人が、権利の対象を本人から譲り受けたときや、本人から単独相続したときは、当然に追認があったものとして取り扱われる場合がある。また、無権代理人が本人の法定代理人に就任した場合には、追認を拒絶することが信義則に反するとされた例もある（最判昭47.2.18金法1550号24頁）。

しかし、本人が死亡し、無権代理人が相続人となった場合であっても、追認権の行使は共同相続人全員が行使すべきものとされている（最判平5.1.21金法1361号127頁）ため、無権代理人が共同相続人の1人であっても、相続した権利関係の一部についてのみ当然の追認効が生じるものではなく、相続人全員から追認を得なければならない。

なお、無権代理の追認には、取り消しうべき行為の追認とは異なり法定追認（民法125条）の類推適用がない（最判昭54.12.14金法929号38頁）ので、黙示の追認は認められにくいと解されている。

## 42 実印または届出印による取引は表見代理が成立するか

**結論**

無権代理行為は、本人が追認しない限り原則的に無効であるが、表見代理が成立するときは、例外的に本人に法律効果が帰属する。

取引書類に本人の実印または届出印が押印されていても、本人の意思に基

づいて作成されていなければ無権代理であり、作成者の権限あるいは印章の使用について表見代理が成立するかが問題となる。
　担保権設定や保証においては、金融機関が一方当事者の場合には、普通人よりも高度な注意義務が課されるため、持参された印鑑が真正であるからといって、直ちに表見代理の成立が認められるわけではない。

## 解　説

　文書による意思表示は、本人の意思に基づいてなされる（真正に成立）したものでなければ、原則として本人に効果が帰属しない。この点、本人の署名または押印のある文書は真正に成立したものと推定される（民訴法228条4項）。

　実印は、市町村等に登録することにより、本人の印章であることを公的に証明するものであり、また、届出印は金融機関等への届出により、本人が自らの印章であることを認めたものであるから、実印または届出印の押印された文書は、本人が作成したものとしてきわめて信頼性の高いものである。したがって、実印あるいは届出印が押印された文書は、本人の意思に基づいて押印されたものと推定されることになる（最判昭39.5.12民集18巻4号597頁）。しかしながら、たとえば筆跡が異なる場合など、本人（またはその使用について権限を与えられた者）が作成していないことが反証される場合には、これらの効果は認められず、無権代理行為となる。

　代理権を有しない者が他人の代理人としてなした取引や、代理人がその権限を超えてなした取引は、本人が追認しない限り本人に法律効果が帰属しないが（民法113条）、表見代理が成立するときは例外的に本人に法律効果が帰属する。

　表見代理が成立するのは、①本人が他人に代理権を与えた旨を表示した場合で、その代理権の範囲内の行為であるとき（同法109条）、②代理人がその権限外の行為をなした場合で、相手方がその権限ありと信ずるべき正当の理由があるとき（同法110条）、および③相手方が代理権の消滅を知らないとき（同法112条）であるが、②と③とが重畳的に認められることもある。いずれの場合も、相手方が善意・無過失でなければならない。

①に関しては、本人の印章を押印すること（すなわち所持すること）が、本人による代理権の授与を表示するかどうかについて、判例は、印章の保管だけでは代理権の授与を認めない傾向にある。家族であれば、実印等の保管を依頼されることはよくあることや、また保管場所から本人に無断で取り出すことが困難ではないことなどの理由からであろう。

　②に関しては、本人から実印の交付を受け、これを使用してある行為をなすべき権限を与えられた者が、その権限外の代理行為をした場合には、特別の事情のない限り、相手方はその者に代理権ありと信ずべき正当な理由がある（最判昭35.10.18民集14巻2764頁）とするが、金融機関の場合には、主たる債務者が保証人を代理する場合には、本人の実印を所持していても、他にその権限の存在を信ずるに足りる事情のない限り、本人に照会するなどしてその意思を確認すべき義務があり、これを怠って代理権の存在を信じても、正当の理由があるとはいえない（最判昭45.12.15金法605号34頁）とされている。

　金融機関が借入れに対して、保証や担保権の設定を受ける場合、主債務者に用紙を交付して保証書や担保設定契約書の差入れを受けることがあるが、実印（または届出印）だけを確認しただけでは、本人から文書の成立を争われた場合に無効となる可能性がある。

　従来から、そのような方法で保証や担保権の設定を受けてきたなどの事情があればやむをえないものとも考えるが、できれば本人と直接面談するなどで確認することが望ましい。遠隔地などで困難な場合には、たとえば本人宛に電話をかけ、あるいは確認書を送付するなど、何らかの方法で保証人や物上保証人意思を確認することが必要である。

　なお、預金の払戻しの手続において実印や届出印が使用される場合は、債権の準占有者に対する弁済の問題であり、表見代理とは性格が異なる。

## 43 配偶者による取引、いつも来る使者との取引には表見代理が成立するか

**結　論**

本人の配偶者の無権代理行為については、相手方が日常の家事に関する法律行為の範囲内に属すると信ずることに正当の理由があるときに限り、日常家事代理権に基づく表見代理が認められる。ただし、日常の家事の概念は狭く、借入れや保証・担保権の設定は入らないとされることが多い。

使者は本人の意思表示を伝達するだけであり代理権はないが、表見代理を類推適用するとの考えがある。

### 解　説

#### 1　夫婦間の代理権

夫婦間においては普段から財産の管理処分について任せる等の事態があり、必ずしも明示的なものではなくとも、黙示的にでも代理権の授与があることが認定できる場合は少なくない。しかしながら、そのような事態ではない場合でも、夫婦の一方が日常の家事に関して第三者と法律行為をしたときは、他の一方は、これによって生じた債務について、連帯してその責めに任ずる（民法761条）とされていることから、夫婦間には日常家事に関する法定の代理権があるとして、これを基本代理権とする民法110条に基づく表見代理（権限踰越の表見代理）が成立する可能性を主張する考え方がある。

#### 2　夫婦間の代理権に関する判例

判例は、夫婦の一方が、日常の家事に関する代理権の範囲を超えて第三者と法律行為をした場合には、その第三者において、右行為がその夫婦の日常の家事に関する法律行為の範囲内に属すると信ずるにつき正当の理由があるときに限り、民法110条の趣旨を類推適用して、第三者の保護を図るべきである（最判昭44.12.18民集24巻2476頁）としている。

## 3　日常の家事の範囲

　日常の家事の範囲は、夫婦の共同生活の内部的な事情やその行為の個別的な目的のみを重視して判断すべきではなく、さらに客観的に、その法律行為の種類、性質等をも十分考慮して判断すべきである（前掲最判昭44.12.18）とされ、夫婦の社会的地位、職業、資産、収入等を含めた現実的な共同生活の具体的な規模や状況に応じて定まるが、通常は、食料や衣料の購入、家賃の支払、相当の範囲内での家族の保険・医療・教育・娯楽に関する契約を指すとされ、決して少額とはいえない金額の金銭消費貸借契約や、不動産の担保提供行為や売却行為は、日常の家事には属さないとするのが判例である。

　したがって、貸付や保証・担保提供においては、本人の配偶者が代理人と称していても、本人の意思を確認することが必要である。

## 4　使者の代理権の有無

　使者は、本人が行った意思表示を相手方に伝えるだけであるから、代理権は存在しない。しかしながら、金融機関の窓口に現れた者が代理人か使者かはその者の表示のみでは判別しがたいし、代理権の範囲が狭いと、そもそも代理と使者との区別すら困難である。このため、いつも来る使者の場合にも、表見代理の類推適用を肯定する学説が有力である。しかし、代理権の存在を信ずるについての正当な理由の立証責任は相手方である金融機関にあり、実務的には困難である。したがって、表見代理法理に依拠することは適切ではなく、やはり取引先本人の意思を確認することが重要であろう。

## 44　代理人届にはどのような効果があるか

**結　論**

　代理人届は、本人が代理人を選任した場合に、その旨を表示し通知するものである。金融機関としては、これにより代理人の代理権の有無および範囲を確認することができ、代理人と取引することができる。
　代理人届がある場合は、万一、本人による有効な代理権授与がない場合や代理人が権限を越える行為を行っても、表見代理が認められやすい。

**解　説**

　代理人届は、本人が代理人を選任した場合に、その旨を表示し通知するものである。金融機関取引では、基本契約（銀行取引約定書、当座勘定契約など）は本人が行うが、これに基づく個々の手形借入れや証書借入れ、手形・小切手の振出・裏書などの取引は、もっぱら他の者に任せていることが少なくない。このような場合、金融機関は本人から代理人届の提出を受けることとしている。代理人届は、本人が代理人を選任した旨および代理権の範囲を表示し通知するもので、金融機関はこれにより代理人と取引することができる。代理人届出は、金融機関所定の定型的な代理人届出用紙によりなされるので、金融機関取引に係るいっさいの行為など代理人への包括的な権限授与があるのが一般的である。
　法定代理人の場合は、法定代理人であることを証する書類を添えて届け出ることとなり、親権者や後見人の場合は、本人の財産について原則として一般的な管理処分の権限を有するが、保佐人や補助人の場合には、限られた範囲の代理権限しか有しないので、代理人届の文言にかかわらず、権限の確認が必要である。
　代理人届出がある場合は、万一、本人による有効な代理権授与がないときでも他人に代理権を与えた旨を表示した者（表見代理：民法109条）である場合に当たり、代理権が消滅したときでもその旨の届出があるまでは代理権の消滅を対抗されない場合に当たる（代理権消滅後の表見代理：同法112条）と

考えられる。また代理人が権限を越える行為を行ったときも、権限があると信ずることに正当な理由がある（権限外の行為の表見代理：同法110条）と考えられる。

## 45 代理人届と委任状とはどう違うか

**結論**

代理人届は、取引の相手方に対し代理権の授与を通知・証明する書面である。これに対し委任状は、取引の相手方に対し委任契約の成立を証明するとともに委任による代理権の授与を証明するものである。

**解説**

### 1 代理と委任との関係

代理とは他人（代理人）が本人の名において意思表示を行い、または意思表示を受けることによって、直接本人に法律効果を生ぜしめる制度をいう（この場合の法律上の地位または資格を「代理権」という）が、委任とは当事者の一方（委任者）が他方（受任者）に法律行為その他の事務の処理を委託し、他方がこれを承諾することによって成立する契約をいう。

委任は代理権の授与を伴っていることが多く、したがって受任者は委任者（本人）の代理人となることが多い。しかし委任と代理権の授与とは本来無関係であって、委任があっても代理権がないこともあり、代理権は委任以外の請負、雇傭、組合などの契約に伴って発生することもある。また、委任に伴って代理権がある場合でも委任事務の範囲と代理権の範囲とは必ずしも一致しない。

しかし、委任の目的が受任者による行為の効果を委任者に帰属させることにある場合には、受任者に代理権を与え、その行為の効果を直接委任者に帰属させることが便宜であるから、特別の事情のない限り、委任は代理権の授与を伴うものと推定される。

## 2　代理人届と委任状の差異

　代理人届は、委任代理の場合は特定の者へ代理権を授与した旨を取引の相手方に通知・証明する書面であり、法定代理の場合は法律の規定に基づく代理人がだれであるかを相手方に通知する書面である（証明書類は戸籍謄本等）。

　通常、金融機関取引では契約締結（基本契約）は本人自身が行うが、これに基づく個々の取引行為（例：手形・小切手の振出、裏書、引受）は代理権を授与された代理人が行うというケースがしばしばあり、この場合に代理人届が利用される。なお、基本契約自体も代理人が本人の委任を受けて締結する例があるが、この場合は代理委任状を使用する。

　代理人届はいわば代理資格を証する書面であるが、これに対し委任状は特定の者（受任者）に一定の事項を委託したこと（委任契約を締結したこと）を証明する書面で、通常は委任者から受任者へ、または受任による取引の相手方へ交付されるものである。しかし、委任は代理権の授与を伴う場合が多いので、実際の取引においては、委任状を代理人届と同様、代理権の授与を証明する書面として利用している場合が多い。なお、実務においては公正証書作成の嘱託または抵当権設定登記の申請等に際し、司法書士等を受任者とする委任状を利用する場合もよくみられる。

## 3　白紙委任状

　委任状には受任者（代理人）の指名とともに委任事項（代理権）の内容を記載するのが常であるが、いずれか一方または両方とも白地のまま作成・交付される、いわゆる「白紙委任状」がある。

　白紙委任状には、いろいろなタイプのものがある。①正当に取得したものならばだれが行使してもよいという趣旨で交付される場合（転々予定型）と、②代理人も宛先も多かれ少なかれ限定する趣旨で交付される場合（非転々予定型）がある。前者の例としては、ゴルフ会員権等の譲渡の際に名義書換手続で用いる白紙委任状がある。一般の白紙委任状は後者の場合が多い（四宮和夫・能見善久『民法総則』268頁）。

　金融機関との取引は、ゴルフ会員権等の譲渡のように、譲渡の相手方が不特定多数のものであることを想定していない。したがって、金融機関に対す

る保証や担保提供に係る委任状は、非転々予定型と解されるので、委任状において受任者や委任事項が白地の場合（そもそもそのような事態は想定しにくいが）には、本人に授権内容を確認する必要があろう。

## 46 法定代理人との利益相反取引とは、どのような場合か。また、どのように対応するか

### 結　論

制限行為能力者（未成年、成年被後見人、被保佐人、被補助人）とその法定代理人等（親権者、後見人、保佐人、補助人等）との間において利益が相反する行為がなされる場合に、法定代理人等が代理権や同意権を行使すると、制限行為能力者の利益が害されるおそれがある。

そこで、当該利益相反行為がなされる場合には、法定代理人等は、特別代理人、臨時保佐人、臨時補助人を選任する必要がある。なお、後見監督人、保佐監督人、補助監督人が選任されている場合には、後見監督人等が利益相反行為についての同意権・代位権の行使を行う。

### 解　説

#### 1　利益相反行為

制限行為能力者とその法定代理人等との間において取引が行われる場合や、法定代理人等の債務について制限行為能力者の資産を担保提供する場合において、法定代理人等が自己の利益を図るために制限行為能力者の利益を害するおそれがある。また、法定代理人等が会社の代表者や他の制限行為能力者の代理人を兼ねている場合には、制限行為能力者の利益と法定代理人等が代表する会社や代理する他の制限行為能力者との間において、同様の問題が起こり得る。たとえば、親権者を同じくする複数の未成年者の間において取引が行われる場合や、法定代理人が自ら代表者となる会社の債務について制限行為能力者の資産を担保提供する場合において、法定代理人等が代表・代理する他の者の利益を図るために制限行為能力者の利益を害するおそれが生じる。

このような利益相反行為がなされる場合に、制限行為能力者の利益を守るべく、法定代理人等は、その利益相反行為についてのみ代理権・同意権を有する特別代理人、臨時保佐人、臨時補助人の選任を家庭裁判所に請求しなければならない（民法826条、860条、876条の2第3項、876条の7第3項）。なお、後見監督人、保佐人、補助人が選任されている場合には、後見監督人等が代理権・同意権を行使する（同法851条4項、876条の3第2項、876条の8第2項）。

これらの民法の規定に違反して、法定代理人等が代理権を行使した場合には、当該利益相反行為は無権代理行為となり（最判昭46.4.20金法620号52頁）、また、同意権を行使した場合には、その同意は無効であり、当該利益相反行為は取り消しうるものと解されている。

## 2 利益相反行為への該当性

### (1) 法定代理人等と制限行為能力者との間における取引

法定代理人等と制限行為能力者との間における取引は、法定代理人等から制限行為能力者に単純な贈与が行われるのみであり制限行為能力者に何らの不利益をもたらさないような場合を除き、基本的には利益相反行為に該当すると解される（なお、最判昭42.4.18金法478号32頁は、民法826条にいう利益相反行為への該当性が争われた事案において、法定代理人（親権者）が制限行為能力者（子）を代理してなした行為自体を外形的客観的に考察して判定すべきであって、当該代理行為をなすについての法定代理人（親権者）の動機、意図をもって判定すべきでないとする）。たとえば、制限行為能力者の財産を法定代理人等に譲渡する行為は、有償・無償を問わず利益相反行為となり、また、法定代理人等の財産を制限行為能力者に有償または何らかの負担付きで譲渡する行為も利益相反行為となる。

### (2) 法定代理人等の債務について制限行為能力者に連帯債務・保証債務等を負担させる行為

法定代理人等の債務について、制限行為能力者を連帯債務者や保証人とする契約、制限行為能力者の資産を担保提供する行為や弁済に供する行為等は、利益相反行為に該当する。また、法定代理人等が第三者に債務について

連帯保証する場合に、同一の債務について制限行為能力者を連帯保証人とする場合も同様である。利益相反行為に該当するかどうかは、行為の外形により決すべきものであるとされており（前掲最判昭42.4.18）、外形的に法定代理人等の利益になり、制限行為能力者の利益を害しうるものは、利益相反行為に該当する。行為の目的や効果を勘案すると実質的には制限行為能力者の利益を害さないと考えられる場合（たとえば、未成年者の養育費に充当すべく、親権者が借入れをするにあたり、未成年者の財産を担保提供する場合）であっても、利益相反行為に該当するか否かは、動機や意図等をもって実質的に判定するのではなく、あくまで行為の外形によって判定される。

**(3) 制限行為能力者相互間の利益が相反する行為**

たとえば、複数の未成年の子が共同相続人となった場合には、当該複数の未成年の子の間において相互に利益が対立するおそれがある。したがって、親権者が当該複数の未成年の子を代理して遺産分割協議を行うことは、利益相反行為に該当し、特別代理人の選任が必要になる（最判昭48.4.24家月27巻2号69頁）。また、親権者が、自らとともに複数の未成年の子の一部についてのみ相続放棄をしながら、他の未成年の子について相続放棄をしない場合にも、利益相反行為に該当し、特別代理人の選任が必要になる（民法826条2項）。一方、親権者が自らとともに、法定代理人として未成年の子全員について相続放棄をした場合には、親権者と未成年の子の間および未成年の子相互間において利益の対立がないことから、利益相反行為とならない（後見人の利益相反行為に関する最判昭53.2.24金法856号28頁参照）。夫が死亡して相続人が妻と未成年の子だけである場合に、妻が自分の相続分と共に子の代理人として夫の預金全額を払い戻すことも利益相反とはならない。払い戻した預金を遺産として分割するときに、利益相反の問題を生じるわけである。

## 3 金融機関としての対応

上記2に掲げた場合以外にも、利益相反行為に該当する場合はありうる（なお、単独行為や身分行為にも利益相反行為に該当する場合がありうると解されている）。利益相反行為に該当するか否かは個々のケースに応じて判断されるので、実務上は、利益相反が疑われる場合には、法定代理人等に対して特別

代理人等の選任を家庭裁判所に請求するよう要請するなど慎重に取引を行う必要がある。

　特別代理人等が選任された場合には、家庭裁判所の審判書謄本により選任された者とその代理権・同意権の内容を確認する。なお、特別代理人等の代理権・同意権の範囲は特定の利益相反行為に限られるので、対象の取引行為が審判書に記載されている代理権・同意権と一致しているか十分確認する必要がある。

　後見監督人等が選任されている場合には、利益相反行為について後見監督人等の代理または同意により行われる。後見監督人等の選任については、成年後見登記に関する登記事項証明書または家庭裁判所の審判書により確認する。

## 第3節 取引先の死亡・相続

### 47 死亡、行方不明と継続的取引の関係（権利・義務・委任契約・代理権）

**結　論**

　取引先が死亡すると相続が開始し、その権利・義務は相続人に承継される。契約上の地位も原則として承継されるが、法律上、死亡は委任契約や代理権の終了事由とされており、契約上も当事者間の信頼関係に基づく継続的取引の終了事由とされていることも多い。取引先の行方不明についても、信頼関係に重大な影響を及ぼす事由であることから継続的取引の終了事由となることがある。

**解　説**

### 1　取引先の死亡と継続的取引関係

#### (1) 原　則

　自然人の権利能力は死亡によって消滅し、相続が開始する（民法882条）。相続は財産上の地位（すなわち権利・義務）の包括的承継であり、個人の取引先が死亡した場合、死亡のときに有するいっさいの権利・義務（例外的に一身専属的な財産法上の権利義務は承継されない。後記(3)～(5)参照）は、限定承認または相続放棄がない限り、すべて個別の移転行為なく相続人に承継され、相続人が複数ある場合には共有される（同法898条）。そして、遺産分割が行われると、各相続人に帰属する個々の権利および義務が確定する。

#### (2) 預金等の債権および借入金等の債務の帰属

　判例は、預金債権のような可分債権、借入金のような可分債務については相続開始と同時に各相続人の相続分に応じて当然に分割されるとする分割承継説をとっている。ただし、遺言により債権の帰属が決められた場合や、可分債権を遺産分割の対象とする合意がある場合は異なった取扱いとなる

（〔51〕参照）。

### (3) 委任契約

委任契約は当事者間の信頼関係を前提としているので、相手方の死亡は委任契約の終了事由となる（同法653条1号）。ただし、これは強行規定ではないので、委任者と受任者間の合意により、委任者の死亡を委任契約の終了原因としないことは可能である。また、委任契約の内容が委任者の死亡により終了するものでないことが明らかなものについても終了しない（大判昭5.5.15法律新聞3127号13頁、最判平4.9.22金法1358号55頁）。

金融機関取引においては、当座勘定取引（委任契約と消費寄託契約の複合契約とされる）は取引先の死亡により当然に終了する。また、振出人の死亡は0号不渡事由である。死亡時の当座預金残高については(2)と同じ扱いになる。

口座振替契約は事務に関する準委任契約であり（同法656条）、委任者の死亡により終了するのが原則であるが、裁量の余地のない実行行為であるから、委任者の死亡後は引落としをしない旨の特約があるなどの特別の事情がない限り、委任者の死亡後に行われた引落としは有効であるとした裁判例がある（東京地判平10.6.12金法1541号73頁）。

なお、自動継続式の定期預金の自動継続特約は預金契約の一部であり、委任契約ではないと考えられるので、預金者が死亡しても自動継続特約は有効と考えておく必要がある。

### (4) 担保・保証

根抵当権については、債務者の相続開始後6カ月以内に合意の登記がなされないと元本確定事由となる（同法398条の8。ただし、根抵当権設定者の死亡は確定事由とはなっていない）。これは根抵当権設定者の負担が債権者・債務者との信頼関係に基づく点を考慮したものとされている。その他の根担保権についても、債務者の相続発生により被担保債権は確定すると考えられている（〔55〕参照）。

貸金等根保証契約については、債務者・保証人の死亡両方が元本確定事由として定められている（同法465条の4第3号、〔56〕参照）。

⑸ その他の継続的取引

　貸金庫契約も賃貸借の一種であるので、その契約上の地位は相続の対象となるが、金融機関のスペースを利用させるという利用者との個人的信頼関係に基づく取引であり、また複数の相続人に共同利用させると管理上も問題があることから、利用者の死亡が契約を終了させることのできる事由とされていることが多いと思われる。

　カードローン契約は金銭消費貸借の予約契約と考えられており、利用者は契約上の地位に基づき、極度額まで借入れを受ける権利を有している。これも利用者個人の信用力に基礎を置いた取引であるから、多くの場合、利用者の死亡が契約終了事由または期限の利益喪失事由とされている。金融機関が利用者死亡の事実を知らないうちに相続人が借入れを受けた場合は、相続人全員に帰属する債務か、利用した者1人に帰属する債務のいずれかを事案に応じて判断することになろう。

⑹ 代　理　権

　民法上の代理権は本人または代理人の死亡により終了する（同法111条1項）。したがって、預金取引や貸金庫取引で代理人選任届が出ている場合には、当事者の死亡により代理人選任届は失効するから、代理人と取引を継続することはできないのが原則である。ただし、同条の規定は強行規定ではないとされているから、任意代理については委任事項にもよるが当事者の特約により、本人の死亡にかかわらず代理権が消滅しないとすることもできる（前掲最判平4.9.22）。なお、最判昭31.6.1民集10巻6号612頁は、応召兵士の代理人であった祖母が本人所有の不動産を売却したが本人は戦死していたことが後日判明したという特殊な事情のある場合である。

　一方、商行為の委任による代理権については、本人の死亡によっても消滅しない（商法506条、〔49〕参照）。


2　取引先の行方不明と継続的取引関係

　従来の住所または居所を去ったまま行方の明らかでない者を不在者という（民法25条）。不在者に、親権者や後見人など、法律上当然にその財産を管理する権限を有する者がいる場合には、特別の対応をとる必要はなく、当該法

定代理人と取引を継続すればよい。

**(1) 不在者の財産管理人**

不在者があらかじめ財産管理人（委任管理人）を置いているか、家庭裁判所が不在者財産管理人を選任した場合については、〔48〕参照。

**(2) 継続的取引への影響**

取引先の行方不明は委任契約の終了事由や代理権の消滅事由にはなっていない。しかし、当座勘定取引や融資取引のような信頼関係に基づく取引においては、取引の相手方の行方不明は信頼関係を損ない、また与信保全上重大な事由といえる。したがって、当座勘定取引については長期間にわたり受払いのないことは解約事由となり、与信取引においては相手方の行方不明は期限の利益喪失事由とされている。

## 48 不在者財産管理人と取引する場合は、どのような注意をすればよいか

**結論**

従来の住所または居所を去って容易に帰ってくる見込みのない者を不在者という（民法25条）。不在者財産管理人の権限は、家庭裁判所により選任された管理人の場合には保存行為および管理行為だけに限定され、不在者自身が管理人を置いた場合には委任契約の内容により定まるのが原則である。実務上接する管理人は前者の場合が多いと思われるが、管理行為か処分行為かは微妙な判断になるものが多く、原則裁判所の許可を得るか、裁判所に要許可行為でないことを確認のうえで手続を行う必要がある。

―――――― **解説** ――――――

**1 不在者に法定代理人がいる場合**

不在者に、親権者や後見人など、法律上当然にその財産を管理する権限を有する者がいる場合には、特別の対応をとる必要はなく、当該法定代理人と取引を継続すればよい。

## 2　家庭裁判所が選任した不在者財産管理人

あらかじめ財産管理人（委任管理人）を置かずに従来の住所または居所を去って容易に帰ってくる見込みのない不在者については、利害関係人（親族だけでなく、不在者の債権者も含まれる）または検察官の請求により、住所地の家庭裁判所が不在者財産管理人選任の審判を行うことができる（民法25条1項、平成25年1月1日施行後の家事事件手続法39条および別表第1）。不在者財産管理人に選任されたと名乗る者と取引を開始するにあたっては、家庭裁判所の審判書を確認する必要がある（管理人選任の審判に対する不服申立てはできないから、確定証明は不要である。家事事件手続法85条1項）。

家庭裁判所が選任した財産管理人の権限は裁判所の命令により定まるが、原則は保存行為および管理行為（管理対象物の性質を変更しない範囲内の利用または改良行為）に限られ、処分行為を行う場合は家庭裁判所の許可が必要となる（民法28条、103条）。現金を財産管理人名義の口座に預金すること、不在者の預金を財産管理人名義に変更すること、預金の継続や普通預金から定期預金への移換えなどは管理行為と考えられる。しかし、預金の支払、貸金庫の開扉、借入れの返済など、管理行為か処分行為かは微妙な判断になるものが多く、原則裁判所の許可を得るか、家庭裁判所に要許可行為でないことを確認のうえで手続を行う必要がある。

## 3　不在者自身が置いた財産管理人

不在者自身が置いた財産管理人の権限は委任契約の内容によって定まる。権限の定めがなければ保存行為と管理行為ができるだけである（民法103条）。金融機関取引においては、あらかじめ本人から代理人選任届を徴求していれば問題ないが、財産管理人から直接請求等を受けた場合は代理権授与やその範囲について、それが本人意思によるものかを慎重に確認する必要があろう。

## 4　失踪宣告

不在が長期におよび（民法30条。通常の失踪であれば7年間、震災や戦災であれば危難が去ってから1年間）、家庭裁判所が失踪の宣告の審判をした場合に

は、通常の失踪であれば期間の満了時、震災や戦災であれば危機が去った時に死亡したものとみなされるので（同法31条）、相続等につき〔47〕と同様の対応をとることとなる（なお、失踪宣告の取消しにつき、同法32条）。

## 49 金融機関が本人の死亡を知らないで代理人との間で行った取引の効果はどうか

**結論**

本人の死亡を知らなかったことについて金融機関に過失がなければ、本人の相続人に対して取引の効果が及ぶことになる。また、代理権の付与が商行為の委任による場合には、その代理権は本人死亡の影響を受けず、取引の効果は本人の相続人に帰属する。

**解説**

### 1 代理権の消滅と表見代理

　任意代理、法定代理を問わず、代理権は本人の死亡により消滅するのが原則であるが（民法111条1項1号）、代理権の消滅したことを過失なくして知らなかった第三者には代理権の消滅をもって対抗できないとされている（同法112条）。したがって、金融機関が本人の死亡届を受け付けるなどした後に代理人と取引をしても、その取引の効果は本人の相続人に帰属せず、無権代理人に対して責任を追及できるのみとなるが（同法117条）、金融機関が本人死亡の事実を過失なくして知らずに代理人と取引をした場合には、取引は有効に成立し、その効果は本人の相続人に帰属することになる。

　なお、任意代理については委任事項によっては当事者の特約により、本人の死亡にかかわらず代理権が消滅しないとすることもできる（最判平4.9.22金法1358号55頁）とされている。このような特約を締結している場合には、代理人の行った行為の効果は相続人に帰属する。

### 2 商行為の委任による代理権

　商法は、上記民法111条の特則として、商行為の委任による代理権は本人

の死亡によっても消滅しないとしている（商法506条）。したがって、商行為の委任により権限を付与された代理人は、なんら授権手続を経ずとも当然に相続人の代理人となり、本人の死亡後に代理人と行った取引の効果も本人の相続人に帰属する。これは営業が相続される際に当然に代理権の存続を認めないと営業の断絶が生じ、取引の安全を害するうえ、かえって相続人の不利になるからである。なお、ここでいう代理権とは、商行為の代理をなす権限ではなく、代理権を与える行為自体が本人にとって商行為である場合、たとえば支配人の選任といった本人の附属的商行為によって生じた代理権である（通説・判例（大判昭13.8.1民集17巻17号1597頁））。

### 3 実務上の取扱い

代理人が民法上の代理人の場合は、本人の相続が開始したときには代理権は消滅したものとして代理人との取引は中止し、あらためて相続人から代理人選任届を提出してもらう。本人の死亡により代理権が消滅しない旨の特約が締結されている場合であっても、代理人との取引はあくまで一時的なものとして扱い、相続人自身と取引を行うか、相続人からあらためて代理人選任届を提出してもらうべきであろう。

商行為の委任による代理人である場合であっても、実務上は相続手続が完了するまでは代理人との取引を停止するか、相続人全員から代理権の存続につき確認をとってから行うことが望ましい。

## 50 行方不明の者に対する意思表示はどのようにするか

**結　論**

法律上、意思表示は相手方に到達しないと効果を生じない。ただし、相手方との間で「みなし到達」特約を締結している場合には、当該特約に従って届出の住所宛に通知書を発送すればよい。しかし、みなし到達の特約は、第三者には対抗できないので、相殺通知等その効力を第三者に対抗する必要がある場合には、最終的には公示による意思表示の手続を行う必要がある。

━━━━━━━━ 解　説 ━━━━━━━━

## 1　みなし到達の特約とその効力

　意思表示は原則として相手方に到達した時から効果を生ずる（民法97条1項）。したがって、金融機関が取引先に対して通知を発信しても、相手方が住所変更などで行方不明のため通知が到達しないときは、意思表示の効果が発生しないこととなる。民法ではこのような場合の救済として、公示による意思表示の制度を定めているが（同法98条）、この方法によるときは、煩雑な手続とかなりの時間を必要とするので、一般的に金融機関は銀行取引約定書等の約定により、取引先が届出を怠るなど取引先の責めに帰すべき事由により金融機関からなされた通知または送付された書類等が延着または到達しなかった場合には、通常到達すべき時に到達したものとすると規定している。同様の規定は各種預金規定等にも存在し、金融機関が相手方に対して行う通知の効果について特約を設けることで、手続の簡便化を図っている。

　このような特約の有効性については、当事者間においては肯定されているが、相殺の効力を差押債権者と争うような場合など第三者に対する関係では否定されている（東京高判昭58.1.25金法1050号11頁）。相殺の遡及効から（同法506条2項）、通常は相手方と連絡がとれた時点であらためて相殺の意思表示を行えば足りるが、その間に当該債権について第三者から差押命令を受けたときは、差押債権者に対して相殺通知を行うことができる（最判昭39.10.27金法394号11頁）ので、遅滞なくこの方法により相殺の意思表示を行うべきである。

　なお、期限利益喪失通知については、行方不明を当然喪失事由とする方法と、住所変更の届出を怠るなど相手方の責めに帰すべき事由によりこれが到達しない場合には、通常到達すべき時に期限利益を喪失させる方法がある。

## 2　公示による意思表示の手続

### (1)　意　義

　公示による意思表示とは、意思表示の相手方がだれであるか、または相手方の所在がどこであるかを知ることができない場合に、公示送達に関する民事訴訟法の規定に従い所定の手続をとることによって、意思表示が相手方に

到達したのと同様の効果を生ぜしめる方法である（民法98条）。

**(2) 管轄裁判所**

　公示による意思表示は、原則として当事者の申立てによることとなっている（民訴法110条1項）。申立ては相手方の氏名、商号がわかっている場合には相手方の最後の住所地の簡易裁判所に対して行い、相手方がまったくわからない場合には、申立てを行う金融機関の店舗の所在地の簡易裁判所に対して行う（民法98条4項）。

## 3　公示による意思表示の方法

　公示による意思表示は、簡易裁判所が申立てに対して許可の決定をした場合に行われる。この場合には書記官が申立ての意思表示の内容を記載した書類を保管し、相手方が出頭すればいつでもこれを交付する旨を裁判所の掲示場に掲示したうえ、その掲示のあったことを官報に少なくとも1回掲載する。ただし、裁判所が相当と認める場合は官報への掲載にかえて、市区町村役場またはこれに準ずる施設の掲示場に掲示することができることとなっており、現在ではほとんどこの方法によって行われている（民法98条2項）。

## 4　公示による意思表示の効果

　公示による意思表示は、最後に官報に掲載された日またはその掲載にかわる掲示を始めた日から2週間を経過した時に、相手方に到達したものとみなされる（民法98条3項）。ただし、表意者に故意があるときはもちろん、相手方または相手方の所在を過失により知らなかった場合には、送達の効力は生じない（同項ただし書）。なお、2週間の経過前に相手方が出頭して書類の交付を受けた場合には、公示送達の期間を待つことなく、その交付により送達の効力が発生する。

### 51 取引先が死亡し相続人が数人いる場合の債権債務の帰属関係はどうなるか

**結　論**

預金、借入債務のような可分債権、可分債務は、相続開始と同時に当然分割されると解するのが判例である。金融機関としては預金等の積極財産については、できるだけ共同相続人全員の同意を得たうえ払戻しまたは名義書換に応ずることとし、また借入債務のような消極財産については資力ある特定の相続人に免責的債務引受をしてもらい、他の相続人については相続分に応じて連帯保証してもらうよう交渉するが、相続人の合意が得られない等のやむをえない事情がある場合には、当然に分割承継されたものとして取り扱わざるをえない。

---

**解　説**

#### 1　可分債権、可分債務の相続
**(1)　預金債権等積極財産の場合**

民法の原則によれば数人の相続人がある場合、遺言がない限り、遺産分割までは相続財産は暫定的に共同相続人の共有となり（民法898条）、その後相続人の協議により（協議が整わない場合は家庭裁判所の調停あるいは審判による）遺産分割がなされ最終的・具体的に相続財産の帰属が決まる。

ところで、この遺産分割協議前の「共有」の性質については、大別していわゆる「合有説―不分割承継説」と「共有説―分割承継説」に見解が分かれている。「合有説」は、相続財産は遺産分割まで当然には共同相続人に分割されず、個々の財産を共同相続人全員の同意で処分することはできても、各共同相続人がその持分を独自に処分することは認められないとし、学説上はこの見解が有力であるとされている。しかし、判例は「共有説」の立場でほぼ一貫しており、遺産分割前の「共有」は物権法にいう共有（同法249～264条）と同じと解し、民法427条の可分債権分割の規定により、預金のような可分債権は、相続開始の時から法律上当然に分割され、各相続人が相続分に応じて権利を承継するとしている（最決昭29.4.8民集8巻4号819頁、名古屋

高判昭53.2.27金法858号34頁）。

なお、投資信託や個人向け国債といった金融商品に関しては、近時、「不可分債権の性質を有する」と判断した下級審の判決（確定済）があり、一部相続人による解約金支払請求権の単独行使は消極的に解するべきと考えられる（大阪地判平23.8.26金法1934号114頁、福岡地判平23.6.10金法1934号120頁）。

(2) **借入債務等消極財産の場合**

相続債務についても、預金等の場合と同様、不分割承継説と分割承継説とが存在するが、判例はここでも一貫して、相続債務は各相続人にその相続分に応じて当然分割承継されるものと考えるべきであるとして分割承継説を採用している（大決昭5.12.4民集9巻1118頁、最判昭34.6.19民集13巻6号757頁）。

なお、債務のような消極財産の場合は、遺言や遺産分割協議の内容は債権者を当然に拘束するものではなく、相続人間において、特定の相続人が相続債務を承継したり、免責的引受を行っても、債権者には対抗できないとされている（最判平21.3.24金法1871号46頁）。これを許すと積極財産と消極財産を別々の相続人に片寄せすることで債権者を害することが可能となってしまうからである。したがって、債権者は遺言や遺産分割協議の内容を承認して債権を行使してもよいし、それを拒んで法定相続分による責任を追及してもよい。

## 2 金融機関の実務処理

(1) **預金相続の場合**

相続預金の支払（あるいは名義書換）を行う場合、金融機関としては、相続人間の紛争に巻き込まれないためにも、法定相続人の範囲や遺言による受遺者の有無を確認し、遺産分割協議の完了を待つか、できるだけ相続人全員の同意を得たうえで支払う（あるいは名義書換する）のが望ましい。しかし、遺言が存在しない場合で、疎遠であること等を理由に相続人全員の同意が得られず、一部の相続人にその相続分の支払を請求されたような場合には、判例の立場に立ち、当然分割されたものとして処理してさしつかえない。この場合、支払請求する相続人からは、相続人の範囲と請求相続人の相続分を確認する資料および後日紛争が生じた場合には請求相続人がいっさいの責任を

負う旨を記載した念書を徴求するが、別途、当該支払までに、他の相続人に対しても各自の法定相続分に応じて払い戻す旨の通知を行い、法的な異議がないことを確認しておくことが望ましい。

　預金は総額ではなく、種類ごと、定期預金などの件別ごとに相続分を分割して支払うことが必要である。また、この結果、定期預金の分割支払となるようなときは、証書に分割支払額を領収裏書させ、通帳・証書は居あわせない他の相続人のために請求相続人が保管する旨を書面にしたうえ徴求することなどが必要となろう。

### (2) 借入債務相続の場合

　金融機関にとっては不分割承継説をとったほうが有利なケースが一般的と考えられるが、判例は上記のとおり相続債務は各相続人の相続分に応じて当然分割されており、それらは相互に連帯関係はないとしていることから、分割承継説で処理せざるをえない。しかしこれでは債権の管理が煩雑になってしまうし、被相続人の積極財産の帰属と消極財産の帰属は必ずしも連動しないことから与信保全上の問題も起こりうるので、通常の単純承認の場合には、資力のある相続人に他の相続人の相続分を重畳的債務引受にしてもらうか、他の相続人の相続分を免責的債務引受にしてもらい他の相続人には連帯保証させる方法により手続を行うのが一般的である（〔52〕参照）。

### (3) 貸金庫相続の場合

　貸金庫利用者としての地位は共同相続人の共有に属すると考えられるが、実務上は利用者の死亡は貸金庫契約の終了事由とされている。格納物の相続については、不可分の動産等は共有となって各相続人単独では処分行為を行えないし、格納物が必ずしも相続財産とも限らないので、相続人の一部による格納物の持出しは拒絶することとなる。相続財産に対する調査権限（民法915条2項ないし保存行為）を理由に相続人の一部から貸金庫の開扉請求があることもあるが、格納物の持出し、紛失等の有無の証明は容易ではなく、後日トラブルとなる懸念があるので、原則として相続人全員の立会いないし承諾を得て応じるようにするべきである。

## 52 積極財産と消極財産を債権者に不利なかたちで相続させる内容の遺言・遺贈・遺産分割協議があった場合、どうすればよいか

### 結　論

　共同相続人がある場合、相続債務はその相続分に応じて当然分割承継され、相互に連帯の関係はない。この負担割合を遺言・遺産分割協議によって変更するには、債権者の承諾が必要とされる。よって、与信上問題のある相続人１人に相続債務全額を相続させる場合、金融機関は承諾にあたって債権保全上不利とならないよう、債務を承継する相続人に他の相続人の相続分について免責的債務引受をさせたうえで他の資力ある相続人を連帯保証人とすることが考えられる。

### 解　説

#### 1　相続債務の継承方法

　相続債務の承継の仕方については〔51〕で述べたとおり二通りの考え方があるが、判例の考え方は当然分割承継説でほぼ固まっており、金融機関の取扱いとしても、この立場で処理することとなる。しかし、相続人の側として、被相続人の家業を承継する者に債務を単独で承継させたいとする場合が多く、金融機関としても、１本の債務が複数に分裂してしまうことは担保、回収、時効等与信管理上も問題が多く、資産・負債とも営業を承継する相続人に債務が単独で承継されるほうが基本的には望ましいといえる。

#### 2　単独承継の留意事項

　ただし、この場合、遺産分割により共同相続人中の１人が相続債務を全額相続することとし、金融機関がこれを無条件に承諾してしまうと、相続債権につき他の相続人には請求できないこととなってしまうので、与信保全面では注意が必要である。この点、債権者の関与なく、恣意的に相続分が変更され、債権者が不利益を受けるのは公平ではないため、相続債務について相続人間で法定相続分と異なる指定や変更を行った場合には相続債権者には対抗

できないとされている。このことは、遺言により特定の相続人が債務承継人に指定された場合も同様である（最判平21.3.24金法1871号46頁）。よって、金融機関としては、与信保全上問題のない相続人に承継してもらうか、遺言や遺産分割協議を尊重する場合であっても他の相続人に保証人になってもらうよう交渉するべきである。しかしそれらに応じようとしない場合には、法的には各相続人に法定相続分に応じた弁済を請求することが可能である。

また債務等の消極財産を債務超過である相続人に相続させ、不動産・預金等の積極財産を資力のある相続人に相続させるという分割協議がなされることもあるが、このように債権者を害するような場合には、債権者は、分割協議を対象とする詐害行為取消しを請求するか（最判平11.6.11金法1560号26頁）、相続が開始したときから3カ月以内に被相続人の財産と相続人の財産を分離して混同しないように家庭裁判所に申請するか（民法941条1項）、相続財産に対する破産申立て（破産法131条）ができる。

### 3 相続債務の承継手続

相続債務の承継手続としては、相続人中の1人に他の相続人の相続分を免責的債務引受させたうえで、他の相続人を連帯保証人とする方法が一般的である。この場合、他の相続人の意思に反して引受けをすることができず、また保証人や担保提供者の承諾がなければこれらは承継されない点が問題となるが、主債務の時効につき承継人に関してのみ注意すればよいなど与信管理面では簡便である。一方、相続人中の1人に他の相続人の相続分についても重畳的に債務引受をさせる方法もある。この場合、相続人間で連帯債務関係が生ずることとなり、1人に生じた時効の効力が相続人全員に対して及ぶなど（絶対効）、与信管理が複雑となるが、他の相続人の意思に関係なく引受けをすることができ、また、旧債務についての保証・担保は当然に存続する。

## 53 相続人の1人または全員が相続を放棄した場合、相続人が不存在である場合の注意点は何か

### 結　論

相続人は、自己のために相続が開始したことを知った時から原則として3カ月間の熟慮期間内に、家庭裁判所に申述することにより相続を放棄することができる。相続人が相続を放棄した場合、当該相続人は相続開始時からいなかったものとして、それ以外の相続人間で相続手続を行う。なお、相続放棄の事実は、家庭裁判所の交付する「相続放棄申述受理証明書」により確認する。なお、相続人の全員が相続を放棄した場合には、相続人が不存在である場合となり、相続財産管理人を相手方として預金の払戻し等の手続や相続債務の回収手続を行うことになる。

### 解　説

#### 1　相続放棄の手続

相続の放棄とは、相続の開始により生じた相続の効果を遡及的かつ絶対的に消滅させる行為をいう。たとえば、相続財産が債務超過である場合等において、過大な相続債務を承継することを回避したいと考える相続人は、相続を放棄することができる。

相続の放棄をしようとする相続人は、自己のために相続が開始したことを知った時から原則として3カ月間の熟慮期間内に、家庭裁判所に相続を放棄する旨を申述することによって行う（民法915条、938条）。かかる相続放棄の申述は、書面または口頭で行うものとされ（家事審判規則3条1項）、口頭で申述をするには、裁判所書記官の面前で陳述する必要があり、裁判所書記官は、調書を作成する（同条2項）。いったん相続を放棄すると、撤回することができない（民法919条1項）。

なお、3カ月間の熟慮期間中に相続の放棄をしなかったときは単純承認したものとみなされるところ（同法921条2号）、かかる熟慮期間の起算点である「（相続人が）自己のために相続の開始があったことを知った時」とは、相続開始の原因たる事実の発生を知り、かつ、そのために自己が相続人と

なったことを覚知した時であるとされている（大決大15.8.3民集5巻679頁）。したがって、相続人毎に熟慮期間の起算点が区々となりうることから、相続の開始時点から3カ月を超えているとしても、なお放棄が有効に行われる可能性があることをふまえ、対応する必要がある。また、相続の放棄をした後であっても、相続財産の全部もしくは一部を隠匿し、ひそかに消費し、または悪意でその相続財産の目録中に記載しなかったときも、単純承認したものとみなされることから（同法921条3号）、相続を放棄した者が、被相続人名義の預金を出金したり、貸金庫から格納物を取り出したりする等して相続財産を隠匿・消費していることがないか確認する必要もある。

## 2　相続放棄の効果

相続の放棄をした場合、さかのぼってはじめから相続人とならなかったものとみなされることから（民法939条）、相続放棄した者が当初からいなかったものとして相続分や範囲が決定されることになる。したがって、たとえば、配偶者と2人の子が相続人である場合に、子のうちの1人が相続放棄した場合には、当該放棄者は相続人から除外される一方、相続放棄しなかった子の相続持分は4分の1ではなく2分の1となる。なお、相続放棄した者が単独相続人である場合または同順位の共同相続人全員である場合には、次順位の相続人が相続することになる（ただし、相続放棄は代襲原因ではないので（同法887条2項）、相続放棄した者の子が代襲相続することはない）。一方、被相続人の金銭債務等の可分債務は、各共同相続人に分割承継されるが（最判昭34.6.19民集13巻6号757頁）、放棄した相続人を除く共同相続人間で法定相続分に応じて承継されることになる。また、債務者たる被相続人に相続が開始した場合において多額の資産を保有する相続人が相続放棄したときや、多額の資産を保有する被相続人に相続が開始した場合に債務者たる相続人が相続放棄をしたとき等において、債権者たる金融機関の債権管理・保全上重大な影響が生じ得るものの、相続放棄のような身分行為は、詐害行為取消権行使の対象とならないとされている（最判昭49.9.20金法733号27頁）。

このように相続放棄されると相続財産および相続債務の帰属状況が大きく変わりうることから、金融機関が取引の相手方からその旨の告知を受けた場

合には、家庭裁判所の交付する「相続放棄申述受理証明書」の提出を受けることにより、相続放棄の事実を確認すべきである。

なお、相続人の全員が相続を放棄すると、当初から相続人が存在しないもの、すなわち、相続人が不存在であるものと扱われることになる。

## 3 相続人が不存在である場合

相続人が不存在である場合（相続人の全員が相続を放棄した場合を含む）、相続財産は法人となる（民法951条）。相続財産法人が成立した場合、利害関係人または検察官の請求によって、家庭裁判所により相続財産管理人が選任され（同法952条1項）、その旨公告される（同条2項）。相続財産管理人は、相続財産の目録を作成するほか（同法953条、27条1項）、相続財産の保存行為および物または権利の性質を変えない範囲内においてその利用または改良を目的とする行為（同法103条）をすることができ、一方、その範囲を超える行為を必要とするときは、家庭裁判所の許可を得て、行うことができる（同法953条、28条）。また、相続財産管理人は、相続債権者または受遺者から請求されたときは、相続財産の状況を報告する。なお、相続財産管理人から預金の払戻しや貸金庫の開扉、格納物の取出し等の請求がある場合には、実務上は、できる限り家庭裁判所の許可を得てもらうか、要許可行為でないことについて担当書記官に確認する等してから、これに応じるべきである。一方、相続財産管理人が相続債務に係る回収手続に応じることについて特段の制限がなく、担保権実行や相殺等は相続財産管理人を相手方として行うことになる。

相続財産管理人の選任の公告後2カ月以内に相続人のあることが明らかにならなかったときは、相続財産管理人は、遅滞なく、すべての相続債権者および受遺者に対し、2カ月以上の所定の期間内に申出をしないときは弁済から除斥される旨を付記したうえ、その請求の申出をすべき旨公告する（同法957条1項・2項、927条2項）。あわせて、相続財産管理人は、知れている相続債権者および受遺者に、各別にその申出を催告する（同法957条2項、927条3項）。当該申出期間が満了すると、相続財産管理人は、①優先権を有する相続債権者、②申出をした相続債権者その他知れている相続債権者、③申

出をした受遺者、④期間内に申出をしなかった相続債権者・受遺者の順に、相続債務を弁済する（同条2項、929〜935条）。当該申出期間の満了後、なお相続人のあることが明らかでないときは、家庭裁判所は、相続財産管理人または検察官の請求により、相続人があるならば6カ月以上の所定の期間内にその権利を主張すべき旨を公告する（同法958条）。当該公告期間内に相続人としての権利を主張する者がないときは、相続人の不存在が確定し、相続人ならびに相続財産管理人に知れなかった相続債権者および受遺者は、失権する（同法958条の2）。一方、家庭裁判所は、被相続人と生計を同じくしていた者、被相続人の療養看護に努めた者その他被相続人と特別の縁故があった者（以下「特別縁故者」という）が当該公告期間の満了後3カ月以内にする請求により、特別縁故者に清算後残存すべき相続財産の全部または一部を与えることができる（同条の3）。特別縁故者に分与されなかった相続財産は国庫に帰属する（同法959条）。

## 54 相続人が限定承認した場合の注意点は何か

**結　論**

相続人は、自己のために相続が開始したことを知った時から原則として3カ月間の熟慮期間内に、家庭裁判所に申述することにより限定承認することができる。なお、相続人が複数であるときは、全員で共同して限定承認を行なわなければならず、また、このなかから家庭裁判所により相続財産管理人が選任される。金融機関としては、限定承認者または相続財産管理人を相手方として預金の払戻し等の手続や相続債務の回収手続を行うことになるところ、限定承認および相続財産管理人選任の事実は、家庭裁判所の交付する「限定承認申述受理証明書」および相続財産管理人選任の審判書謄本により確認する。

━━━━━━━━━━━ 解　　説 ━━━━━━━━━━━

1　限定承認の手続

　限定承認とは、相続人が、相続によって得た財産の限度においてのみ被相続人の債務および遺贈を弁済すべきことを留保して、相続の承認をすることをいう（民法922条）。限定承認によって、相続人は、被相続人のいっさいの権利義務を承継するものの、相続債務については、相続財産中の積極財産の限度においてのみ弁済の責任（物的有限責任）を負う。相続財産が債務超過であるかどうか不明である場合、単純承認すると結果として相続人が過大な責任を負担することになりうるところ、かかる事態を回避するうえで有効な制度である。

　限定承認しようとする相続人は、自己のために相続が開始したことを知った時から原則として3カ月間の熟慮期間内に、相続財産の目録を作成して家庭裁判所に提出し、限定承認する旨を申述することによって行う（同法915条、924条）。かかる限定承認の申述は、書面または口頭で行うものとされ（家事審判規則3条1項）、口頭で申述をするには、裁判所書記官の面前で陳述する必要があり、裁判所書記官は、調書を作成する（同条2項）。また、相続人が数人あるときは、限定承認は、共同相続人（包括受遺者を含む：民法990条参照）の全員で共同して行わなければならない（同法923条）。いったん限定承認すると、撤回することができない（同法919条1項）。

　なお、3カ月間の熟慮期間中に限定承認をしなかったときは単純承認したものとみなされるところ（同法921条2号）、かかる熟慮期間の起算点である「（相続人が）自己のために相続の開始があったことを知った時」とは、相続開始の原因たる事実の発生を知り、かつ、そのために自己が相続人となったことを覚知した時であるとされている（大決大15.8.3民集5巻679頁）。したがって、相続人ごとに熟慮期間の起算点が区々となりうるところ、熟慮期間は、起算点の最も遅い相続人を基準に計算されるから、民法921条2号により単純承認したとみなされる相続人がいても、他の相続人の熟慮期間が経過していなければ、相続人全員で限定承認をすることができる（東京地判昭30.5.6下民集6巻5号927頁）。一方、相続人が相続財産を処分したときは、単純承認したものとみなされ（同条1号）、その結果、共同相続人中に相続

財産を処分した者がいれば、他の相続人は限定承認できなくなる。また、限定承認をした後であっても、相続財産の全部もしくは一部を隠匿し、ひそかに消費し、または悪意でその相続財産の目録中に記載しなかったときも、単純承認したものとみなされる（同条3号）。そして、限定承認をした相続人について、同条1号または3号の事由があることが判明した場合には、相続債権者は、当該相続人に対し、その相続分に応じて権利を行使でき、当該相続人は単純承認した場合と同等の責任を負うことになる（同法937条）。

## 2　限定承認の効果

　限定承認した相続人は被相続人の権利義務をすべて承継するが、相続債務については、相続した積極財産の限度においてのみ弁済する責任を負う。したがって、限定承認がなされると、まず、相続財産中の積極財産から相続債務が弁済され、その後に残った積極財産があれば、相続人に帰属する。一方、積極財産をもって弁済しきれなかった相続債務について、相続人は弁済の義務を負うことはない。

　なお、相続人が1人である場合（その者のみが限定承認した場合）には当該相続人が、相続人が複数である場合（当該複数の相続人が共同して限定承認した場合）にはそのなかから家庭裁判所が選任した相続財産管理人が（民法936条1項）、それぞれ相続財産の管理・清算を行う（同法926条、936条2項・3項）。金融機関としては、かかる限定承認者または相続財産管理人を相手方として預金の払戻し等の手続や相続債務の回収手続を行うことになるところ、家庭裁判所の交付する「限定承認申述受理証明書」および（相続財産管理人が選任されている場合には）相続財産管理人選任の審判書謄本の提出を受けることにより、限定承認の事実および相続財産管理人選任の事実を確認すべきである。

　限定承認者または相続財産管理人は、限定承認後5日以内または選任後10日以内に、すべての相続債権者および受遺者に対し、限定承認をしたことおよび2カ月以上の所定の期間内に申出をしないときは弁済から除斥される旨を付記したうえ、その請求の申出をすべき旨公告する（同法927条1項・2項、936条3項）。あわせて、限定承認者または相続財産管理人は、知れている相

続債権者および受遺者に、各別にその申出を催告する（同法927条3項）。当該申出期間が満了すると、相続財産管理人は、①優先権を有する相続債権者、②申出をした相続債権者その他知れている相続債権者、③申出をした受遺者、④期間内に申出をしなかった相続債権者・受遺者の順に、相続債務を弁済する（同法929～935条）。

　なお、かかる清算手続には特に期限が定められておらず、必ずしもすみやかになされるとは限らない一方、相続債権者による担保権実行が制限されているわけではないことから、金融機関としては、相続債務に係る債権の回収のため、適時に、相殺、担保権実行、強制執行等を行う必要がある（なお、相殺に関し、東京地判平9.7.25判タ971号167頁は、限定承認の申述受理後に、自己の負担する債務との相殺をするために反対債権を取得したなどの、実質的公平の見地から相当でない場合を除き、対立する同種の債権債務を有する相続債権者は、相殺適状に達しさえすれば、その時期が限定承認の申述受理後であっても、自己の有する反対債権をもって、その負担する債務と有効に相殺をすることができるとする）。また、第三者保証や物上保証は、限定承認により影響を受けることはない。

## 55 担保提供者の死亡後は、どのように対応すればよいか

**結　論**

　担保提供者が死亡した場合は、その者が債務者本人なのか単なる物上保証人なのか、また担保物件は不動産か預金か、抵当権か根抵当権かなど、担保物件の種類や取引の態様により対応が異なるので注意を要する。

――――――――――　解　説　――――――――――

### 1　担保物件が不動産の場合
#### (1) 担保提供者＝債務者のとき
a　普通抵当権

　普通抵当権の設定者である債務者が死亡した場合は、当該抵当権の被担保

債権の債務者が被相続人から相続人にかわるだけで、手続としては相続の態様に従い、一般の相続手続を行ったうえで債務者の変更登記を行うとともに、所有権移転についても相続の登記が必要である。抵当権実行時までに所有権移転登記がされていないと、債権者代位権による相続人への所有権移転登記をしなければならなくなるので、登記はすみやかに行っておくべきである。

ただし、免責的債務引受により特定の相続人が被担保債権（相続債務）を引き受けるケースで、当該相続人と担保物件の相続人とが異なる場合には、法律上は特段の対応は必要ないものの、後日のトラブルを回避する意味で、引受後も抵当権の効力が及ぶことについて、担保物件を相続する相続人（この相続人は物上保証人となる）の同意を得ておくことが無難である。

b 根抵当権

確定前の根抵当権の債務者が死亡した場合には、根抵当権は、相続開始の時に存する債務のほか、根抵当権者と根抵当権設定者との合意により定めた相続人が、相続の開始後に負担する債務を担保することになる（民法398条の8第2項）。ただし、この合意は相続の開始後6カ月以内に登記しないと、根抵当権は相続開始の時に確定したものとみなされ、以後の新規取引は担保されなくなってしまう。したがって、相続開始後も相続人と継続的な取引を行うことが予想される場合には、根抵当権の債務者の地位を引き継ぐ旨の合意を相続人との間で行い、相続開始後6カ月以内はもちろんとして、極力、当該相続人との新規取引に先立って登記する必要がある（相続人が1人しかいない場合でも同様。また、合意の登記を行うには、その前提として相続による所有権移転および債務者の変更の登記をする必要がある）。

なお、この合意の登記の有無にかかわらず相続開始の時に存する債務は担保されるが、根抵当権の債務者の地位を共同相続人の1人が引き継ぐ場合に、他の相続人の相続した債務を免責的に引き受ける方法をとると、当該引受債務は「銀行取引」に基づいて負担した債務ではないとされて、根抵当権により担保されなくなってしまうおそれがあるので、重畳的債務引受とするか、上記合意の登記とあわせて、被担保債権の範囲に当該「債務引受に伴う債権」を追加する旨の変更登記もする必要がある。

相続人と新規の取引を行う予定がなければ、根抵当権が確定してしまっても相続開始時に存する債務は担保されるので、保全上直ちに問題となることはないが、被担保債権の相続に伴う債務者変更登記は行う必要がある。この場合および相続開始までに確定済みの根抵当権については普通抵当権の場合と同様に考えればよい。

(2) **担保提供者＝物上保証人のとき**

物上保証人の死亡は根抵当権の確定事由には当たらないので、法律上は特段の対応は必要ない。もっとも、後日のトラブルを回避する意味で、担保物件の相続人から「引き続き担保に供する」旨の確認書を徴求しておくことが無難である。

## 2 担保物件が預金の場合

(1) **担保提供者＝債務者のとき**

特定債務の担保の場合は担保権の効力に影響はない。根担保の場合には、相続債務が担保されることは特定債務の担保の場合と同様であるが、相続人が相続開始後に負担する債務にも担保権の効力が及ぶか否かは議論の余地がある。実務上は、相続開始後に相続人に新規に融資を行う場合には、相続人から新規の貸金についても担保の効力が及ぶ旨の同意書を差し入れてもらうか、相続税の滞納等により担保権が否定される懸念がなければ新たに担保設定をし直してもらうべきである。

なお、遺言や相続人間の協議によって債務と預金を別々の相続人が相続することとしても、金融機関には対抗できないが、万一これを認めてしまうと相殺による回収ができなくなってしまい、担保権の設定に際して確定日付を得ていないと租税債権などに優先権を主張できなくなるおそれがあるので注意を要する（民法施行法5条1項3号参照）。

(2) **担保提供者＝物上保証人のとき**

担保提供者が物上保証人のときは、原則として担保権には影響を与えないので、債務者に対する新しい債務は当然に被担保債務となる。しかしながら、実務としては担保設定者を確定するためにも、担保預金の相続人を確認のうえ、担保契約内容についての確認書の差入れを受けておくべきである。

第3節　取引先の死亡・相続　119

新たに確定日付を取得する必要はない。なお、担保提供者を保証人としている場合は保証人の死亡への対応も要することとなる（〔56〕参照）。

### 3 担保物件が手形あるいは有価証券の場合

特定債務担保の場合は担保権の効力に影響はない。根担保の場合にも、相続債務全額を担保することに異論はない。しかし、担保設定者＝債務者のときは、根抵当権の「確定」の場合と同様、その相続人に対する新しい債務にも担保の効力が及ぶか否かは議論の余地がある。実務上は、相続開始後に相続人に新規に融資を行う場合には、相続人から新規の貸金についても担保の効力が及ぶ旨の同意書を差し入れてもらうか、相続税の滞納等により担保権が否定される懸念がなければ新たに担保設定をし直してもらうべきである。

担保設定者＝物上保証人のときは、原則として担保権には影響を与えないので、債務者に対する新しい債務は当然に被担保債務となる。しかしながら、実務としては担保設定者を確定するためにも、担保物件の相続人を確認のうえ、担保契約内容についての確認書の差入れを受けておくべきである。

## 56 保証人死亡後は、どのように対応すればよいか

#### 結　論

保証人が死亡しても、相続開始前に生じていた具体的な保証債務は当然に相続人に相続されるが、根保証の保証人としての地位には相続性はないと考えられるので、新規の融資取引を行う際にはあらためて保全策を検討する必要がある。また、保証人の死亡を知らないまま新規の融資取引を行うことがないよう注意しなければならない。

#### 解　説

### 1 特定債務保証の場合

被相続人の債務保証が特定債務の保証であれば、当初より保証人の負担する債務は確定しているので、相続性が認められている。ただし、法定相続人

が複数いる場合には、保証債務は各相続人が法定相続割合に従って分割承継されるので、各相続人は法定相続分の範囲内でしか責任を負わない（もちろん、相続人が被相続人とともに当初から保証人になっている場合には、相続発生後も当該相続人は被担保債権全額について保証責任を負う）。したがって、相続人のなかに無資力の者がいるときには、被相続人の財産からの回収や保全を図ったり、他の相続人に債務引受をさせるなどの対応が必要となる。

## 2 包括根保証の場合

　平成17年4月1日に施行された改正民法により、保証人が個人であり、被保証債務に貸金債務または手形割引に係る債務が含まれる貸金等根保証契約については、極度額を定めなければ無効となり、5年以内の元本確定期日を定めなければ、保証契約締結日から3年を経過すると主たる債務の元本が確定することとなった（民法465条の2、465条の3）。そして、改正民法施行前に差し入れられた元本確定期日の定めのない根保証は、平成20年3月31日をもって確定している。

　したがって、改正民法施行前に、銀行取引約定書や別札保証書により金額や期間の限定のない包括根保証をしている保証人が死亡した場合には、平成20年3月31日をもって元本確定した具体的な保証債務のみが相続される。

　なお、デリバティブ取引のみを被保証債務とする保証のように、貸金等根保証契約に該当しない根保証契約については、極度額や元本確定期日の定めがなくとも、保証の有効性に影響はない。もっとも、保証人が死亡した場合には、保証人としての地位は承継されず、死亡時点の具体的な保証債務のみが相続されると考えられている。これは根保証の保証人の責任はきわめて広汎なものとなるおそれがあり、それゆえに保証人と主債務者との間の人的な信頼を基礎とする一身専属的なものであるといえるからである（最判昭37.11.9民集16巻11号2270頁）。

## 3 限定根保証の場合

　貸金等根保証契約においては主たる債務者または保証人が死亡したときには、主たる債務の元本は確定する（民法465条4項3号）。したがって、保証

人が死亡した時点で元本確定した具体的な保証債務が相続される。

## 57 遺言執行者と取引する場合には、どのような注意をすればよいか

**結　論**

遺言の内容から、当該取引が遺言執行者の権限の範囲内であることを確認して取引を行う必要がある。

――――――― 解　説 ―――――――

### 1　相続預金の払戻し

　遺言執行者との取引に際しては、まずは、遺言または家庭裁判所の審判により遺言執行者が選任されていることを確認し、検認が必要な遺言については検認手続がすんでいることを確認する。

　そのうえで、遺言執行者から相続預金の払戻申出があった場合には、遺言執行者の権限は、遺言の執行に必要なものに限られる（民法1012条1項参照）ため、当該相続預金の払戻しが「遺言執行に必要な範囲」といえるかどうかが問題となる。遺言において相続財産に当該預金が特定されている場合や「その他一切の財産」等と包括的な定めがある場合には遺言執行者に当該預金の払戻権限があると考えられるが、不動産や株式のみが記載されていて預金について記載がない場合等には、遺言執行者には預金の払戻権限はない。

　なお、特定の相続人が特定の預金債権を取得することとされているような、いわゆる、「相続させる遺言」の場合には、遺言執行の余地がなく、遺言執行者に預金の払戻権限はないという考え方（東京高判平15.4.23）もあるので、遺言に記された財産の内容やその分割方法等、遺言の記載内容についてよく確認する必要がある。

　また、後日のトラブル防止の観点からは、取引に際して、遺言執行者に対して、遺言をめぐって相続人間で争いとなっていないことや、遺言執行者が持参した遺言以外の遺言が存在しないことについても、念のため、確認しておくべきである。記載内容に疑義が生じる場合や、遺言執行者からの聴取内

容からトラブルの懸念が生じる場合には、遺言の受遺者や相続人の意思確認を行っておくのも一法である。

## 2 貸金庫の解約

遺言執行者から貸金庫の解約の申出があった場合には、上記のとおり、遺言執行者の権限は遺言の執行に必要な範囲に限られることとなるので、遺言上明確に「貸金庫の内容物をAに渡す」等の記載があれば、遺言執行者が貸金庫を解約して内容物を持出すことに問題はないと考えられる。遺言上、そのような記載がない場合でも、遺言執行者に預金払戻権限があり、かつ、遺言執行者から、遺言執行のために貸金庫に入っている預金通帳や印鑑等の申出があるといった合理的な説明が受けられる場合には、遺言の執行に必要な範囲の行為として、貸金庫の解約に応じることは可能であろう。

遺言執行者から合理的な説明がない場合や、遺言執行者の他の言動と相まってトラブルが懸念される場合には、受遺者や相続人の立会いを求めるのが望ましい。受遺者や相続人の立会いが困難な場合には、公証人を立会わせて貸金庫を開扉し、格納物について事実実験公正証書を作成するといった対応を検討すべきである。

## 3 遺言執行者が複数の場合

遺言執行者が複数選任されている場合には、遺言に別段の定めがない限り、遺言の執行は過半数で決することとなるため（民法1017条1項）、一部の遺言執行者から相続預金の払戻申出があったとしても、払戻しは留保すべきである。なお、保存行為にあたる行為は各遺言執行者がなしうるので、預金の残高証明書や異動明細等の発行は、各遺言執行者単独の請求に応じることができる。

## 4 遺言執行者の代理人との取引について

遺言執行者は、遺言で認められている場合や、やむをえない事由がある場合を除き、遺言執行者にかわって職務の全部を第三者に行わせることはできない（民法1016条参照）。もっとも、遺言執行者の責任において履行補助者を

使用することはさしつかえない（大決昭2.9.17）。したがって、遺言執行者本人ではなく、たとえば、遺言執行者から選任を受けた弁護士等から相続手続の申出がある場合には、必要に応じて委任状等により権限を確認したうえで、取引を行うことは可能である。

## 第4節 外国人との取引

**58** 外国人と取引する場合はどのような点に注意し、どのような書類を徴求するか

### 結　論

　外国人の身元確認、権利能力があるか、行為能力は認められるか、外国人との取引に適用される準拠法はどうなるか、といった点が注意点となる。徴求する書類としては、居住者であればその住所・居所を証明する書類の写しの提出、印鑑証明、サイン証明が、非居住者であればパスポートなどの写しとサイン証明がある。

### 解　説

#### 1　外国人の身元確認

　外国人とは、日本国民でない者をいう（国籍法4条1項）。外国人の身元確認は、居住者・非居住者の区別によるが、この区別については〔61〕参照。居住者である外国人は、「在留カード」を保有しているため、その写しの提示により、当該外国人の身元確認を行う。非居住者（旅行者等）については、「在留カード」等による確認ができないので、パスポートによって身元確認を行うことになる。

　なお、従来、居住者たる外国人の身元確認は、「外国人登録証明書」によって行われていたが、新たな在留管理制度がスタートし、平成24年7月9日に外国人登録法が廃止されことに伴い、従来の外国人登録票にかわるものとして、わが国に居住する外国人のうち中長期在留者には「在留カード」が交付されることとなった（入管法19条の3）。なお、新たな在留管理制度がスタートした後でも、一定期間は、従前の外国人登録証明書も有効なものとして取り扱われるので（入管法附則15条。〔4〕参照）、当該期間は、「外国人登録証明書」の写しの提出でも足りる。

3月以下の在留者は中長期在留者に該当しないので外交官など特殊の者を除き、パスポートに押捺された上陸許可の証印（入管法9条）で本人確認をすることになる。

## 2　外国人の権利能力・行為能力
外国人の権利能力については、法令上の制限があるが、それについては〔59〕参照、また行為能力については〔60〕参照。

## 3　金融機関取引の準拠法
外国人と取引を行う際に明確に日本法を準拠法と定めていなかったとしても、金融機関取引の多くは、法の適用に関する通則法8条2項の「特徴的な給付」に該当すると考えられるため、その給付を行う金融機関の常居所地法たる日本法が準拠法として推定される。したがって、通常の取引においては、日本法が準拠法となる。

なお、同法11条において消費者と事業者との間で締結される契約に関する準拠法の定めに関する規定がある。消費者たる外国人との取引については同条の規定が適用されることになるが、それでも、外国人との間で行う金融機関取引の多くは日本法が準拠法となると解される。

## 4　居住者である外国人から徴求する書類
居住者から徴求する書類は、前記のとおり「在留カード（外国人登録証明書）」の写しと、（印鑑を使用する場合には）印鑑証明書を徴求する。外国人の場合にはサインによることが多いので、この場合には、署名鑑の作成を求めるか、領事館等のサイン証明を徴求する。

## 5　非居住者である外国人から徴求する書類
非居住者である外国人から徴求する書類は、前記のとおりパスポートと、領事館等のサイン証明を徴求する。

## 59 外国人の権利能力が制限される場合には、どのようなものがあるか

**結論**
内国人と異なり、わが国の法令によって権利能力が制限される場合がある。

――――― 解　説 ―――――

### 1　外国人の権利を制限する諸法令

権利能力とは、私権を享有しうる法律上の能力のことであるが、外国人は民法3条2項で法令または条約の規定により禁止される場合を除き、日本人と同等の権利を有することとされている。現在のところ、外国人の権利能力を制限する条約は存在しない。法令上、外国人の享有できない権利、または享有に一定の制限を受ける権利の主なものは、次のものである。

① 鉱業権、租鉱権（鉱業法17条、87条）
② 日本船舶の所有権（船舶法1条）、航空機所有権（航空法4条）、航空運送事業を営む権利（同法101条1項5号イ、4条、126条以下）
③ 特許権（特許法25条）、意匠権（意匠法68条）、商標権（商標法77条）、実用新案権（実用新案法2条の5）、著作権（著作権法6～9条の2）などの無体財産権

### 2　その他の注意点

権利能力の制限ではないが、外国為替及び外国貿易法（外為法）27条は、外国投資家による対内直接投資につき事前届出を義務づけ、国による変更勧告等について規定する。この関連では、たとえば、外国法人がわが国の防衛関連企業の買収資金を融資する金融取引などにおいて十分注意が必要となる。この場合、外為法27条3項・5項により届出後の待機期間が延長されたうえに、買収契約の変更または中止が勧告されるおそれがあるからである。

## 60 外国人制限行為能力者と取引する場合、どのような点に注意するか

**結論**

原則として、成年・未成年かはパスポート等により当該外国人の年齢が20歳以上かを確認することで判断すれば足りる。日本法上の成年後見制度を利用している外国人との取引は、日本法上の被後見人等との取引と同様の点に注意する。他方で、利用していない外国人との取引においては、慎重にその意思能力を確認する必要がある。

**解説**

行為能力とは人が独立して有効な法律行為をなしうる法律上の資格であるが、制限行為能力者とは、行為能力が制限されている者のことである。日本民法においては、未成年者や成年被後見人、被保佐人、被補助人が制限行為能力者に該当し、これらの者の法律行為は後日、無効・取消しの対象となりうる。外国人の行為能力についても、結論的には日本民法に従って考えればよいが、具体的には次のように考えることになる。

### 1 未成年者

外国人の成年・未成年の区別はその本国法によるとされているので（法の適用に関する通則法4条1項）、原則として、当該外国人を成年者として扱う否かを判断するために、当該外国人の本国法を調査する必要があることになる。

そこで、本国法を調査した結果、当該外国人が成年者であれば、成年者として取り扱うことになる。

他方で、当該外国人が本国法において未成年者であったとしても、直ちに未成年者として取り扱うことにはならない。「法律行為をした者がその本国法によれば行為能力の制限を受けた者となるときであっても、行為地法によれば行為能力者となるべきときは、当該法律行為の当時その全ての当事者が法を同じくする地に在った場合に限り、当該法律行為をした者は、行為能力

者とみなす」とされている（同法4条2項）からである。すなわち、通常の金融機関取引においては、行為地法となる日本民法に従い、当該外国人が日本民法上の成年者（20歳）であると（パスポート等で）判断できれば、当該外国人を成年として取り扱うことができる。したがって、当該外国人が本国法において未成年者であったとしても、日本民法上の成年者であれば、その者を成年者として取り扱うことになる。

## 2　成年被後見人・被保佐人・被補助人

「日本に住所・居所を有する者は、日本法により後見開始、保佐開始および補助開始の審判をすることができる」（同法5条）とされていることから、日本に住居・居所を有する外国人は、日本法上の成年後見制度を利用することができる。そして、日本において後見開始の審判等があったときは、後見人等についても日本法によるとされている（同法35条2項）。したがって、日本に住所・居所を有し、日本法上の成年後見制度を利用している外国人との取引については、日本法上の成年被後見人等と同様の留意点が妥当する（〔25〕参照）。

他方で、日本法上の成年後見制度を利用していない外国人との取引に関しては、成年後見人等に関する留意は不要であるが、その意思能力を慎重に判断して行う必要がある。このとき、意思能力に欠けるように見受けられる場合で、日本に住所・居所を有する外国人がいたときには、当該外国人に、日本法における成年後見制度の利用を促すことになろう。

なお、外国における日本の後見開始の審判に相当する成年者保護に係る裁判を受けた外国人がいたとしても、原則として、当該外国人との取引において、当該裁判の効力につき調査を行う必要は無いと思われる。かかる外国裁判の、日本における効力については、これを認める見解もあるようではあるが、一般的には否定されているためである。

また、外国裁判所において選任された後見人等を称する者が、日本の銀行における被後見人の預金の払戻しを要求してきた場合においても、原則として、直ちに当該後見人等が日本法上の成年後見人等と同様の権限を有することにはならないため、その権限の真正等を別途検討する必要が生じる。

## 61 外為法上の居住者と非居住者の区別はどこにあるか

### 結論

平成10年4月1日から施行された改正外為法（外国為替及び外国貿易法）は、改正前からの内容を変えることなく、「居住者」と「非居住者」の定義をしている。外国人と取引をする場合には、外為法上の基本概念である両者のいずれに該当するかをまず見極める必要がある。

### 解説

改正外為法は、対外取引の自由化と、外国為替業務の自由化を主な内容とするが、他方で経済制裁などの際の許可義務や対外直接投資の一部制限業種などについての事前の届出義務、国際収支統計の作成義務、市場動向の的確な把握のための報告義務など、必要最小限の義務は残した。

こうした義務を負う当事者かどうかを分ける重要な基準が「居住者」か「非居住者」かの区別である。居住者・非居住者の定義は、外為法6条1項5号・6号にそれぞれ規定されているが、平成10年施行の改正によっても内容は変わっていない。それだけ外国為替規制にとって基本的な概念ということができる。すなわち、外為法の規制は、改正前、改正後を問わず、居住者間の円建取引や非居住者間の外貨建取引には適用されない。

外為法によれば、「居住者」とは「本邦内に住所又は居所を有する自然人及び本邦内に主たる事務所を有する法人をいう。非居住者の本邦内の支店、出張所その他の事務所は、法律上代理権があると否とにかかわらず、その主たる事務所が外国にある場合においても居住者とみなす」と定められている。また、「非居住者」とは「居住者以外の自然人及び法人をいう」としている。

自然人の居住性は、その「住所又は居所」を本邦内に有するかどうかによって決まり、法人の居住性は、原則としてその「主たる事務所」の所在地によって判定される。なお、具体的なケースにおいて、その区別が明らかでない場合が生ずることがあるので、同条2項は、「居住者又は非居住者の区

別が明白でない場合については、財務大臣の定めるところによる」こととしており、財務大臣が通達のかたちで居住者または非居住者の範囲について一定の判断基準を示している。

## 62 外国人が死亡した場合、どのような点に注意すべきか

**結論**

死亡した本人の本国法によって相続の法律関係が決まる。ただ、この場合、反致によって日本法を適用できる場合もあるので注意を要する。

**解説**

金融取引の相手方である外国人が死亡したときは、相続につきいずれの国・地域の法律を適用すべきかが問題になる。法の適用に関する通則法36条は、「相続は、被相続人の本国法による」と規定する。

「本国法」は、国籍をもとに決するが、二重国籍や無国籍の場合があるのでこうした場合における「本国法」の決定ルールが同法38条に規定されている。また、相続の処理は遺言が有効に成立しているかどうかによって変わってくるが、同法37条1項は「遺言の成立及び効力は、その成立の当時における遺言者の本国法による」とする。

したがって、金融機関としては取引の相手方であり死亡した外国人の本国法を調査し、そのもとで相続人を確定する。預金にしても相続人全員の同意がなければ引き出すことはできないのが原則であるが、遺言などによって遺言執行者が選任されているときは、その者の指示に従えばよい。国によっては、わが国におけるような戸籍謄本がない国もあるので注意が必要となる。

相続にあっては、反致によって日本法を適用してよい場合がある。反致とは、当事者の本国法によるべき場合において、その国の国際私法がかえって日本法を指定するときは、日本法によることができる、とする国際私法上のルールをいう（同法41条）。以下のような裁判例があり参考になる。

「被相続人の死亡当時の本国法（イギリス法）上、不動産以外の権利の相続

は被相続人の住所地法によるとされている場合、住所の所在は右本国法上の住所概念によるべきであり、被相続人が我が国において永年民間人として生活を営み、終生の地とする意思であったことが推認できる以上、我が国に住所を有したものと認められ、日本に所在する不動産以外の権利に関する遺言執行の準拠法として、反致により日本民法を適用すべきである」(東京家審昭45.3.31家月22巻10号101頁)

## 63 取引先の韓国人、中国人が死亡した場合、どのような点に注意すべきか

### 結　論

外国人のなかでも、韓国人、中国人はその本国が「分裂国家」であることおよび分裂前から日本に居住している人も多いことから、本国法の決定にあたりいずれに属するか注意するべきである。

### 解　説

韓国人、中国人は外国人であるから、〔62〕において述べた注意点が原則として当てはまるが、これらの外国人については「本国法」の決定につき特別な配慮が必要になる。

韓国人の場合、国家分裂時に「南側」に居住していたことから国籍が大韓民国籍になったものだが、分裂前から日本に居住していた者の本国法はどのように決めればよいか。裁判例があり判決は次のようにいう。

「国籍は各国が独自に決定するという国際法上の原則によれば朝鮮人はすべて大韓民国と朝鮮民主主義人民共和国との二重国籍を有することになるが、未承認国を含めた国籍抵触は専ら政治的理由に基づくもので、本条が本来予想する場合ではないのであり、かかる場合には同条の本国法主義の原則に照らし、当事者の住所などの客観的要素や当事者の意思などすべての事情を総合考慮して、当事者の身分関係と右いずれの国がより密接な関係を有するかという観点から準拠法を定めるべきであって、法廷地国である日本国が国際法上その国家を承認しているか否かは問わない。両国の分裂前から日本

に居住していた当事者の本国法は、過去の住所や本籍地ではなく、本人の帰属意思により決定される」(東京地判昭51.3.19下民集27巻1～4号125頁)。

　また、「日本で出生し居住する朝鮮人が、大韓民国、朝鮮民主主義人民共和国のいずれに属するか明らかでなく、いずれにおいても生活したことがなく、今後もその意思もない場合には、国籍をいずれとも決められないため、無国籍に準じて扱う」(富山家審昭56.2.27家月34巻1号80頁)とした裁判例もある。法の適用に関する通則法38条2項は無国籍者につき「その常居所地法による」としているので、日本法が適用されることになる。

　中国人の場合、台湾との関係で韓国人と同様の問題が生じるが、裁判例としては上記判決例のように「本人の帰属意思」によって決すべしとしたものがある（東京家審昭44.5.28家月21巻12号175頁）。

第4節　外国人との取引　133

# 第3章

# 法人との取引

## 第1節 基礎知識

**64** 成立前の会社との取引はどのような点に注意すべきか

**結論**

　発起人が行った行為のうち、会社成立自体に必要な行為および原始定款に財産引受として記載されている行為により発生した権利義務は成立後の会社に当然に承継されるが、それ以外の債権債務は成立後の会社に当然には承継されない。したがって、金融取引実務においては、会社成立を商業登記簿謄本か登記事項証明書で確認したうえで取引を行うことを原則とし、成立前の会社との取引は、適法な財産引受として原始定款に登記されることが確実な場合以外には行わないようにすることが望ましい。例外的に成立前の会社と取引を行う場合には、財産引受として原始定款に記載することを条件に行うべきであるが、発起人が応諾しない場合等には、発起人代表個人との取引として契約することが望ましい。

**解説**

### 1　設立中の会社の法的性質

　株式会社は、本店の所在地において設立登記をすることにより成立する（会社法49条）。本来、会社に権利義務が帰属するのは会社成立後に会社の代表者が行った行為に限られるはずである。しかしながら、会社の設立は発起人による定款の作成その他の一連のプロセスを経て行われるものであることから、会社成立前に発起人が行った行為を成立後の会社から完全に遮断することはかえって不都合といえる。そこで、設立中の会社と設立後の会社との連続性を承認するため、発起人の組合を一種の権利能力のない社団とみて、また発起人が1人の場合でも潜在的な権利能力のない社団とみて、発起人がその権限内の行為により社団として取得または負担した権利義務は、一定の

範囲において成立後の会社に当然に帰属するものと一般に解されている（龍田節『会社法大要』415頁、有斐閣、平成19年）。

## 2 財産引受と成立後の会社への帰属

以上を前提に、会社法22条2号、33条1項は、発起人の行為により生じた一定の権利義務について、原始定款への記載と検査役による調査を条件に会社に帰属することと定めている（一般に「財産引受」と呼ばれる）。この趣旨は、財産引受が発起人による現物出資の規制潜脱方法として用いられる危険があること、そして財産引受として成立後の会社に承継される財産が過大に評価されると会社の財産的基礎が危うくなり会社債権者を害する危険があることから、これら危険を回避することにある。

財産引受の場合に原始定款に記載すべき事項は「株式会社の成立後に譲り受けることを約した財産及びその価額並びにその譲渡人の氏名又は名称」である。なお、検査役調査については軽微基準が設けられており、対象財産が①500万円以下の財産である場合、②市場価格がある有価証券で市場価格を超えない場合、③対象財産の価額が相当である旨の弁護士等の専門家の証明を受けている場合には、調査は不要となる（同法33条10項1号・2号・3号）。

### 表1 財産引受で検査役調査が不要になる場合

| | 財産引受検査役による調査が不要になる場合 |
|---|---|
| ① | 少額の場合（会社法33条10項1号）<br>　現物出資財産として原始定款に記載された金額が500万円を超えない場合 |
| ② | 目的物が有価証券の場合（同法33条10項2号）<br>　現物出資財産のうち、市場価格のある有価証券について原始定款に記載された金額が当該有価証券の市場価格として法務省令で定める方法により算定した価格を超えない場合 |
| ③ | 弁護士等の証明を受けた場合（同法33条10項3号）<br>　現物出資財産等について定款に記載・記録された価額が相当であることについて弁護士、弁護士法人、公認会計士、監査法人、税理士、または税理士法人の証明を受けた場合（不動産の場合には不動産鑑定士の鑑定評価も必要） |

## 3 財産引受以外で成立後の会社に帰属する行為

　財産引受以外に、成立後の会社に帰属させることができる行為にはどのようなものがあるだろうか。この点については成立後の会社の円滑な事業開始のために広く認めるべきとする有力説もあるが、判例は「会社設立自体に必要な行為のほかは、発起人において開業準備行為といえどもこれをなしえず、ただ原始定款に記載されその他厳重な法定要件を充たした財産引受のみが例外的に許される」（最判昭38.12.24金商529号183頁）としている。

　そこで、会社設立自体に必要な行為とは何かが問題になるが、その範囲は非常に制限的に解釈されている。判例に現れたところによると、「手形取引契約の締結は、会社の設立に関する行為ではなく、いわゆる開業準備行為にあたると解されるところ、発起人には開業準備行為一般につき、これをなす権限はなく、ただ、そのうち財産引受のみ法定の要件を満たした場合に限り、その法律効果が設立後の会社に帰属する」とするもの（東京高判平元.5.23金法1252号24頁）、自動車旅客運送業を主たる目的とする会社の設立においても、その営業権（車両付）を譲り受ける行為は設立自体に必要な行為ではないとするもの（最判昭42.9.26民集21巻7号1870頁）、債務引受は会社の設立自体に必要な行為とは解されないとするもの（前掲最判昭38.12.24）等があり、非常に制限的に解されていることが読みとれる。

　これを金融取引実務にあてはめると、金融機関が成立前の会社と行う可能性がある取引のなかで、成立後の会社に帰属させることができる取引は、設立に必要な行為である株式の払込みに関する手続程度であり、それ以外の取引を開業準備行為として成立後の会社に帰属させることはむずかしいと思われる。実務としては、設立中の会社に関し融資等を行う場合は、設立後の会社に帰属しない行為とみて、発起人個人に対する融資等という前提で十分な担保・保証を確保しておくのが安全であろう。

　なお、たとえ発起人の1人が創立総会において取締役として選任されたとしても、設立登記前に締結された契約である限り、その法律効果は当然には設立後の会社に帰属しない（前掲東京高判平元.5.23）。また、定款に記載のない財産引受は、成立後の会社が追認しても有効とはならない（前掲最判昭42.9.26）。

## 65 金融機関は株式会社と取引をする場合に、どのような機関を相手方とすべきか

**結　論**

　会社法は、株式会社の機関設計につき最低限のルールのみを定め、当該ルール以外については、各会社がその実態に応じ、柔軟に機関を設計できることとされている。

　株式会社との取引においては、原則としてその代表機関である代表取締役（取締役会非設置会社で代表取締役を置かない会社の場合は取締役、委員会設置会社の場合は代表執行役）との間で行うが、当該会社にとって多額の借財にあたる場合等一定の場合には代表取締役の行為では足りず取締役会の承認決議が必要になるため、金融機関としては、取締役会決議の有無を確認する必要が生じる。

**解　説**

### 1　株式会社の機関

　会社法施行以前の株式会社の機関設計は、会社の規模（資本金額および負債額）ごとにほぼ一律に規定されており、会社ごとに選択可能な機関は非常に限定されていた。しかし、会社の実態はその規模により定まるものではなく、法が一律に機関設計を強制することは必ずしも合理的ではなかった。そこで会社法は、株式会社の機関設計に関するルールを柔軟化している。具体的には、最低限のルールとして株主総会と取締役1名の設置を最小限の機関構成としたうえで、会社の規模の額にかかわらず、各会社がその実態に応じ、定款に定める方法によって自由に機関設計を選択することができることとした（会社法326条、328条）。具体的には表2、表3のとおりである。

### 2　最も一般的な機関設計

　上記のとおり株式会社の機関は柔軟に設計することができるが、ここでは、最も一般的な形態である、意思決定機関としての株主総会および取締役会、代表機関としての代表取締役、監査機関としての監査役会（または監査

**表2　株式会社で選択可能な機関設計一覧表**

| | 大会社 | | 非大会社 | |
|---|---|---|---|---|
| | 公開会社 | 非公開会社 | 公開会社 | 非公開会社 |
| 取締役会設置会社 | 監査役会＋会計監査人 | | | |
| | 委員会設置会社（三委員会＋会計監査人） | | | |
| | ― | 監査役＋会計監査人 | | |
| | ― | ― | 監査役会 | |
| | ― | ― | 監査役 | |
| | ― | ― | ― | 監査権限のみの監査役 |
| | ― | ― | ― | 会計参与 |
| 取締役会非設置会社 | ― | ― | ― | 監査役＋会計監査人 |
| | ― | ― | ― | 監査役 |
| | ― | ― | ― | 監査権限のみの監査役 |
| | ― | ― | ― | ―（取締役1名のみ） |

※1名以上の取締役を置くことは必須である（表3機関設計のルール①参照）。
※いずれの会社でも、以上の機関に付加して、会計参与を設置することができる。

役）という三つの機関で構成する機関設計に着目し、その権限（監査役（会）については責務）につき確認しておく。

**(1) 株主総会の権限**

　株主総会の権限については、取締役会非設置会社と取締役会設置会社のいずれかにより差異がある。

　(a) まず、取締役会非設置会社の場合、株主総会の決議事項には法律上の制限がない（同法295条1項）。よって、取締役会非設置会社では、株主総会はあらゆる事項につき決議することができる。定款で異なる定め（取締役会の権限とする定め等）がある場合でも、株主総会はなお決議可

表3 機関設計のルール

| | 会社法が規定する機関設計のルール |
|---|---|
| ① | すべての会社には、株主総会のほか、取締役を設置しなければならない（236条1項、295条） |
| ② | 取締役会を設置する場合には、監査役（監査役会を含む）または三委員会等（委員会設置会社になることを意味する。以下同じ）のいずれかを設置しなければならない。ただし、大会社ではない非公開会社において、会計参与を設置する場合には、この限りでない（327条2項） |
| ③ | 公開会社には、取締役会を設置しなければならない（327条1項1号） |
| ④ | 監査役（監査役会を含む）と三委員会等とを同時に設置することはできない（327条4項、2条12号） |
| ⑤ | 取締役会を設置しない場合には、監査役会および三委員会等を設置することができない（327条1項2号・3号） |
| ⑥ | 会計監査人を設置する場合には、業務監査権限を有する監査役（監査役会を含む）または三委員会等のいずれかを設置しなければならない（327条3項・5項、328条1項・2項） |
| ⑦ | 会計監査人を設置しない場合には、三委員会等を設置することができない（327条5項） |
| ⑧ | 大会社には、会計監査人を設置しなければならない（328条1項・2項） |

能である。

(b) 他方、取締役会設置会社の場合、株主総会が決議できる事項は、同法または定款で定められた事項に限定されている（同条2項）。ただし、取締役会設置会社でも、定款で定めることにより、あらゆる事項につき株主総会で決議することが可能になる。

(2) **取締役会の権限**

取締役会は、総会決議事項を除く業務執行に関するすべての事項を決定する権限を有する（同法362条2項1号）。ただし、取締役会は、同法362条4項により取締役会の専決事項と規定された事項以外については、取締役会規則または決議により、代表取締役、取締役等に決定権限を委任することができる（江頭憲治郎『株式会社法〔第4版〕』有斐閣、2012年、387頁）。

金融取引実務上は、取締役会専決事項を除くすべての業務執行決定権が代

表取締役に委任されているのが一般的であるため、取締役会専決事項に該当しないのであれば、この点をつど確認する必要はないと考えられる。通説も、「会社事業の通常の経過から生ずる事項(日常の業務)の決定は、取締役会が招集に応じて会合する機関にすぎないことから、代表取締役(少なくともその1人)に当然に委任されていると推定すべきである」としている(江頭・前掲387頁)。

なお、取締役会の専決事項は、表4のとおりである。

金融取引実務上は、特に「多額の借財」が取締役会の専決事項となっていることに注意が必要である。

「多額の借財」に当たるか否かは、その金額、会社の総資産・経常利益等に占める割合、借財の目的および会社における従来の取扱い等の事情を総合的に考慮して判断すべきとされている(東京地判平9.3.17金商1018号29頁)。そこで実務においても、取引相手の会社規模に比して「多額」の融資を行う場合には、当該会社内で取締役会決議がなされていることを確認する必要がある。また、通説では、「『借財』には、保証契約やデリバティブ取引等も当たり得る」(江頭・前掲387頁)とされているため、保証契約締結時や金融商品を提供する場合には留意が必要である。

(3) **監査役の責務**

監査役は、取締役および会計参与の職務の執行を監査し、その結果に基づ

表4　取締役会決議事項

|   | 取締役会専決事項 | 根拠条文 |
| --- | --- | --- |
| 1 | 重要な財産の処分および譲受け | 会社法362条4項1号 |
| 2 | 多額の借財 | 同条362条4項2号 |
| 3 | 支配人その他の重要な使用人の選任および解任 | 同条362条4項3号 |
| 4 | 支店その他の重要な組織の設置、変更および廃止 | 同条362条4項4号 |
| 5 | 募集社債発行の決定 | 同条362条4項5号 |
| 6 | 業務の適正を確保するための体制の整備(いわゆる内部統制システム) | 同条362条4項6号 |
| 7 | 取締役の任務懈怠責任の免除の承認 | 同条362条4項7号 |

き監査報告を作成する責務を負っている（同法381条１項）。

監査役の監査対象に取締役の業務執行の妥当性も含まれるかについては議論があるが、通説では、「取締役の業務執行の妥当性については、監査役の監査の対象にならないが、著しく不当な業務執行については、善管注意義務違反のおそれがあるため、監査の対象となる」と考えられている（相澤哲＝郡谷大輔＝葉玉匡美『論点解説　新・会社法―千問の道標』商事法務、2006年、409頁）。

### 3　取締役会の承認決議を欠く行為の効力

重要な財産の処分・譲受けや多額の借財など表４記載の行為は、取締役会の専決事項であり、取締役会の承認が必要である。では、取締役会の承認決議が必要であるにもかかわらず、これを経ずになされた代表取締役の行為の効力はどうなるか。この点については諸説あるが、判例は、原則として有効であるものの、相手方が決議のないことを知りまたは知りうべきときは無効となるとしている（最判昭40.9.22民集19巻６号1656頁、東京高判平11.1.27金法1538号68頁等）。

金融取引実務上は、株式会社に融資する場合や株式会社と保証契約を締結する場合は、その金額、当該株式会社の総資産・経常利益等に占める割合、当該金融取引の目的および当該株式会社における従来の取扱い等の事情を総合的に考慮したうえ、当該株式会社にとって「多額の借財」に該当する可能性がある場合には、取締役会の承認決議を求めるとともに、決議済であることを確認しておくことが望ましい。また、比較的小規模な非公開会社やファンドにおけるビークルの場合には、定款で、多額の借財等の取締役会決議事項を総会決議事項と規定している可能性もある。総会決議事項になっている場合は取締役会決議のみでは不十分であるため、新規契約等でそのような懸念がある場合には、定款を確認し株主総会の決議事項とされていないかについても調査しておくことが必要な場合もある。

### 4　利益相反取引

次に、取締役の利益と会社の利益とが相反する場合にも、代表取締役のみ

で行為をすることができず取締役会の承認が必要となるので、注意が必要である。具体的には、同法356条1項2号は、取締役が自己または第三者のために会社と取引をし（以下「直接取引」という）、同項3号は、会社が取締役以外の者との間で会社と取締役との利益が相反する取引（以下「間接取引」という）をする場合は、取締役会の承認を要する旨を規定している。

この規定の趣旨は、取締役が自己または第三者の利益を図って会社を害することを防止することにあるから、預金契約、保険契約、運送契約など定型的取引や債務の履行・相殺など、会社の利益を害する可能性のない取引は含まれないものと解されている。

必要な取締役会の承認を欠く利益相反取引の効力については、判例は、会社側が、①利益相反取引にあたること、②取締役会の承認を受けていないことおよび③当該第三者が①②につき悪意であることを主張立証した場合に無効になるとしている（相対的無効説、直接取引については最大判昭46.10.13民集25巻7号900頁。ただし、手形についての事案である。間接取引については、最大判昭43.12.25民集22巻13号3511頁）。

## 5　代表権の制限

金融取引実務では、権利義務関係が不安定になることを回避するため、商業登記記録に代表取締役として登記されている者（または会社から代理人届出がなされている者）との間で取引を行うべきである。

代表取締役が複数選任されている場合には、各代表取締役が会社を代表する権限を有する。この場合でも、各代表取締役間で職務権限を分担したり、階層関係にする等により、代表取締役ごとに代表権の制限をすることは可能であり、実際にも、社長と会長の権限を分担したり、複数の代表取締役副社長間で担当部門を分掌する等により、少なくとも社内的には代表権の制限がなされているケースは多い。もっとも、代表権に制限を設けたとしても、代表権に制限が加えられていることにつき善意の第三者に対抗することはできないと考えられているため（同法349条5項、江頭・前掲382頁）、金融取引実務においては、代表取締役であることの確認がとれていれば、その代表取締役の代表権に制限があるかについて都度確認する必要はない。

## 66 定款に記載されている「会社の目的の範囲」はどのように解釈するか

**結　論**

　会社の目的は定款に記載し、かつ登記しなければならない。もっとも、その目的の範囲については明文で記載されている事項に限らず、その目的を遂行するために直接・間接に必要な行為をすべて含むというように広く解されている。その意味で、通常の金融取引が、会社の目的の範囲外と解されることはほとんどないと思われる。

**解　説**

### 1　会社の権利能力と定款の目的

　一般に、法人は法令の規定に従い、定款または寄附行為により定められた目的の範囲内においてのみ権利を有し、義務を負う（民法34条）。これは法人の権利能力の問題であり、法人に関する通則的規定であるから、定款に記載した会社の範囲に含まれない行為は、たとえ会社の意思決定機関が決定したとしても無効である。このように、会社の目的は会社の権利能力の範囲を規定する重要な事項であることから、株式会社の定款の必要的記載事項とされ（会社法27条1号）、登記も必要となる（同法911条3項1号）。

　なお、一般的には、会社の事業は多角化しておりすべての事業目的を定款に記載することは困難なこと、そして事業の柔軟性を確保しておく必要性があること等の理由から、事業目的の定款への記載は主要なもののみとし、末尾に包括条項として「その他前各号に付随する事項」等の規定を入れている例が多い。

### 2　定款の目的の範囲に関する解釈

　会社は営利法人である。営利目的の範囲を制限することは、それだけ取引の機会を逸する危険性があるため、利益獲得に必要な行為はできるだけ広く行えることが望ましい。判例も、会社が政党に対し政治資金の寄附を行った事例で、以下のように述べている。

「会社は、定款に定められた目的の範囲内において権利能力を有するわけであるが、目的の範囲内の行為とは、定款に明示された目的自体に限局されるものではなく、その目的を遂行するうえに直接または間接に必要な行為であれば、すべてこれに包含されるものと解するのを相当とする。そして、必要なりや否やは、当該行為が目的遂行上現実に必要であったかどうかをもってこれを決すべきではなく、行為の客観的な性質に即し、抽象的に判断されなければならない」(最大判昭45.6.24民集24巻6号625頁)。

これによると、代表取締役が行った行為が会社の目的の範囲内と認められるためには、定款に記載されていなくても定款記載の目的を遂行するうえで直接または間接に必要な行為であればよく、そして必要な行為かどうかの判断は、客観的・抽象的に判断されることになる。

なお、金融取引に関する判例としては、いずれも下級審のものであるが、金員借入行為は、定款にいかなる目的を定めた株式会社にとっても会社の目的遂行に必要な行為として目的の範囲内であるとするもの(大阪高判昭35.5.14金法243号28頁)、株式会社がその代表者の親族の営む企業に対して資金的援助を与える方法として行う手形の裏書行為が会社の目的の範囲と認められたもの(大阪高判昭34.3.18金法217号124頁)などがある。金融取引について目的の範囲外と認めた判例は見当たらない。

## 3 代表権の濫用と実務上の留意点

以上のような判例の傾向からすると、金融取引につき、株式会社の目的の範囲外と認定される事例はほとんどないように思われる。

しかし、定款記載の目的の範囲内の行為であっても、それがすべて有効というわけではない点に注意が必要がある。代表者による会社の目的の範囲内の行為であっても、当該取引が代表権の濫用と認定された場合には無効となる危険があるからである。

ここで、代表権の濫用とは、ある行為がたとえ代表取締役の代表権の範囲内での行為であっても、それが会社の犠牲において自己または第三者の利益を図る代表権の濫用に当たる行為であり、かつ第三者が当該代表取締役の真意を知りまたは知りうべきときは、当該取引は無効であるとする法理である

（最判昭38・9・5金商158号2頁）。

　金融取引実務上は、当該金融取引が、代表取締役自身の利益または第三者の利益を図るために会社の犠牲においてする行為と認定される可能性がある場合には、会社の目的の範囲内の行為であっても、この法理により無効とされる危険性があることに留意し、そのような懸念がある場合には調査したうえで取引を行う必要がある。

## 第2節 代表取締役との取引

**67** 代表取締役と取引する場合、代表権の有無はどのように確認すればよいか

### 結論

会社との取引は、代表権のある代表取締役と行うことが必要である。代表権の有無は商業登記簿謄本、登記事項証明書または代表取締役の印鑑証明書によって確認することができる。

### 解説

#### 1 会社の業務執行機関

会社の業務執行に関する意思決定は、法令または定款で株主総会の権限とされている事項を除き取締役会で行われる。その意思決定に基づく内部的または対外的な業務執行は、取締役のなかから取締役会の決議で選任された代表取締役が行う。代表取締役は、会社の代表権を有して対外的な業務執行を行うための機関である（会社法349条）。取締役会設置会社の場合、取締役は3人以上であることが必要とされており、そのなかから1名以上の代表取締役を選任する必要がある。

#### 2 代表取締役の権限

代表取締役は会社を代表して、会社の営業に関するいっさいの裁判上および裁判外の行為をなすことができる。代表権の範囲は会社の営業全般に及ぶ包括的なものであって、それを制限しても、制限を知らない善意の第三者には対抗できない。

また、代表取締役が数名いる場合でも、各代表取締役は単独でその代表権を行使することができるのが原則である。

## 3 商業登記

　株式会社は、定款で定めることにより、一定のルールのもとで自由に機関設計を行うことができるが、取締役会、監査役、監査役会、会計監査人、会計参与または委員会を置く旨を定めた場合には、会社法911条3項15号ないし19号・22号が規定する事項を登記する必要がある。

　そして、代表取締役を選任したとき、会社は代表取締役の氏名・住所を登記しなければならず（同法911条3項14号）、代表取締役が退任した場合には会社は退任の登記を要し、登記の後でなければその退任を善意の第三者に対抗することができない。よって、金融取引実務上、代表取締役であることを確認する場合には、商業登記簿謄本・登記事項証明書ならびに代表取締役の印鑑証明書によって行えば足りるということになろう（同法10条、11条、12条）。

　なお、商業登記簿の原本は会社の本店所在地を管轄する登記所にあり、手数料を納付すればだれでも閲覧および登記事項証明書の交付を請求することができる（商登法11条の2）。

## 68 未登記代表取締役と取引を行った場合、その効果はどうなるか

**結　論**

　会社の代表取締役が商業登記に代表者として登記されていない場合であっても、取締役会において適法に選任された取締役であれば、その代表取締役のなした行為の効果は会社に帰属する。したがって、未登記の代表取締役を相手として取引することも可能である。しかし、後日の紛争を避けるため、実務上は代表者の変更登記を行わせたうえ、登記後の代表取締役と取引することが望ましい。

――――――― 解　説 ―――――――

### 1　商業登記の効力

　商業登記の目的は、会社の設立や代表取締役の選任、退任など会社に関す

る重要事項を公示することで、会社と取引する第三者の利益保護を図ることにある。この点で、物権の変動や取得の第三者対抗要件とされる不動産登記とは性格を異にする。

商業登記の登記すべき事項は法定されており、絶対的登記事項と任意的登記事項がある。たとえば、代表取締役の選任は絶対的登記事項であり、取締役会において代表取締役を選任した場合には、その旨の役員変更の登記をすることが義務づけられている（会社法911条3項14号）。

登記すべき事項については、登記の後でなければ、会社は善意の第三者にそれを対抗することはできない（同法908条1項前段、12条）。これを「消極的公示力」という。この場合、善意の第三者に過失があるか否かは問われないとされている。なお、登記すべき事項がまだ登記簿に記載されていなくても、第三者からその事実の存在を主張することはできるとするのが通説・判例である。また、登記すべき事項を登記した後は、第三者は当然にその事実を知ったものとされ（悪意擬制）、正当な事由によってこれを知らなかった第三者以外の者に対して、会社は対抗することができる。これを「積極的公示力」という。そして、登記の後であっても、第三者が正当な理由により登記がないことを知らなかったときは、会社は第三者に対抗できないとされている（同条1項後段）。

なお、株式会社が適切に登記手続を行っている場合でも、商業登記の完了までに時間を要する場合があることを付言しておく。たとえば、取引の相手方がM&Aによる登記を変更する必要が生じた場合、会社法上の企業再編の効力発生後登記が完了するまでに数日から十数日かかる可能性がある。金融取引実務担当者としてはこの点も承知しておく必要がある。

## 2 未登記代表取締役との取引

代表取締役が取締役として総会で適法に選任されており、かつ取締役会において代表取締役として適法に選任されているのであれば、代表取締役の変更登記がなされていなくても、その代表取締役が行った取引の効果は会社に帰属する。また、金融機関が代表取締役の更迭された事実を知らず、その変更登記も行われていない場合、会社は、当該代表取締役の退任、解任または

辞任につき第三者に対抗できない（同条1項）。したがって、未登記の代表取締役とも取引を行うことも一応は可能かもしれないが、金融機関としては取引安全の見地から、その者が代表取締役として適法に選任されたことを取締役会議事録の提出を受けて確認しておくことは必要であろう。

なお、代表取締役変更登記を経ずに放置した場合、登記を怠った業務執行者（代表取締役等）は課徴金の対象となり（同法976条1号）、さらに、会社法上登記義務を果たさなかったことにつき任務懈怠責任を問われる可能性もあるため、金融機関としてはこれらの点を助言することによって会社が自主的に登記することを促す方法も考えられる。

## 69 代表取締役死亡後、取締役の定数を欠いた場合はどうすべきか

**結論**

数人の代表取締役のうち1人が死亡した場合、他の代表取締役を相手方として取引を継続して問題はない。しかし、唯一の代表取締役が死亡した場合や、代表取締役死亡により取締役会の定数を欠くに至った場合には、金融取引契約に先立って、会社に対し、①補欠取締役が選任されている場合は補欠取締役が取締役に就任する方法、②裁判所に一時代表取締役の申立てを行う方法、③（取締役の員数に欠員がある場合には臨時株主総会を招集し新取締役を選任したうえで）定数を満たす取締役会で代表取締役を選任する方法のいずれかをとるよう求めることが望ましい。

**解説**

### 1 取締役・代表取締役欠員のパターン

取締役・代表取締役の定数を欠く場合（欠員）には3類型ある（表5の①②③）。

取締役・代表取締役を欠いた場合で表5の3類型のいずれにも該当しない場合、すなわち取締役や代表取締役を欠いたものの法律上および定款上の最低員数は満たしている等の場合には、法律上の要件は満たしているため、一

表5　取締役・代表取締役欠員

| 代表取締役欠員のパターン（3種類） | |
|---|---|
| ① | 取締役が欠けた場合<br>・取締役が0人になった場合 |
| ② | 法律上の取締役の員数を欠いた場合<br>・取締役会設置会社において、取締役が2名以下になった場合 |
| ③ | 定款で定めた取締役の員数を欠いた場合<br>・定款で法律上の最低員数以上の最低員数を定めた場合で、その定款上の最低員数を欠いた場合 |

時取締役選任等の対応は要しないことになる。

## 2　取締役・代表取締役に欠員がある場合の対応方法

取締役・代表取締役に欠員が生じた場合（表5の3種類の場合）には、表6のいずれかの方法により対応する必要がある。

なお、有力な見解として、取締役の員数に欠員が生じた場合、それが定時株主総会の6カ月以上前の場合には臨時株主総会を開催して後任の取締役を選任すべきであるが、定時株主総会前3カ月以内に欠員が生じた場合には欠員のまま定時株主総会で新取締役を選任すればよいため、一時取締役を選任すべきなのはその中間時期である定時株主総会の6カ月前から3カ月前までの期間に欠員が生じた場合に限られるというものがある（稲葉威雄・江頭憲治郎・森本滋他著『条解会社法の研究6』119頁、商事法務、平成7年（図1参照））。

もっとも、金融取引実務において取引の相手方に取締役の欠員が生じた場合には、欠員期間中の取引安全を確保すべく、早期の治癒を要請するべきであろう。

## 3　代理人

会社は、小切手や手形の振出しなど日常的取引につき、部長や拠点長などを代理人として選任する場合がある。経理部長等の本部の職員などは実質的

表6　取締役・代表取締役欠員時の対応方法

| 取締役・代表取締役欠員時の対応方法 ||
|---|---|
| ① | 補欠取締役を選任していた場合<br>・会社法では、取締役の辞任・死亡等により取締役に欠員が出た場合に備え、株主総会において補欠の取締役を選任することを認めている（会社法329条2項）。そこで、補欠取締役を選任していた場合には、当該補欠取締役が取締役に就任することになる。 |
| ② | 一時取締役（仮取締役）の選任申立てを行う方法<br>・会社の利害関係人は、裁判所に対し、一時取締役（仮取締役）の選任を申し立てることができ、裁判所は、必要があると認めるときは、一時役員の職務を行うべき者を選任することができる（同法346条2項）。<br>・なお、代表取締役が欠けた場合には、一時代表取締役（仮代表取締役）の選任を申し立てることができ、裁判所が必要があると認めた場合には、一時代表取締役（仮代表取締役）が選任される（同法351条2項）。 |
| ③ | 取締役欠員を補充するための株主総会を招集する方法<br>・取締役・代表取締役に欠員が生じた場合でも、欠員を補充するための株主総会の招集は認められると解されているため、株主総会を招集し、新たな取締役を選任することができる。 |

図1　有力説のまとめ

| | 定時総会6カ月前 | 定時総会3カ月前 | 定時株主総会 |
|---|---|---|---|
| 臨時株主総会で新取締役を選任 | 一時取締役の選任申立て | 次の定時株主総会で選任 | |

には支配人（会社法10条、11条）にあたり特定の範囲で代理権を有することが多いが、金融取引実務においては代理人届の提出を受けることで代理権を確認するのが通常である。

　なお、代表取締役および支配人は、ともに会社の包括的な代理権を有するため、会社に対し、競業避止義務を負っている。

　しかし、代表取締役は会社を代表する機関であるのに対し、支配人は商業

表7 代表取締役と支配人の比較

| | 取締役会設置会社の代表取締役 | 取締役会非設置会社の代表取締役 | 会社の支配人 |
|---|---|---|---|
| 意義 | 会社の業務執行を行い、対外的に会社を代表する機関 | 会社が定款等で定めた場合に、対外的に会社を代表する機関 | 会社に代わって本店または支店においてその事業に関するいっさいの裁判上または裁判外の行為をなす包括的代理権を有する商業使用人 |
| 法的地位 | 会社の機関 | | 会社の使用人 |
| 選定方法 | 取締役会決議により、取締役のなかから選任 | 定款で定めたうえ、取締役会の互選または株主総会により選任 | 取締役会(取締役会被設置会社の場合は取締役過半数)が選任 |
| 会社との法律関係 | 委任関係 | | 雇用関係 |
| 権限 | 代表権 | | 代理権 |
| 権限の範囲 | 会社の業務に関するいっさいの裁判上または裁判外の行為 | | 特定の事業に関するいっさいの裁判上または裁判外の行為 |

使用人として代表取締役(取締役)により選任される会社の使用人であるという点で差異がある。具体的な差異は、おおむね表7のとおりである。

## 70 会社が行った行為が、利益相反取引として無効となる場合には、どのような事例があるか

**結　論**

　会社法は、①取締役が、「自己または第三者のために」会社と取引を行う場合(例:取締役が会社から財産の譲渡を受ける場合等)、または②会社と取締役以外の者との間における取引で、会社と取締役の利益が相反する場合(例:会社が、取締役の金融機関からの個人借入れの保証をする場合等)には、株

主総会(取締役会設置会社は取締役会)の承認を必要としている。承認を受けることなく行った①②の取引(利益相反取引)の効果については同法には明言されていないが、判例通説はこれを無効としつつ、第三者との関係では、会社が、①当該取引が利益相反取引に該当すること、および②当該取引につき株主総会(取締役会)の承認が得られていないことにつき立証してはじめて、第三者に無効を主張できる(相対的無効)としている。

―――― 解　説 ――――

　会社の業務に関する意思決定に関与する取締役や代表取締役は、会社に対して忠実義務を負っている(会社法355条)。しかし、取締役や代表取締役は実質的に会社の意思を決定する権限を有するため、忠実義務に反して、会社の利益のためではなく自己または第三者の利益を図るために、会社としての意思決定を行ってしまう危険性がある。そこで会社法は、会社の利益を害して取締役自身または第三者の利益を図る行為(利益相反取引)については、株主総会(取締役会設置会社の場合は取締役会)の事前の承認を必要とした(同法356条1項2号・3号、365条2項)。具体的に利益相反取引となる場合には、以下の2種類(①直接取引、②間接取引)がある。

## 1　直接取引

　取締役が自ら当事者としてまたは他人の代表者・代理人として会社から財産を譲受け、金銭の貸付を受け、または会社に財産を譲渡してその対価を得る等の行為は、会社の利益を害する危険性がある。そこで同法356条1項2号は、そのような利益相反取引をする場合には、その取引について重要な事実を開示して取締役会の事前の承認を得なければならないと定める。

## 2　間接取引

　直接取引に加えて、会社が取締役の債務についてその債権者に対して保証・担保提供や債務引受をする場合等の間接取引の場合にも、会社の利益を害するおそれがあることから、利益相反取引として取締役会の事前承認が必要とされている(同法356条1項3号)。

### (1) 間接取引に該当する場合

たとえば、乙社の債務を甲社が保証するというケースを想定すると、次のような場合がある。

① 甲社の代表取締役が乙社の代表取締役を兼任している場合
② 甲社の代表取締役が乙社の取締役（いわゆる平取締役）を兼任している場合
③ 甲社の取締役が乙社の代表取締役を兼任している場合
④ 甲社の取締役が乙社の取締役を兼任している場合

①および③は、甲社の取締役（代表権の有無を問わない）が乙社（第三者）を代表して取引することになるため間接取引に該当する。他方、②および④のように甲社の取締役が乙社の平取締役の場合は、乙社（第三者）を代表して取引することにはならないため間接取引には該当しない。ただし、②および④の場合でも、実質的に利害が衝突する可能性があることから、金融取引実務上は事前に確認しておくことが望ましい。

### (2) 間接取引に該当しない場合

会社の債務を取締役個人が保証することなど、取締役と会社との間の取引であっても会社に不利益を及ぼすおそれのない行為は、利益相反取引には当たらない。

## 3 手形行為

手形行為が利益相反取引に該当するかについては、特に善意の手形所持人保護の観点から論じられてきたが、最高裁は会社が取締役会の承認を受けないで取締役に手形を振り出した事案について、「その手形が第三者に裏書譲渡されたときは、会社は右第三者に対しては、手形の振出につき取締役会の承認を受けなかったことのほか、右手形は会社からその取締役に宛て振り出されたものであり、かつ、その振出につき取締役会の承認がなかったことについて右第三者が悪意であったことを主張・立証しない限り、振出の無効を主張して手形上の責任を免れることはできない」と判示して、利益相反取引に該当するとし、相対的無効説をとっている（最大判昭46.10.13民集25巻7号900頁）。

## 4　実務上の処理

　会社と取締役との間で利益相反行為に該当する行為がなされ、取締役会の事前の承認がない場合の効果につき、判例は、取引安全の見地から、会社がその取引について無効を主張するためには、取締役会の承認を受けなかったことのほか相手方が悪意であったことを主張・立証する必要があるという相対的無効説を採用している（間接取引について最大判昭43.12.25民集22巻13号3511頁、手形取引について前掲最大判昭46.10.13）。このため、利益相反取引に当たる取引が行われた場合であっても、金融機関が善意であれば会社は金融機関に無効を主張することができない。

　もっとも、金融機関としては、権利義務関係が不安定になることを回避すべく、利益相反取引については取締役会の承認の有無を事前に確認しておくべきである。特に、取締役の個人債務について会社が保証や債務引受をする場合や、会社が他の会社の債務を保証するケースで、保証をうける会社の取締役が保証を行う会社の代表取締役である場合などは、利益相反取引に該当する可能性が高いため十分な確認が必要である。

　また、金融機関は金融取引の専門家として通常人に比して高度な注意義務が課される可能性があり、重過失が容易に認定され、保護を受けられない危険性がある。そこで実務上は、取締役会議事録を確認する等、取締役会の事前の承認が行われていることをつど確認することが望ましい。

## 5　重要な財産の処分・多額の借財

　利益相反取引と同様、取締役会の承認を要する会社の取引として、重要な財産の処分や多額の借財がある（同法362条4項2号、詳細については〔65〕参照）。このような事案で、資本金約129億円、総資産約1,937億円、負債約1,328億円、経常利益約40億円の会社が、全額出資（取引時の持株比率は1.7％に低下）の関連会社について行った限度額10億円の保証予約が多額の借財に該当すると判示した裁判例（東京地判平9.3.17金法1479号57頁）がある。

## 6　利益相反取引と重要な財産の処分・多額の借財の双方に該当するケース

　会社と取締役との利益相反行為については、同時に重要な財産の処分や多

額の借財に該当する場合も多く、必要に応じて取締役会議事録の提出を求めて確認する必要がある。

## 71 会社は代表権のない専務、常務、支店長の行為について責任を負うか（表見代表取締役）

**結　論**

　会社が代表権のない取締役に、会長、社長、副社長等、代表権を有するかのような肩書を使わせている場合で、その者が代表権を有しないことにつき善意の第三者と取引した場合には、表見代表取締役の行為として会社は責任を負うこととなる（会社法354条）。また、会社が支店長などの名称を使わせているときも、同様に会社は善意の第三者に対して表見支配人の行為として責任を負うこととなる（同法13条）。

　もっとも、代表取締役および支配人の氏名は絶対的登記事項のため、商業登記簿謄本や登記事項証明書により確認することができる。金融取引実務においては、権利義務関係が不安定になることを回避すべく、表見代表取締役や表見支配人の法理に頼ることは可能な限り回避すべきである。これらの者が代表権を有していない場合は、あくまで代理人として、代理人届の提出を受けて取引すべきである。

**解　説**

### 1　役付取締役

　会社では、定款や取締役会規則などの定めにより、取締役のなかから社長、副社長、専務取締役、常務取締役等の肩書を付した、いわゆる役付取締役を設けているのが通例である。なお、専務取締役や常務取締役は会社法で規定された職位ではなく、会社内部における業務執行機関としての職階制に基づく地位で、それによって代表権が付与されるものではないから、役付取締役の全員が当然にして代表権を有するものではない。なお、実務上は、社長だけが代表権をもつ場合や、会長や専務取締役が代表権をもつ場合など、さまざまな例がある。

## 2　表見代表取締役
### (1)　表見代表取締役

　会社法は354条で、株式会社は、代表取締役以外の取締役に社長、副社長その他株式会社を代表する権限を有するものと認められる名称を付した場合には、当該取締役が行った行為について、善意の第三者に対してその責任を負うと定めている。代表取締役を置いた場合のその氏名住所は絶対的登記事項であり、登記が行われていれば第三者の悪意が擬制されるはずであるが、この規定は取引の相手方保護の観点から、商業登記の積極的公示力（会社法908条1項）についての例外を定めたものと考えられる。

　なお、表見代表取締役の規定が適用される要件は以下のとおりである。

① 取締役が、会社を代表する権限があるかのような肩書きを使用すること
　　役付取締役や銀行の頭取、副頭取、総裁、副総裁、理事長、副理事長などのほか、取締役会長、代表取締役代行者など社会通念上代表権の存在を表章するような名称であることが必要である。なお、同法施行以前は、表見代表取締役の例として、専務取締役、常務取締役があげられていたが、同法においてはこの二つが例示から除外されている。実務上も、専務取締役や常務取締役には代表権がないことが一般的であり、専務取締役、常務取締役という名称のみをもって代表権ありと考えることはできないであろう。

② 会社が取締役に①の肩書きを付したこと
　　会社が取締役会の決議によってその使用を認めた場合や、代表取締役の1人がその名称の使用を承認した場合である必要がある。取締役が任意に使用しているのを黙認しているような場合にもこれに該当する（最判昭42.4.28金法478号33頁）。

③ 第三者が善意無重過失であること
　　判例は第三者が善意無重過失であることが必要としている（最判昭41.11.10金法463号48頁、最判昭52.10.14金商535号7頁）。

　　なお、本条の趣旨は取引安全を図ることにあるため、取引行為以外の行為、具体的には訴訟行為等には適用されない。

(2) 使用人への類推適用

　取締役でない使用人が役付取締役の名称を使用した場合にも、表見代表取締役の規定の類推適用がある（最判昭35.10.14民集14巻12号2499頁）。他方、取締役でも使用人でもない者が代表取締役の肩書を使用して取引した場合は、本条ではなく同法9条の名板貸しの問題になる（浦和地判平11.8.6金商1089号45頁）。たとえば、経営陣が懇意にするコンサルタントに代表権があるかのような名称使用を認めていた場合等は、名板貸しが問題になるであろう。

## 3　表見支配人

　会社の本店、支店または営業所等について、それらが営業所としての実体を備えており、かつその使用人に支店長などの名称を使わせている場合には、表見支配人による行為として、表見代表取締役の場合と同様に、会社は善意の第三者に対し責任を負うこととなる（同法13条）。

## 4　実務上の注意点

　取引の相手方が会社の代表取締役であるか、本支店の営業の主任者で代理権を付与された者（支配人）であるかは、商業登記簿謄本または登記事項証明書により確認が可能である。金融機関は金融取引の専門家として取引開始の際には当然そのような確認を行うものと一般に考えられており、それを怠った場合に善意の第三者として保護されない可能性があることから、会社に対して融資を行う場合や当座勘定取引など与信行為を行うにあたっては、代表権につき実際に確認を行い、表見代表取締役や表見支配人の法理に頼ることは避けるべきである。

## 72 後任未選出のまま代表取締役が退任した場合の取引の相手方はだれか

### 結　論

退任代表取締役以外にも代表取締役が選任されている場合は、他の代表取締役への代表取締役変更届を求め、取引を継続することができる。

代表取締役が自己の意思で辞任しそれにより欠員が生じた場合、原則として取締役会での選任後の新任の代表取締役と取引を行うべきである。やむをえず新代表取締役選任前に当該会社と取引を行う必要がある場合には、退任後の代表取締役との間で取引を行うことも可能である（会社法351条1項）。

### 解　説

#### 1　複数の代表取締役がいる場合

会社が取締役会によって選任する代表取締役の数は、法律上は1人以上であることを要し、定款でその員数を定めることができる。複数の代表取締役がいる場合、各代表取締役は単独で代表権を行使することができるため、金融機関との取引の相手方である代表取締役が退任しても、他の代表取締役を取引の相手方とする代表者変更届を受けて、その者と取引を継続すればよい。

#### 2　代表取締役を欠くに至った場合

代表取締役が1人の場合など、代表取締役の退任によって代表取締役の員数を欠くに至った場合はどうか。代表取締役が取締役の任期満了または辞任により退任し、それによって法律または定款に定めた取締役および代表取締役の員数を欠いた場合は、民法上の受任者の委任終了後の善処義務の規定に倣って、退任代表取締役は新たな代表取締役が選任されるまでは、引き続き代表取締役としての権利義務を有することとなる（会社法351条1項）。したがって、やむをえない場合には、金融機関は退任した代表取締役と取引することもできる。

なお、代表取締役が自己の意思で辞任しそれにより欠員が生じた場合、新

任の代表取締役が選任されるまで、退任した代表取締役は代表取締役たる義務を免れることはできない（同法346条1項）。

### 3　一時代表取締役の選任

　代表取締役の退任によって法律または定款の定める代表取締役の員数を欠くに至った場合において、それが株主総会の決議に基づく解任や健康上の理由による辞任で、退任した者が引き続き代表取締役としての権利義務を有するとすることが不適当あるいは不可能となる場合がある。この場合、金融機関をはじめとする利害関係者は、会社の本店所在地を管轄する地方裁判所に一時的に代表取締役の職務を行うべき者の選任を請求することができる（一時代表取締役、同法351条2項）。裁判所により選任された一時代表取締役は会社を代表する権限を有するため、金融機関は、一時代表取締役を相手方として取引することができる。なお、一時代表取締役が選任されたときは、登記することが必要であることも、あわせて覚えておくとよいであろう。

# 第3節 会社との取引

**73** 株式会社と取引するには、どのような注意をすればよいか

**結　論**

① 株式会社は、本店所在地において設立の登記をすることによって成立する。
② 株式会社は、その会社の目的の範囲内においてのみ行為できるが、保証行為や担保提供行為もその会社の目的の達成に必要または有益な行為であれば、問題はない。
③ 委員会設置会社を除く会社の代表者は、原則として取締役であるが、代表取締役が選任されていれば代表取締役であり、委員会設置会社の代表者は代表執行役である。
④ 取引中において代表者の変更があれば、変更後の取引は、変更届の有無にかかわらず、変更後の新代表者と行う必要がある。
⑤ 取締役（または執行役）の利益相反取引については、取締役会設置会社であれば、取締役会の承認の有無を確かめ、取締役会非設置会社であれば、株主総会承認の有無を確かめる。
⑥ 重要な財産の処分・多額の借財については、取締役会設置会社で特別取締役制度を採用していない会社については、取締役会の決議（書面決議も可能）の有無を確かめる。また、取締役会設置会社（委員会設置会社を除く）で、特別取締役制度を採用している会社については、特別取締役による取締役会の決議（書面決議は不可）の有無を確認する。他方、取締役会非設置会社については、複数の取締役があればその過半数の同意の有無を確かめる（ただし、定款に別段の定めがあればその充足を確認する）。
⑦ 届出された代理人の代理権は、代表者の交代があっても消滅しない。
⑧ 支店等との取引に際しては、支店長が登記されている支配人であるとき

> は、その支店長名義で取引を行ってもよいが、それ以外のときは、代表者名義で取引を行い、支店長等は代理人とする。

### 解説

　株式会社は物的会社と呼ばれ、社員（株主であって、従業員ではない）は、会社債務に対する責任は負わず、会社債務は会社財産をもって弁済されるにすぎない。そこで、会社財産の維持・保全が重要であるため、この点に厳格な法律的規制が加えられている。

## 1　会社の成立——設立の登記

　株式会社および持分会社は、本店所在地において、設立の登記をすることによって成立する（会社法49条、579条）。登記がない限り、会社という法人は存在しない。したがって、会社との取引にあたっては、商業登記簿の登記事項証明書の提出を求めて、法人格の有無などを確認する。

## 2　目的の範囲

　会社は定款所定の目的の範囲内において、権利義務の主体となり、また行為ができるものであるから、目的の範囲外の行為をなすことができず、たとえなしたようにみえたとしてもその行為に基づく権利義務はその会社に帰属しない。そこで、会社との取引に際しては、その取引がその会社の目的の範囲内の行為かどうかが問題となりうるが、実際には、ほとんど問題にならない。なぜなら、判例・通説は、ここにいう「目的の範囲」には、目的自体の行為のほか、目的の達成に必要または有益な行為も含まれるとして、非常に緩やかに目的の範囲を解釈し、またこの点の判断は、定款記載の目的自体から観察して、行為の客観的性質により抽象的に判断されるとしている（最判昭27.2.15民集6巻2号77頁参照）ので、会社が自己の事業のために借入れを行うことは、この点では問題にはならないといってよいからである。

## 3 代表者

### (1) 代表者はだれか

株式会社の代表者は、その会社の機関設計により異なるので、注意が必要である。各機関設計ごとの代表者は次のとおりである。その会社の代表者がだれであるかは、登記により公示されるので、登記事項証明書により確認することができる。

① 取締役会非設置会社の場合

株主総会で選任される取締役が代表者であり、取締役が2名以上いるとき場合は各取締役がそれぞれ会社を代表する（会社法329条1項、349条1項）。ただし、定款、定款の定める取締役の互選または株主総会の決議により代表取締役を選任したときは、この代表取締役が会社を代表する（同条3項、4項）。

② 取締役会設置会社の場合

取締役会は取締役のなかから代表取締役を選任しなければならず、この代表取締役が会社を代表する（同法362条3項）。

③ 委員会設置会社の場合

執行役が1人の場合はこの者が、複数の執行役がいる場合は取締役会が代表執行役を選任しなければならず、この代表執行役が会社を代表する（同法420条1項・3項、349条1項）。

### (2) 代表者の権限、表見代表者

代表者は、会社を代表し、会社の業務に関するいっさいの裁判上または裁判外の行為をする権限を有する。この権限に加えた制限は、善意の第三者には対抗できない（同法349条、420条3項）。また、株式会社が代表取締役以外の取締役に社長・副社長その他会社を代表する権限を有すると認められる名称を付した場合には、当該取締役がした行為について、善意の第三者に対しその責任を負う（表見代表取締役：同法354条。委員会設置会社の場合は、代表執行役以外の執行役に上記と同様の名称を付したとき、当該執行役がした行為について、同様の責任を負う：同法421条）。

### (3) 代表取締役（委員会設置会社の場合、代表執行役）の死亡

代表取締役が死亡したような場合、後任の代表取締役の確認をし、その後

任の代表取締役と取引をすることになるが、後任がなかなか決まらないときは、裁判所による仮代表取締役の選任(同法351条2項)を求めて取引をするとか、または後任が決まるまで取引を中止する等慎重に対処する。緊急やむをえず未選任のままで取引をしなければならないときは、あくまで便宜措置として、残りの取締役のなかからその全員の同意により臨時の代表取締役の選任を求め、その者と取引をすることも考えられるが、その場合はすみやかに正式手続で代表取締役を選任してもらい、追認を受けるべきである。

なお、代表執行役が死亡した場合も、上記とほぼ同様である(同法420条3項、401条2項から4項まで参照)。

(4) **代表者の変更**

代表者の変更があった場合、その変更が届け出られていなくても、代表者変更の登記がすでになされていれば、取引先は変更登記の日以後の旧代表者名義の取引について責任を負わないこともあると考えなくてはならない。よって、変更登記の日付以後に旧代表者との取引があった場合には、早急に新代表者からの追認を得るようにする。また、代表者の変更の登記がいまだなされていない場合でも、金融機関は、その取引上、代表者の変更といった重要な事項については知っていてしかるべきであり、登記がないことにより保護されるべき善意の第三者には当たらないとされる場合もあろう。よって、代表取締者の変更があったことを知った場合には、取締役会等の議事録(写し)で確認し、直ちに変更届の提出を求めて、新代表者名義にて取引をする。

(5) **取締役(または執行役)の利益相反取引**

会社・取締役(以下、本項においては執行役を含むものとする)間の取引とか、取締役が第三者を代表または代理して会社と行う取引、あるいは会社が第三者と取締役の負担する債務につき保証契約を負担する等会社と取締役との利益が相反する取引については、取締役会設置会社においては取締役会(取締役会非設置会社(特例有限会社を含む)においては株主総会)の承認を必要とする(同法356条、365条)。

ここにいう取引には、会社に不利益である取引がすべて含まれる。金融機関取引において実際に問題となるのは、保証・担保提供行為等、間接取引の

場合が多い。取締役会の承認なくしてなされた取引の効力について、判例は、いわゆる相対的無効の考え方に立っている。すなわち、「取締役と会社との間に直接成立すべき利益相反する取引にあっては、会社は、当該取締役に対して、取締役会の承認を受けなかつたことを理由として、その行為の無効を主張し得ることは、前述のとおり当然であるが、会社以外の第三者と取締役が会社を代表して自己のためにした取引については、取引の安全の見地より、善意の第三者を保護する必要があるから、会社は、その取引について取締役会の承認を受けなかつたことのほか、相手方である第三者が悪意……であることを主張し、立証して始めて、その無効をその相手方である第三者に主張し得る」（最大判昭43.12.25民集22巻13号3511頁）としている。したがって、金融機関は、多くの場合、善意の相手方（第三者）として保護されるものと思われるが、金融機関に重過失があった場合は悪意と同視されるおそれもあるから、実務上は、取締役会の承認のあることを確認するため、その議事録（写し）の提出を求めるべきである。

なお、この会社法356条は、代表取締役のみについての規定ではなく、取締役についての規定であることに注意すべきである。手形行為についても商法旧265条（すなわち会社法356条）の適用はあるとするのが判例である（最大判昭46.10.13民集25巻7号900頁）。

(6) **重要な財産の処分・多額の借財**

株式会社が「重要な財産の処分」をしたり「多額の借財」をなすには、取締役会設置会社（定款、登記事項証明書により確認）においては取締役会の決議を要する（同法362条4項1号・2号）。取締役会決議の方法は、特別取締役制度を有する会社かどうかによって異なり（登記事項証明書により確認）、特別取締役制度のない会社においては、通常の取締役会の決議（書面決議も可）によるが、特別取締役制度のある会社においては、特別取締役による取締役会の決議（書面決議は不可）によらなければならない（同法373条1項）。なおいずれの取締役会決議の内容も取締役会議事録により確認する。また、取締役会非設置会社においては、定款に別の定め（たとえば、一定金額以上の重要な財産の処分・多額の借財について株主総会の決議事項とする定め等）がある場合を除き、取締役の過半数による決定による（同法348条2項）。この場合、

「財産の処分」には、物的担保や債権質の設定が含まれ、「借財」には、保証、保証予約、ファイナンスリース契約、デリバティブ取引等も含まれるとされている。

問題は「重要な財産の処分」や「多額」の判断基準であるが、この点について、判例は、前者につき、「当該財産の価額、その会社の総資産に占める割合、当該財産の保有目的、処分行為の態様及び会社における従来の取扱い等の事情を総合的に考慮して判断すべきもの」としたうえで、資本金1億6,700万円、総資産47億8,640万円余の会社において、帳簿価額7,800万円の株式（総資産の約1.6％）の処分が、これに当たるとしている（最判平6.1.20民集48巻1号1頁）。また、後者につき、出資金100万円、年間売上高2,200万円余の有限会社につきなされた600万円の借入金がこれに当たるとし（東京高判昭62.7.20金法1182号44頁）、資本金約129億円、総資産約1,937億円、負債約1,328億円、経常利益年間約40億円の株式会社が、全額出資して設立された関連の株式会社において銀行取引約定を締結するに際し、限度額10億円として締結した（締結時点では当該会社の持株は1.7％に減少していた）保証予約が、同じくこれに当たる（東京地判平9.3.17金法1479号57頁）としたケースがある。特に、後者のケースにおいては、銀行が当該会社に対して、取締役会の承認を経ていないことを容易に知りえたにもかかわらず、確認をとることなくまた社内の取締役会規定の存否（当該ケースでは1件5億円以上の債務保証が取締役会の要決議事項とされていた）についても確認しなかったのは、銀行の過失であるとして、保証予約を無効としている。

## 4 代理人

預金口座開設時や貸出取引時の約定書等の署名は、代表者によるべきであるが、預金の払戻しや手形の振出等は経理部長等の署名によることも多い。そのためには、代表者から代理人として届出をしてもらう必要がある。本来、経理部長、経理課長等は特定の範囲で法律上当然に代理権を有する者であるが（会社法14条）、金融機関取引のうえでは、届出によって代理権を確認する。代理人は、代表者がかわってもその代理権には影響はない。

## 5 支店等との取引

### (1) 支店長の登記の有無

支店長が本店の登記簿において支配人登記されている場合以外は、約定書等は代表者の署名によるのが望ましい。

支配人は、会社法では会社にかわって、営業に関するいっさいの裁判上および裁判外の行為をなす権限があり（会社法11条）、この選任は登記事項である。したがって、支配人登記のされている支店長と取引するときは、代理人届なくして支店長名義で取引をしてもよい。しかし、登記されていないときは、表見支配人ということで救われうる余地はあるにせよ（同法13条）、代理人届なしで支店長名義で取引するのは危険である。よって、この場合には、代表者の署名による約定書等の提出を求めたうえ、支店長をその代理人として取引すべきである。

### (2) 営業所等との取引

営業所、出張所と取引する場合、客観的に独立の営業所と認められるに足りる実体があれば、名義のいかんを問わず、取引上、支店と判断され、所長名義で取引を行った場合でも、同法13条の規定により表見支配人として、金融機関が救われることもある。しかし、実務上は、営業所、出張所との取引は、本社の代表者名義で約定書等の提出を求め、営業所・出張所については営業所届とともに、その長は代理人としての届出を受けるべきである。

## 74 設立中の会社と取引するには、どのような注意をすればよいか

**結論**

発起人が行った行為のうち、会社成立自体に必要な行為と原始定款に財産引受として記載されている行為による権利義務は、成立後の会社に承継されるが、それ以外の債権債務は承継されない。したがって、「会社成立自体に必要な行為」の範囲については学説に争いがあり、疑わしい場合は発起人代表個人との取引として処理し、会社成立後に会社との取引に切り替えることが望ましい。

## 解説

### 1 設立中の会社の法的性質

株式会社は、本店の所在地において設立登記をすることにより成立する（会社法49条）。本来、会社が権利義務の帰属の主体となるのは会社成立後に会社の代表者が行った行為によるものに限られるはずであるが、会社の設立は発起人による定款の作成に始まる一連のプロセスを経て次第に形成されるものであることから、発起人による行為により生じた権利義務を成立後の会社から完全に遮断することはかえって不便である。そこで、設立中の会社と設立後の会社との連続性を承認するため、発起人の組合を一種の権利能力のない社団とみて、また発起人が1人の場合もそのような潜在的な権利能力のない社団とみて、発起人がその権限内の行為により社団として取得または負担した権利義務は、一定の範囲において成立後の会社に当然に帰属するものと一般に解されている。すなわち、この二つは法人格の有無が異なるだけで、実体は同じであるから、権利義務を移転する手続を要しない（同一説）と説明されている（龍田節『会社法大要』415頁）。

### 2 財産引受と成立後の会社への帰属

以上を前提に、会社法28条は、発起人の行為により生じた一定の権利義務について、原始定款への記載と検査役による調査を条件に会社に帰属することと定めている。そのうち、取引に関する定款記載事項としては「会社の成立後に譲り受けることを約束した財産、その価格および譲渡人の氏名」があげられている。これは営業用の財産の譲受に関する契約の締結であり、開業準備行為に当たるが、これを一般に「財産引受」と呼んでいる。

そこで次に、このような要件を満たした財産引受以外に発起人が成立後の会社のためになしうる、すなわち会社の権利義務に帰属させることができる行為として何が認められるかであるが、これは会社設立自体に必要な行為に限られると解されている。すなわち、「……商法168条1項6号（注：現会社法28条2号）の立法趣旨からすれば、会社設立自体に必要な行為のほかは、発起人において開業準備行為といえどもこれをなしえず、ただ原始定款に記載されその他厳重な法定要件を充たした財産引受のみが例外的に許される

……」とするのが判例・通説である（最判昭38.12.24民集17巻12号1744頁、河本一郎『現代会社法〔新訂第9版〕』95頁、龍田・前掲書416頁）。

## 3 会社設立に必要な行為

そこで、会社設立自体に必要な行為とは何かが問題になり、その範囲について学説に争いがあるが、判例はかなり制限的に解釈している。すなわち、裁判例には、「手形取引契約の締結は、会社の設立に関する行為ではなく、いわゆる開業準備行為にあたると解されるところ、発起人には開業準備行為一般につき、これをなす権限はなく、ただ、そのうち財産引受のみ法定の要件を満たした場合に限り、その法律効果が設立後の会社に帰属する」とするもの（東京高判平元.5.23金法1252号24頁）、自動車旅客運送業を主たる目的とする会社の設立においても、その営業権（車両付き）を譲り受ける行為は設立自体に必要な行為ではないとするもの（最判昭42.9.26民集21巻7号1870頁）、債務引受は会社の設立自体に必要な行為とは解されないとするもの（前掲最判昭38.12.24）等がある。

結局、金融取引において、設立後の会社に帰属させることができる取引は、設立に必要な行為である株式の払込みに関する手続に限られるとみるのが無難であり、融資については、設立後の会社に帰属しない開業準備行為とみて、発起人個人に対する取引として十分な担保・保証を確保して処理するのが安全であろう。

なお、たとえ発起人の1人が創立総会において取締役として選任された後に、発起人または設立後の会社の代表取締役として取引をした場合でも、設立登記前である限り、その法律効果は当然には設立後の会社に帰属しない（前掲東京高判平元.5.23）。また、定款に記載のない財産引受は、成立後の会社が追認しても有効とはならない（前掲最判昭42.9.26）。

## 75 特例有限会社と取引するには、どのような注意をすればよいか

**結　論**

　会社法においては、有限会社は株式会社に吸収され、同一の類型として扱われることとなり、有限会社法は廃止された。しかし、会社法施行時に存在していた有限会社は「特例有限会社」として存続することが認められている。法的にはあくまで株式会社であるが、以下のように旧有限会社とほぼ同様の規制が適用される。基本的に旧有限会社とほぼ同様の注意が必要となる。

① 取締役会を設置できない
② 取締役には任期がない
③ 決算公告義務がない、会計監査人の設置義務がない
④ 株主総会の特別決議の可決要件が異なる
⑤ 特別清算の適用がない

---

**解　説**

### 1　特例有限会社とは

　会社法の制定に伴い、従前の有限会社法は廃止され、有限会社は株式会社の類型に吸収された（会社法上の分類上は取締役会を設置しない株式譲渡制限会社に該当）。会社法においては、株式会社の設立時には、定款で「設立に際して出資される財産の価額又はその最低額」を定めることとされているが（会社法27条4号）、その額につき制限は設けられていない。したがって、資本金を1円として会社を設立することも可能となった。この結果、有限会社を株式会社と別制度で存続させる意義が薄れたため、株式会社に吸収されたものである。ただし、同法施行日に存在する有限会社は、同法上の株式会社として引き続き存続するものとして扱われ（「会社法の施行に伴う関係法律の整備等に関する法律」（以下「整備法」という）2条）、かつ、有限会社という商号を継続使用すべきこととされた（「特例有限会社」という。整備法3条）。整備法は、特例有限会社に関する会社法の特則を定めており（同法3～46条）、この特則に定めのない事項について、特例有限会社は、株式会社としての法

規制に服する。なお、特例有限会社は、定款変更により株式会社という商号に変更できるが（整備法45条）、この商号変更により、上記の特則の適用のない、一般の株式会社となり、以後は「有限会社」という商号は利用できなくなる。

　上記の特則により特例有限会社に旧有限会社法の規定が適用される場合、同法における「社員」は「株主」と、「社員総会」は「株主総会」と、「社員名簿」は「株主名簿」と読み替えるものとされている（整備法44条）。以上のように、特例有限会社は、株式会社でありながら、旧有限会社と同様の規制がなされるが、特に以下の点に注意が必要である。

## 2　代表者と業務執行の意思決定方法

### (1)　代　表　者

　特例有限会社は取締役会を設置できない（整備法17条1項）ので、原則として、各取締役が会社の業務を執行し代表権を有する（会社法348条1項、349条1項）。なお、定款の定めに基づく取締役の互選または株主総会の決議によって、取締役のなかから代表取締役を定めることもできる（同法349条3項）。取締役が2名以上いる場合は、定款に別の定めがある場合を除き、業務執行の意思決定は取締役の過半数をもって行う（同法348条2項）。取締役の員数については、最低1名の取締役を置けばよいとされている（同法326条1項）。

### (2)　取締役の任期

　特例有限会社については、取締役の任期に関する会社法332条の適用がなく（整備法18条）、取締役の任期については制限がない。

### (3)　取締役の利益相反取引

　特例有限会社と取締役との利益が相反する取引については、株主総会の承認が必要である（会社法356条1項）。

## 3　決算公告義務および会計監査人設置義務

　特例有限会社には、決算公告に関する会社法の規定の適用がなく（整備法28条）、また、大会社（会社法2条6号）に該当する場合でも、会計監査人の

設置義務がない（整備法17条2項）。したがって、財政状況のチェックに際しては、特に注意が必要である。

### 4 株主総会の特別決議の可決要件が通常の株式会社と異なること

特例有限会社における株主総会の特別決議の要件は、総株主の半数以上（これを上回る場合を定款で定めた場合にあっては、その割合以上）であって、当該株主の議決権の4分の3以上の多数による賛成（整備法14条3項）とされており、通常の株式会社の場合（会社法309条2項）とは異なるので、たとえば特例有限会社が事業譲渡を行うときなどにおいて、注意が必要である。

### 5 特別清算の適用除外

特例有限会社については、会社法の特別清算の規定（会社法510条以下）の適用はない（整備法35条）。

### 6 社債の発行

有限会社は社債の発行ができなかったが、特例有限会社は社債の発行が可能とされている。

### 7 会社更生法の適用

有限会社には適用されなかった会社更生法が特例有限会社には適用されることに注意が必要である。

### 8 みなし解散がないこと

会社法472条の休眠会社のみなし解散規定が特例有限会社には適用されない（整備法32条）。

## 76 合名会社と取引するには、どのような注意をすればよいか

### 結　論

① 合名会社は、本店所在地において設立の登記をすることによって成立する。

② 目的の範囲の解釈については株式会社と同様に考えてよいが、実務としては、保証・担保提供行為等については、原則として総社員の同意を求めるべきである。

③ 社員は全員無限責任社員であり、各自代表権および業務執行権を有するのが原則である。ただし、定款または社員の同意をもって、特定の社員を代表社員とすることができる。これらの事項は、すべて登記事項であるので、この登記の有無に注意する。

④ 法人が無限責任社員になることも可能である。法人が無限責任社員となる場合は、自然人が職務執行者として選任される。

⑤ 社員の利益相反取引については、他の社員の過半数の同意が必要であるので、それを証する書面の提出を求める。

⑥ 取引中の代表社員の変更、届出された代理人の代理権、支店等との取引については、株式会社における扱いと同様である。

### 解　説

### 1　合名会社とは

　合名会社は、合資会社とともに人的会社と呼ばれ、会社法のもとでは、これに合同会社（平成17年の会社法制定に伴い新設された会社類型）を加えた「持分会社」の一類型である（会社法575条1項）。合名会社は、社員全員が会社債務に対する無限責任（同法580条1項）を負うところに特質があり、したがって、社員は全員が無限責任社員である。この旨は定款に記載されていなければならない（同法576条2項）。業務の執行は、定款に別途の定めがない限り、社員全員が行うことができ、日常業務については社員単独でも行うことができる（同法590条）が、定款で業務を執行する社員を特に定めることも

できる（同法591条）。内部組織的にみた場合、社員の個性が強く（これに対して株式会社の社員である株主の場合は、株式を譲渡することにより、次々と人が入れ替わることもできる）、民法上の組合的な色彩が強いが、商法旧68条が規定していた民法の組合に関する規定の準用は廃止された。

## 2 合名会社の成立

設立の登記合名会社の場合も、本店所在地において設立の登記をなすことにより成立する（会社法579条）。なお、その設立に際しては株式会社とは異なり、発起人というような制度はなく、1人以上の社員たらんとする者が定款を作成し、設立登記をするだけでよい（同法575条、579条、912条）。社員が1人となったときに会社が解散となる商法旧94条4号は廃止された（同法641条参照）。

## 3 目的の範囲

実際に問題となるのは、株式会社におけるのと同様に、保証・担保提供等の場合であり、その際の考え方も、合名会社であるからといって特に変える必要はない。しかし、実務としては、合名会社に保証・担保提供等をしてもらうときには、原則として総社員の同意を取り付けるほうが望ましい。理由は、合名会社は組合的色彩が強いこと、および各社員の財産が会社の債務の引当てとなっているからである。

## 4 社　　員

合名会社の社員は全員、無限責任社員（会社法576条2項）である。無限責任社員は、会社の債務について、会社の財産をもってその全額を完済できないとき、および会社の財産に対する強制執行が効を奏しなかったとき、会社債権者に対し直接に連帯無限の責任を負担する（同法580条1項）。したがって会社債権者は、会社の財産のみならず、社員の財産をも追及できる。この点に関して、合名会社との取引で社員を連帯保証人とすることは一見実益がないようにみえるが、会社法581条の責任を追及する場合の制約（社員は会社が主張できる抗弁をもって債権者に対抗できるとする規定）を排除できるとい

う点で、有益である。

## 5　代表者と業務執行の意思決定

社員は、原則として、各自会社を代表する権利および業務を執行する権利を有する（会社法590条、599条）。ただし、日常の業務を除いて意思決定は社員の過半数で行う（同法590条2項・3項）。また業務を執行する社員を定款で定めた場合において、業務を執行する社員が2人以上あるときは、定款に別段の定めがない限り、業務を執行する社員の過半数をもって業務の執行の意思決定をする（同条1項）。なお、定款または定款の定めによる社員の互選によって、特定の社員を代表社員とすることもできる（同法599条1項・3項）。これは、登記による公示を要するとされている（同法912条6号）。したがって取引にあたっては、登記事項証明書・定款等によりこれらの点を確認しなければならない。また、複数の社員のうちの1人を代表者として取引する場合には、登記事項証明書によって、代表社員の登記がないことを確認する必要がある。代表社員の登記があれば、その代表社員と取引しなければならない。

## 6　法人無限責任社員

平成17年の会社法制定に伴い、法人が合同会社・合資会社の無限責任社員になることが認められた（会社法576条1項4号）。法人が無限責任社員になる場合、自然人が職務執行者となり（同法598条1項）、職務執行者の氏名および住所は登記され（同法912条7号、913条9号、914条8号）、職務執行者に対しては、善管注意義務、競業の避止、利益相反取引の制限等、業務執行社員と同様の規定が適用される（同法598条2項、593～597条）。

## 7　社員の利益相反取引

業務を執行する社員と会社との間の利益相反取引については、他の社員の過半数の承認が必要である（会社法595条）ことのほかは、株式会社について述べたことと変わらない。徴求書類は、他の社員の過半数の承認を証する書面である。なお、合名会社には、社員総会という法定の機関はない。

## 8 その他

取引中の代表社員の変更、届出された代理人の代理権、支店等との取引については、株式会社における扱いと同様である（〔73〕参照）。ただし、業務を執行する社員を定款で定めた場合において、業務を執行する社員が2人以上あるときには、支配人の選任、解任は総社員の過半数ですることが原則である（会社法591条2項）。なお、唯一の代表社員が死亡した場合に他の社員の代表権は当然には復活しないと解されるので、実務上は、後任代表社員を定款の変更または総社員の同意によって選任し、新任代表社員とその後の取引を行うべきである。

合名会社から他の人的会社（合資会社・合同会社）への種類の変更のほか（同法638条1項）、物的会社である株式会社への組織変更（同法2条26号）も、定款に別段の定めがある場合を除き、総社員の同意をもって行えるものとされている（同法781条1項）。なお、組織変更をする場合には、組織変更計画を作成する必要があり（同法746条）、総社員の同意はこの組織変更計画についての同意である。

## 77 合資会社と取引するには、どのような注意をすればよいか

**結論**

合資会社との取引は合名会社の扱いとほぼ同じである（〔76〕参照）。なお、合資会社には有限責任社員がおり、有限責任社員が業務執行権および代表権を有することもありうることに注意する。

**解説**

### 1 合資会社とは

合資会社は、会社法のもとでは持分会社の一類型とされ（会社法575条1項）、無限責任社員と有限責任社員とで構成されている（同法576条3項）。

## 2 社員

　無限責任社員については、合名会社の無限責任社員と異なるところがない（〔76〕参照）。有限責任社員は、会社債務について直接に会社債権者に対して弁済責任を負うが、その責任の範囲は出資の価額が限度となっている（会社法580条2項）。

## 3 業務執行の意思決定方法、代表者

　社員（無限責任社員・有限責任社員）は、定款に別段の定めがある場合を除き、合資会社の業務を執行し（会社法590条1項）、社員が2人以上ある場合は、定款に別段の定めがある場合を除き、社員の過半数をもって決定する（同条2項）。また業務を執行する社員を定款で定めた場合において、業務を執行する社員が2人以上あるときは、定款に別段の定めがない限り、業務を執行する社員の過半数をもって業務の執行の意思決定をする（同法591条1項）。有限責任社員に業務執行権・会社代表権を認めていなかった旧商法と異なり、会社法のもとにおいては、有限責任社員も無限責任社員と同様に合資会社の社員として業務執行権および会社代表権を有するのが原則である。また、定款または定款に基づく社員の互選により業務執行社員のなかから代表権を有する者（以下「代表者」という）を定めたときは、その他の社員は代表権を有しないこととなる（会社法599条3項）。

　会社は、代表者を定めたときはその社員の氏名または名称を登記しなければならない（同法913条8号・9号、915条1項）。したがって、合資会社との取引にあたっては、定款および登記事項証明書により、代表者が登記されていないかをよく調査すべきである。代表者が登記されていなければ、原則どおり全社員が代表権を有していることになる（同法913条8号参照）。

　なお、有限責任社員が、その業務執行行為や会社代表行為により同人が無限責任社員であるとの誤認を生じさせた場合は、無限責任社員と同一の責任を負うものとされている（同法588条）。

## 4 その他の事項

　その他の事項については、合名会社との取引に準ずる（〔76〕参照）。

## 78 合同会社と取引をするには、どのような注意をすればよいか

**結論**

合同会社は、会社法の制定に伴い、持分会社の一類型として新たに創設されたものであり、社員全員が有限責任社員で構成される。定款自治が広く認められ、業務執行者の規定や経営に関する意思決定方法の規定等を定款で自由に定めることができるので、取引に際しては、定款の内容を検証する必要がある。ただし取引は、基本的には株式会社の場合に準じて対応すればよい。

**解説**

### 1 合同会社とは

平成17年の会社法制定に伴い、新しい会社類型として「合同会社」が創設された（会社法2条1号）。合同会社は、持分会社の一類型と位置づけられ（同法575条1項）、全社員が有限責任社員で構成される（同法576条1項5号・4項）。合同会社は、社員の有限責任が確保される一方で、会社の内部関係については組合的規律（原則として全員一致で定款の変更その他会社のあり方が決定され、社員自らが会社の業務執行にあたるという規律）が適用されるという点に特色がある。なお、構成員の有限責任や組織の内部自治という合同会社と共通の特徴をもつ組織として、「有限責任事業組合」があるが、合同会社には法人格が与えられている（同法3条）のに対し、有限責任事業組合にはそれが与えられていないという違いがある。

### 2 社員

合同会社の各社員は、定款に定められた出資の価額を限度として会社に対して出資を行う義務を負うのみであり（会社法580条2項）、会社の債務について債権者に対し直接弁済する責任はない。これは、株式会社の株主が引受価額の限度で責任を負う（同法104条）のと同様の責任である。

## 3 定款自治

　合同会社の定款には、社員の氏名・住所、出資の価格、社員全員が有限責任社員である旨を記載し（会社法576条1項・4項）、社員になろうとする者全員の署名または記名・捺印を要する（同法575条）。さらに定款には、法により定款の定めがなければ効力を生じない事項やその他の事項で法に違反しないものを記載することができ（同法577条）、定款に会社運営の規律に関する基本文書としての性格をもたせている。これを定款自治という。なお、定款自治は持分会社に共通する概念である。

　定款自治が認められていることは、次のような効果をもたらす。

　まず、会社の経営につき、定款の定めるところによって一部の社員を業務執行者と定めることが可能となる（同法590条、591条）。経営に関する意思決定の方法（定款に定めがなければ社員の過半数による：同法590条2項）や業務執行の内容・方法についても、自由に定款で規定することができる。

　次に、利益・損失の分配を出資割合と切り離して自由に決めることができ（同法622条）、人的貢献度合いを加味して決定することも可能である。

　また、社員の投下資本の回収方法についても自由に定款で定めることができる。たとえば、退社事由については定款で自由に定めることができ（同法606条2項、607条2項）、持分の譲渡についても原則は他の社員全員の承認を要するとされながら（同法585条1項）、その制限方法を定款で自由に定めることができる（同条4項）。

## 4 合同会社との取引

　合同会社との取引は、原則として株式会社の場合と同様に考えてさしつかえない。ただし、定款の内容は事前に検証し、特に業務執行者の定めの有無を確認する必要がある。この定めがない場合には、借入れや担保提供等については社員の過半数の承認が必要となる。

## 79 外国会社と取引するには、どのような注意をすればよいか

### 結　論

① 必ず商業登記簿の登記事項証明書の提出を求める。
② 代表者は、登記されている日本における代表者である。取引に印鑑を使う場合は、印鑑登録証明書の提出を求める。
③ 外国会社の権利能力は、わが国にある同じ種類の会社と同様であるが、外国人が享有することのできない権利や法律または条約で特別の規定のあるものは、外国会社も享有できない。そのほか、外国会社の日本国内における権利の取得、投資、事業活動等に関する法の規則は外国人に対するのと同様である。
④ 外国会社の利益相反取引について、法令上特別の規定はない。
⑤ そのほか、金融機関取引に関する準拠法、担保取得の際の注意点等は、外国人の扱いと同様に考えてよい。

### 解　説

#### 1　外国会社とは

　会社法上、外国会社とは、「外国の法令に準拠して設立された法人その他の外国の団体であって、会社と同種のもの又は会社に類似するもの」をいい（会社法2条2号）、同法上の「会社」（同条1号）は外国会社を含まないものとされているので、同法において特に明記されている場合を除き、外国会社には同法の「会社」に関する規定は適用されない。外国会社が日本において継続して取引を行うためには、日本における代表者を定め（同法817条1項）、所定の登記を経なければならない（同法933～936条）。

#### 2　外国会社の登記

　外国会社が、前記の登記を完了するまでは、日本国内で取引を継続してすることはできない。この規定に違反して取引をした者は、相手方に対し、当該外国会社と連帯して、当該取引によって生じた債務を弁済する責任を負う

(会社法818条)。外国会社が、会社法817条1項の規定により初めて代表者を定めたときは、3週間以内に次に従い外国会社の登記をしなければならない。
① 日本における営業所を設けていない場合には、日本における代表者の住所地での登記
② 日本における営業所を設けた場合には、その営業所の所在地での登記
（以上、同法933条1項）

この登記においては、日本における同種の会社または最も類似する会社の種類に従い、会社の目的、商号、本店および支店の所在場所、資本金の額、取締役氏名、代表取締役の氏名・住所など、同法911条3項（株式会社の場合）、912条（合名会社の場合）、913条（合資会社の場合）、914条（合同会社の場合）に掲げる事項を登記するほか、外国会社の設立の準拠法、日本における代表者の氏名・住所なども登記を要する（同法933条2項）。したがって、当座取引および与信取引に際しては、必ず登記事項証明書を求めて、上記の諸点を確認する必要がある。

## 3　擬似外国会社

会社法821条が規定する擬似外国会社とは、日本に本店を置き、または「日本において事業を行うことを主たる目的とする」外国会社である。擬似外国会社であると認定されると、日本において取引を継続的に行うことができなくなり、これに違反して取引を行った者は、相手方に対し、その会社と連帯して債務を弁済する責任を負う。なお、「事業」の場所について、同法の立案担当者は、取引場所、仕入先、顧客、資金調達場所、役員会の要素のいずれかが外国であれば、日本のみならず、外国においても事業を行っていることになる旨解説している。また、資産流動化等で利用される外国SPC（特定目的会社）については、擬似外国会社と認定されることにはならないと考えられている。

## 4　代　表　者

外国会社は、日本における業務に関して登記された代表者が代表する。代表者のうち1人以上は、日本に住所を有する者でなければならず、日本にお

ける業務に関するいっさいの裁判上または裁判外の行為をする権限をもち、その代表権に加えた制限は善意の第三者に対抗できない（会社法817条）。外国会社の代表者の代表権の範囲については、日本における支店の営業に関すると、外国にある本店・支店の営業に関するとを問わず、会社の営業全体について及ぶと解されている（大判明38.2.15民録11輯175頁）が、実務上は、当該取引が外国における営業に関するものである場合は、本国における代表者の意思確認を行うのが妥当であろう（〔145〕参照）。

取引に印鑑を使うときには印鑑登録証明書の提出を求める。もっとも、印鑑登録証明書は、法務局に印鑑が届けられていれば求めることができるが、外国会社の日本における代表者が外国人であるときは署名により登記等が可能であるので、必ずしも印鑑登録がなされない。したがって、その場合は、外国人登録証明書および大公使館・領事館発行のサイン証明書により代表者の同一性を確認する。

### 5　外国会社の権利能力

外国会社は、日本に成立する同種のものと同一の私権を享有する。ただし、外国人が享有できない権利および法律または条約で享有を禁止されている権利は享有することはできない（民法35条2項）。現在のところ条約による禁止・制限はないが、法令による制限としては、主なものに、鉱業権・租鉱権（鉱業法17条、87条）、日本船舶の所有権（船舶法1条）、航空機の所有権（航空法4条）、航空運送事業を営む権利（同法126〜129条、131条の2）、船舶譲渡・貸渡しの許可（海上運送法44条の3）、一定の持株会社の禁止（独占禁止法9条）、放送事業の禁止（電波法5条）等がある。そのほか、外国会社の日本国内における権利の取得、投資、事業活動等に関する法の規制は、外国人に対するものと同様である。なお、対外的取引については、外為法等、法令上の制限の有無にも注意を要する（〔144〕参照）。

### 6　利益相反取引

外国会社の自己取引ないし利益相反的な取引については、特別の規制はなく、取扱いがむずかしいが、民法108条の適用があると考えて処理すればよ

いと考えられる。

## 7　その他

そのほか、金融機関取引に関する準拠法、担保徴求の際の注意点等は、「外国人との取引」の場合の取扱いと同様に考えてよい。

## 80　相互会社と取引するには、どのような注意をすればよいか

**結論**

① 相互会社は、保険業法22条以下の規定により、保険業を営むことを目的として設立される会社であって、主たる事務所の所在地において設立の登記をすることによって成立する。

② 相互会社については、取締役等の機関をはじめ、その特質から若干の特則があるほかは、株式会社についての規定が大幅に準用されているので、取引に際しての扱いは株式会社と同様に考えてよい。

**解説**

### 1　相互会社の特質

相互会社とは、保険業を行うことを目的として、保険業法22条以下の規定に従って設立される保険契約者を社員とする社団であって（保険業法2条5項、18条）、主たる事務所の所在地において設立の登記をすることによって成立する（同法30条の13第1項）。なお、相互会社の設立に必要な社員の数は100人以上とされている（同法30条の6第2項）。その目的とするところは、社員相互の保険を行うことにある。

同法は、相互「会社」という名称を与えているが、「会社法上の会社」ではない。しかし、相互会社の社員も、会社に対して保険料を限度とする有限責任を負うにとどまること（同法31条）、多数のしかも常時変動する社員より構成され、その事業の管理は社員とは別の者に委ねられることなどから、同法は、相互会社に対して、株式会社に関する多くの規定を読み替えたり、

準用したりしている（同法第二編第二章第二節「相互会社」における各条文参照）。

## 2　取引上の取扱い

代表者、取締役（および委員会設置会社においては、執行役）の利益相反取引等は株式会社に準ずる。なお、相互会社の意思決定機関は社員総会（株式会社の株主総会に当たる）である（保険業法37条）が、定款により、それにかわる機関として社員総代会が置かれているのが一般である（同法42条）。

## 81　持株会社と取引するには、どのような注意をすればよいか

**結　論**

持株会社には、自ら事業を行いつつ子会社等を統括する役割も果たす「事業兼営持株会社」と、自らは事業を行わずにもっぱら子会社等の経営を統括することを目的とした「純粋持株会社」がある。持株会社の会社形態は主として株式会社であるから、持株会社との取引にあたっても、株式会社等との取引の注意点を確認する必要がある。ただし、特に純粋持株会社の資産は子会社等の株式が主であり、その収入は子会社等に関する配当収入・金利収入・キャピタルゲインが主であるから、回収確保の面では、子会社等の経営状況に注意する必要がある。

**解　説**

### 1　持株会社の意義

持株会社とは、かつては独占禁止法において、子会社の株式の取得価額の合計額がその親会社である持株会社自身の総資産の額の50％を超える割合となっている会社とされていたが、現在は同法の持株会社の定義は廃止され、形式的には、単に他社の株式を所有する会社を指す。一方、経営支配の面からみれば、持株会社とは、いくつもの子会社を傘下にして、グループ全体の経営を統括する役割を担っている会社をいう。

## 2　純粋持株会社と事業兼営持株会社

　独占禁止法においては、自ら事業を行いつつ、子会社等を統括する役割も果たす事業兼営持株会社は、以前より認められていたが、同法の平成9年改正後は、自ら事業を行わず、もっぱら子会社等の経営を統括する純粋持株会社も（事業支配力が過度に集中しない限り）認められるに至った。もっとも、純粋持株会社であれ事業兼営持株会社であれ、その会社形態は通常、会社法上の株式会社であって（銀行を子会社にもつ銀行持株会社や保険会社を子会社にもつ保険持株会社は、株式会社形態にすることが義務づけられている）、「持株会社」という独自の会社形態が認められたわけではない。したがって、持株会社との取引においては、株式会社や特例有限会社などの持株会社の会社形態に応じた通常の取引上の注意点を確認する必要がある。たとえば、株式会社において、「多額の借財」は借入側の取締役会の決議事項（会社法362条4項2号）であり、その取締役会の決議なしに行われる多額の融資は瑕疵を帯びる。そのため、融資に先立って、その持株会社の取締役会の融資承認決議を記載した取締役会議事録の写し等を取得しておくことが必要である。なお、決議の瑕疵につき悪意でないことが前提である。

## 3　持株会社との取引

　融資先としては、子会社よりも、多くの子会社の株式等の資産を有する親会社である持株会社のほうが通常安全である。もっとも、持株会社、特に純粋持株会社は、資産としては子会社等の株式が主であり、持株会社の収入は子会社等に関する配当収入・金利収入・キャピタルゲインが主であるから、回収確保の面では、持株会社だけではなくその子会社等の経営状態にも注意すべきである。また、持株会社は子会社等の債務の保証や保証予約をしている場合もあるから、その面でも、子会社等の経営状況を確認したほうがよい。ただし、企業グループ全体としての事業内容の開示状況は必ずしも十分とはいえない可能性があるので、融資にあたっては、開示された情報に限定せずに独自に使用目的や経営状況等を調査することが必要である。

## 82 休眠会社と取引するには、どのような注意をすればよいか

**結　論**

会社法は、株式会社が登記事項につき、最後の登記後12年を経過すると、休眠会社として一定の手続のもとに解散したものとみなされることとしている。解散したものとみなされた後、清算手続が結了するまでの会社は、清算中の会社として、清算目的の範囲内の行為しか行えないので、十分注意する必要がある。

**解　説**

### 1 休眠会社の整理の制度

　会社は設立登記をすることにより法人格を取得する（会社法49条、579条）。そして、たとえば、株式会社の設立登記事項には、会社の目的、商号、資本金の額、本店および支店の所在場所、公告方法等法定の諸事項があり（同法911条3項）、また設立登記事項に変更を生じた場合には、その変更登記をしなければならない（同法915条）。したがって、取締役の就任・重任・退任の登記は少なくとも2年に1度は行われているはずである。ところが、中小規模の株式会社にあっては個人企業の色彩が強いため、会社に関する登記事項を、営業をしているにもかかわらず、長期間変更登記をしないままにしているとか、さらには営業を廃止して会社の実体が消滅しているにもかかわらず、解散登記もせず、長期間休眠状態にある会社が少なくなく、債権者の保護に欠ける面があった。そこで、昭和49年の商法一部改正の際、これら休眠会社を登記簿上整理するための規定が設けられた（商法旧406条ノ3）。この規定は会社法にも受け継がれ、472条に株式会社の休眠会社のみなし解散規定が設けられている。休眠会社とされるのは、最後の登記後12年（商法の旧規定では5年とされていたが改められた）を経過した株式会社である。

### 2 休眠会社の整理手続

　休眠会社の整理手続として、法務大臣は、休眠会社に対し、2カ月以内に

本店の所在地を管轄する登記所に営業を廃止していない旨の届出をなすべき旨を官報に公告する。休眠会社が公告の日から2カ月以内に営業を廃止していない旨の届出をしないときは、その届出期間満了のときに解散したとみなされ（会社法472条1項）、登記官は職権で解散登記をする（商登法72条）。

### 3 休眠会社との取引

　解散したものとみなされた会社は、清算手続が結了しない限り、清算中の会社として存続する。清算中の会社は清算の目的の範囲内でのみ存続し、営業を行うことができない。したがって、清算中の会社に対して、融資を実行したり、担保・保証を徴求することは、清算の目的の範囲外の行為として無効とされるおそれがあるから、通常は行わないことと思われる。なお、当該会社が解散したものとみなされた清算中の会社かどうかは、登記事項証明書により確認できる。

　もしも解散したとみなされた清算中の会社に対し、融資を実行したり、担保・保証を徴求したような場合には、直ちに会社の継続の手続をとらせたうえ、代表取締役の追認を受けておくべきである。休眠会社として、解散したものとみなされた会社も、清算手続が結了する前であれば、解散したとみなされた後3年以内に限り、株主総会の特別決議によって会社の継続をすることができる（会社法473条）。なお、会社の継続をしても、解散のときの代表取締役が当然に復帰することはないから、あらためて株主総会で取締役の選任および取締役会で代表取締役の選任をさせたうえ、継続の登記のほか、取締役および代表取締役の就任の登記もさせておく必要がある。

## 83 金融商品取引法の登録が必要な取引相手と取引する場合には、どのような注意をすればよいか

### 結　論

① 金融商品取引業は、内閣総理大臣の登録を受けた者でなければ行うことができない。金融商品取引業者とは、金商法に基づき内閣総理大臣の登録を受けて金融商品取引業を行う者であり、第一種金融商品取引業者および

> 投資運用業者は、株式会社であることを要する。第二種金融商品取引業者および投資助言・代理業者は個人でも営むことができる。
> ② 金融商品取引業者との取引は、法人であれば、その法人形態に応じ、登記事項証明書、定款および代表者の印鑑登録証明書等によって法人格を確認して行う。個人であれば、本人確認を行い、必要に応じて金融商品取引業の登録を確認して行う。また、日本証券業協会等の自主規制機関に加入しているか確認する。
> ③ 金融機関が株式会社形態の金融商品取引業者と取引を行うにあたって、定款の目的の範囲による制限はないと考えられるが、融資取引等の与信取引が多額の借財に当たる場合は、取締役会の承認が必要であることに注意が必要である。

― 解　説 ―

## 1　金融商品取引業者とは

　金融商品取引業者とは、金商法に基づき内閣総理大臣の登録を受けて、金融商品取引（金商法2条8項各号）を業として行う者である（同法28条）。従来の証券会社、証券投資顧問業者、投資信託委託業者等が同法に基づき金融商品取引業者として開業規制および行為規制に従う。なお、業として行うとは、反復継続して行うことで足り、営利の目的をもって行うことは要しないとされている。

## 2　金融商品取引業者の登録・認可

　金融商品取引業の内容は、その取扱商品・業務によって第一種金融商品取引業（金商法28条1項）、第二種金融商品取引業（同条2項）、投資助言・代理業（同条3項）、投資運用業（同条4項）の四つに分類される。第一種金融商品取引業とは、証券会社であり、有価証券（同法2条2項各号のみなし有価証券を除く）の売買・売出し・募集・引受け、店頭デリバティブ取引等、PTS業務（私設の証券取引システム運営業務）、有価証券等管理業務のいずれかを業として行うものである。一定の組織・5,000万円以上の資本金および純財産を備えた株式会社で、自己資本比率が120%以上であることなどの登録要

件を満たす必要がある。なお、PTS業務については、内閣総理大臣の認可を必要とする。

　第二種金融商品取引業とは、有価証券等の自己募集、金商法2条2項各号のみなし有価証券の売買・売出し・募集等、市場デリバティブ取引（有価証券に関するものを除く）のいずれかを業として行うものである。株式会社でなくてもよいが、法人の場合は1,000万円以上の資本金・出資および純財産を備えていること、個人の場合は、一定の営業保証金を供託する必要がある。投資運用業とは、投資顧問会社や投信委託会社であり、有価証券またはデリバティブ取引に対する投資として顧客等の金銭・財産を運用するものであり、株式会社であって第一種金融商品取引業者と同じ登録要件を満たす必要がある。

　投資助言・代理業とは、投資判断について助言する行為、投資顧問契約または投資一任契約の締結の代理または媒介のいずれかを業として行うものであり、第二種金融商品取引業と同様の登録要件を満たす必要がある。

　金融機関は、平成4年の金融制度改革によって、子会社を通じて証券業に参入することが認められたが、金商法でも従来の銀証分離が維持され、原則として金融機関が有価証券関連業と投資運用業を営むことは禁止されている（同法33条）。ただし、有価証券関連業のうち、書面取次行為、公共債の窓販・ディーリング、資産流動化に係る有価証券関連業務、一定の有価証券の私募の取扱い、投資信託の窓販、有価証券関連デリバティブ取引以外のデリバティブ取引は、登録を受けて行うことができ、登録金融機関業務という（同法33条の2）。登録を受けた金融機関（登録金融機関）は、金融商品取引業者と同じ行為規制・禁止行為の規定に従う。

## 3　金商法による規制

　金商法では、一般的な規制として、インサイダー取引の禁止（金商法166条、167条）、相場操縦の禁止、その他の市場における不公正な取引を禁止するとともに（同法157〜160条）、金融商品取引業者に対し、有価証券・デリバティブ取引の勧誘販売等に関する行為規制・禁止行為を定める。行為規制としては、書面交付（実質的説明義務）（同法37条の3、37条の4）、適合性の原

則の遵守（同法40条）等があり、禁止行為としては、虚偽事実の告知・断定的判断の提供の禁止、不招請勧誘・再勧誘の禁止（同法38条、38条の２）および損失補填の禁止（同法39条）を定めるほか、内閣府令で特別利益の提供等も禁止している。

## 4 代表者

金融商品取引業者は、通常は株式会社であり、会社法の組織・権限分配の規定に従う。取締役会設置会社であれば代表取締役、委員会設置会社であれば代表執行役、およびそれぞれから権限委譲された者（代理人・使用人）と取引を行う。

## 5 取引上の注意点

### (1) 会社の設立と存続

証券会社等の金融商品取引業者は、通常は株式会社であり、その設立と存続は登記事項証明書、定款および代表者の印鑑登録証明書等によって確認する。株式会社であれば、金融機関と取引を行うことについて定款の目的の範囲による制限はないと考えられる。また、日本証券業協会等の自主規制機関に加入しているか確認する。

### (2) 法令遵守

金商法では、市場の公正性と投資者の保護を確保するために金融商品取引業者に対しさまざまな行為規制・禁止行為を定めており、自主規制機関による規則も定められている。金融商品取引業者にとって、法令遵守は企業の存続にとって不可欠な要素となっている。したがって、金融機関が融資取引等の与信取引を行うときは、金融商品取引業者が法令諸規則を遵守した適切な業務運営を行っているかに注意する必要がある。

### (3) インサイダー取引規制

金融商品取引業者との取引では、上場会社等のインサイダー情報や非公開情報を取得することが多いと考えられる。会社関係者または第１次情報受領者として、インサイダー情報を知って特定有価証券等の売買等を行うとインサイダー取引に該当し、法令違反となる。したがって、金融機関が取引に関

して金融商品取引業者からインサイダー情報等を取得したときにはそれを適切に管理し、インサイダー取引の未然防止を図る必要がある。

#### (4) 損失補填の禁止

有価証券の売買・デリバティブ取引において、あらかじめ損失が生じた場合に補填するよう約束しまたは約束を求めること、実際に損失が生じた場合に補填を求め、または補填を受けることは禁止されているので、金融機関としてそのような行為を行ってはならない。

#### (5) 弊害防止措置

銀行・証券の間では、子会社による相互参入が認められているが、その際、金融機関の財務の健全性の確保、顧客との利益相反の防止、公正な競争の確保の観点から弊害防止措置が設けられている（金商法44条の3第2項）。役職員の兼職や法人顧客情報の共同利用については、利益相反管理態勢の整備等を行うことを条件として認められることになったが、同一の金融グループに属する金融機関と証券会社等との間で、①通常の取引条件と異なる条件で取引すること、②金融機関が顧客に信用を供与し、証券会社等がその顧客から有価証券の売買注文を受託すること、③金融機関が貸付を行っている企業等に証券を発行させ、その発行代り金で金融機関が貸付債権を回収することなどは引き続き禁止されているので注意が必要である。

## 84 割賦販売法上の届出が必要な取引相手と取引する場合、どのような注意をすればよいか

### 結　論

① 割賦販売業者とは、割賦販売法に基づき割賦販売業を行っている者をいう。割賦販売業のうち前払式割賦販売業については経済産業大臣の許可を、包括・個別信用購入あっせん業については経済産業大臣の登録を受けることが必要である。これらの許可ないし登録が必要な割賦販売業者については法人であることを要し、通常は株式会社である。

② 割賦販売業者との取引は、法人であれば、その法人形態に応じ、登記事項証明書、定款および代表者の印鑑登録証明書等によって法人格を確認し

て行う。また、日本クレジット協会等の自主規制機関に加入しているか確認する。
③　金融機関が株式会社形態の割賦販売業者と取引を行うにあたって、定款の目的の範囲による制限はないが、融資取引等の与信取引が多額の借財に当たる場合は、取締役会の承認が必要であることに注意が必要である。

───── 解　説 ─────

## 1　割賦販売業者とは

　消費者信用は、商品の購入や役務の提供に利用される販売信用と金銭の借入れを行う消費者信用に区分され、一般に販売信用をクレジット、消費者信用をローンといっている。販売信用に関する法律が割賦販売法であり、同法では販売信用を契約の類型から、割賦販売、ローン提携販売および信用購入あっせんの三つに分類し、これらを対象として開業規制や行為規制を定めている。割賦販売は、販売者が自ら信用供与するもので、指定商品、指定権利または指定役務の購入者から分割またはリボルビング方式で代金の弁済を受けるものをいう。ローン提携販売は、カード等を利用者に交付し、カード等を提示することで指定商品等の代金について購入者がローン業者（金融機関・ノンバンク等）から融資を受け、借入れについて購入者が分割またはリボルビング方式で返済するもので、購入者が融資を受けるにあたり、販売者等がローン業者に保証を行うものをいう。信用購入あっせんは、利用者にカード等を交付し、カードの提示を受けて商品等の代金についてカード会社が販売者に立替払いすることで、商品等を販売するもの（包括信用あっせん販売）とカード等を使用せず、クレジット会社が特定の商品等の代金を立替払いし、商品等を販売するもの（個別信用あっせん販売）をいう。なお、ローン提携販売のうち個別方式（個別商品ごとにクレジット契約を締結するもの）は、個別信用あっせん販売に含まれると定められている。これらを業として行う者を割賦販売業者という。なお、訪問販売、通信販売および電話勧誘販売等に関しては、特定商取引法が適用されることに注意が必要である。

## 2 割賦販売業者の許可・登録

　割賦販売のうち前払式割賦販売（指定商品の引渡しに先立って購入者から2回以上にわたり、その代金の全部または一部を受領する割賦販売）を業として行うには、経済産業大臣の許可を受ける必要があり（割賦販売法11条）、また所定の営業保証金を供託しなければ営業を開始することができない（同法16条）。包括信用購入あっせんおよび個別信用購入あっせんを業として行うには経済産業省に備える登録簿に登録を受ける必要がある（同法31条、35条の3の23）。

## 3 割賦販売法による規制

　割賦販売法では、割賦販売業者に対し、商品等の現金販売価格、割賦販売価格、代金・対価の支払期間および回数、手数料の料率等の割賦販売条件の表示（割賦販売法3条）、契約内容を記載した書面の交付（同法4条）および特定商取引法に定めるクーリングオフの準用（同法35条の3の10）等に関する規制を定めるほか、割賦販売については損害賠償額の制限（同法6条）、所有権の推定（同法7条）を、ローン提携販売および信用購入あっせんについては、支払停止の抗弁（同法30条の4、35条の3の19）を定めている。平成20年の割賦販売法の改正によって、個別信用購入あっせん業者も登録制とされたほか、割賦販売業者に信用情報機関を利用した利用者の支払能力調査（同法30条の2、35条の3の3）を義務づけるとともに、支払能力を超える過剰な与信を行うことを禁止した（同法30条の2の2、35条の3の4）。

## 4 代 表 者

　前払式割賦販売業者および包括・個別信用購入あっせん業者は、いずれも法人であることを要し、通常は株式会社である。したがって、会社法の組織・権限分配の規定に従う。取締役会設置会社であれば代表取締役、委員会設置会社であれば代表執行役、およびそれぞれから権限の委譲を受けた者（代理人・使用人）と取引を行う。その他の法人形態の割賦販売業者については、それぞれの法人形態に応じ、代表者を確認して取引を行う必要がある。

## 5　取引上の注意点

### (1)　会社の設立と存続

　割賦販売業者のうち前払式割賦販売業者および包括・個別信用購入あっせん業者は、通常は株式会社であり、その設立と存続は、登記事項証明書、定款および代表者の印鑑登録証明書等によって確認する。株式会社であれば、金融機関と取引を行うことについて定款の目的の範囲による制限はないと考えられる。また、これらの業者は経済産業大臣の許可または登録を受けることが必要であり、それらを受けているか必要に応じて確認する。その他の法人形態の割賦販売業者については、それぞれの法人形態に応じて確認する。また、日本クレジット協会等の自主規制機関に加入しているか確認する。

### (2)　法令遵守

　割賦販売法では、購入者等の利益保護を確保するために割賦販売業者に対しさまざまな行為規制を定めており、自主規制機関による規則も定められている。割賦販売業者にとって、法令遵守は企業の存続にとって重要な要素となっている。したがって、金融機関が融資取引等の与信取引を行うときは、割賦販売業者が法令諸規則を遵守した適切な業務運営を行っているかに注意する必要がある。

### (3)　反社会的勢力の排除

　同法は、許可または登録の要件として、暴力団の支配下にある会社ではないことを求めている。特に融資取引等の与信取引については、それが暴力団等の助長につながる懸念があり、金融機関としては割賦販売業者が反社会的勢力ではないことまたは反社会的勢力と関係を有していないことを事前に確認することが必要である。

### (4)　支払停止の抗弁

　消費者が金融機関から借入れを行って商品等を購入した場合、その商品等に瑕疵があっても、消費者は借入れの弁済を行う必要がある。商品等の売買関係から生じた事由をもって、金銭消費貸借関係の抗弁とすることはできないという原則であり、抗弁権の切断といわれる。しかし、同法では、ローン提携販売と信用購入あっせんについて、抗弁権の切断を認めていない。購入者は販売者に対する抗弁をもってローン業者に対する支払を停止することが

できる。このため、金融機関が割賦販売業者に対して提携ローン等を提供する場合は、販売者の信用力や法令遵守をはじめとする業務運営状況について確認することが必要である。その際、割賦販売業者が日本クレジット協会等の自主規制機関に加入していることは参考になると考えられる。

## 85 貸金業者と取引するには、どのような注意をすればよいか

### 結 論

① 貸金業者とは、貸金業法に基づき内閣総理大臣または都道府県知事の登録を受けて貸金業を行う者であり、通常は株式会社の形態をとっている。
② 貸金業者との取引は、法人であれば、その法人形態に応じ、登記事項証明書、定款および代表者の印鑑登録証明書等によって法人格を確認して行う。個人であれば、本人確認を行い、必要に応じて貸金業登録を確認して行う。また、日本貸金業協会等の自主規制機関に加入しているか確認する。
③ 金融機関が株式会社形態の貸金業者と取引を行うにあたって、定款の目的の範囲による制限はないが、融資取引等の与信取引が多額の借財に当たる場合は、取締役会の承認が必要であることに注意が必要である。

### 解 説

1 貸金業者とは

貸金業とは、金銭の貸付または金銭の貸借の媒介を業として行うものをいい（貸金業法2条1項）、貸金業法に基づき内閣総理大臣または都道府県知事の登録を受けて貸金業を行う者を貸金業者という（同法2条2項）。ただし、金融機関等の貸付を業として行うことについて他の法律に特別の規定のある者（銀行、信用金庫、信用組合等）が行うものは除かれている。

2 貸金業の登録

貸金業は、貸金業法で定める一定の要件を満たした法人（法人格のない社団または財団で代表者または管理人の定めのあるものを含む）および個人が内閣

総理大臣または都道府県知事に申請し、登録を受けることによって行うことができる（貸金業法3条）。無登録営業は禁止され（同法11条）、違反には罰則がある。内閣総理大臣または都道府県知事は、登録を受けようとする者が暴力団の支配下にある場合には、登録を拒否しなければならない（同法6条1項）。

### 3 貸金業法による規制

　貸金業法は、消費者等借り手の利益保護を図り、多重債務者の発生を防止するため、開業規制や行為規制・禁止行為を定めているが、平成18年改正により、貸金業者に対し純資産額が5,000万円以上であること（貸金業法6条1項14号）、法令遵守のための助言・指導を行う貸金業務取扱主任者の配置（同法12条の3）を義務づけるなど、貸金業への参入条件を厳格化するとともに、貸金業者の業務の適正化の観点から、自主規制機関として全国組織の貸金業協会を同法上の認可団体として設置している。

　行為規制としては、過剰貸付を抑制する観点から、借り過ぎ・貸し過ぎを防止するため、借り手の返済能力を調査のうえ、借入残高が年収の3分の1を超える場合、新規借入れ・貸付ができないとする総量規制（同法13条の2）を導入するとともに、同法上の上限金利が利息制限法と同じく借入金額に応じて15～20％に引き下げられた（同法12条の8）。利息制限法の上限金利を超えるが出資法の上限金利未満にとどまる金利については、行政指導を行うこととされている。また、貸金業の業務に関して、虚偽告知や断定的判断の提供が禁止される（貸金業法12条の6）ほか、書面交付や取立行為に関する規制が定められている。

### 4 代表者

　貸金業者は、法人および個人の場合があり、法人も人格のない社団または財団などがある。必ずしも株式会社とは限らないから、まず法人形態を確認する必要がある。もっとも、通常は株式会社であり、会社法の組織・権限分配の規定に従う。取締役会設置会社であれば代表取締役、委員会設置会社であれば代表執行役、およびそれぞれから権限の委譲を受けた者（代理人・使

用人）と取引を行う。その他の法人形態の貸金業者については、それぞれの法人形態に応じ、代表者を確認して取引を行う。

## 5 取引上の注意点

### (1) 会社の設立と存続

貸金業者は、通常は株式会社であり、その設立と存続は登記事項証明書、定款および代表者の印鑑登録証明書等によって確認する。株式会社であれば、金融機関と取引を行うことについて定款の目的の範囲による制限はないと考えられる。また、日本貸金業協会等の自主規制機関に加入しているか確認する。

### (2) 法令遵守

貸金業法では、借り手の利益保護の観点から、貸金業者に対しさまざまな行為規制・禁止行為を定めている。貸金業者にとって、法令遵守は企業存続のための生命線である。したがって、金融機関が融資取引等の与信取引を行うときは、貸金業者が法令諸規則を遵守した適切な業務運営を行っているかに注意する必要がある。

### (3) 反社会的勢力の排除

貸金業法は、登録の要件として、暴力団の支配下にある会社ではないことを求めている。特に融資取引等の与信取引については、それが暴力団等の助長につながる懸念があり、金融機関としては貸金業者が反社会的勢力ではないことまたは反社会的勢力と関係を有していないことを確認することが必要である。

### (4) 過払金問題

旧貸金業法では、貸金業者の行う貸付について借り手である債務者が利息制限法の上限金利（年利15～20％）と出資法の刑罰対象金利（年利29.2％）との間の金利（グレーゾーン金利）を任意に支払った場合は、その支払は有効な債務の弁済とみなされていた（旧貸金業法43条）。しかし、一連の最高裁判決において、みなし弁済の成立が否定され、借り手の支払ったグレーゾーン金利は元本に充当されるとの判断が相次いだ。その結果、借り手の払い過ぎによる貸金業者への不当利得返還請求権を生ずることになった。これがいわ

ゆる過払金債権であるが、金融機関がこのような過払金債権を含む貸付債権を譲受けないし担保として受け入れた場合は、借り手から弁済による貸付債権の不存在を主張されたり過払金返還請求を受けたりすることがあり、予期しない損害を受けるリスクを生じることになった。また、貸金業者においても過払金の存在は、相当額の引当金の積立を余儀なくされるなど大きな負担を生じたことから、貸金業者に対し融資取引等の与信取引を行う場合は、過払金の有無と規模を確認することが必要であった。なお、過払金の発生自体は、今回の貸金業法改正によって同法上の上限金利が出資法上の上限金利と同一とされたことから、グレーゾーン金利の消滅によって解消されたと考えられる。

## 86 第三セクターとの取引では、どのような注意をすればよいか

**結論**

① 第三セクターとは、地方公共団体が出資を行っている一般社団法人および一般財団法人（公益社団法人および公益財団法人を含む）ならびに会社法法人をいい、地方公社（地方住宅供給公社、地方道路公社および土地開発公社等をいう）を併せて第三セクター等ということがある。

② 第三セクター等との取引は、各法人の根拠法令や定款等に基づき、各法人の法人形態、特徴に応じて行うが、融資取引等の与信取引については、出資する地方公共団体との関係、事業内容、取引内容、地方公共団体財政への影響等を慎重に検討したうえで行う必要がある。

**解説**

### 1 第三セクターとは

第三セクターについて、法律上明確な定義はない。一般に国や地方公共団体が経営する公企業を第一セクター、民間企業を第二セクターというのに対して、官民の共同出資による企業を第三セクターという。総務省の平成21年6月23日付「第三セクター等の抜本的改革等に関する指針」では、第三セク

ターとは、「地方公共団体が出資または出えんを行っている一般社団法人及び一般財団法人（公益社団法人及び公益財団法人を含む。）並びに会社法法人をいう」とされ、地方公社ならびに地方公共団体が損失補償等の財政援助を行っている法人その他地方公共団体がその経営に実質的に主導的な立場を確保していると認められる法人を同指針の対象としている。

## 2　目的・事業

　第三セクターが行っている事業は、地域都市開発、水道、観光・農林水産等の地域振興事業、運輸、情報処理、放送のほかスポーツチーム等多種多様であり、公益事業に限られず収益事業も対象としている。

## 3　代　表　者

　第三セクターの法人形態としては、改正前の民法または一般社団財団法人法に基づく社団法人・財団法人、その他特別法に基づく法人があり、それぞれの法人形態に応じた法令が適用される。したがって、第三セクターの代表者は選択された法人形態によって決まることになり、第三セクターと取引を行うには、各法人の法人形態、特徴に応じて行う必要がある。

## 4　取引上の注意点

### (1)　**設立と存続**

　第三セクターは、さまざまな法人形態で設立される。一般社団財団法人法に基づく一般社団法人・一般財団法人や株式会社であれば、登記事項証明書および定款等によって法人格を確認する。

### (2)　**地方公共団体の財政の悪化**

　最近では、地方公共団体自身の財政の悪化とともに、地方公共団体が出資、損失補償等を行うなど実質的に主導的立場を確保していると認められる第三セクターの業績の悪化、破綻が相次ぎ、その抜本的改革が急務となっている（平20.6.30付総務省自治財政局長通知）。また、「債務調整等に関する調査研究会」（総務省）の中間まとめでも、特に第三セクター等に関し、「第三セクター等が金融機関から資金調達して行っている事業は、民間企業類似の

事業であるにもかかわらず、地方公共団体が損失補償等を行っているために、結果として民間企業と同様の市場規律やガバナンスが働かない場合も多いこと」が問題として指摘されているとおり、第三セクターが破綻したとき、その公共性や地方公共団体の財政に与える影響から、金融機関が民間企業の破綻時とは異なる予期していなかった負担を強いられることもあることに注意すべきである。第三セクターと融資取引等の与信取引を行う場合、その法人自身の事業・財政基盤や資産が十分ではないことが多いため、その検討にあたって、地方公共団体の出資、関与および損失補償という要素を過大に評価しがちであり、慎重に判断する必要がある。それらの要素に安易に依拠することなく、その行っている事業自体の収益性に着目したプロジェクト・ファイナンスの考え方を基本として与信の可否を検討する必要がある。

(3) **保証と損失補償**

地方公共団体は、会社その他の法人の債務について保証することはできないとされている（財政援助制限法3条）。例外として総務大臣の指定する法人の債務は保証できるが、この指定制度は利用されていない。そのため、金融機関は、第三セクターとの融資取引等の与信取引にあたっては、信用補完のため、その法人に出資等を行い実質的に主導的立場にある地方公共団体と損失補償契約を締結することが多い。損失補償契約とは、主債務の存在を前提とせず、その契約の相手方に実際に損失が生じたことを条件として責任が生ずるものであり、民法の保証契約とはその内容および効果を異にするものとされている。地方自治法には損失補償の存在を前提とした規定もあることから、行政実例においては地方公共団体の行う損失補償契約は、保証を禁止した財政援助制限法に違反するものではないとされていた。しかし、東京高裁平成22年8月30日判決（金法1907号16頁）が、地方公共団体が損失補償契約に基づく金融機関に対する支払いの差止めを求められた事案に対して、その損失補償契約は同法3条に反し特段の事情のない限り無効であると判示した。このため、金融実務への影響が懸念されたが、上告審である最高裁平成23年10月27日判決（金法1933号6頁）は、地方公共団体による損失補償が同法3条の類推解釈により直ちに無効となる場合があることは相当ではないとしたうえで、損失補償契約の適法性および有効性は、地方自治法232条の2

の規定の趣旨等にかんがみ、その損失補償契約の締結に係る公益上の必要性に関して地方公共団体の執行機関の判断にその裁量権の範囲の逸脱または濫用があったか否かによって決まると判示した。そこで、財政支援制限法3条との法律上の関係に関しては、決着がついたものと考えられる。

一方、総務省内でも損失補償契約が地方公共団体の財政に与える影響の大きさから、自治体の行う損失補償契約のあり方をめぐって、それを制限する方向で議論され、総務省自治財政局長通知でも、「特別な理由があるとき以外は、第三セクター等の資金調達に関する損失補償は行うべきではなく、他の手段による方法を検討するべきである」とされていることにも注意が必要である。

以上の経緯からして、第三セクターとの融資取引等において地方公共団体と損失補償契約を締結する際には、後日問題とされないために、形式面において保証契約と極端に類似するものになっていないか、実質面において対象事業、資金使途、取引内容等が公共性に適っているか、手続面において、議会の承認（地方自治法214条）を得ているか等を確認する必要がある。

# 第4節 各種法人との取引

## 87　非営利法人（公益法人）制度はどのように改正されたか

**結論**

① 平成18年度の公益法人制度の抜本的見直しにより、民法に基づく社団法人・財団法人制度は廃止され、新たに一般社団財団法人法および公益法人認定法が制定され、平成20年12月1日より施行された。

② 新制度は、余剰金の分配を目的としない非営利法人一般について一定の要件を満たせば登記のみで一般社団法人・一般財団法人として簡便に設立できるものとし（準則主義）、このうち内閣総理大臣または都道府県知事により公益性が認定された法人にかぎり、公益社団法人・公益財団法人（あわせて「公益法人」という）となることができるものとした。

③ 従来の民法に基づく社団法人・財団法人は、経過措置として特例社団法人・財団法人としてそのまま存続するが、新法の施行日から5年以内に、公益認定を受けて公益法人として、または認可を受けて一般社団法人・一般財団法人として存続することができる。

④ 旧中間法人法に基づいて設立された中間法人のうち、有限責任中間法人は、一般社団財団法人法の施行日をもって一般社団法人とみなされるので、同法の一般社団法人の規律に従うことになる。無限責任中間法人は、同法の施行日から1年以内に一般社団法人へ移行する手続をとる必要がある。なお、同法施行により中間法人法は廃止された。

**解説**

## 1　公益法人制度の見直し

　従来、株式会社等の営利法人ではない法人は、民法に基づいて設立される公益法人に限られ、その設立には主務官庁の許可を要し（許可主義）、その

監督に服するなど限定的に認められる存在であった。また、非営利団体の一部は、労働組合法等の特別法や中間法人法・NPO法に基づく法人として規律されていた。しかし、非営利活動の多様化や活発化を促す社会の変化により、厳格な公益法人制度の弊害も多く指摘されていたこと、それら多く存在する団体の設立や監督に係る法律関係を整備する必要が生じたことから、平成18年に公益法人制度の抜本的見直しが行われ、民法の法人に関する規定の多くが削除され、新たに一般社団財団法人法、公益法人認定法および一般社団財団法人等整備法が制定された。

## 2　新しい公益法人制度の概要

新しい公益法人制度では、非営利法人は、特別法によるものを除き、一般社団財団法人法に基づき、一般社団法人または一般財団法人（あわせて「一般社団財団法人」という）として設立されるが、設立は一般社団財団法人法に定める要件を満たせば、準則主義により登記のみででき、行政庁の許可ならびに監督に服することもない。ただし、その非営利性から社員や設立者に対する剰余金または残余財産の分配はできないなどの制約は存在する（一般社団財団法人法11条2項、153条3項2号）。一般社団財団法人の導入の趣旨は、従来の主務官庁の裁量による許可や監督を排し、かわって会社法に準ずる規律によって、法人内部のガバナンスを確保しようとすることにある。

公益法人は、一般社団財団法人のなかからその申請に基づいて、内閣総理大臣または都道府県知事が、民間有識者からなる公益認定等委員会（公益法人認定法4条、7条、43条、50条）の答申を受けて認定する。公益法人は、このように公益認定手続を要するとともに、行政庁の監督を受けるかわりに、税制上の優遇措置を受けられるなどの特徴がある。

## 3　一般社団財団法人の概要

一般社団法人は、根本規則として定款を作成し（一般社団財団法人法10条）、設立の登記をすることにより成立する（同法22条）。社員総会と理事が必置機関であり（同法35条、60条1項）、定款で理事会、監事または会計監査人を置くことができる（同法60条2項）。理事は1人以上置かなければならず、理

事会を設置する場合は、理事は3人以上置かなければならない（同法65条3項）。一般社団法人の基本的事項の意思決定機関は社員総会である（同法35条）。しかし、理事会設置一般社団法人では、理事会が業務執行の決定を行い（一定の重要な業務執行の決定は理事会の専決となる）、代表理事の選定等を行い（同法90条）、代表理事が法人を代表する（同法77条4項）。理事会非設置一般社団法人では各理事が法人を代表するが、代表理事等代表を定めた場合は、その代表理事等が法人を代表する。

一般財団法人も、根本規則として定款を作成し（同法152条）、設立の登記をすることによって成立する（同163条）。評議員、評議員会、理事、理事会および監事が必置機関であり（同法170条1項）、定款で会計監査人を置くことができる（同条2項）。一般財団法人の基本的事項の意思決定機関は評議員会であり、業務執行の決定および業務執行は、理事会設置一般社団法人と同様理事会である（同法197条）。

4　公益法人の概要

公益社団法人は、理事会が必置機関となり（公益法人認定法5条14号ハ）、したがって代表理事、監事も置くこととなる（一般社団財団法人法61条、90条3項）。公益財団法人は、一般財団法人に準ずる。

5　既存の社団法人・財団法人および中間法人

改正前の民法に基づいて設立された社団法人・財団法人は当面、一般社団財団法人法の施行後も同法上の法人として存続する（特例社団法人・特例財団法人という。ただし、法人の名称は従来どおりでよいとされている。一般社団財団法人等整備法40条、42条1項）。しかし、一般社団財団法人法の施行日から5年以内に、公益認定の申請をして公益法人となるか、認可申請して一般社団法人・一般財団法人に移行するかを選択しなければならない（同法44条、45条）。いずれもしないと解散したものとみなされる（同法46条）。

中間法人法は、一般社団財団法人法の施行により廃止される（一般社団財団法人等整備法1条）が、中間法人法に基づいて設立された既存の中間法人のうち、有限責任中間法人は、一般社団財団法人法の施行日に一般社団法人

とみなされる（同法2条）ので、一般社団財団法人法の一般社団法人の規律に従うことになる。ただし、同法の施行日の属する事業年度終了後の定時社員総会の終結までに法人の名称を「一般社団法人」を含む呼称に変更し登記しなければならない（同法3条）。無限責任中間法人は、一般社団財団法人法に無限責任中間法人に相当する法人が存在しないため、同法の施行日から1年以内に一般社団法人へ移行する手続をとる必要がある（同法30条以下）。移行手続を行わないと解散したものとみなされる（同法37条）。なお、無限責任中間法人の移行手続には、債権者保護手続をとる必要がある（同法32条）。

## 88 一般社団法人・一般財団法人と取引するには、どのような注意をすればよいか

**結論**

① 一般社団法人・一般財団法人は、従来の民法に基づく法人制度と異なり、主務官庁の許可を要せず、設立の登記をすることによって成立する。したがって、これらの法人と取引するには登記事項証明書を取得してその成立と存在を確認する。

② 一般社団法人・一般財団法人の目的の範囲については、定款および登記事項証明書により確認する。その目的の範囲の解釈については、公益を目的としないものの非営利性を有することから、営利法人と比較して厳格に考える必要がある。

③ 一般社団法人には理事会設置一般社団法人と理事会非設置一般社団法人とがある。前者では代表理事の選任が必要であり、代表理事が一般社団法人を代表するが、重要な業務執行は理事会の決議が必要である。後者では、各理事は原則として一般社団法人を代表するが、代表理事を定めたときは代表理事が一般社団法人を代表する。したがって、これらを定款および登記事項証明書で確認する。一般財団法人は、理事会設置一般社団法人に準ずるが、ほかに評議員会が存在することに留意する。

④ 利益相反取引については、理事会設置一般社団法人および一般財団法人

> では、理事会の承認決議、理事会非設置一般社団法人では、社員総会の承認決議が必要である。

―――――――― 解　説 ――――――――

## 1　非営利法人制度

　非営利法人について、従来は民法に規定されていたが、公益法人制度の改革により、現在は、特別法による法人を除き一般社団財団法人法（平成20年12月1日施行）により規定されている。従来の民法上の法人を設立するには主務官庁の許可を要した（許可主義）のに対し、一般社団法人・一般財団法人は所定の手続を行って設立の登記を行うことにより成立する（準則主義）。また、法人の機関についても、適正なガバナンス確保の観点から、会社法に準じた規律が導入されている。なお、改正前の民法に基づいて設立された社団法人・財団法人は当面、一般社団財団法人法の施行後も同法上の法人として存続する（特例社団法人・特例財団法人と呼ばれる。ただし、法人の名称は従来どおりでかまわない）。

## 2　一般社団法人の機関と代表者

　一般社団法人は、2人以上の社員（社団の構成員）が根本規則として定款を作成し（一般社団財団法人法10条）、設立の登記をすることによって成立する（同法22条）。社員総会および理事が必置機関であり（同法35条、60条1項）、定款で理事会、監事または会計監査人を置くことができる（同法60条2項）。一般社団法人の基本的事項の意思決定機関は社員総会である（同法35条）。理事会設置一般社団法人では、代表理事の選任が必要であり（同法90条）、代表理事が業務の執行機関として、法人を代表する（同法77条4項）。ただし、多額の借財その他の重要な業務執行の決定は、理事会の決議事項であり、代表理事に委任することはできない（同法90条4項）。理事会非設置一般社団法人では、各理事が法人を代表するが、代表理事等代表者を定めたときは、その代表理事等が法人を代表する（同法77条1項・2項）。

## 3　一般財団法人の機関と代表者

　一般財団法人も、設立者が定款（従来の「寄附行為」の語は廃止され、定款に統一された。ただし、医療法人、学校法人等については「寄附行為」の語が残っている。また、宗教法人については、定款に相当するものを「規則」といっている）を作成し（一般社団財団法人法152条）、設立の登記をすることによって成立する（同法163条）。なお、設立者は定款の認証後、定款に記載された額（300万円以上であることを要する）の基本財産を拠出する必要がある。評議員、評議員会、理事、理事会および監事が必置機関であり（同法170条1項）、定款で会計監査人を置くことができる（同条2項）。理事3人以上、監事1人以上を必ず置くものとされる。一般財団法人の基本的事項の意思決定機関は評議員会であり、法律および定款で定めた事項に限り決定する。業務執行の決定および業務執行は、理事会設置一般社団法人と同様に理事会が業務執行の決定を行い、代表理事等が業務執行する（同法197条）。

## 4　目的・事業

　法人は、法令の規定に従い、定款等で定められた目的の範囲内において、権利を有し義務を負う（民法34条）。この規定は、一般社団財団法人法施行後も法人に関する通則である。この規定の解釈には議論があるが、法人の権利能力を制限するものと解するのが従来の通説である。権利能力の制限と解すると、目的の範囲外の法律行為は無効ということになる。この目的の範囲について、営利法人においては、判例でも非常に緩く解され（最判昭45.6.24民集24巻6号625頁）目的の範囲による権利能力の制限は実際上の意味を失っていると解されている。これに対して、非営利法人については、法人の公益性や公的な性格から、目的の範囲について営利法人に比して厳格に解すべきものとされてきた。判例においても、税理士会の政治献金のための費用の徴収について目的の範囲外とした（最判平8.3.19民集50巻3号615頁）ほか、金融取引では、いわゆる員外貸付に関して、目的の範囲外として無効としたものがある（最判昭41.4.26民集20巻4号849頁、最判昭44.7.4民集23巻8号1347頁）。もっとも、法人制度の改革により、非営利法人のうち公益性の高い法人は、公益法人認定法により公益法人となることができ、またNPO法によ

るNPO法人が導入されるなど、非営利法人は多様化しており、目的の範囲も各法人の特性に応じて解釈されるべきものとなろう。目的の範囲の問題は、実際上は、代表権の制限や権限濫用、さらに取引の適切性等の問題とも密接に関連するものであるから、実務上の取扱いとしては、取引にあたって慎重に確認する必要がある。

## 5　取引上の注意点

　一般社団法人・一般財団法人と取引を行うにあたっては、その成立と存続（法人格）を登記事項証明書、定款、代表理事の印鑑登録証明書によって確認する。融資取引等の与信取引のうち多額の借財に該当する場合は、社員総会、理事会または評議員会の承認が必要なので、議事録（写し）やそれに準じた確認書を求める必要がある。目的の範囲や代表権の問題に関しては、円預金取引ではあまり問題にならないと考えられるが、融資取引、外貨・デリバティブ取引、運用取引等では、慎重な検討と確認が必要である。利益相反行為、すなわち、理事が自己または第三者のために一般社団法人・一般財団法人と取引すること（自己取引・直接取引）、一般社団法人・一般財団法人が理事の債務を保証することその他理事以外の者との間において一般社団法人・一般財団法人とその理事との利益が相反する行為を行うには、理事会非設置一般社団法人にあっては社員総会、理事会設置会社・一般財団法人にあっては理事会に当該取引の重要な事実を開示して承認を受けなければならない（一般社団財団法人法84条1項、92条、197条）。改正前の民法（旧57条）における従来の規律と異なることに留意が必要である。

## 89　公益社団法人・公益財団法人と取引するには、どのような注意をすればよいか

### 結　論

① 公益社団法人・公益財団法人とは、公益目的事業を行う一般社団法人または一般財団法人のうち、公益法人認定法に基づき内閣総理大臣または都道府県知事の公益認定を受けた法人をいう。

② 公益社団法人・公益財団法人との取引は、おおむね理事会設置一般社団法人、一般財団法人との取引に準じて考えればよい。ただし、一般社団法人・一般財団法人に比べて、単に営利を目的としないだけではなく、より公益性の高い法人であることに留意すべきである。

---
**解　説**
---

## 1　公益社団法人・公益財団法人とは

　公益社団法人・公益財団法人（以下「公益法人」という）制度は、公益法人制度改革により、従来の民法上の法人にかわり、一般社団法人・一般財団法人とともに、新たに創設された法人制度である。すなわち、従来の改正前の民法のもとにおいては、非営利団体で法人格を取得できるのは、特別法に定めがある場合を除き、すべて同法上の法人である公益に関する社団・財団（主務官庁の許可を要する）に限られていた。しかし、それでは、非営利法人が法人格を取得することが困難であるため、公益性を要求しない一般社団法人・一般財団法人の制度を創設するとともに、従来の公益法人に相当する公益目的事業を行う法人については、一般社団法人・一般財団法人が、公益法人認定法に基づき、内閣総理大臣または都道府県知事から公益認定を受けることにより（新しい）公益社団法人・公益財団法人となることができることとした（公益法人認定法は、一般社団財団法人法とともに平成20年12月1日施行）。公益認定の基準は、公益法人認定法5条に詳細に定められており、内閣総理大臣または都道府県知事は、一般社団法人・一般財団法人の認定申請に基づき公益認定等委員会等に諮問し、その結果をふまえ公益認定を行う。公益法人になると、税制上の優遇措置等を受けられる半面、行政庁の監督が厳格になる。公益法人は、その名称中に「公益社団法人」「公益財団法人」の文字を用いなければならず、その他の法人は、それらの文字を用いることはできない（公益法人認定法9条）。

## 2　機関と代表者

　公益社団法人は、理事会設置一般社団法人でなければならない（公益法人認定法5条14号ハ）。したがって、公益社団法人の機関は、理事会設置一般社

団法人と同じである。また、公益財団法人は、一般財団法人が公益認定を受けたものであり、一般財団法人と特に異なる点はない。改正前の民法に基づいて設立されていた既存の社団法人・財団法人は、一般社団財団法人法の施行により、当然に一般社団法人・一般財団法人となる（特例社団法人・特例財団法人と呼ばれる。ただし、法人の名称は従来どおりでかまわない。一般社団財団法人等整備法40条、42条1項）。しかし、一般社団財団法人法施行日から5年以内に、公益認定の申請をして、公益法人となるか、（公益法人とはならずに）認可申請して一般社団法人・一般財団法人となるかを選択しなければならない（一般社団財団法人等整備法44条、45条）。

## 3 取引上の注意点

公益社団法人・公益財団法人の意思決定および業務執行は、それぞれ理事会設置一般社団法人・一般財団法人と同じ規律に従うから、これらの法人との取引に準じて取り扱う。その成立と存続（法人格）は、登記事項証明書、定款、代表理事の印鑑登録証明書によって確認する。融資取引等の与信取引については、公益性、公共性の高さにかんがみ、目的の範囲、代表権の範囲、取引の適切性等について一般法人に比してより慎重な検討を行う必要がある。多額の借財に該当する場合は、理事会の承認が必要なので、議事録（写し）やそれに準じた確認書を求める必要がある。目的の範囲や代表権の問題に関しては、円預金取引ではあまり問題にならないと考えられるが、融資取引、外貨・デリバティブ取引、運用取引等では、慎重な検討と確認が必要である。

利益相反行為、すなわち、理事が自己または第三者のために公益社団法人・公益財団法人と取引すること（直接取引）、公益社団法人・公益財団法人が理事の債務を保証することその他理事以外の者との間において公益社団法人・公益財団法人とその理事との利益が相反する行為を行うには（間接取引）、理事会に当該取引の重要な事実を開示して承認を受けなければならない（一般社団財団法人法84条1項、92条、197条）。改正前の民法（旧57条）における従来の規律と異なることに留意が必要である。

## 90 NPO法人と取引する場合、どのような注意をすればよいか

### 結論

① NPO法人とは、いわゆるボランティア活動等の特定非営利活動を行うことを目的とする法人で、特定非営利活動促進法に基づき、所轄庁から認証を受け、設立の登記をすることによって成立する。

② NPO法人の代表者は各理事であるが、定款をもって代表理事（理事長）を定めることができる。

③ NPO法人との取引にあたっては、登記事項証明書、定款、代表者の印鑑登録証明書等の提出を求め、法人の成立と存続、代表者、代表権の確認を行う。

### 解説

#### 1 NPO法人とは

NPO法人とは、特定非営利活動法人の略称で、いわゆるボランティア活動等の非営利活動を行うことを目的とする民間非営利組織であるNPO（Non-Profit Organization）のうち特定非営利活動促進法（以下「NPO法」という）の定める要件を備え、所轄庁から法人としての認証を受けた団体をいう。NPO法人は、定款を定め、所轄庁の認証を受けて、主たる事務所の所在地において設立の登記をすることにより成立する（NPO法13条1項）。

NPO法人として認証を受けるには、不特定かつ多数の者の利益増進に寄与することを目的として、保健・医療または福祉の増進、社会教育の推進、まちづくりの推進、学術・文化・芸術またはスポーツの振興、環境の保全、災害救助等のNPO法が定める20の特定非営利活動（同法2条別表）を行うことを主たる目的とする団体であること、10人以上の社員を有し、社員の資格の得喪に関して不当な条件を付していない、かつ役員のうち報酬を受ける者の数が、役員総数の3分の1以下である団体であって、営利を目的としないこと、宗教活動・政治活動・選挙活動等を主たる目的としないこと、暴力団等の支配下にある団体ではないことなどが要件とされている（同法12条）。

定款には、目的、名称、特定非営利活動の種類および活動に係る事業の種類、主たる事務所、社員、役員、会議、資産、会計に関する事項を記載する。その他の事業を行う場合には、その種類その他の事業に関する事項等を記載しなければならない（同法11条）。また、目的、名称、事業、代表者、資産総額等は登記事項である（組合等登記令2条2項）。

## 2　機関と代表者

　NPO法人には、3人以上の理事と1人以上の監事を置かなければならない（NPO法15条）。理事は、NPO法人の業務についてNPO法人を代表するが、定款をもって代表権を制限することができる（同法16条）。

## 3　目的と事業

　NPO法人は、特定非営利活動を行うことを主たる目的とする法人であるが、賛助会員等の寄附金だけを資金源として十分な活動を実施することは困難であり、特定非営利活動に係る事業に支障がない限り、その収益をその事業に充てるためにその他の事業（特定非営利活動以外の事業をいう）を行うことができる（NPO法5条）。しかし、その利益を社員に対して分配することはできない。なお、特定非営利活動以外の事業の規模については、内閣府が主たる目的および非営利性の法定要件への適合性についての判断基準を公表しており、「その他の事業」の許容される範囲が主目的である特定非営利活動に係る事業に支障をきたさない限度にとどまることが強調されている。NPO法人が解散した場合の残余財産は、合併や破産による場合を除き、所轄庁への清算結了の届出時において、定款所定の者に帰属するが、定款に定めがない場合は、清算人は国または地方公共団体に譲渡することができ、最終的に処分されない財産は国庫に帰属する（同法32条）。

## 4　取引上の注意点

　NPO法人との取引では、登記事項証明書によりNPO法人としての成立および存続（法人格）、目的、事業内容、代表者、理事等を確認する。また、定款によって役員、代表理事の有無、代表権の制限、特定非営利活動以外の

事業の有無その種類等を確認する。理事はNPO法人を代表するが、代表理事を定めているときは、代表理事を取引の相手方とする。この場合、代表理事の印鑑登録証明書も求める。代表者の定めがないときは、理事の1人を相手として、理事会または社員総会の承認のもとに取引を行う。NPO法人と理事との利益が相反する事項について理事は代表権を有せず、所轄庁から特別代理人を選任してもらわなければならない（NPO法17条の4）。もっとも、他に代表権を有する理事であって、利益相反関係にない理事がいるときは、その者と取引すればよい。

　NPO法人との預金取引は、代表権の確認ができれば特に問題はないが、融資取引等の与信取引については、NPO法人が特定非営利活動を行うことを目的として設立が認められた法人であることにかんがみ、資金使途が目的の範囲内であるかなどを確認する必要がある。また、多額の借財に該当する場合は、通常、理事会または社員総会の承認が必要なので、議事録（写し）やそれに準じた確認書を求める必要がある。なお、NPO法では、NPO法人が債務超過や支払不能となったとき、破産することができると定めただけでなく、債務超過の場合には理事に破産の申立てを義務づけていることから（NPO法31条の3第2項）、与信取引にあたっては、返済原資を確認し、必要に応じて担保を徴求するなどの債権保全を図る必要がある。

## 91　NGO法人と取引する場合、どのような注意をすればよいか

**結　論**

① NGOは、Non-Government Organizationの略称で非政府組織と訳されているが、法律上明確な定義はない。NGO法人は、民間人や民間団体の組織する非営利団体をいい、NPO法人、一般社団法人・一般財団法人ないし公益法人という形態をとることが多いが、NGO法人の設立について根拠法は存在せず、特別な規制もないことから、会社法上の法人や権利能力なき社団として設立することも可能である。

② NGO法人と取引する場合は、そのNGO法人の法人形態や特徴に応じて、

登記事項証明書、定款、代表者の印鑑登録証明書等の提出を求め、法人の成立と存続（法人格）と代表者、代表権の確認を行う。
③　NGO法人と称すること自体は、特別な規制がなく所轄庁の監督も受けないことから、反社会的勢力が容易に参入しやすいため、NGO法人と取引を開始するにあたっては、暴力団やその構成員の支配下にある団体ではないことを確認して行う必要がある。

## 解説

### 1　NGO法人とは

NGOは、Non-Government Organizationの略称で非政府組織と訳されているが、法律上の明確な定義はない。NGO法人は、一般に政府組織ではない民間人や民間団体の組織する非営利団体をいい、国際経済、社会、文化、教育、衛生、科学、技術および人権等の分野で活動を行っている。国内・国際両方の組織があるが、わが国では国際協力に携わる非政府組織の非営利団体をNGOあるいは国際NGOと呼ぶことが多い。国際NGOには、国連憲章71条の精神に基づき国連と連携するための協議資格を有するNGOと協議資格を有しないNGOがある。代表的な国際NGOとしては、赤十字国際委員会、国際商工会議所、世界自然保護基金（WWF）等がある。

### 2　設立と存続

NGO法人の設立について根拠法は存在しない。国内では、NPO法人として設立されることが多いとされる。設立について特別な規制はないことから、一般社団法人・一般財団法人ないし公益法人、会社法上の法人、NPO法上の認証を受けていないNPO（非営利組織）や権利能力なき社団として設立することも可能である。

### 3　機関と代表者

NGO法人の代表者は、そのNGO法人がとっている法人形態によって決まる。NPO法人であれば代表理事、一般社団法人・一般財団法人や公益法人であれば代表理事や理事等となる。なお、代表者の定めがない場合など、社

員総会や理事会の承認を得ることが必要となる場合があるので注意する。

## 4 取引上の注意点

　NGO法人の形態や根拠法に応じて、登記事項証明書、定款、代表者の印鑑登録証明書等の提出を求め、法人の成立と存続（法人格）と代表者、代表権の確認を行う。

　NGO法人は、NPO法人やNPO法の認証を受けていないNPOであることが多く、財産的基礎が脆弱であることが多いので、融資取引等の与信取引では債権保全に注意する必要がある。

　また、NGO法人自体は、設立に特別な規制がなく所轄庁の監督も受けない団体で、反社会的勢力が容易に参入しやすいことから、取引の開始にあたっては、NGO法人が暴力団やその構成員の支配下にある団体ではないことを確認して行う必要がある。

## 92 医療法人と取引をする場合、どのような点に注意して手続をするか

### 結　論

① 医療法人は、医療法の規定により設立される法人であって社団または財団であるが、医療法39条以下の適用があり、設立にあたっては定款または寄附行為を作成のうえ所轄庁（都道府県知事、ただし2以上の都道府県にまたがる場合は厚生労働大臣）の認可を受け、主たる事務所の所在地において設立の登記をすることにより成立する。

② 医療法人には3人以上の理事（人数に例外あり）と監事1人を置き、理事のうちの1人が定款または寄附行為の定めで理事長になり、医療法人を代表して業務を総理する。

③ 医療法人の業務の目的は、他の非営利法人と同じく厳格に解釈されるが、一定の規準による収益業務を行うことができる。

④ 医療法人との取引にあたっては、登記事項証明書、定款または寄附行為、代表者の印鑑登録証明書で法人の成立と存続および代表権とその制限の有

無等を確認する。融資取引ではその資金使途が業務の目的の範囲内にあるかどうかの確認も必要である。

―――― 解　説 ――――

1　成立と存続

　医療法人は、病院、医師もしくは歯科医師が常時勤務する診療所または介護老人保健施設を開設しようとする社団法人または財団法人で、医療法の規定により設立される法人である（医療法39条）。医療法人でないものはその名称中に医療法人という文字を用いてはならない（同法40条）。設立にあたっては定款（社団法人の場合）、または寄附行為（財団法人の場合）を作成して所轄庁の認可を受け、主たる事務所の所在地において設立の登記をすることによって成立する（同法46条）。したがって、医療法人との取引では、まず登記事項証明書でその成立と存続を確認する。

2　機関と代表者

　医療法人は、設立当初の役員として3人以上の理事と1人以上の監事を置かなければならないが、所轄庁の認可を受けた場合、理事は1人または2人でもよいとされている（医療法46条の2第1項）。理事のうちの1人を理事長とし、定款または寄附行為の定めるところにより、原則として医師または歯科医師である理事のうちから選出する。ただし、所轄庁の認可を受ければ医師または歯科医師でない理事から選出することもできる（同法46条の3第1項）。また、理事が1人の場合は、その理事が理事長とみなされる（同条第2項）。選出された理事長は医療法人を代表してその業務を総理する。また、医療法上に規定はないが、定款または寄附行為によって理事会が設置されていることが多い。したがって、医療法人との取引では登記事項証明書、印鑑登録証明書、定款または寄附行為、理事会議事録（写し）等を徴求し、代表権を有する理事長と取引することが必要である。

3　目的と事業

　医療法人の目的は、定款または寄附行為に定められ、本来業務のほか医療

関係者の養成・再教育や医学または歯学に関する研究所の設置等の業務が行える。一定の要件を備えたものとして都道府県知事（または厚生労働大臣）による認定を受けた医療法人は、病院・診療所などの業務に支障のない限り、定款または寄附行為の定めるところにより収益業務を行うことができるが、その収益は病院・診療所等の経営にあてることを目的としなければならない。このような収益業務を行える医療法人を「社会医療法人」といい、収益業務に関する会計はその他と区分して特別の会計として経理しなければならない（医療法42条の2）。また、医療法人は、自主的にその運営基盤の強化を図るとともに、提供する医療の質の向上および運営の透明性を図り、その地域の医療の重要な担い手としての役割を積極的に果たすように努めなければならないとされている（同法40条の2）。なお、医療法は医療法人について、剰余金の配当を禁止し（同法54条）、非営利性を明確にしている。

このように医療法人の目的は本来の非営利性からして厳格に解釈されるので、融資取引や保証取引の際には、その資金使途が目的に沿ったものであることの確認が必要であるが、その他債務負担行為についての特別の制限事項はない。

### 4 取引上の注意点

医療法人の業務は、定款または寄附行為の定めるところに従って決し、また定めがないときは理事の過半数で決する（医療法46条の4第3項）。なお、理事長が欠員となったときは、定款または寄附行為の定めるところにより、他の理事が代理または理事長の職務を行うことができる（同法46条の4第2項）。

社団法人である医療法人の業務は、定款で理事その他の役員に委任したものを除き、すべて社員総会の決議によって行う（同法48条の3第7項）。財団法人である医療法人は、通常の業務の決定は理事会が行うが、評議員会が必ず置かれ（同法49条）、理事長は予算、借入金（会計年度内の収入をもって償還する一時の借入金を除く）および重要な資産の処分、その他医療法人の業務に関する重要事項で寄附行為をもって定めるものなどについては、評議員会の意見を聴かなければならない。また、寄附行為で評議員会の議決を要する

ものとすることもできる（同法49条の2）。したがって、医療法人と融資取引等の与信取引を行うにあたっては、登記事項証明書、理事長の印鑑登録証明書によって法人の成立と存続（法人格）を、定款・寄附行為、理事会・評議員会議事録（写し）等によって、医療法人の代表者、代表権の範囲を確認するほか、定款・寄附行為に定めるところに従って、過半数以上の理事の承認、理事会または評議員会の承認等を得ているか確認する必要がある。なお、理事長は、医療法人と利益が相反する取引については、代表権を有しない。このような場合は所轄庁である都道府県知事が選任した特別代理人を相手に取引を行うこととなる（同法46条の4第6項、68条の2第1項）。

## 93 学校法人と取引をする場合、どのような点に注意して手続をするか

**結　論**

① 学校法人は、私立学校（国・公立学校は対象外）のうち私立学校法の規定により設立される法人で、財団法人の性格を有するとされる。設立にあたっては寄附行為を作成し、所轄庁（文部科学大臣もしくは都道府県知事）の認可を受け、主たる事務所の所在地において設立の登記をすることにより成立する。

② 学校法人は5人以上の理事と2人以上の監事を置き、理事のうち1人が寄附行為の定めにより理事長となる。また、学校法人の運営に教職員や卒業生等の意見を取り入れるため評議員会が置かれる。

③ 学校法人の目的の範囲は寄附行為で定められ、非営利性が原則であるが、一定の条件付きで収益事業を行うことが認められる。

④ 学校法人との取引では、借入れや重要な資産の処分等について理事会・評議員会の議決を要する場合が多く、理事会議事録・評議員会議事録（写し）等を入手して取引の有効性を確認することが必要である。

━━━━━━━━━━━━━ 解　説 ━━━━━━━━━━━━━

## 1　成立と存続

　学校法人は私立学校法の規定により設立される法人で、私立学校、私立専修学校等がある。設立にあたっては、設立を目的とする寄附行為を作成し、所轄庁（大学・高等専門学校は文部科学大臣、その他は都道府県知事）の認可を受け、主たる事務所の所在地において設立の登記をすることにより成立する（私立学校法30条、31条、33条）。なお、学校法人は、専修学校や各種学校も設置することができる（同法64条2項）。学校法人との取引にあたっては、登記事項証明書でその成立と存続を確認する必要がある。

## 2　機関と代表者

　学校法人には役員として理事5人以上と監事2人以上が置かれ、理事のうち1人は寄附行為の定めるところにより理事長となる（私立学校法35条）。理事長は、学校法人の業務を総理する。各理事はすべての業務について学校法人を代表するが、理事長以外の理事は寄附行為で代表権の制限を加えることが可能であり（同法37条）、実際に制限されているのが一般的である。代表権の範囲・制限に関する定めがあるときは登記される（組合等登記令2条2項6号）。

　学校法人には理事会と評議員会が置かれる。理事会は、学校法人の業務を決し、理事の職務の執行を監督する（私立学校法36条）。理事長は、予算、借入金（会計年度内の収入をもって償還する一時の借入金を除く）および重要な資産の処分や担保提供、その他学校法人の業務に関する重要事項で寄附行為をもって定めるもの等については、あらかじめ評議員会の意見を聴かなければならない（同法42条1項）。また、寄附行為をもってこれらの事項を評議員会の議決を要するものとすることもできる（同法42条2項）。実際に寄附行為で評議員会の議決を要すると定めている学校法人が多い。

## 3　目的と事業

　学校法人の目的は寄附行為に定められ、学校の設置と運営という本来の教育事業のほか、その設置する私立学校の教育に支障のないかぎり収益事業を

行うことができるが、そこから得られる収益は私立学校の経営に充てる必要がある。収益事業を行う場合には、収益事業の種類その他事業に関する規定を寄附行為に記載し、登記する必要がある（私立学校法26条）。事業の種類は、所轄庁が定めて公告することとされ（同条）、文部科学省の告示（平成12年文部科学省告示40号）によれば、投機的なもの、風俗営業等は禁止されている。

## 4 取引上の注意点

　学校法人との取引にあたっては、借入れ等の債務負担行為については、寄附行為等の制限により理事長単独では行えない場合が多いので、登記事項証明書、寄附行為、理事長の印鑑登録証明書を求め、具体的取引が寄附行為等でどのように定められているか確認する。それに応じて理事会・評議員会議事録（写し）、またはそれらについての確認書等を求める。場合によっては、目的の範囲との関連性や認められる事業であることについて説明や確認を求めることも必要である。借入れや保証、担保提供行為については、評議員会の議決を要するとしている学校法人が多いことに注意が必要である。

　学校法人の理事長が寄附行為に定める手続を行わずにした借入れについて、改正前私立学校法49条の規定により、理事の代表権に加えた制限は善意の第三者に対抗することができないという改正前民法54条の規定を準用して有効とした原審判断を是認した判例があるが（最判昭58.6.21金法1043号92頁）、平成16年の私立学校法改正によって、同条の準用規定は削除されており、理事の代表権の制限が登記された場合には、その制限を善意の第三者にも対抗できるので、金融機関としては慎重な対応が必要である。

　なお、理事長は、学校法人と利益が相反する取引については代表権を有しない。他に学校法人を代表する理事がいる場合はその理事と取引すればよいが、通常、理事長以外の理事は代表権を制限されているので、その際は所轄庁が選任した特別代理人を相手に行うことになる（私立学校法40条の4）。

## 94 国立大学法人と取引するには、どのような注意をすればよいか

### 結　論

① 国立大学法人は、国立大学法人法に基づき国立大学を設置することを目的として設立される法人である。
② 国立大学法人との取引では、重要な財産の譲渡や担保提供、借入れについて役員会の審議を経て文部科学大臣の認可を要するとされているので、融資取引等の与信取引に当たってはその有効性を確認するために、それらの審議や認可があったことを確認することが必要である。

### 解　説

#### 1　設　立

国立大学法人は、国立大学法人法に基づき国立大学の設置・運営を目的として設立される法人である（国立大学法人法2条、6条）。従来の国立大学が大学改革の一環として法人化されたものである。独立行政法人制度と同様の枠組みを用いて、国が責任をもつべき高等教育や学術研究について、国が必要な財政措置を行いながら、法人化した大学の実際の運営を任せることで大学の活性化を図っている。なお、国立大学法人以外の法人は、国立大学法人という名称を使うことはできない。

#### 2　代　表

役員は、学長と監事2人、および各国立大学法人に定められた員数（2～8名）以内の理事が置かれる（国立大学法人法10条）。学長は、国立大学法人を代表し、その業務を総理する（同法11条）。学長の任命は文部科学大臣が行うが、その任命は学長選考委員会の選考に基づく国立大学法人からの申出をまって行われる。

理事は学長が任命するが、現にその国立大学法人の役職者ではない者（部外者）を含む必要がある（同法13条・14条）。監事は文部科学大臣が任命する（同法12条8項）。

学長および理事は、役員会を構成し、中期目標（国立大学法人が達成すべき業務運営に関する目標）についての意見および年度計画に関する事項、文部科学大臣の認可または承認を受けなければならない事項、予算の作成および執行ならびに決算に関する事項等の一定の重要事項について、学長が決定するときには、その審議を経なければならない（同法11条）。さらに、国立大学法人の経営面の運営組織として、学長、学長が指名する理事・職員、および学外有識者から構成される経営協議会が置かれる。経営協議会は、国立大学法人の経営に関する重要事項を審議し、中期目標、中期計画および年度計画についての意見に関する事項のうち経営に関するもの、予算の作成および執行ならびに決算に関する事項について審議する（同法20条）。

## 3　目的と事業

国立大学法人の業務は、国立大学を設置し運営すること、学生に対し修学、進路選択および心身の健康等に関する相談その他の援助を行うこと、国立大学における研究の成果を普及しその活用を促進すること、国立大学における技術に関する研究の成果の活用を促進する事業であって政令で定めるものを実施する者に出資することなどが認められている。ただし、研究の成果の活用を促進する事業に出資するにあたっては、文部科学大臣の認可を得なければならない。

## 4　取引上の注意

国立大学法人との取引にあたっては、学長ないし学長から権限を委譲された者と行うことになる。学長については、登記事項証明書および印鑑登録証明書で確認することができる。

重要な財産を譲渡しまたは担保に供すること、借入れ等の債務負担行為については役員会の審議ならびに文部科学大臣の認可が必要なので注意する（国立大学法人法施行規則18条、23条）。一定の土地の取得、施設の設置もしくは整備または設備の設置に必要な費用に充てるため、文部科学大臣の認可を受けて長期借入金をし、債券（いわゆる学校債）を発行することができると定められている（国立大学法人法33条）。附属病院等の施設整備の財源とする

ため長期借入金が可能とされているものである。借入期間については、それぞれ土地に関しては15年以内、施設に関しては25年以内、設備に関しては10年以内と限られているので、注意が必要である（同規則21条）。なお、短期借入れについても文部科学大臣の認可が必要である。したがって、融資取引等の与信取引や不動産取引を行う場合には、役員会の審議を経て、文部科学大臣の認可を得ているか確認する必要がある。また、国立大学法人は、金融商品取引に関しては一般投資家と考えられるので、デリバティブ等のリスク商品を勧誘販売する際は、登録金融機関として求められる説明義務や書面交付義務を適切に履行する必要があるほか、適合性の原則を遵守し、国立大学法人の財産状況や運用ニーズに応じた取引を行う必要がある。

## 95 社会福祉法人と取引をする場合、どのような点に注意して手続をするか

**結　論**

① 社会福祉法人は、社会福祉法の規定により設立される法人で、設立にあたっては定款を作成し、所轄庁（都道府県知事または厚生労働大臣）の認可を受け、主たる事務所の所在地において設立の登記をすることにより成立する。

② 社会福祉法人には3人以上の理事を置き、各理事が代表権を有するが、定款をもって代表権の制限をすることができ、登記される。また、重要事項は評議員会の議決により行う旨の制限を加えることが多い。

③ 業務の目的は他の非営利法人と同じく厳格に解釈されるが、一定の規準により公益事業や収益事業を行うことができる。社会福祉法人との取引にあたっては、登記事項証明書によってその成立と存続を確認するとともに、定款、理事の印鑑登録証明書、理事会・評議員会の議事録（写し）等を必要に応じて徴求し、代表権の有無や重要事項の議決の有無の確認をする必要がある。

― 解　説 ―

## 1　成立と存続

　社会福祉法人は、救護施設、更生施設、児童養護施設、養護老人ホーム、母子福祉施設等の施設を経営する等の社会福祉事業を行うことを目的として、社会福祉法の規定により設立される法人で（社会福祉法22条）、社会福祉法人以外の者はその名称中に「社会福祉法人」またはこれに紛らわしい文字を用いてはならないとされている（同法23条）。法人の設立にあたっては、定款を作成し、所轄庁（基本的には都道府県知事。一部は指定都市の長または中核市の長。事業が2以上の都道府県にわたる場合は厚生労働大臣）の認可を受け、主たる事務所の所在地において設立の登記をすることによって成立する（同法30～32条、34条）。したがって、社会福祉法人との取引に際しては、まず登記事項証明書によってその成立と存続を確認する必要がある。

## 2　目的と事業

　社会福祉法人は、本来の事業のほか経営する社会福祉事業に支障がない限り、公益事業や収益事業を行うことができる。ただし、収益事業による収益は社会福祉事業または公益事業の経営に充てる必要があり、これらの会計は社会福祉事業に関する会計から区分し、特別の会計として経理しなければならない（社会福祉法26条）。公益事業や収益事業を営む場合、その種類は定款に記載することが必要とされているので、融資取引に際しては、その資金使途が目的の範囲内にあることの確認が必要である。

## 3　機関と代表者

　社会福祉法人は役員として3人以上の理事と1人以上の監事を置かなければならない（社会福祉法36条）。各理事は法人のすべての業務執行について各々代表権を有するが、定款をもってその代表権を制限することが可能である（同法38条ただし書）。社会福祉法では理事の代表権に加えた制限が善意の第三者にも対抗できることから、代表権の制限は登記事項となっている（組合等登記令2条2項4号・6号）。代表権の有無は登記事項証明書により、さらに念のため定款により確認しておくべきである。法人の業務の決定は、定

款に別段の定めがないかぎり理事の過半数により決し（社会福祉法39条）、さらに業務に関する借入れや保証、処分や担保設定等の重要事項は、定款をもって評議員会の議決を要すると定めることもできる（同法42条3項）。この定めがある場合は、該当する取引を行う際には理事会や評議員会の議決がなされていることの確認が必要となる。

### 4　取引上の注意

社会福祉法人との取引に際しては、登記事項証明書、定款、理事の印鑑登録証明書および理事会・評議員会の議事録（写し）等を入手し、代表権の有無やその制限、重要事項の内容と議決の有無を確認し、取引の有効性を確認する必要がある。また、社会福祉法人の基本財産を処分したり担保提供する場合は、定款で所轄庁の承認が必要とされているので、その承認書（写し）の提出を受ける必要がある。

なお、理事は、社会福祉法人との利益が相反する取引については、代表権を有しない。その場合は、利害関係人の請求または職権によって所轄庁が選任した特別代理人を相手に取引する（社会福祉法39条の4）。

## 96　宗教法人と取引をする場合、どのような点に注意して手続をするか

**結　論**

① 宗教法人は、宗教団体が宗教法人法の規定に基づき規則を作成し、その規則について所轄庁（都道府県知事もしくは文部科学大臣）の認証を受け、主たる事務所の所在地において設立の登記をすることにより成立する。営利を目的としない非営利団体であり、公益事業を行うことができる公益法人の一つである。

② 宗教法人には3人以上の責任役員が置かれ、そのうちの1人が代表役員となる。代表役員は宗教法人を代表しその事務を総理する。なお、登記されるのは代表役員のみである。

③ 宗教法人の目的の範囲は規則で定められるが、本来の宗教活動のほか公

益事業や、目的に反しない程度の公益事業以外の事業を行うことができる。
④　宗教法人が借入れまたは保証したり、不動産または重要な財産を処分または担保に提供したりする場合には、代表役員単独ではできず、責任役員会の決議および信者その他の利害関係人に対する公告の手続が必要である。
⑤　宗教法人との取引に際しては、登記事項証明書、規則、代表役員の印鑑登録証明書、責任役員会議事録（写し）、公告の事実確認のための資料等を必要に応じて求める。特に与信取引では借入れの資金使途が目的の範囲内であることの確認が必要であり、その会計年度内の一時的借入れを除く借入れ、保証、不動産または重要な財産の処分・担保提供等は代表役員単独ではできないことに注意を要する。

― 解　説 ―

## 1　成立と存続

　宗教法人は、宗教団体が礼拝の施設等を所有し、その維持その他の目的達成のための業務および事業を行うことの権利能力（法人格）を宗教法人法によって与えられたものである（宗教法人法1条1項）。設立にあたっては、規則（他の公益法人の定款に当たる）を作成し、所轄庁（主たる事務所の所在地の都道府県知事。他の都道府県内に境内建物を備えたり、同地にある宗教法人を包括する等の場合は文部科学大臣）の認証を受け（同法5条、12条）、主たる事務所の所在地において設立の登記をすることによって成立する（同法52条）。

## 2　機関と代表者

　宗教法人には3人以上の責任役員が置かれ、そのうちの1人が代表役員となる（宗教法人法18条1項）。代表役員は、規則に別段の定めがなければ、責任役員の互選によって選任され（同条2項）、宗教法人を代表しその事務を総理する（同条3項）。登記は代表役員のみで、他の責任役員は登記されない（同法52条2項）。宗教法人の事務は、規則に別段の定めがなければ責任役員の定数の過半数で決することとされている（同法19条）。なお、代表役員または責任役員が死亡その他の事由によりかけた場合において、すみやかにその後任者を選任できないとき、または病気その他の事由により3カ月以上

その職務を行うことができないときは、規則の定めるところにより代務者が選任されなければならない（同法20条）。

## 3　目的と事業

　宗教法人の目的の範囲は規則で定められるが、営利法人に比べて狭く解釈されているので注意を要する。なお、宗教法人は、本来の宗教活動のほか、公益事業やその目的に反しない限りにおいて公益事業以外の事業を行うことができるが、そこで生じた収益はその宗教法人または関係のある宗教法人もしくは公益事業のために使用しなければならない（宗教法人法6条）。

## 4　取引上の注意点

　宗教法人がその会計年度内の収入で償還する一時の借入れを除く長期借入れや、保証、不動産または財産目録に掲げる宝物等を処分または担保提供する行為は、代表役員単独ではできず、規則の定める手続（定めのない場合は責任役員の定員の過半数の同意）のほか、その行為の少なくとも1カ月前に信者その他の利害関係人に対し、その行為の要旨を示して公告の手続をしなければならない（宗教法人法23条）。これに反してなされた境内建物、境内地である不動産および財産目録に掲げる宝物の処分行為は無効とされる（同法24条）。

　したがって、宗教法人との取引に際しては、その成立および存続（法人格）、目的の範囲、代表役員、事務の決定等について、登記事項証明書、規則、代表役員の印鑑登録証明書、責任役員会議事録（写し）等により確認することが必要である。特に与信取引やそれに伴う担保・保証取引等を行うにあたっては、その融資取引の資金使途が規則に定められた事業目的の範囲内にあること、責任役員会議事録（写し）等により責任役員会の承認決議があること、公告を要する場合は、公告証明書、公告現場の写真、公告文（写し）等により公告がなされていることなどを確認し、有効な取引であることを確認する必要がある。また、規則においてこれらの行為について包括宗教団体の承認を要する旨定めてある場合には、その包括宗教団体の承認書（写し）により確認する必要がある。

なお、代表役員は、宗教法人と利益が相反する取引については代表権を有しない。その場合には、規則の定めるところにより仮代表役員の選任を求め、同人と取引する必要がある（同法21条）。仮代表役員を相手とする場合には、その選任を確認できる資料およびその印鑑登録証明書の提出を求めることが必要である。

## 97 中小企業等協同組合と取引するには、どのような注意をすればよいか

**結　論**

① 中小企業等協同組合は、中小企業等協同組合法に基づき、行政庁の認可を受けて設立される法人であって、主たる事務所の所在地において設立の登記をすることにより成立する。
② 組合の目的の範囲については、厳格に解して対処するべきである。
③ 代表者は代表理事である。また、組合は、理事会の決議により、参事および会計主任を選任し、その主たる事務所または従たる事務所において、その業務を行わせることができる。預金取引等はこれらの者と行ってもさしつかえない。
④ 理事会は、組合の業務執行を決定する。
⑤ 取引に際しては、定款、登記事項証明書、代表理事の印鑑登録証明書のほか、必要に応じて理事会や総会の議事録（写し）、規約等の提出を求める。
⑥ 理事と組合との取引（自己取引）・利益相反取引については、理事会の承認が必要である。

**解　説**

### 1　中小企業等協同組合の設立と特徴

中小企業等協同組合は、中小規模の商業、工業、鉱業、運送業、サービス業その他の事業を行う者、勤労者その他の者が相互扶助の精神に基づき協同して事業を行うための法人であり、行政庁の設立認可を得て、主たる事務所の所在地において設立の登記をすることにより成立する（中小企業等協同組

合法1条、4条、27条の2、30条)。所轄行政庁は、事業の所管大臣、都道府県知事など、組合の種別に応じて異なる（同法111条）。

　中小企業等協同組合には、事業協同組合、事業協同小組合、火災共済協同組合、信用協同組合、協同組合連合会、企業組合がある（同法3条）。

## 2　目的の範囲

　判例は、非営利法人の目的の範囲についても次第に緩やかに解する傾向にあり、学説もこれに賛成するものが多いが、営利法人である会社と同一の線までには至っていない。

　よって、実務としては、概して小規模の事業者である組合員の事業を助成することを目的としている協同組合の特殊性を考慮したうえで、定款所定の事業の遂行のため必要かどうかを厳格に判断すべきである。

　中小企業同組合の事業は列挙されている（同法9条の2）。金融機関との取引としては、預金のほか、組合員への貸与資金その借入れおよび組合員の定款で定める金融機関への債務の保証等が考えられるが、組合の行う事業として定款に記載されていることの確認を怠ってはならない。なお、定款の細則的なものとして規約が定められていることがある（同法34条）ので、定款のほか規約もチェックする必要がある。

　信用協同組合は、有価証券の売買を行うことができる（同法9条の8第2項7号）。なお、信用協同組合は、金融庁長官に届出を行って適格機関投資家となることができる。また、全国信用協同組合連合会は適格機関投資家である（定義府令10条9号）。

## 3　代 表 者

　中小企業等協同組合は、役員としては理事3人以上、監事1人以上を置く（中小企業等協同組合法35条1項・2項）。組合の業務の執行は理事会で決し（同法36条の5）、理事会の決議をもって選定された代表理事が組合を代表し、それに制限を加えても善意の第三者には対抗できない（同法36条の8、一般社団財団法人法78条、会社法354条）。なお、従来あった共同代表の規定は、会社法制定に伴い廃止された。代表理事の氏名・住所は登記事項である（中小

企業等協同組合法84条2項7号）ので、登記事項証明書で確認する。なお、代表理事以外の理事および監事は登記されない。

　参事、会計主任　理事会によって、参事、会計主任を選任することができる（同法44条1項）。

　参事は、組合の主たる事務所または従たる事務所において事業に関するいっさいの裁判上または裁判外の行為を行う権限を有する（同条2項、会社法11条1項）。また参事の代理権に加えた制限は、善意の第三者に対抗できない（中小企業等協同組合法44条2項、会社法11条3項）。なお、参事は登記事項である（中小企業等協同組合法88条）。会計主任の権限について法は何の規定も設けていないが、会計事務の担当者である。

　預金取引は参事、会計主任と行ってもよい。与信取引も参事と行うことは可能であるが、実務としては代表理事を相手として取引すべきであろう。

### 4　自己契約・利益相反取引

　理事（代表理事に限られない）は、自己または第三者のために組合と取引をしようとするとき、組合が理事の債務を保証することその他理事以外の者との間において組合と当該理事との利益が相反する取引をしようとするときは、理事会において、当該取引について重要な事実を開示し、その承認を得なければならない（中小企業等協同組合法38条）。

### 5　総会・総代会

　組合は、定款の定めるところにより、毎事業年度に1回総会を招集しなければならない（中小企業等協同組合法46条）。定款の変更、規約等の設定・変更・廃止、毎事業年度の収支予算および事業計画の設定・変更等は総会の決議によらなければならず、特に定款の変更、組合の解散または合併、事業の全部譲渡等は、特別多数（組合員の半数以上の出席、議決権の3分の2以上の賛成）による議決が必要である（同法53条）。

　組合員の総数が200人を超える組合（企業組合を除く）は、定款の定めに従って、総会にかわる総代会を設けることができる（同法55条1項）。総代会は、原則として総会の決議事項の決議を行うことができるが、総代の選挙、

組合の解散または合併、事業の全部譲渡については、総会の議決が必要である（同条6項・7項、53条）。

## 98 農業協同組合と取引するには、どのような注意をすればよいか

**結　論**

① 農業協同組合は、農業協同組合法に基づき、行政庁の認可を受けて設立される法人であって、主たる事務所の所在地において設立の登記をすることにより成立する。

② 組合の目的の範囲は、厳格に解釈して、定款所定の事業に制限されるものとして扱うべきである。

③ 代表者は、代表理事である。また、組合は、理事会の決議により、参事および会計主任を選任し、その主たる事務所または従たる事務所において、その業務を行わせることができる。参事は、会社法の支配人の規定が準用される。

④ 理事会は（法令の定めにより、または任意に、定款で経営管理委員を置いた場合は経営管理委員会が）、組合の業務執行を決定する。

⑤ 取引に際しては、定款、規約、理事会、経営管理委員会の決議録（写し）、登記事項証明書、代表理事の印鑑登録証明書等を求めて借入れの正当性等を確認する。

⑥ 理事と組合との取引（自己取引）は理事会（経営管理委員を置いた場合は経営管理委員会）の承認が必要である。

**解　説**

### 1　農業協同組合とは

農業協同組合は、農業者の協同組織として、農業協同組合法に基づき設立される法人であり（農業協同組合法5条）、行政庁の設立認可を受けて（同法59条、98条1項・2項）、主たる事務所の所在地において設立の登記をすることにより成立する（同法63条1項）。所轄行政庁は、都道府県の区域を超える

区域を地区とする組合ならびに都道府県の区域を地区とする農業協同組合連合会については主務大臣、その他の組合については都道府県知事である（同法98条）。

農業協同組合（主として個々の農民を組合員とする）のほかに農業協同組合連合会（主として組合を会員とする）および農事組合法人（主として農民、組合を組合員とする）がある（同法12条）。総称して組合と称される（同法5条）。農業協同組合は、組合員のためにする農業の経営および技術の向上に関する指導、組合員の事業または生活に必要な資金の貸付、物資の供給、組合員の貯金または定期積金の受入れ、共同利用施設の設置等の事業（同法10条）を行うことを目的としている。

農業協同組合は、中間的な法人で、中小企業等協同組合法に基づく協同組合に近いとされている。しかし、農業協同組合はその行う事業によってその組合員および会員のために最大の奉仕をすることを目的とし、営利を目的としてその事業を行ってはならないとされている（同法8条）。

よって、実務としては、農業協同組合の特殊性を考慮したうえで、定款所定の事業の遂行のため必要かどうかを厳格に判断すべきである。

## 2 農業協同組合の事業

農業協同組合の事業は列挙されている（農業協同組合法10条）。

農業協同組合のうち、組合員の貯金または定期積金の受入れ（信用事業）を行う組合は、組合員のために、手形の割引、為替取引、債務の保証または手形の引受け、有価証券の売買などを行うことができる（同条6項）。

信用事業を行う農業協同組合は、信用事業規程に、信用事業の種類および事業の実施方法を定めて、行政庁の認可を得ることとされている（同法11条）。

組合員以外の者の債務の保証（員外保証）については、原則として組合の目的に含まれないとして無効とする厳格な取扱いとされているので、農業協同組合の保証を受けるときは、債務者が組合員であること、ならびに組合員の債務の保証（員内保証）であっても、組合の適正な手続を経て行われていることを確認すべきである。

なお、業として預金または貯金の受入れをすることができる農業協同組合のうち金融庁長官が指定する者（金商法2条定義府令10条15号、同条ただし書後段）および業として預金もしくは貯金の受入れをすることができる農業協同組合連合会（同条9号）は、適格機関投資家である。

信用事業・共済事業を行う組合については、別に詳細な規定がある（農業協同組合法11条以下）。

## 3 代表者

農業協同組合は、役員として、理事（定数5人以上）および監事（定数2人以上）を置く（同法30条1項・2項）。定款のほか、総会、業務執行、役員等に関する定めについて規約が設けられる場合があり、役員は、定款・規約に定めるところにより選任される（同法28条1項、29条、30条4項）。

組合の業務の執行は、理事会が（経営管理委員を置いた場合は経営管理委員会が決定するところに従い）決し（同法32条）、理事会の決議をもって選任された代表理事が代表権を行使する（同法35条の3）。なお、従前の共同代表の規定は会社法制定に伴い廃止された。

代表理事の氏名・住所は登記事項である（同法74条2項5号）。監事および代表理事以外の理事は登記事項ではない。

理事会の決議により選任された参事および会計主任により業務が行われることがある（同法41条1項・2項）。

なお、参事は、会社法の支配人の規定が準用されており、組合の事業に関するいっさいの裁判上・裁判外の行為をなす権限を有する（農業協同組合法41条3項、会社法11条1項）。また、参事の代表権に加えた制限は善意の第三者には対抗できない（農業協同組合法41条3項、会社法11条3項）。参事については、表見支配人の規定も準用される（農業協同組合法41条3項、会社法13条）。参事の氏名・住所は登記事項である（農業協同組合法41条3項、商業登記法44条）。理事会は、理事の職務の執行を監督する（農業協同組合法32条）。

## 4 自己契約

理事と組合との自己契約に当たる取引については、理事会（経営管理委員

を置いた場合は経営管理委員会）の承認を受けた場合に限り、行うことができる（同法35条の2第2項）。

### 5　経営管理委員会

組合は、定款の定めるところにより、役員として、理事および監事のほか、経営管理委員（定数5人以上）を置くことができる（農業協同組合法30条の2。その場合の理事の定数は3人以上）。経営管理委員を置く組合は、経営管理委員会を置かなければならない（同法34条1項）。経営管理委員会は、法定事項のほか組合の業務の基本方針の決定、重要な財産の取得および処分その他の定款で定める組合の業務執行に関する重要事項を決定する（同法34条3項）。

### 6　農事組合法人

農事組合法人は、主として農民、組合を組合員とする（農業協同組合法72条の10）。農事組合法人は組合員の農業生産についての協業を図ることにより共同の利益を増進することを目的とするものであり（同法72条の3）、課税上の特例を受けるものとなっている（同法72条の6）。

## 99　消費生活協同組合と取引するには、どのような注意をすればよいか

**結　論**

①消費生活協同組合は、消費生活協同組合法の規定に基づき、行政庁の認可を受けて設立される法人で主たる事務所の所在地において設立の登記をすることによって成立する。
②組合は代表理事が代表する。
③組合の目的範囲については定款所定の事業を厳格に解釈する。
④理事と組合との自己契約、利益相反取引を行うには理事会の承認を要する。

─── 解　説 ───

## 1　消費生活協同組合とは

　消費生活協同組合は、一定の地域または職域の者が、物資の供給、協同施設の設置などを通じて生活の向上を期することを目的とする協同組合である（消費生活協同組合法1条、2条、10条）。なお、消費生活協同組合法は平成19年に大幅な改正が行われている。

## 2　設　立

　消費生活協同組合は、消費生活協同組合法に基づき設立される法人であって（消費生活協同組合法4条）、行政庁（厚生労働大臣、都道府県知事）の認可を受けて（同法57条、58条、97条）、主たる事務所の所在地において、設立の登記をすることによって成立する（同法61条）。

## 3　代表者・機関

　組合は、役員として、理事（定数5人以上）および監事（定数2人以上）を置く（消費生活協同組合法27条）。役員は、定款の定めるところにより総会（設立当時は創立総会）において選任される（同法28条1項）。

　組合は、理事会を置かなければならず、組合の業務執行は、理事会が決定する（同法30条の4）。理事会は、理事のなかから組合を代表する理事（代表理事）を選定する。代表理事は、組合の業務に関するいっさいの裁判上または裁判外の行為をする権限を有する（同法30条の9）。代表権を有する者の氏名、住所は登記事項である（同法74条2項5号）。

　毎事業年度に1回、総会を招集しなければならない（同法34条）。総会は定款の変更、規約の設定・変更および廃止、組合の解散および合併、毎事業年度の事業計画の設定および変更、その他定款で定める事項等の重要事項の議決を行う（同法40条1項）。特に、定款の変更、組合の解散および合併、事業の全部譲渡等については、特別多数（総組合員の半数以上の出席、議決権の3分の2以上の賛成）による議決を要する（同法42条）。なお、改正前の消費生活協同組合法では、借入金額の最高限度が総会の決議事項とされていたが、改正法では削除された。

なお、500人以上の組合員を有する組合は、定款の定めるところにより、総会にかわる総代会（総代は組合員のうちから選出される）を設けることができる。総代会は総会にかわり、組合の重要事項について議決を行う（同法47条）。

### 4　目的の範囲

組合は、その行う事業によって、その組合員に最大の奉仕をすることを目的とし、営利を目的としてその事業を行ってはならない（最大奉仕の原則）とされている（消費生活協同組合法9条）。もっとも判例は、非営利法人の各種の協同組合の目的の範囲についても、次第に広く解釈する傾向にある（最判昭45.7.2民集24巻7号731頁）。しかし、実務上は、当該借入行為が組合にとって定款所定の事業遂行のために必要な行為かどうかを厳格に解釈し、借入金の使途等を確認すべきである。

また、組合の事業執行に関し、運営上重要な事項は、定款で定めなければならない事項を除いて、規約で定めることができる（同法26条、26条の2）こととなっているので、定款の細則として規約等が定められているときは、その内容も確認する。

### 5　自己契約・利益相反取引

理事が自己または第三者のために組合と取引をしようとするとき、組合が理事の債務を保証することその他理事以外の者との間において組合と当該理事との利益が相反する取引をしようとするときは、理事会において当該取引の重要事実を開示し、その承認を受けなければならない（消費生活協同組合法31条の2）。

### 6　取引上の留意点

消費生活協同組合は以上のような特徴を有するので、取引にあたっては、登記事項証明書、定款、規約、理事会、総会または総代会議事録の写し等の提出を受けて、代表権の有無、範囲等を確認する。

## 100 水産業協同組合と取引するには、どのような注意をすればよいか

### 結　論

① 水産業協同組合は、水産業協同組合法に基づき、行政庁の認可を受けて設立される法人であって、主たる事務所の所在地において設立の登記をすることにより成立する。

② 組合の目的の範囲は、厳格に解釈して、定款所定の事業に制限されるものとして扱うべきである。

③ 水産業協同組合のうち、漁業協同組合については、代表機関は代表理事であり、理事会の決議によって参事および会計主任を選任することができる。参事は、会社法の支配人の規定が準用される。

④ 理事会は（法令の定めにより、または任意に、定款で経営管理委員を置いた場合は経営管理委員会が）、組合の業務執行を決し、理事の職務の執行を監督する。

⑤ 毎事業年度内の借入金の最高限度額が総会の議決事項であること、漁業権またはこれに関する物権の設定等には総会の特別議決が必要であること等に留意する。

⑥ 取引に際しては、定款、規約、理事会、経営管理委員会の決議録（写し）、登記事項証明書、代表理事の印鑑登録証明書等を求めて借入れの正当性等を確認する。

⑦ 理事と組合との取引（自己取引）については理事会（経営管理委員を置いた場合は経営管理委員会）の承認が必要である。

### 解　説

1　水産業協同組合とは

　水産業協同組合は、水産業協同組合法に基づいて設立される法人で（水産業協同組合法5条）、漁業協同組合、漁業生産組合および漁業協同組合連合会、水産加工業協同組合および水産加工業協同組合連合会ならびに共済水産業協同組合がある（同法2条）。組合の種類によって、組織、機関、代表者等の

第4節　各種法人との取引　239

規定が異なるが、ここでは、このうち漁業協同組合について解説する。

## 2 設　立

　漁業協同組合は、行政庁（原則として都道府県知事または農林水産大臣。貯金の受入れ等を行う場合は農林水産大臣および内閣総理大臣。水産業協同組合法127条）の認可を受け、主たる事務所の所在地において設立の登記をすることにより成立する（同法63条、64条、67条）。

## 3 目的の範囲

　漁業協同組合は、中間法人とされるが、その行う事業によってその組合員または会員のために直接の奉仕をすることを目的とするとされている（水産業協同組合法4条）。

　よって、実務としては、漁業協同組合の特殊性を考慮したうえで、定款所定の事業の遂行のため必要かどうかを厳格に判断すべきである。

　漁業協同組合の事業は列挙されている（同法11条）。

　漁業協同組合のうち、組合員の貯金または定期積金の受入れ（信用事業）を行う組合は、組合員のために、手形の割引、為替取引、債務の保証または手形の引受け、有価証券の売買などの信用事業を行うことができる（同条3項）。

　信用事業を行う漁業協同組合は、信用事業規程に、信用事業の種類および事業の実施方法を定めて、行政庁の認可を得ることとされている（同法11条の4）。

　組合員以外の者の債務の保証（員外保証）については、原則として組合の目的に含まれないとして無効とする厳格な取扱いとされているので、漁業協同組合の保証を受けるときは、債務者が組合員であること、ならびに組合員の債務の保証（員内保証）であっても、組合の適正な手続を経て行われていることを確認すべきである。

　なお、業として預金または貯金の受入れをすることができる漁業協同組合連合会のうち金融庁長官が指定する者（同法10条15号、同条ただし書後段）および業として共済に関する施設の事業をすることができる共済水産業協同組

合連合会（同条9号）は、適格機関投資家である。

　信用事業・共済事業を行う組合については、別に詳細な規定がある（同法11条の3以下）。

### 4　代表者・機関等

　組合は、役員として、理事（定数5人以上）および監事（定数2人以上）を置き（水産業協同組合法34条）、すべての理事で構成する理事会を置かなければならない。理事会は、組合の業務執行を決し、理事の職務の遂行を監督し（同法36条）、代表理事を定める。代表理事は組合の業務に関するいっさいの裁判上または裁判外の権限を有する（同法39条の3）。代表権を有する者の氏名、住所は登記事項である（同法101条2項7号）。なお、組合は役員として、理事、監事のほか、経営管理委員（定数5人以上）を置くことができる（同法34条の2）。経営管理委員で構成する経営管理委員会は、理事会にかわり、代表理事の選定等を行う。

　組合は、参事および会計主任を選任し、その業務を行わせることができる。参事については、会社法の支配人の規定が準用される（同法45条）。参事は登記事項である（同法105条）。

　毎事業年度に1回総会を招集し、定款の変更、規約、資源管理規程等の設定等、毎事業年度内における借入金の最高限度、漁業権またはこれに関する物権の設定等、漁業権行使規則等の制定等について議決を行う（同法48条）。特に定款の変更、漁業権またはこれに関する物権の設定等、漁業権行使規則等の制定等については、特別多数（原則として、総組合員の半数以上出席、議決権の3分の2以上の賛成）による議決を要する（同法50条）。なお、組合員が200人を超える組合は、定款の定めるところにより、総会にかわる総代会を設けることができ、その場合は総代会が総会にかわり重要事項を議決する（同法52条）。

　これらの事項は、定款で定めるほか、規約で定めることができる（同法32条、33条）。

## 5 自己契約

理事は、理事会または経営管理委員会の承認を受けた場合に限り、組合と契約する（自己契約）ことができる（水産業協同組合法39条の2第2項）。なお、理事の債務を組合が保証する場合等間接取引については、法律上の規定はないが、実務上は同様の取扱いをすべきであろう。

## 6 取引上の留意点

漁業協同組合は以上のような特徴を有するので、漁業協同組合との取引にあたっては、登記事項証明書のほか、定款、規約、総会、理事会、経営管理委員会等の議事録の写し等の提供を求めて確認する必要がある。融資取引では、特に毎事業年度内における借入金の最高限度が総会の議決事項になっていることに注意する。

## 101 労働組合と取引するには、どのような注意をすればよいか

### 結　論

① 労働組合法の規定に適合する旨の労働委員会の証明を受けた労働組合は、その主たる事務所の所在地において登記することによって、法人となることができる。
② 法人である労働組合の代表は「代表者」である。
③ 取引に際しては、登記事項証明書、組合規約、総会議事録、代表者の印鑑登録証明等の提出を求めて、代表権の有無等を確認する。

### 解　説

### 1 労働組合の法的性格

労働組合法上の「労働組合」とは、労働者が主体となって自主的に労働条件の維持改善その他経済的地位の向上を図ることを主たる目的として組織する団体またはその連合団体をいう。労働組合も法人となることができるが、実際には、法人格ある組合は少なく、多くの労働組合は法人格を有していな

いとされている（法人格のない労働組合との取引については、〔114〕参照）。

## 2　法人である労働組合

　労働組合法の規定に適合する旨の労働委員会の証明を受けた労働組合は、その主たる事務所の所在地において登記することによって、法人となることができる（労働組合法11条1項）。労働組合の根本規則は「規約」である（同法5条2項）。

## 3　代表者・機関

　法人である労働組合には、1人以上の代表者が置かれ（代表者の氏名、住所は登記事項である。労働組合法施行令3条4号）、複数の代表者がいる場合、労働組合の事務は原則として代表者の過半数で決める。

　代表者は、法人である労働組合のすべての事務について労働組合を代表する。ただし、規約の規定に反することはできず、また、総会の決議に従わなければならない（労働組合法12条の2）。法人である労働組合が代表者の債務を保証することその他代表者以外の者との間において法人である労働組合と利益が相反する事項については、代表者は代表権を有せず、裁判所の選任する特別代理人と取引を行わなければならない（同法12条の5）。もっとも、他に利益の相反しない代表者がいる場合には、その代表者と取引すればよいと解される。

## 4　法人である労働組合との取引上の留意点

　法人である労働組合は以上のような特徴を有するので、登記事項証明書のほか、規約、総会議事録の写し等により、代表者、代表権の有無等を確認する。融資については、資金使途について労働組合の目的と関連性を有するものであることの確認も必要であろう。

**102** 健康保険組合と取引するには、どのような注意をすればよいか

### 結　論

① 健康保険組合は、一定規模以上の事業所に使用されている一般従業員を対象とする医療保険事業を行っている公法人である。
② 登記はされないが、都道府県知事名義の資格証明書および印鑑証明書が発行されるので、これにより理事長の代表権限等を確認する。
③ 借入行為については法令による制限があるから、貸出取引にあたっては、法令や組合規約等の所定の手続の遵守を確認する。たとえば、理事会決議や組合会決議の会議録（写し）、監督庁の認可書（写し）等の提出を求める。

### 解　説

#### 1　健康保険組合とは

　健康保険組合とは、組合管掌健康保険の保険者として、本来政府が行うべき医療保険事業を代行する公的機関であり、組合員たる被保険者の業務外（業務上の災害については政府管掌の労災保険が適用される）の事由による疾病等に対して保険給付（組合員およびその被扶養者の疾病・負傷・死亡・分娩に対し療養の給付および療養費・埋葬料・出産費等の給付）を行う（健康保険法52条以下）。その保険料は事業主と被保険者が半分ずつ負担することになっている（同法161条）。

　なお、医療保険には、国民健康保険法、船員保険法、国家公務員・地方公務員等の各種共済組合法のほか、健康保険法によるものがある。健康保険法による医療保険（健康保険）の被保険者の範囲は同法に定められているが（同法31条以下）、一般民間企業の従業員のほとんどはその範囲内に含まれており、そのうち一定規模以上の事業所における健康保険は、各事業所の事業主および被保険者によって組織される各健康保険組合が管掌し（組合管掌健康保険：同法6条）、それによってカバーされない被保険者については、全国健康保険協会が管掌することになっている（全国健康保険協会管掌健康保険：同法5条）。

## 2　健康保険組合の設立

　健康保険組合は、一定数（健康保険法施行令では700人、2以上の事業主が共同して組合を設立する場合には合算で3,000人）以上の被保険者を使用する事業主が任意に設立する場合がほとんどであり（厚生労働大臣の命令による強制設立の場合もある）、事業主が組合員資格のある被用者の半数以上の同意を得て組合規約をつくり、厚生労働大臣の認可を受けることによって成立する（健康保険法8～15条）。そしていったん設立されると、その事業所の被保険者は当然その組合員となる（同法17条）。

　健康保険組合は、法人格を有する（同法9条）。公法人であるため登記はされないが、都道府県庁の健康保険組合台帳に記載され、その台帳は利害関係者はだれでも閲覧できることになっている。

　健康保険組合の代表者は理事長であるが（同法22条1項）、その氏名等もこの台帳に記載され、（法令上の明文はないが）その資格証明および印鑑証明も都道府県で行政サービスとして発行している。

　組合には議決機関として組合会（事業主および組合員により選定される議員によって構成される）が置かれ、予算・決算・予算以外の義務負担・重要財産処分・組合債等やその他重要事項について議決権を有する（同法18～20条）。また、役員として理事および監事が置かれ（同法21条1項・4項）、組合の事務は規約に別段の定めがある場合を除き理事の過半数をもって決する（同法22条2項）。また、理事長は理事のなかから選任される（同法21条3項）。

## 3　貸出取引上の注意点

　健康保険組合は、実際には大企業に設立されている場合が多いため、財政的に余裕のあるものが多いとされるが、健康保険組合は、公法人であるといっても、その資金使途が健康保険組合の目的の範囲内であれば、私法人と同様借入能力がないわけではない。たとえば、保険料収入と健康保険医療機関等への診療報酬支払に齟齬を生じたり、保養施設を建設したりする場合に、借入需要が生ずることは考えられる。健康保険組合は、支払上現金に不足を生じたときは、一時借入金を利用することができるが、当該会計年度内に返還しなければならない（健康保険法施行令21条）。また、組合債（長期借

入れ）にはこのほか厚生労働大臣の認可も要する（同法施行令22条）。さらに、重要な財産の処分についても厚生労働大臣の認可を要する（同法施行令23条）。

ただ、実際には厚生労働省は、組合債については民間銀行等からの借入れはいっさい認めない方針のようであり、一時借入金についても厳しい行政指導を行っているのが現状のようであるから、組合からそのような借入れの打診があった場合には、まず、監督官庁と十分協議するよう求めるべきである。そして、貸出実行にあたっては、理事会決議のほか、組合会決議を要するものはその会議録（写し）等により（さらに認可を要するものは認可書（写し）により）確認すべきであり、担保権の設定についても同様である。

なお、第三者の債務のための保証・担保提供は組合の一般に目的の範囲内とは考えがたいから求めるべきでない。

## 103　町内会等地縁団体と預金取引をする場合、どのような注意をすればよいか

**結　論**

　法人格を取得している地縁団体と預金取引を行う場合には、市町村長の発行する地縁団体の告示事項の証明書（台帳の写し）または認可地縁団体印鑑登録証明書の提出を受け、本人確認をしたうえで、その代表者を相手方として取引を行う。また、法人格を取得していない地縁団体と取引を行う場合には、その団体が権利能力なき社団、民法上の組合または単なる任意団体のどれに該当するかを確認のうえ、取引を行う。

―――― **解　説** ――――

### 1　地縁団体とは

　自治会、町内会といった地縁団体は、地方自治法に基づき、その区域の住民相互の連絡、環境の整備、集会施設の維持管理等良好な地域社会の維持および形成に資する地域的な共同活動を行うことを目的として、また、地域的な共同活動のための不動産または不動産に関する権利等を保有するため、市町村長の認可を受けることにより法人となることが可能である（地方自治法

260条の2第1項)。認可された地縁団体は、規約に定める目的の範囲内において、権利を有し、義務を負う。規約には、権利能力の範囲を明確にする程度に活動内容を記載すべきであるとされている。地縁団体は、地域的な共同活動のための土地建物、立木または登録を要する金融資産(国債、地方債、財投機関債等または社債)に関する権利等を保有する。

　総務省の調査では、平成20年現在全国で3万5,000ほどの地縁団体法人があるとされるが、その他の約25万団体は、法人と同様のルールで運営されている場合でも、いわゆる権利能力なき社団である。

## 2　法人格を取得した地縁団体との預金取引

　法人格を取得した地縁団体と預金取引を行う場合、その代表者を取引の相手方とする。

　ところで、市町村長が地縁団体を認可した場合、代表者の氏名および住所等一定の事項を告示するとともに、これらを記載した台帳を作成することになっており(地方自治法260条の2第10項、同法施行規則21条2項。なお、法人登記簿に登記されることはない)、だれでも市町村長に対し告示事項に関する証明書を請求することができることとされ(地方自治法260条の2第12項、同法施行規則21条1項)、この証明書の交付の請求をしたときは、末尾に原本と相違ない旨が記載された台帳の写しが交付されることになっている(同法施行規則21条2項)。また、認可された地縁団体の代表者は1人のみである(同法260条の5)。したがって、この証明書(台帳の写し)により地縁団体の代表者を確認することができる。

　一方、認可された地縁団体は市町村に印鑑を登録することが可能であり、また、印鑑登録を受ける資格を有する者は認可された地縁団体の代表者等に限られているので、市町村長から交付される認可地縁団体印鑑登録証明書によっても代表者の確認が可能である。

　なお、前述したように、地縁団体は法人格を取得していない場合でもその多くは法人と同様のルールで運営されており、いわゆる権利能力なき社団と位置づけられている。しかし、必ずしもそのすべてが権利能力なき社団としての要件を備えているとは限らず、なかには、民法上の組合あるいは単なる

任意団体とみなされるものもあると考えられる。したがって、法人格未取得の地縁団体と預金取引を行う場合には、その団体の性格を確認したうえで、〔114〕〔115〕〔116〕に述べるところに従って取引を行う。

## 104 監査法人と取引するには、どのような注意をすればよいか

**結論**

監査法人は、公認会計士法に基づく法人であって、主たる事務所の所在地において設立の登記をすることによって成立する。

監査法人には無限責任監査法人と有限責任監査法人とがある。

―――― **解説** ――――

### 1 監査法人の設立

監査法人制度は、公認会計士の独立性の維持向上と組織的監査の推進を図り、それによって公認会計士監査体制を万全にする目的で、昭和41年の公認会計士法の改正により設けられたものである。従来監査法人の設立には、行政庁の認可が必要であったが、現在は認可を要せず、行政庁には事後届出で足りる。

監査法人は、公認会計士法に基づき、公認会計士等により設立される法人であり（公認会計士法34条の2の2）、主たる事務所の所在地において設立の登記をすることによって成立する（同法34条の9）。監査法人が成立したときは2週間以内に登記事項証明書および定款の写しを添えて内閣総理大臣に提出しなければならない（同法34条の9の2）。監査法人の根本規則は定款である（同法34条の7）。

監査法人には、無限責任監査法人と有限責任監査法人とがある（同法34条の7第4項・5項）。有限責任監査法人は、その名称中に「有限責任」の文字を使用しなければならない（同法34条の3、同法施行規則18条）。

監査法人の社員は、公認会計士および公認会計士以外の者で登録を受けた者（以下「特定社員」という）により構成されるが、公認会計士が100分の75

以上の割合でなければならない（公認会計士法34条の4、同法施行規則19条）。

## 2　監査法人の代表者・機関・責任等の概要

　監査法人は、財務書類の監査・証明をすること（公認会計士法2条1項）および財務書類の調製・調査・財務相談をすること等（同条2項、34条の5）を業とする。前者の業務については、公認会計士である社員が各自監査法人を代表し、後者の業務については、すべての社員が各自監査法人を代表するが、各業務について監査法人を代表すべき社員を定めることができる。監査法人の代表社員は、監査法人の業務（特定社員については前者の業務を除く）に関するいっさいの裁判上または裁判外の行為をする権限を有する（同法34条の10の3）。代表者および社員は登記事項である（組合等登記令2条2項）。

　監査法人の各社員は、監査法人の財産でその債務を完済できないときは、各社員が連帯して弁済する責任を負う（公認会計士法34条の10の6第1項）。ただし、有限責任監査法人の社員は、出資額を限度として有限責任監査法人の債務の弁済責任を負うにとどまる（同法34条の10の6第7項）。

　監査法人の社員が、自己または第三者のために監査法人と取引をしようとするとき、監査法人が社員の債務を保証すること。その他社員以外の者との間において監査法人と当該社員との利益が相反する取引をしようとするときは、定款に別段の定めがある場合を除き、当該社員以外の社員の過半数の承認を受けなければならない（同法34条の22、会社法595条）。

## 3　監査法人との取引上の留意点

　現在の監査法人制度は、上記のような特徴があり、おおむね会社法の持分会社に類した構成となっている。したがって、監査法人との取引にあたっては、登記事項証明書および定款の写し等の提供を求め、監査法人の種類、代表者およびその権限、社員、責任等を確認する必要がある。

| 105 | 会計事務所との取引では、どのような注意をすればよいか |

**結　論**

① 公認会計士が業務を行っている事務所は、会計事務所という場合が多い。公認会計士の事務所は、特に名称が定められているわけではない。(税理士事務所で、従前から会計事務所との名称を使用しており、そのまま会計事務所という名称を使用しているものも多い（〔109〕参照）。
　法人化していない会計事務所は、単独の会計士が経営する事務所と複数の会計士による共同経営の事務所がある。
② 共同経営の会計事務所は民法上の組合として取り扱えばよいが、実際上は、代表する会計士個人との取引の場合も多い。

―――――――――――― 解　説 ――――――――――――

## 1　会計事務所とは

　公認会計士の事務所の名称について定めた法律はないが、会計事務所あるいは公認会計士事務所ということが多い。公認会計士となる資格を有する者が、公認会計士となるには、公認会計士名簿に、氏名、生年月日、事務所の名称、住所など法定の事項の登録を受けることとなっている。公認会計士の業務は1966年から監査法人が認められ、監査法人化が進んでいるが、現状でも、なお、多くの会計事務所がある。

## 2　会計事務所の経営

　法人化していない会計事務所の経営形態は、大別すると、単独の会計士が経営者となり、当該会計士のみでまたは1人もしくは複数の会計士を雇用して会計士職務を行う形態（以下「単独経営」という）と、複数の会計士が共同経営者となり、複数の会計士を雇用して会計士職務を行う形態（以下「共同経営」という）とがある。共同経営において共同経営者である会計士を一般にパートナーと呼ぶことが多い。

## 3　会計事務所との取引

　単独経営の会計事務所との取引の相手方は、当該会計事務所を経営する会計士個人であり、預金取引も融資取引等も一般の個人取引と変わるところはない。なお、会計士であるかどうかは、会員証、日本公認会計士協会会の証明書などのほか、日本公認会計士協会HPでも検索できる。

　共同経営の会計事務所における共同経営者の関係は、一般に民法上の組合と解されている。しかし、金融機関との取引は、実際には、共同経営者中の代表会計士が個人として取引する場合が多いと考えられる。この場合は、単独経営の場合と同じである。

　共同経営の会計事務所において、会計事務所を取引主体として取引を行う場合は、一般の民法上の組合との取引（〔116〕参照）に準じて考えればよい。すなわち、パートナー会計士のうちから業務執行を行う会計士1名を代表者として、その契約等の写しの提供を受けて取引を行う。債権債務の帰属は組合の規定に準じて考えることになる。融資取引を行うときは、必要に応じ、パートナー会計士のうちから代表あるいは主要な会計士に連帯保証や担保提供をしてもらうことが考えられる。

## 106　弁護士法人と取引するには、どのような注意をすればよいか

**結　論**

　弁護士法人とは、弁護士法に基づいて設立される弁護士業務等を行う特別法人である。取引に際しては、登記事項証明書や定款写しによって設立の実体を確認し、代表社員を相手に法人取引を行う。

　弁護士法人の業務は、通常は、業務執行社員の過半数の同意を得て取引に応ずるが、融資の資金使途、返済財源については十分検証する。

**解　説**

### 1　弁護士法人の定義

　弁護士法人とは、弁護士業務等を行うことを目的とする法人であり、一般

社団財団法人法による法人ではなく、弁護士法に基づき設立される特別法人である。

弁護士法人の社員は、日本弁護士連合会に備えた弁護士名簿に登録を受けた弁護士でなければならない（弁護士法30条の4第1項）。社員の数は1人でもよい。

法人設立にあたっては、まず定款を定め、公証人の認証を受ける。定款には、目的、名称、法律事務所の所在地、所属弁護士会、社員の氏名・住所・所属弁護士会、社員の出資に関する事項、業務執行事項を記載する（同法30条の8）。法律事務所の所在地は、複数でもよいとされる。弁護士法人は登記をしなければならず（同法30条の7第1項）、主たる法律事務所の所在地において設立の登記をすることにより成立する（同法30条の9）。

登記事項は目的および業務、名称（必ず「弁護士法人」の文字を用いる）、事務所、代表権を有する者（代表社員）の氏名・住所・資格、それ以外の社員の氏名・住所等である（組合等登記令2条および同別表）。弁護士法人が成立したときは、その日から2週間以内に登記事項証明書および定款の写しを添えて、その旨を所属弁護士会および日本弁護士連合会に届け出る必要がある（弁護士法30条の10）。

弁護士法人の社員は、定款で別段の定めをする場合を除き、すべての者が業務を執行する権利義務を負う（同法30条の12）。

弁護士法人は、訴訟事件その他一般の法律事務を行うほか、定款で定めるところにより、管財人等の業務またはこれらの業務の代理もしくは補助の業務、後見人等の業務、法律事務に関連する事項についての調査または証明の業務、業務に関連する講演、出版その他の教育等の業務、法律事務に附帯し、または密接に関連する業務などの全部または一部を行うことができるとされる（弁護士法人の業務及び会計帳簿等に関する規則1条）。営利業務については、弁護士個人とは異なり、規定がないため、附帯、密接に関連する業務についても限定的に解すべきであろう。

弁護士法人の運営のため、あるいは事務所の設置のための資金の借入れなどは、業務となると解される。

弁護士法人の業務執行権を有する社員は各自法人を代表するが、定款また

は総社員の同意によって特に代表社員を定めることもできる（弁護士法30条の13）。

## 2 取引上の留意事項

弁護士法人との取引は、その代表社員を相手に法人取引を行う。その際に、登記事項証明書や定款の写しで、法人としての実体と代表権の有無を確認する。

なお、弁護士預り金口座については、弁護士法人として開設することとなる。なお、特定の受任事件において特定の社員が指定されるときは、当該事件については指定弁護士のみが業務を執行する権利を有し、義務を負うとともに、弁護士法人を代表するとされるが（弁護士法30条の14第2項・3項）、預金取引においては、弁護士法人の代表社員が代表するので注意を要する。

弁護士法人の財産をもってその債務を完済することができないときは、各社員は連帯してその債務を弁済する義務を負う（同法30条の15、1項）。なお、退社した社員は、脱退の登記をする前に生じた弁護士法人の債務について、脱退前の責任の範囲内でこれを弁済する責任を負うが、脱退の登記後2年以内に請求又は請求の予告をしない弁護士法人の債権者に対しては、当該登記後2年を経過した時に消滅する（同法30条の15第7項による会社法612条の準用）。このため、必要に応じて社員の保証を徴する等の保全を行うべきであろう。

業務を執行する社員が自己または第三者のために弁護士法人と取引しようとするとき、弁護士法人が業務を執行する社員の債務を保証することその他社員でない者との間で弁護士法人と当該社員との利益が相反する取引をしようとするときは、定款に別段の定めがある場合を除き、当該社員以外の社員の過半数の承認を受けなければならない（弁護士法30条の30第2項による会社法595条）。

## 107 法律事務所との取引では、どのような注意をすればよいか

**結　論**

① 弁護士の事務所を法律事務所という。法人化していない法律事務所は、単独の弁護士が経営する事務所と複数の弁護士による共同経営の事務所がある。
② 共同経営の法律事務所は民法上の組合として取り扱えばよいが、実際上は、代表する弁護士個人との取引の場合も多い。

**解　説**

### 1　法律事務所とは

弁護士の事務所を法律事務所という（弁護士法20条1項）。法律事務所は、その弁護士の所属する弁護士会の地域内に設け所属弁護士会および日本弁護士連合会に届け出なければならない（同条2項、21条）。従来法律事務所には法人格がなく、その経営は単独の弁護士による個人経営または複数の弁護士による共同経営に限られていたところ、平成13年の弁護士法改正により弁護士法人の制度（〔106〕参照）が創設された。しかし、現状では、なお、多くの法律事務所は法人化していない。

### 2　法律事務所の経営

法人化していない法律事務所の経営形態は、大別すると、単独の弁護士が経営者となり、当該弁護士のみでまたは1人もしくは複数の弁護士（勤務弁護士）を雇用して弁護士職務（弁護士法3条）を行う形態（以下「単独経営」という）と、複数の弁護士が共同経営者となり、複数の弁護士を雇用して弁護士職務を行う形態（以下「共同経営」という）とがある。共同経営において共同経営者である弁護士を一般にパートナー弁護士と呼ぶことが多い。

### 3　法律事務所との取引

単独経営の法律事務所との取引の相手方は、当該法律事務所を経営する弁

護士個人であり、預金取引も融資取引等も一般の個人取引と変わるところはない。ただし、預金取引においては、弁護士が受任した事件に関し依頼者から資金を預り、弁護士個人の口座とは別に預金口座を作成することがあり、その預金の帰属について争いになることがあるので注意を要する。なお、弁護士であるかどうかは、会員証、所属弁護士会の証明書などのほか、日本弁護士連合会HPでも検索できる。

　共同経営の法律事務所における共同経営者の関係は、一般に民法上の組合と解されている。しかし、金融機関との取引は、実際には、共同経営者中の代表弁護士が個人として取引する場合が多いと考えられる。この場合は、単独経営の場合と同じである。

　共同経営の法律事務所において、法律事務所を取引主体として取引を行う場合は、一般の民法上の組合との取引（〔116〕参照）に準じて考えればよい。すなわち、パートナー弁護士のうちから業務執行を行う弁護士１名を代表者として、その契約等の写しの提供を受けて取引を行う。債権債務の帰属は組合の規定に準じて考えることになる。融資取引を行うときは、必要に応じ、パートナー弁護士のうちから代表あるいは主要な弁護士に連帯保証や担保提供をしてもらうことが考えられる。

　なお、預金取引における預り金口座は、共同経営の法律事務所であっても個々の弁護士が作成する場合も多いと思われる。なお、弁護士に関連した特有の取引として、民事訴訟手続や民事保全手続における担保提供の方法としての支払保証委託契約（民訴規29条、民事保全規則２条等）がある。

## 108　税理士法人と取引するには、どのような注意をすればよいか

**結　論**

　税理士法人との取引に際しては、登記事項証明書や定款写しによって設立の実体や税理士法人であること、代表社員を確認し、代表社員を相手に法人取引を行う。なお、代表社員との利益相反取引を行う際にはこれを認める定款の定めまたは当該社員以外の社員の過半数の承認を確認する必要があり、

> また、社員が1人になったときは法人が解散される可能性があり、個人融資に切り替えるなどの対応が必要となる。

━━━━━━━━━━ 解　説 ━━━━━━━━━━

## 1　税理士法人とは

　税理士法人は、税理士業務を組織的に行うことを目的とする法人で、税理士法によって認められた法人である（税理士法48条の2）。

　税理士法人を設立するには、2人以上の税理士が共同して定款を作成し、公証人の認証を受ける（同法48条の8第1項・2項、会社法30条1項）。税理士法人の名称は定款記載事項であり（税理士法48条の8第3項2号）、登記事項でもある（組合等登記令2条2項2号）。また、税理士法人はその名称中に税理士法人という文字を使用しなければならず（税理士法48条の3）、税理士法人でない者は、税理士法人またはこれに類似する名称を用いてはならない（同法53条2項）ことから、登記事項証明書または定款写しによって税理士法人の名称が含まれることを確認する。

## 2　代表者、代表権限およびその確認方法

　税理士法人の社員はすべて業務を執行する権利を有し（税理士法48条の11）、税理士法人を代表するが、定款または定款の定めに基づく社員の互選によって代表社員を定めることができ、この場合、代表権は、代表社員のみが有することとなる（同法48条の21、会社法599条）。代表権を有する者の氏名、住所は登記事項である（組合等登記令2条2項）ことから、取引を行うにあたっては、登記事項証明書により代表権を有する者を確認してその者と取引を行う必要がある。

　なお、社員は、税理士法人の財産をもって税理士法人の債務を完済できない場合には、各自連帯して弁済する責任を負う（税理士法48条の21、会社法580条）。

## 3　その他の取引上の留意点

### (1) 利益相反取引

　業務を執行する社員が自己または第三者のために税理士法人と取引をしようとする場合、税理士法人が業務を執行する社員の債務を保証することその他社員でない者との間において税理士法人と当該社員との利益が相反する取引をしようとする場合には、定款に別段の定めがある場合を除き、当該社員以外の社員の過半数の承認を受けなければならない（税理士法48条の21、会社法595条）。よって、税理士法人と代表社員との間の利益が相反する取引を行う際には、これを認める定款の定めまたは当該社員以外の社員の過半数の承認を確認する必要がある。

### (2) 社員が1人となった場合の対応

　税理士法人は、2人以上の税理士が共同して設立されるものであり（税理士法48条の2）、社員が1人となり6カ月を経過した場合には、法人は解散する（同条の18第2項）。よって、社員が1人となった場合には税理士法人が解散するおそれがあるので、その前に取引先を税理士個人に切り替えるなどの対応が必要となる。

## 109　税理士事務所と取引するには、どのような注意をすればよいか

**結　論**

税理士事務所と取引する場合は、事務所を設置する開業税理士と行う。

**解　説**

### 1　税理士の種別と税理士事務所

　税理士の資格を有する者が税理士になるには、開業税理士、補助税理士または社員税理士のいずれかとして日本税理士会連合会に備える税理士名簿に登録する必要がある（税理士法18条、同法施行規則8条）。

　ここで、補助税理士とは、他の税理士または税理士法人の補助者として税理士業務に従事する者をいい（税理士法2条3項、同法施行規則8条2号）、社

員税理士とは税理士法人の社員たる税理士である。

　開業税理士は、自ら税理士業務を行うための事務所を設けなければならず、その事務所は税理士事務所と称する（税理士法40条1項・2項）。なお、この名称に関する規定は義務規定とまではされておらず、会計事務所等と称している事務所もある。

## 2　権限およびその確認方法

　税理士事務所は法人ではなく、開業税理士個人が設けるものであることから、税理士事務所との取引にあたっては、開業税理士個人と取引を行うことになる。税理士名簿の登録内容については、日本税理士会連合会の発行する税理士証票の提示を受ける方法により、税理士登録の内容が税理士法施行規則8条2号ハ該当であることを確認する（ただし、証票の発行時期によっては、同号イ・ロ・ハのいずれに該当するかの記載がない税理士証票もある）。なお、税理士登録の有無については、税理士情報検索サイト（https://www.zeirishikensaku.jp/）から検索することも可能である。

## 110　司法書士法人と取引するには、どのような注意をすればよいか

**結　論**

　司法書士法人との取引に際しては、登記事項証明書や定款写しによって設立の実体や司法書士法人であること、代表社員を確認し、代表社員を相手に法人取引を行う。なお、代表社員との利益相反取引を行う際にはこれを認める定款の定めまたは当該社員以外の社員の過半数の承認を確認する必要があり、また、社員が1人になったときは法人が解散される可能性があり、個人融資に切り替えるなどの対応が必要となる。

**解　説**

## 1　司法書士法人とは

　司法書士法人は、司法書士業務を組織的に行うことを目的とする法人で、

司法書士法によって認められた法人である（司法書士法26条）。
　司法書士法人を設立するには、2人以上の司法書士が共同して定款を作成し、公証人の認証を受ける（同法32条1項・2項、会社法30条1項）。司法書士法人の名称は定款記載事項であり（司法書士法32条3項2号）、登記事項でもある（組合等登記令2条2項2号）。また、司法書士法人はその名称中に司法書士法人という文字を使用しなければならず（司法書士法27条）、司法書士法人でない者は、司法書士法人またはこれに紛らわしい名称を用いてはならない（同法73条3項）ことから、登記事項証明書または定款写しによって司法書士法人の名称が含まれることを確認する。

## 2　代表者、代表権限およびその確認方法

　司法書士法人の社員はすべて司法書士法人を代表する（司法書士法37条1項）が、定款または総社員の同意によって代表社員を定めることができ（同条同項ただし書）、この場合、代表権は、代表社員のみが有することとなる（同条3項参照）。代表権を有する者の氏名、住所は登記事項である（組合等登記令2条2項）ことから、取引を行うにあたっては、登記事項証明書により代表権を有する者を確認してその者と取引を行う必要がある。
　なお、社員は、司法書士法人の財産をもって司法書士法人の債務を完済できない場合には、各自連帯して弁済する責任を負う（司法書士法38条1項）。

## 3　その他の取引上の留意点

**(1)　利益相反取引**

　社員が自己または第三者のために司法書士法人と取引をしようとする場合、司法書士法人が社員の債務を保証することその他社員でない者との間において司法書士法人と当該社員との利益が相反する取引をしようとする場合には、定款に別段の定めがある場合を除き、当該社員以外の社員の過半数の承認を受けなければならない（司法書士法46条2項、会社法595条）。よって、司法書士法人と代表社員との間の利益が相反する取引を行う際には、これを認める定款の定めまたは当該社員以外の社員の過半数の承認を確認する必要がある。

(2) 社員が1人となった場合の対応

　司法書士法人は、2人以上の司法書士が共同して設立されるものであり（司法書士法32条1項）、社員が1人となり6カ月を経過した場合には、法人は解散する（同法44条2項）。

　よって、社員が1人となった場合には司法書士法人が解散するおそれがあるので、その前に取引先を司法書士個人に切り替えるなどの対応が必要となる。

## 111　司法書士事務所と取引するには、どのような注意をすればよいか

**結　論**
司法書士事務所と取引する場合は、事務所を設置する開業司法書士と行う。

**解　説**

### 1　司法書士登録について

　司法書士の資格を有する者が司法書士になるには、日本司法書士会連合会に備える司法書士名簿に登録する必要がある（司法書士法8条）が、税理士のように開業税理士、補助税理士といった区別はない。

### 2　権限およびその確認方法

　司法書士事務所は法人ではなく、司法書士個人が設けるものであるため、司法書士事務所との取引にあたっては、事務所を設けている司法書士個人と取引を行うことになる。複数の司法書士が共同して司法書士事務所を設立する場合、これは、民法上の組合であると考えられるため、民法上の組合と取引を行う際の注意点に留意する必要がある（〔116〕参照）。

　司法書士であることについては、各司法書士会の発行する会員証の提示を受ける方法により確認でき、また、司法書士検索サイト（http://search.shiho-shoshi.or.jp/）から検索することも可能である（司法書士検索サイトでは、代表権の有無についても確認可能である）。

## 112 特許（弁理士）事務所や特許業務法人と取引するには、どのような注意をすればよいか

**結論**

弁理士事務所と取引する場合は、事務所を設置する開業弁理士と行う。

特許業務法人との取引に際しては、登記事項証明書や定款写しによって設立の実体や特許業務法人であること、代表社員を確認し、代表社員を相手に法人取引を行う。なお、代表社員との利益相反取引を行う際にはこれを認める定款の定めまたは当該社員以外の社員の過半数の承認を確認する必要があり、また、社員が1人になったときは法人が解散される可能性があり、個人融資に切り替えるなどの対応が必要となる。

**解説**

### 1 弁理士事務所との取引

弁理士の資格を有する者が弁理士になるには、日本弁理士会に備える弁理士名簿に登録する必要がある（弁理士法17条）

弁理士事務所は法人ではなく、弁理士個人が設けるものであるため、弁理士事務所との取引にあたっては、事務所を設けている弁理士個人と取引を行うことになる。複数の弁理士が共同して弁理士事務所を設立する場合、これは、民法上の組合であると考えられるため、民法上の組合と取引を行う際の注意点に留意する必要がある（〔116〕参照）。

弁理士であることについては、日本弁理士会の発行する会員証の提示を受ける方法により確認でき、また、弁理士ナビ（http://www.benrishi-navi.com/）から検索することも可能である。

### 2 特許業務法人とは

特許業務法人は、弁理士業務を組織的に行うことを目的とする法人で、弁理士法によって認められた法人である（弁理士法37条）。

特許業務法人を設立するには、2人以上の弁理士が共同して定款を作成し、公証人の認証を受ける（同法43条1項・3項、会社法30条1項）。特許業務法人

の名称は定款記載事項であり（弁理士法43条2項2号）、登記事項でもある（組合等登記令2条2項2号）。また、特許業務法人はその名称中に特許業務法人という文字を使用しなければならず（弁理士法38条）、特許業務法人でない者は、特許業務法人またはこれに類似する名称を用いてはならない（同法76条2項）ことから、登記事項証明書または定款写しによって特許業務法人の名称が含まれることを確認する。

### 3　特許業務法人の代表者、代表権限およびその確認方法

　特許業務法人の社員はすべて特許業務法人を代表する（弁理士法47条の2第1項）が、定款または総社員の同意によって代表社員を定めることができ（同条の2第2項）、この場合、代表権は、代表社員のみが有することとなる（同条3項）。代表権を有する者の氏名、住所は登記事項である（組合等登記令2条2項）ことから、取引を行うにあたっては、登記事項証明書により代表権を有する者を確認してその者と取引を行う必要がある。

　なお、社員は、特許業務法人の財産をもって特許業務法人の債務を完済できない場合には、各自連帯して弁済する責任を負う（弁理士法47条の4第1項）。

### 4　その他の特許業務法人との取引上の留意点

**(1) 利益相反取引**

　社員が自己または第三者のために特許業務法人と取引をしようとする場合、特許業務法人が社員の債務を保証することその他社員でない者との間において特許業務法人と当該社員との利益が相反する取引をしようとする場合には、定款に別段の定めがある場合を除き、当該社員以外の社員の過半数の承認を受けなければならない（弁理士法55条1項、会社法595条）。よって、特許業務法人と代表社員との間の利益が相反する取引を行う際には、これを認める定款の定めまたは当該社員以外の社員の過半数の承認を確認する必要がある。

**(2) 社員が1人となった場合の対応**

　特許業務法人は、2人以上の弁理士が共同して設立されるものであり（弁

理士法43条1項)、社員が1人となり6カ月を経過した場合には、法人は解散する（同法52条2項)。よって、社員が1人となった場合には特許業務法人が解散するおそれがあるので、その前に取引先を弁理士個人に切り替えるなどの対応が必要となる。

## 113 マンション管理組合（マンション管理組合法人）と取引するには、どのような注意をすればよいか

**結論**

マンション管理組合が法人格を有するものか否かを確認する。法人格を有する場合はマンション管理組合自身が取引の主体となりうるが、法人格を有しない場合は、権利能力なき社団に該当するか否かに応じて、取引内容等を検討すべきである。

**解説**

### 1 管理組合法人

マンション等の区分所有建物（一棟の建物に構造上区分された数個の部分で独立して住居、店舗、事務所または倉庫その他建物としての用途に供することができ、それぞれを所有権の目的としている当該建物）の区分所有者は、全員で建物ならびにその敷地および附属施設の管理を行うための団体を構成する（建物の区分所有等に関する法律（マンション法）3条)。この団体を一般に管理組合というが、管理組合は、区分所有者および議決権の4分の3以上の多数による集会の決議で法人となる旨、その名称、事務所を定め、主たる事務所の所在地で登記をすることにより法人（管理組合法人）となる（同法47条)。したがって、区分所有建物の管理組合には、法人格を有するものと有しないものがあることになる。

管理組合法人はその名称中に「管理組合法人」という文字を用いなければならず、管理組合法人以外が「管理組合法人」という文字を用いることはできない（区分所有法47条2項、48条)。

## 2 管理組合法人の代表等

　管理組合法人には理事が置かれ（区分所有法49条1項）、理事が複数の場合、各自が法人を代表する（同条3項、4項）。ただし、規約または集会の決議によって、代表すべき理事を定め、もしくは数人の理事が共同して代表すべきこと、または規約の定めに基づき理事の互選によって代表を定めることができる（同条）。理事の代理権に加えた制限は、善意の第三者に対抗することはできない（同法49条の2）が、代表権を有する者の氏名や共同代表の定めは登記事項である（組合等登記令2条2項6号、別表）ことから、取引にあたってはだれが代表権を有するのか、また、共同代表の定めがあるか否かを登記事項証明書により確認する必要がある。

　管理組合法人には監事が置かれ（区分所有法50条）、管理組合法人と理事との利益が相反する事項については、監事が管理組合法人を代表する（同法51条）。

　管理組合法人の事務は、理事が複数の場合は理事の過半数で決し（同法49条2項）、理事が1名の場合は、保存行為を除き、集会の決議によって行うのが原則であるが、一部の事項を除き規約で特に定めたときは理事が決するものとすることができる（同法52条）。

## 3 管理組合法人との取引における留意点

　管理組合法人と取引を行うに際しては、登記事項証明書、規約の写し、集会議事録の写し、印鑑登録証明書等の提出を求め、管理組合法人であること、権限を有する者等の確認を行う。

　融資取引等については特に規約を確認し、規約で定められたとおり集会決議等がなされているかを確認する必要がある。管理組合法人の債務については、各区分所有者は床面積に応じて無限責任を負う（区分所有法53条）が、実際に個々の区分所有者に責任を追及することは容易ではないので、物的担保や理事あるいは有力な区分所有者の連帯保証を取得すること等を検討すべきである。

## 4　団地管理組合法人

　一団地内に数棟の建物があって、その団地内の土地または附属施設等がそれらの建物の所有者または区分所有者の共有に属する場合には、それらの所有者は、全員で、その団地内の建物の管理を行うための団体（団地管理組合）を構成でき、このような団体で前記の要件を満たすものは団地管理組合法人となる。よって、このような団地管理組合についても、管理組合と同様に取引を行うこととなる（区分所有法66条）。

## 5　法人格のない管理組合

　管理組合は、区分所有建物が存在すれば、区分所有者を構成員として法律上当然に成立する団体である。その法的性格は、法人化したものを除き、民法上の組合に該当するものやいわゆる権利能力なき社団に該当するものなどがあるため、法人格を有しない管理組合との取引にあたっては、「権利能力なき社団」に該当するか否かにより取引内容等を検討する必要があり、留意点もこれにより異なる（〔114〕〔115〕参照）。

　特に融資取引を行うにあたっては、規約の定めや集会決議の有無等を確認する必要があり、また、実際に個々の区分所有者に責任を追及することは容易ではないので、物的担保や有力な区分所有者の連帯保証を取得すること等を検討すべきある。

## 114　権利能力なき社団と取引するには、どのような注意をすればよいか

### 結　論

　権利能力なき社団とは、社団としての実体を備えながら、法人設立の手続をとらないため、あるいは法律の定める要件を満たさないために法人格を有しない人の集まり（社団）をいい、構成員とは別の独立した取引主体となりうる。

　権利能力なき社団として認められるためには、社団としての社会的実体を備えている必要があり、具体的には、団体としての組織を備え、多数決の原

> 理が行われ、構成員の変更にもかかわらず団体そのものが存続し、その組織によって、代表の方法、総会の運営、財産の管理など団体としての主要な要件が確定している必要がある。
>
> 　権利能力なき社団との取引は、権利能力なき社団と認められるかどうかに係る以上の要件を検討し、規約、総会議事録等により、代表者、代表権の範囲等を確認して行う。

―――――― 解　説 ――――――

## 1　団体の種別について

### (1)　団　体

　人の集まった団体には、法律上、「社団法人」と「民法上の組合」とがある。これ以外は、単なる任意団体である。

### (2)　社団法人

　社団法人は、法人格を与えるにふさわしい実体をもった団体であり、人数が多く構成員たる個人が重要性を失い、団体が個人を超えた独自の単一体たる存在をなしている団体をいう。法人格を付与されるとは、権利能力（私法上の権利義務の帰属主体となりうる地位）を認められるということである。

　一般に、法人は、民法その他の法律（商法、労働組合法、中間法人法など）の規定によらねば成立しえない。社団法人は次の3種類に分類される。すなわち、①公益を目的とする公益法人（民法33条2項）、②営利事業を営むことを目的とする営利法人（同条同項）、③公益も営利も目的としない中間法人（一般社団法人や労働組合法、農業協同組合法、中間法人法など特別法による法人）である。

### (3)　民法上の組合

　民法上の組合は、複数の人間が共同事業を営むという実体があるが、構成員たる個人が重要性をもち、団体としての独自性がないものをいう。

## 2　権利能力なき社団の概念について

　権利能力なき社団とは、前述の「社団法人」にも「民法上の組合」にも該当しないもので、その実体が社団であるにもかかわらず法人格を有しない団

体、つまり、実質的には法人格のある団体と同じような組織を有し活動をしているが、法人とはなっていない団体のことである。

このような団体は、法人格を取得していないが、団体としての独自性が強く、「組合」の規定を適用すると不都合が生じてくるために考え出された概念である。たとえば、大学の校友会、町内会、親睦会、マンション管理組合などが該当する。

これを分類すれば、次のとおりとなる。
① 法人格を取得しようと思えば不可能ではないが、手続が面倒であるとか、官庁の監督を受けることを好まない等の理由により取得していない団体
② 法人となるべく設立中の団体

従来、上記の分類には、「法律上、法人格を取得しえない、公益も営利も目的としない団体」という類型もあった。しかし、このような中間団体に対して法人格を付与しようとする中間法人法や一般社団法人および一般財団法人に関する法律の施行により、従来法人格を取得することができないとされた、大学の校友会、町内会、親睦会、マンション管理組合なども準則主義（株式会社のように、法律の定める組織を備え、一定の手続によって公示することにより、その成立が認められるもの）による法人格の取得が認められるに至った。

権利能力なき社団の概念は、民法その他の法律で法人となることのできる団体が制限されていたことから考え出されたものだが、中間法人法の施行により、これまで法人となることができなかった団体も法人となることができるようになったため、権利能力なき社団の概念を持ち出す必要性はそれだけ少なくなるとの意見もある。

## 3 権利能力なき社団の要件について

権利能力なき社団として認められるためには、社団としての社会的実体を備えていなければならない。そのための要件として、判例（最判昭39.10.15民集18巻8号1671頁）は次の4点をあげている。
① 団体としての組織を備えていること

② 多数決の原理が行われていること
③ 構成員の変更にもかかわらず団体そのものが存続していること
　これは、団体の活動が継続している間に、構成員の加入や脱退が行われることが予定されていることを意味するものである。
④ 代表の方法（団体の代表者の取決め）、総会の運営、財産の管理などの団体としての主要な点が確定していること
　上記の要件を充足している場合、つまり法人と同様の実質を備えている場合には、実質に則した規律を行うことが要請され、可能な限り社団法人に関する規定が類推される。

## 4　権利能力なき社団であることの確認

### (1) 確認の目的

権利能力なき社団と取引を行うにあたっては、その取引の相手方が「権利能力なき社団」の要件を充足するかどうか確認することが必要となる。仮に、要件の認定を誤り、単なる任意団体との取引を行ってしまった場合、その契約が無効と認定されることがあるからである。

次に、権利能力なき社団との取引については、その代表者と契約をするため、代表者を確認することが必要となる。

### (2) 確認の方法

まずは、根本規則である規約の写しを徴求することが必要となる。

規約とは、社団法人でいえば定款に当たる。権利能力のない社団については法律の定めがないため、規約の書面化が要求されているといえるのか明らかではない。しかし、権利能力なき社団においては、団体としての主要な点が確定している必要があること、可能な限り社団法人の規定が類推すべきとされる前提として、社団法人において作成が必須である定款と同様のものが必要であると考えられることから、権利能力なき社団についても、規約は文書の形式で存在している必要があるということができる。

次に、総会議事録等の写しを徴求することも必要である。これは、代表者がだれであるのか確認するとともに、当該団体が規約に記載されたとおりの実態を有し、そのとおり運営されていることを確認するためである。

### (3) 確認すべき内容

a　権利能力なき社団の要件の確認

規約に次のような規定がなされているかどうか確認する。

① 社団の目的が定められていること。権利能力なき社団もその目的を有し、その目的以外の行為はなしえない。
② 社団構成員の加入・脱退に関する規定があること。これは、権利能力なき社団の要件の一つである「社団構成員の変更によって団体の存続が影響を受けないこと」を確認するものである。
③ 総会に関する規定があり、総会の決議方法が多数決により運営されていること。
④ 代表者の選任方法および代表者の権限に関する規定があること。代表者の選任は多数決原理によるべきものとされる。また、代表権の制限に関しては、借入行為について社員総会や役員会の承認を要する等の定めがないか確認し、この定めがある場合には、総会議事録（写し）や役員会議事録（写し）の提出を受けて、その借入行為が有効であることを確認することが必要となる。
⑤ その他、社団の財産の管理方法、社団構成員の出資義務など、団体としての主要な点が確定していること。

b　実態の確認

以上の要件が規則に定められていたとしても、その規則どおりの実態を有していなかったり、規則どおりに運営されていなければ、その団体は権利能力なき社団とは認められないことになる。したがって、社員総会議事録等の提出を受けるなどして、その活動実態を確認することが必要となる。

c　代表者の確認

権利能力なき社団との取引にあたっては、その代表者と契約をするため、代表者を確認しなければならない。したがって、規約によって代表者の選任方法を確かめ、代表者がだれであるのかを総会議事録や役員会議事録などにより確認し、また、代表者個人の印鑑証明につき印鑑登録証明書の提出を受けることにより確認する必要がある。

この場合、前述のとおり、代表者の権限について制約が付されていること

もあるから、制約の有無、行おうとする取引が制約にかからないかどうかについても留意する必要がある。

## 5　権利能力なき社団との取引

　権利能力なき社団は性質上、可能な限り社団法人に関する規定が類推適用されるべきであり、その所有する財産は、構成員に総有的に帰属（構成員は使用収益権を有するが、持分はなく、分割請求もできない）し、個々の構成員に帰属するものではないとされている。しかしながら、法人登記がなく、不動産について権利能力なき社団名義での登記ができないなど財産帰属の公示が不明確であることなど、法人に比べて確認のむずかしい点が多いことに留意する必要がある。

　預金取引については、法人の場合とほぼ同様に取り扱ってよい。預金債権は、社団に総有的に帰属するのであるから、払戻請求権は代表者または代表者から委任を受けた者のみが行使することができ、代表者からの委任のない個々の構成員が払戻しを請求することはできない。

　借入債務も、社団に総有的に帰属し、社団の総有する財産の範囲においてしか責任を負わず、構成員個人に対して責任を問うことはできない（最判昭48.10.9民集27巻9号1129頁）。したがって、融資取引においては、代表者や社団の有力な構成員の連帯保証、物的担保の提供を求めるべきであり、物的担保の提供を受けるときは、構成員個人ではなく社団に所有権が帰属するものであることを明確にすべく、確認書等を徴求する必要がある。

### 115　「……会　代表〇〇〇〇」等、権利能力なき社団とは認められない団体との取引を行う場合は、どのような注意をすればよいか

**結　論**

　権利能力なき社団と認められない場合は、その団体を民法上の組合とみて組合との取引を行うか、それとも代表者個人との取引を行うかとなる。団体の代表者としての個人名義の取引につき、預金取引については従来組合名義

での取引が行われていたことから、その受入れもなされうるものであるが、預金の帰属をめぐる紛争に巻き込まれる可能性があることに留意すべきであり、融資取引は回避すべきである。

――― 解　説 ―――

## 1　民法上の組合

　民法上の組合は、数人の当事者がそれぞれ出資して共同の事業を営むことを契約することにより成立する（民法667条1項）。しかし、組合には法人格がなく、出資等の組合財産は総組合員の共有（合有）になる（同法668条）。さらに、債務については、各組合員が無限責任を負う。したがって、原則として対外的な法律行為は組合員全員ですることになる。

　ただし、これでは不便なので、通常、代理の形式がとられる。多くの場合、組合契約をもって1人または数人の組合員に組合業務執行権限を付与している。そこで、この者を相手方として与信取引等を行うことになる。この場合、数人が業務執行組合員とされていても、特に別段の定めのない限り、各人は単独で組合を代理しうる（単独代理権）。なお、常務とみられる行為以外の事項については、過半数で決するという制約があり（同法670条2項）、この制約は善意無過失の第三者に対抗できない（最判昭38.5.31民集17巻4号1982頁）ものの、実務の対応としては、この決定の有無を確認したうえで、取引をすることになろう。

　業務執行組合員の確認は、当初は組合契約によることになるが、後に解任されている可能性もあり（同法672条）、また、他の者が組合員全員一致により選任されているかもしれず、取引ごとの確認を要する。ただ、これでは実務上の対応として煩雑であるため、組合員全員からその者を代理人とする旨の書面をそれぞれの印鑑証明書を添えて徴求して、確認するのが妥当な処理と思われる。

　業務執行組合員の定めのないときは、組合員それぞれが代理権を有するが、対外的には組合員の過半数において組合を代理する権限を有する（最判昭35.12.9民集14巻13号2994頁）ため、組合員全体の過半数の者と取引を行う必要がある。毎回の取引において組合員全体の過半数の者と取引を行うのは

実務上困難であるため、業務執行組合員を選任するよう誘導すべきである。

　組合を代表して、すなわち組合員全員を代理して取引する場合には、行為者個人の取引と区別するために、組合のためにすることを明らかに（顕名）しなければならない。その方法は、組合員全員を表示すればよいが、これ以外にもA組合代表者B、理事C等とする表示でもよい。

## 2　組合関係が表面に出ない場合

　組合員相互間において内部的な組合関係があるが、対外的には、そのなかの1名の名において組合の名は出さずに法律行為をする場合がある。商法上の匿名組合（商法535条）であれば、営業者個人との取引と考えればよい。すなわち、商法上の匿名組合は、当事者の一方（匿名組合員）が相手方（営業者）の営業のために出資をし、相手方（営業者）がその営業から生じる利益を分配する契約により成立する（同条）。匿名組合員は、営業者の行為について権利義務を有せず（同法536条2項）、出資した財産も営業者の財産に帰属する（同条1項）。この結果、組合のために法律行為をするのは、営業者のみである。

　これに対して、民法上の組合でありながら、その組合の名を示さずに業務執行組合員の名だけで対外的な法律行為をなし、その効果を組合に帰属せしめることがある。この場合、実務上の対応としては、組合員に責任を追及できるようにしておくためには、上記で述べたように業務執行組合員につき、組合員全員からその者を代理人とする旨の書面をそれぞれの印鑑証明書を添えて徴求しておくべきである。

## 3　組合以外の任意団体との取引

　法人格を有さず、権利能力なき社団とも認められない団体を広く一般に任意団体と呼ぶが、任意団体にも民法上の組合と解されるものから、一時的な団体や個人に屋号等を付しただけのようなものまでさまざまなものがあり、一概には論じられない。ここでは便宜上、一般に任意団体と呼ばれるもののうち、民法上の組合と解されないものを（狭義の）「任意団体」と呼んでおく。

任意団体は、規約、組合契約等が存在せず、組織体制が不明確な単なる人の集まりであって、本来、独立の取引主体とは考えにくい。しかし、「……会　代表○○○○」等の名義での預金取引は従来行われており、その社会的ニーズも小さくなく、このような預金取引申込みの受入れもなされうる。この場合、預金債権の帰属を考えると、団体に独立性がない以上、構成員の共有となるか、代表される個人に帰属すると考えることになろう。たとえば一時的な親睦会のような場合には、資金の出捐者は構成員であり、その資金は出捐者のために利用されるべきものであるが、法律的には代表者個人が構成員から預った資金を個人として預金していると解すべき場合も多いであろう。ただし、預金の帰属は、実際どのようなかたちで争われるか（金融機関との関係か、債権者との関係か、「預金者」であると主張する者同士か）によっても異なるため、一概に決めることは困難であり、任意団体名義の預金をめぐる紛争に巻き込まれるリスクを有することに留意は必要である。

　もっとも、「代表者」には、原則として払戻請求その他日常の預金取引に関する権限があると解される。

　預金取引でも当座預金取引は極力回避すべきであり、やむをえず受け入れるときは、代表者の権限、団体の規約、会則等を確認のうえ行うべきである。

　任意団体との融資取引は回避すべきである。債務者および責任財産が明確ではないからである。必要な場合は、代表者個人を借入人とし、有力な構成員を連帯保証人に求めるなどの対応を検討すべきである。

## 116　民法上の組合と取引するには、どのような注意をすればよいか

### 結　論

　民法上の組合は、組合員となる者数人が出資して共同事業を営むことを契約することによって成立するが、法人格はない。組合の業務執行は組合員の過半数の決議で行うが、業務執行者を定めることも可能なので、組合との取引では、あらかじめ決められた業務執行者に代表してもらって取引を行う。

> その際は、組合契約書とともに、委任関係を示す組合員全員の署名ある書面または総会の議事録（いずれも全員の印鑑登録証明書添付）による確認が必要である。組合の財産は組合員の共有に属するので、担保取得においては全員の意思によらなければならない。なお、原則として業務執行者および有力な組合員を連帯保証人とすることが望ましい。

―― 解　説 ――

1　民法上の組合の定義

　民法上の組合とは、組合員となる数人の各当事者が出資して共同事業を営むことを契約することによって成立する（民法667条1項）団体であり、民法において契約各則で典型契約（民法典が規定している典型的な契約類型）の一つとして規定が置かれているものである。民法上の組合は比較的小規模で、その法的団体性も弱いことから、法人格を付与するに適した団体とはいえず、法制上もこの民法上の組合には法人格を与えていない。この点、特別法によって法人格が付与され、団体としての性格も異なる特別法上の組合（中小企業等協同組合法による各種の協同組合等）とは区別される。また、法人格を有していないことから、業務執行者の背任や横領等の可能性は考えられるものの、利益相反の問題は発生しない。

　なお、法人格を有しない組合としては、このほかに、商法には匿名組合という制度がある。これは、当事者の一方（匿名組合員）が、相手方（営業者）の営業のために出資をなし、営業者はその営業より生ずる利益を匿名組合員に分配することを約する契約により効果を生ずるものである（商法535条）である（〔117〕参照）。また、有限責任事業組合契約に関する法律に基づく有限責任事業組合（LLP）や投資事業有限責任組合契約に関する法律に基づく投資事業有限責任組合（LPS）も法人格を有しない組合である（〔125〕および〔126〕参照）。

　いわゆる投資ファンドビジネスにおいては、これらの四つのビークルのうちいずれかを利用することが考えられる。特に今日アジア経済の成長を取り込むためにアジア有望企業に対してエクイティ投資を行う手段として、投資ファンドの活用が注目を集めている。各ビークルはそれぞれ特徴があり、法

的問題点を十分把握したうえで取引を行う必要がある。

## 2　組合の財産

　民法上組合の財産は組合員全員の共有である（民法668条）が、普通の共有と異なり組合員は持分を単独で自由に処分できず、また清算前に財産の分割請求をすることもできない（同法676条）。判例では、組合財産の性質について「組合財産ハ特定ノ目的（組合ノ事業経営）ノ為ニ各組合員個人ノ財産（私有財産）ト離レ別ニ一団ヲ為シテ存スル特別財産（目的財産）ニシテ其ノ結果此ノ目的ノ範囲ニ於イテハ或程度ノ独立性ヲ有シ組合員ノ私有財産ト混同セラルルコトナシ……又之ト同ク組合財産ニヨル債務……其ノ他組合事業ノ経営ニヨリテ生スル債務（所謂「組合債務」ニシテ広義ノ「組合財産」ノ消極部分）ハ総テ組合財産ニヨリテ弁済セラルルヲ本筋トシ組合員ノ私有財産ヨリ支弁セラルルハ常態ニ非ス」（大判昭11.2.25民集15巻4号281頁）とされている。たとえば、不動産は全員の共有の登記をするのが原則である。そこで、組合の財産を担保に取得する際には、総会の議事録等により全員の意思によるものであることを確認し、全員との間で設定契約を行うことが必要である。このように財産を所有する複数の組合員の間で自由に分割したり持分を処分したりできなくなることを合有と呼んでいる。

　なお、組合の債務について、各組合員は個人財産による分割・無限責任を負い、債権者は、組合員の損失分担割合を知らない限り各組合員の個人財産に対して等しい割合で権利行使ができる（同法675条）。この点は、権利能力なき社団より債権者に有利であるといえる。この組合債務が組合の商行為から生じた場合には、商法511条1項により各組合員は連帯してその債務を負担する。

## 3　取引上の注意

　民法上の組合では、業務の執行は組合員の過半数の決議で行う（民法670条1項）が、組合契約によりあらかじめ業務執行者を定めて、その者が組合員全員を代表して取引を行うこともできる（同条2項）。そこで、民法上の組合と取引をするには、この業務執行者を定めてもらい、その者と取引を行

うことが望ましい。

　取引に際して、執行者の権限を確認するためには、組合契約のほかに、全員からの委任を証する署名ある書面、または総会の議事録（いずれも全員の印鑑登録証明書添付のこと）によることが必要である。これらの方法によらない場合には、執行者個人との取引として扱わざるをえない。

　組合は法人格がなく、その団体性は弱く、債権保全面での問題が生じやすい傾向があるので、貸出取引にあたっては、業務執行者および有力組合員を連帯保証人とする必要がある。

　なお、業務執行者個人との取引として取り扱う場合も他の有力な組合員等に連帯保証を求めるべきであろう。

## 117　商法上の匿名組合と取引するには、どのような注意をすればよいか

**結論**

　匿名組合は、当事者の一方（匿名組合員）が相手方（営業者）の営業のために出資をなし、その営業より生ずる利益を匿名組合員に分配することを約する契約により成立するもので、法人格はない。匿名組合は実質的には出資者の匿名組合員と営業者との共同企業形態であるが、組合員の出資は営業者の財産に帰属し、組合員は対外的責任を負わないので、組合との貸出取引は営業者との取引として扱い、組合員その他の有力者を連帯保証人に求める等保全面の注意を要する。

**解説**

### 1　匿名組合の定義

　匿名組合は、商法上の組合で、当事者の一方が相手方の営業のために出資をし、相手方はその営業から生ずる利益を分配することを約する契約（匿名組合契約）により成立する（商法535条）。この出資を行う者を匿名組合員といい、相手方である営業を行う者を営業者という。匿名組合員は商人・非商人を問わないが、営業者は常に商人でなければならない。匿名組合は、特別

の契約により資本と労力の結合を目的とする点で合資会社に類似する共同企業形態であるが、法人格はない。法人格を有しないことから、営業者の背任や横領等の可能性は考えられるものの、利益相反の問題は発生しない。

匿名組合を利用した金融取引としては、航空機レバレッジドリースが代表的なものと考えられる。この案件は実質的には匿名組合のパス・スルー性を利用した租税の繰延効果を企図したスキームであったが、租税特別措置法の改正に伴い、現在では課税繰延効果を達成することは困難となっている（租税特別措置法67条の12）。また、金融商品取引法において匿名組合契約上の権利は集団投資スキームに該当する「みなし有価証券」とされ、金融商品取引業者等の行為規制である契約締結前の書面交付義務の対象となったことにも留意が必要である。

また、映画製作委員会契約は、ある映画を製作・利用する共同目的のために組成される共同事業体の契約であり、法的性質は民法上の組合であるといわれていたが、最近では業界外部からの資金を呼び込む目的で匿名組合を用いた映画製作資金の調達方法が登場している。この場合、匿名組合の出資者は業界関係者以外の一般投資家となる。

## 2 匿名組合の対内関係

匿名組合員の出資は金銭その他の財産出資に限り、労務または信用であることはできない（商法536条2項）。そして、匿名組合員の出資は営業者の財産に帰属し（同条1項）、民法上の組合（[116] 参照）のように組合員の共同事業（民法667条）や組合財産の共有（同法668条）といった観念はない。また匿名組合員は、営業者に対し、その営業から生ずる利益の分配請求権を有する（商法535条）が、出資額を限度として損失分担義務を負い、出資が損失により減少したときは、これをてん補した後でなければ利益の分配を請求できない（同法538条）。さらに、匿名組合員は、業務執行・代表権をもたず（同法536条3項）、業務監視権を有するのみである（同法539条2項）。

なお、匿名組合は、契約の一般的終了原因のほか、当事者の一方的解除、法定事由（目的たる事業の成功または成功の不能、営業者の死亡または後見開始、営業者または組合員の破産手続開始）により終了する（同法540条、541条）。こ

れに対し、営業者が銀行取引停止処分、任意整理や差押等の「事実上の倒産」状態となった場合に問題となるが、原則として同法540条2項により「やむをえない事由」があるものとして解除することができると解される。

### 3 匿名組合の対外関係

外部に対しては、商人である営業者だけの営業が存し、営業者のみが第三者に権利義務を有し、匿名組合員は合資会社の有限責任社員と異なり、営業者の行為について第三者に責任を負わない（商法536条4項）。したがって、匿名組合の資産が共有とされることもなく、匿名組合員は出資分の有限責任しか負わない。ただし、匿名組合員がその氏もしくは氏名を営業者の商号中に用い、またはその商号を営業者の商号として用いることを許諾したときは、その使用以後に生じた債務については、例外的に営業者と連帯して責任を負う（同法537条）。

### 4 取引上の注意

匿名組合は法人格をもたず、匿名組合員は原則として対外的責任を負わないので、貸出取引を行う際には、営業者との取引を行うことが有用である。その際には、営業者の印鑑登録証明書、組合契約書（写し）等の確認書類の提出を求める必要がある。ただし営業者の資力に問題がある場合には、匿名組合員その他の有力者を連帯保証人に求める等、保全面には注意を要する。

## 118　土地改良区と取引する場合、どのような注意をすればよいか

**結論**

土地改良区とは、土地改良法に基づき、土地改良事業の施行を目的として、都道府県知事の認可によって成立する法人である。土地改良区との取引は、代表権の制限のない理事を相手方として行うが、重要事項は、総会または総代会の決議を要することに留意する。

─────── 解　説 ───────

## 1　土地改良区の定義

　土地改良区とは、一定の地域の土地改良事業の施行を目的とし、土地改良法の規定により設立される法人であって（土地改良法5条1項、13条）、その設立には都道府県知事の認可を要し、認可によって成立する（同法5条、10条1項・2項）。土地改良区が成立したときは、都道府県知事は遅滞なく公告をしなければならず、公告が対抗要件となる（同法10条3項・4項）。土地改良区の根本規則は定款であり、名称・認可番号、地区、事業、役員に関する事項等を記載する（同法16条）。総会、役員に関する事項（定款の必要的記載事項を除く）は規約で定めることができる（同法17条）。

## 2　土地改良区の代表者・機関等

　土地改良区には役員として理事（定数5人以上）、監事（定数2人以上）が置かれ、定款の定めるところにより、原則として総会で選出される。役員の就任・退任は都道府県知事に届出を要し、知事は届出があったときは遅滞なく公告し、この公告があるまで役員の代表権をもって第三者に対抗することができない（土地改良法18条）。

　理事は、定款の定めるところにより、土地改良区を代表するが、総会の決議に従わなければならない。土地改良区の事務は原則として理事の過半数で決する（同法19条）。理事の代表権に加えた制限は、善意の第三者に対抗することができない（同法19条の2）。

　また理事は、毎事業年度に1回総会を招集しなければならない（同法25条）。定款の変更、規定の設定・変更等、起債または借入金の借入れ、借入れの方法、利率、償還の方法、収支予算等は総会の決議事項である（同法30条）。なお、組合員数が200人を超える土地改良区は、定款により総代会を設けることができ、総会にかわり重要事項を決議する（同法23条）。

## 3　土地改良区の資金調達

　土地改良区は、その事業を行うために必要がある場合は区債を起こし、または借入金の借入れをすることができる。国または国の出資する金融機関

は、区債を引き受け、または借入金を貸し付けることができる（土地改良法40条）。

### 4　取引上の留意点

土地改良区には以上のような特徴があるので、土地改良区と取引を行う場合は、公告、都道府県知事発行の代表者の資格証明書（土地改良法18条16項・17項）、定款、規約、理事会・総会・総代会の議事録またはその写し、理事の印鑑証明書の提供を受け、代表者、代表権の制限、総会の決議の有無内容等を確認する必要がある。

土地改良区が起債または借入れを行う場合には、それらの方法、利率、償還方法等について総会または総代会の議決を要し、また、予算をもって定めたもの以外に改良区の負担となるべき契約（保証契約などが該当する）についても同じく議決を要する（同法30条1項3号・5号）。これらの理事の代表権に加えられた制限は、これをもって善意の第三者に対抗できない旨の民法の規定が準用されている（同法35条）が、融資契約の有効性について後日紛議が生じないように総会（総代会）の議事録写しを徴求して確認すべきであろう。連合会についてはこの種の制限はないが、法人の性質が営利を目的としないことからして、融資金の資金使途等については十分に注意を払う必要がある。

なお、土地改良区と各々の理事との契約については利益相反する事項に限らずすべて理事は代表権を有さず、監事がこれらを代表することになる（同法21条）。

## 119 土地区画整理組合と取引を行う場合、どのような注意をすればよいか

**結　論**

　土地区画整理組合とは、土地区画整理事業を施行するため、土地区画整理法に基づき、都道府県知事の認可によって成立する法人である。土地区画整理組合との取引は代表権の制限のない理事を相手方として行うが、重要事項は総会または総代会の決議を要することに留意する。

―――― 解　説 ――――

### 1　土地区画整理組合の定義

　土地区画整理組合とは、都市計画区域内の土地について公共施設の設備・改善および宅地の利用の増進を目的とする土地区画整理事業を施行するため、土地区画整理法の規定により設立される法人であって（土地区画整理法3条2項、14条、22条）、その設立には都道府県知事の認可を要し、認可によって成立する（同法14条、21条5項）。土地区画整理組合が成立したときは、都道府県知事は遅滞なく公告をしなければならず、公告が対抗要件となる（同法21条4項・7項）。土地区画整理組合の根本規則は定款であり、名称、施行地区、事業の範囲、役員、総会に関する事項等を記載する（同法15条）。

### 2　土地区画整理組合の代表者・機関等

　土地区画整理組合には役員として理事（定数5人以上）、監事（定数2人以上）が置かれ、定款の定めるところにより、原則として組合員のうちから総会で選出される（土地区画整理法27条）。各理事は、定款の定めるところにより、土地区画整理組合の業務を執行し、土地区画整理組合を代表する（同法28条1項）が、定款によって代表権を理事のみに制限することが多い。理事の代表権に加えた制限は、善意の第三者に対抗することができない（同法28条の2）ので、代表権の確認は、定款、都道府県知事発行の理事の資格証明によって行うことが必要である。

　組合の業務は原則として理事の過半数で決し（同法28条2項）、理事は毎事

業年度に1回総会を招集しなければならない(同法32条)。また定款の変更、事業計画の決定・変更、収支予算等は総会の決議事項である(同法31条)。なお、組合員数が100人を超える土地区画整理組合は、定款により総代会を設けることができ、総会にかわり重要事項を決議する(同法36条)。

### 3　土地区画整理組合の資金調達

土地区画整理組合は、その事業を行うために必要がある場合は、借入金を借り入れることができる(土地区画整理法43条)が、借入金の借入れおよびその方法、利率および償還方法については総会の議決を経なければならないという制限が加えられており、また予算をもって定めるものを除くほか、組合の負担となるべき契約(保証契約が該当する)も同じく総会の議決を経なければならない(同法31条4号・6号)。総会の議決には、あらかじめ借入金の総額、利率および償還期間の最大限を議決して、その範囲内で借入れを行うことが認められると解されている。土地区画整理組合の設立準備中の立上げ資金の借入れが問題となることがあるが、土地区画整理法には会社法における「設立費用」のような規定がないことから避けるべきである。

### 4　取引上の留意点

土地区画整理組合には以上のような特徴があるので、土地区画整理組合と取引を行う場合は、公告、代表者の資格証明書、定款、理事会・総会・総代会の議事録またはその写しの提供を受け、代表者、代表権の制限、総会等の決議の有無内容等を確認する必要がある。また組合が理事と契約する場合は、利益相反する事項に監事が組合を代表して行うことになる(土地区画整理法28条5項)。

土地区画整理法には、土地改良法19条の2のような理事に対する個人責任を認めていないので留意が必要である。また、土地区画整理組合の唯一の財産は保留地予定地であり、融資の際の担保の対象として考えられるが、保留地予定地には登記制度がないため、抵当権の設定は対抗要件を欠き実効性がないが、当事者間での設定契約は有効である。その他の方法として考えられるのは譲渡担保である。譲渡担保の客体である保留地譲受権は債権であるの

で、指名債権としての対抗要件により第三者に対抗できる。

## 120 公社と取引を行う場合、どのような注意をすればよいか

**結論**

各公社の設立根拠となる法令、登記、定款等を確認し、当該法人の目的、事業内容、代表者・代表権限、その他固有の制限・手続等を確認する。また、地方道路公社および土地開発公社との融資取引に際して、地方公共団体と保証契約を締結するときは、地方公共団体において、当該契約に関する議会の議決を経ていることの確認も必要となる。

**解説**

### 1 公社の定義と代表的な公社

公社とは、特別法に基づき、国、地方公共団体により設立される法人である（公益法人とは異なる）が、民営化等により、現在は地方公共団体が設立する地方公社のみとなっている。現存する代表的な公社は、地方住宅供給公社、地方道路公社および土地開発公社であるので、以下、これらの公社について解説する。

地方住宅供給公社は、地方住宅供給公社法に基づき、地方公共団体が単独または他の地方公共団体と共同して、基本財産の額の2分の1以上を出資し、議会の議決を経て、定款等を作成して国土交通大臣の認可を受け、公社の設立の登記をすることによって成立する法人である（地方住宅供給公社法2条、4条、9条、10条、43条）。役員として理事長、理事および監事が置かれ（同法11条）、理事長が地方住宅供給公社を代表する（同法12条）。地方公社と理事長との利益が相反するときは、監事が地方住宅供給公社を代表する（同法17条）ことになる。

地方道路公社は、地方道路公社法に基づき、地方公共団体が単独または他の地方公共団体と共同して、基本財産の額の2分の1以上を出資し、議会の議決を経て、定款等を作成して国土交通大臣の認可を受け、公社の設立の登

記をすることによって成立する法人である（地方道路公社法2条、4条、9条、10条、41条）。役員として理事長、副理事長（定款でおかないこともできる）、理事および監事が置かれ（同法11条）、理事長および副理事長が地方道路公社を代表する（同法12条）。地方公社と理事長との利益が相反するときは、監事が地方道路公社を代表する（同法17条）ことになる。

　土地開発公社は、公有地の拡大の推進に関する法律に基づき、地方公共団体が単独または他の地方公共団体と共同して、基本財産の額の2分の1以上を出資し、議会の議決を経て、定款を定め、総務大臣および国土交通大臣または都道府県知事の認可を受け、公社の設立の登記をすることによって成立する法人である（公有地の拡大の推進に関する法律10条、11条、13条、15条）。役員として理事および監事がおかれ、理事が土地開発公社を代表し、地方公社と理事長との利益が相反するときは、監事が土地開発公社を代表する（同法16条）ことになる。

## 2　地方公社の問題点

　地方公社のなかには業績の厳しいところが少なくなく、いわゆる第三セクターの法人とともに、地方自治体の財政を圧迫するものとして問題視されている。したがって、地方公社との融資取引等与信取引を行う際には、第三セクター法人と同様、地方公共団体の出資する法人であるということを過大視することなく、対象となる事業、取引内容、資金使途、回収可能性等を十分慎重に検討する必要がある。

## 3　保証・損失補償

　第三セクター等では一般的に財務基盤が弱く、十分な物的担保がない場合など、出資する地方公共団体の財政支援を考慮しなければならない場合が多いことから、大部分が地方公共団体の損失補償を受けているのが実情である。損失補償に関しては、平成18年11月15日（金法1793号39頁）に横浜地裁が損失補償契約を違法とする判断を初めて示して以降、金融取引で大きな問題となっていたが、前述（〔86〕参照）のとおり、最高裁判決によって保証とちがって損失補償契約が直ちに無効となるものではないとされて、同法の解

釈上の結論が出された。しかし、地方公共団体は原則として会社その他の法人の債務の保証を行うことができないことから、保証に類似するものは静ひとなるおそれがあり、また、第三セクター等の改革が進められていることにも留意が必要である。

ただし地方道路公社および土地開発公社の債務については保証契約をすることが認められている（地方道路公社法28条、公有地の拡大の推進に関する法律25条）。

### 4 取引上の留意点

地方公社との取引にあたっては、根拠法、登記事項証明書、定款、資格証明書、印鑑登録証明書、議会の議決、主務大臣の認可書等を調査し、法人の存在、代表者、代表権の範囲・制限等を確認する。

融資取引等与信取引を行う際には、事業や取引の内容、資金使途等が目的、予算の範囲内であることなどの確認も必要となる。また、地方公社の債務について、地方公共団体と損失補償契約を締結するときは、地方公共団体において、議会の議決を経ていることの確認も必要となる。なお、運用取引については、地方公社の余裕金の運用は、国債、地方債および預金等に限られている（地方住宅供給公社法34条、地方道路公社法31条、公有地の拡大の推進に関する法律18条）。

## 121 独立行政法人との取引においては、どのような注意をすればよいか

**結論**

独立行政法人とは、独立行政法人通則法（平成13年1月施行）および個別法に基づき、国により設立された法人であり、取引の相手方となる独立行政法人の代表者はその長であり、具体的名称は個別法で別途定められている。独立行政法人の借入れ、担保提供、運用等には、法律上厳格な制限があり、取引に際しては制限の内容を確認する必要がある。

━━━━━ 解　説 ━━━━━

### 1　独立行政法人の定義

　独立行政法人とは、中央省庁等改革の柱として行政改革会議で提言され、平成10年の中央省庁等改革基本法で制度化された法人であり、国における独立行政法人と地方における地方独立行政法人とに分類される。ここでは国における独立行政法人について解説する。地方独立行政法人については、〔122〕を参照されたい。

　国における独立行政法人とは、「国民生活及び社会経済の安定等の公共上の見地から確実に実施されることが必要な事務および事業であって、国が自ら主体となって直接に実施する必要のないもののうち、民間の主体に委ねた場合には必ずしも実施されないおそれのあるものや独占して行わせることが必要であるものを効率的かつ効果的に行わせることを目的として、独立行政法人通則法および個別法に基づき設立された法人」をいう（独立行政法人通則法2条1項、6条）。その各独立行政法人の名称、目的等は個別法で定められる（同法4条、5条）。国における独立行政法人は特定独立行政法人と特定独立行政法人以外の独立行政法人に分類され、特定独立行政法人の役職員には国家公務員の身分が残されている（同法51条）。

　国における独立行政法人の設立に際しては、主務大臣が独立行政法人の長と監事になるべき者を指名し、設立委員を命じて設立事務を処理させることとなっており、国における独立行政法人は設立の登記をすることによって成立する（同法14条、15条、17条）。

### 2　独立行政法人の機関と業務運営

　国における独立行政法人には役員として、法人の長1人と監事が置かれる。長の名称や定数、他の役員の名称や定数については個別法で定められている（独立行政法人通則法18条）。法人の長は、国における独立行政法人を代表する（同法19条1項）。代表者の氏名等は登記事項であり、他の役員に一定の範囲で代表権を与えたときはその範囲等も登記される（独立行政法人等登記令2条2項）。国における独立行政法人と法人の長その他の代表権を有する役員との利益相反事項については、監事が独立行政法人を代表する（独立行

政法人通則法24条)。

　主務大臣は国における独立行政法人に対して業務運営に関する中期目標を定めて指示し（同法29条)、各独立行政法人はこれに基づき中期計画を作成し、主務大臣の認可を受けなければならない（同法30条)。中期計画においては、短期借入金の限度額、重要な財産の譲渡、担保提供の計画等も定められる。

### 3　資金調達と運用

　国における独立行政法人は、原則として中期計画に定められた限度内で短期借入れを行うことしかできず、その借入金は当該事業年度内に償還しなければならない。借換えにも制限がある。また、長期借入れおよび債券の発行は、個別法において規定された場合に限り認められる（独立行政法人通則法45条)。

　一方、余裕金の運用は、公共債、預金等安全確実なものに限られる（同法47条)。また重要財産の譲渡や担保提供には、中期計画に従ってなされる場合を除き、主務大臣の認可が必要である。

　なお、国が独立行政法人の債務の保証を行うには、法人に対する政府の財政援助の制限に関する法律3条の例外として個別法の規定が必要である。

### 4　取引上の留意点

　国における独立行政法人には以上のような特徴があるので、取引を行うに際しては、独立行政法人通則法および個別法、登記事項証明書、中期計画等を確認し、法人の長を相手方として取引を行う必要がある。特に、借入れや担保提供、運用には上記のような厳格な制限があるので注意を要する。

## 122 地方独立行政法人との取引においては、どのような注意をすればよいか

### 結論

地方独立行政法人とは、地方独立行政法人法に基づき、地方公共団体により設立された法人であり、取引の相手方となる地方独立行政法人の代表者は原則として理事長である。地方独立行政法人の借入れ、担保提供、運用等の取引に際しては、法律上厳格な制限があるので、制限されている内容についての確認が必要である。

### 解説

#### 1 地方独立行政法人の定義

独立行政法人制度は、国における中央省庁等改革の柱として創設されたが、その後、地方レベルにおいてもこれにならって地方独立行政法人制度が創設された。国の独立行政法人については、〔121〕参照。

地方独立行政法人とは、「住民、地域社会・経済における公共上の見地から確実に実施されることが必要な事務および事業であって、地方公共団体が自ら主体となって直接に実施する必要のないもののうち、民間の主体に委ねた場合には必ずしも実施されないおそれのあるものを効率的かつ効果的に行わせることを目的として、地方独立行政法人法に基づき設立された法人」をいい（地方独立行政法人法2条1項、5条)、その名称中に地方独立行政法人の文字を用いなければならない（同法4条）。

地方独立行政法人は、さらに特定地方独立行政法人と一般地方独立行政法人に分けられ、特定地方独立行政法人については、「その業務の停滞が住民の生活、地域社会もしくは地域経済の安定に直接かつ著しい支障を及ぼすため、又はその業務運営における中立性及び公正性を特に確保する必要がある」とされ（同法2条2項)、その役員および職員は地方公務員の身分となる。

地方独立行政法人の設立に際しては、地方公共団体がその基本財産の2分の1以上を出資し、議会の議決を経たうえで定款を定め、総務大臣または都

道府県知事の認可を受け、設立の登記をすることによって成立する（同法6条、7条、9条）。

## 2 地方独立行政法人の機関と業務運営

地方独立行政法人には役員として、原則として理事長1人、副理事長、理事および監事が置かれる（地方独立行政法人法12条）。理事長、副理事長は、地方独立行政法人を代表する（同法13条1項）。地方独立行政法人と理事長または副理事長との利益が相反する事項については、監事が地方独立行政法人を代表する（同法18条）。代表者の氏名等は登記事項である（組合等登記令2条2項）。

地方独立行政法人を設立した地方公共団体（設立団体）の長は、当該法人に対し、業務運営に関する中期目標を定めて指示し（地方独立行政法人法25条）、当該法人はこれに基づき中期計画を作成し、設立団体の長の認可を受けなければならない（同法26条）。中期計画においては、短期借入金の限度額、重要な財産の譲渡、担保提供の計画等も定められる。

## 3 資金調達と運用

地方独立行政法人は、原則として中期計画に定められた限度内で短期借入れを行うことしかできず、その借入金は当該事業年度内に償還しなければならない。借換えにも設立団体の長の認可等の制限がある。また、長期借入れおよび債券の発行は、設立団体からの長期借入金以外はできない（地方独立行政法人法41条）。

一方、余裕金の運用は、公共債、預金等安全確実なものに限られる（同法43条）。また、重要財産の譲渡や担保提供には設立団体の長の認可が必要であり、その認可を行うには評価委員会の意見を聴取するとともに、議会の議決が必要である（中期計画に定めがある場合でも同様である）（同法44条）。

## 4 取引上の留意点

地方独立行政法人には以上のような特徴があるので、取引を行うに際しては、地方独立行政法人法、登記事項証明書、中期計画等、設立団体の長の認

可、議会の議決、評価委員会の意見等を確認し、法人の長を相手方として取引を行う必要がある。特に、借入れや担保提供、運用には上記のような厳格な制限があるので注意を要する。

## 123 建設業の共同企業体（JV）と取引するには、どのような注意をすればよいか

**結論**

JVとは、複数の建設業者が、一つの建設工事を受注、施工することを目的として形成する事業組織体のことをいう。JVは、基本的には、民法上の組合の性格を有するとされており、原則として民法上の組合との取引と同様の注意をすればよい（〔116〕参照）。

具体的には、JV協定書で決められた代表者を相手方に取引を行い、その際は、JV協定書とともに、つどの取引に係る委任関係を示すJV構成員全員の記名押印ある書面またはJV構成員全員による運営委員会の議事録による確認が必要である（いずれの書類を徴求する場合にも全構成員の印鑑証明書の添付を求める）。

また、JVの財産はJV構成員の共有に属するので、担保提供を受けるにあたっては全構成員の意思を確認できる方法によらなければならない。

**解説**

### 1　JVの意義

JVは、Joint Venture（ジョイント・ベンチャー）の略語で、共同企業体や合弁事業の一般的通称として使われているが、ここでは建設業の共同企業体を指すこととして解説する。JVとは、建設業者が単独で受注および施工を行う通常の場合とは異なり、二つ以上の建設業者が、一つの建設工事を受注し施工する目的をもって結成する事業組織体のことをいう。

JVには、大規模かつ技術難度の高い工事の施工に際して、技術力等を結集することにより工事の安定的施工を確保する場合等工事の規模・性格等に照らし、共同企業体による施工が必要と認められ場合に工事ごとに結成する

特定建設共同企業体（特定JV）と、中小・中堅建設業者が継続的な協業関係を確保することにより、その経営力・施工力を強化する目的で結成する経常建設共同企業体（経常JV）がある。いずれについても、その法的性格は民法上の組合と解せられるが、民法上の組合に関する規定は大部分が任意規定であり、その目的、規模、存続期間、運営方法等が異なることから、JVとの取引にあたっては、そのJV協定等の内容を確認する必要がある。なお、一般にJVの場合は、組合員は構成員、業務執行者は代表者、総会は運営委員会と呼称される。また、組合契約書に相当するものとしてJV協定書等がこれに該当する。

## 2　取引の相手方

　民法上の組合は、業務の執行は組合員の過半数の決議で行うことになっているが（民法670条1項）、組合契約により組合員中の1人または数人に業務の執行を委託することもできる（同条2項）。JVにおいては、一般に、建設工事の施工に関し、JVを代表して、発注者および監督官庁等と折衝する権限ならびに自己の名義をもって請負代金（前払金および部分払金を含む）の請求、受領および当該企業体に属する財産を管理する権限を有する代表者が設けられる。JVは、法人格を有せず、商業登記を行うことができないことから、取引が目的の範囲内であることや代表者の権限の範囲内であることの確認は、JV協定書、JV構成員全員の委任があったことを証する組合員全員の署名のある書面、または総会の議事録に全員の印鑑証明書を添付して提出してもらうことをもって行う必要がある。

## 3　取引上の注意点

　民法上の組合は、法人格を有しないことから、財産の帰属主体となりえず、組合に出資された財産、組合の事業によって取得する財産（いわゆる組合財産）は、構成員である組合員の共有に属する（民法668条）。組合における共有は、普通の共有と異なり組合員はこの共有財産につき、持分を自由に処分することはできず、かつ、清算前に分割請求することもできない（同法676条）。不動産は組合員全員の共有登記とするのが原則である。

JVにおいても、上記をふまえ、組合財産に担保権を設定するには総会の議事録等により組合員全員の同意を確認することが必要であり、かつ、組合員全員との間で担保設定契約を行わなければならない。

　また、組合の債権は、組合員に不可分的に帰属し、個々の組合員は、自分の持分割合に相当する一部分であっても、単独で取り立てることはできず、また、組合の債権に係る債務者は、当該債務と組合員に対する債権とを相殺することはできない。金融実務においては頻発するものではないが、JVの構成員に対して有する債権とJVに対する債務とは相殺できないことに留意する必要がある（同法677条）。

　民法上の組合の債務については、各組合員に損失分担割合に応じ、固有財産を引当てとする分割・無限責任を負わせており、債権者は組合員の損失分担割合を知らない限り、各組合員の固有財産に対し、等しい割合で権利を行使することができる（同法675条）。なお、共同企業体の構成員に会社を含む場合には、共同企業体の各構成員は、共同企業体がその事業のために第三者に対して負担した債務につき、商法511条1項により各構成員は連帯債務を負う（最判平10.4.14民集52巻3号813頁）。

　JVは、上記の判例はあるものの、物的担保に乏しく、構成員に信用力が低い先が含まれている場合には、貸出取引にあたっては、その責任を明確にするべく、代表者や主たる構成員を連帯保証人とすることが望ましい。また、JVの構成員全員の委任があったことを証する書面の提出を受けられないなど、代表者の権限を確認することができないときは、代表者個社との取引として取り扱わざるをえない。この場合も貸出取引であれば、他の主たるJV構成員を連帯保証人に求めるなどして取引することが望ましい。

## 124 特定目的会社と取引するには、どのような注意をすればよいか

**結論**

　特定目的会社とは、資産の流動化に関する法律（平成10年6月15日法律第105号）（以下「資産流動化法」という）に基づき、資産の流動化のみを目的

として設立される社団のことをいう。その機関や社員の権利義務等について、おおむね会社法上の会社に準じて規定されているが、定款のほか、業務開始にあたって内閣総理大臣に届け出た資産流動化計画の定めに従って業務を行うことが求められる等の相違がある。取引を行うに際しては、原則として会社法上の会社との取引と同様の注意をすればよいが、資産流動化法には、上記のとおり、会社法と異なった規定もおかれているため、この点には注意を要する。

　特定目的会社と取引を行うに際しては、原則として取締役（代表取締役がいる場合は代表取締役）を相手方として行い、その際は、商業登記簿謄本（履歴事項全部証明書）とともに、印鑑登録証明書の提出を受けて取引を行う権限等を確認する。

　また、特定目的会社が行う資金の借入れは、上記の資金流動化計画で所定の事項が定められたものに限られる。したがって、特定目的会社への貸出にあたっては、資産流動化計画の提出を受けるなどして、それに反した取引ではないことを確認する必要がある。その際の相手方は、取締役に限らず、当該資産流動化計画の主要部分の作成を委ねられているアレンジャー等の専門家を含める必要があろう。

■ 解　説 ■

## 1　特定目的会社の意義

　特別目的会社は、一般に諸外国を含むさまざまな資産流動化スキームに用いられる「Special Purpose Company」を意味するものとして使われており、設立準拠法は国内外にわたっている。ここでは、そのうち、資産の流動化に関する法律（以下「資産流動化法」という）に基づいて設立される特定目的会社について解説する。

　特定目的会社とは、資産流動化法に基づき、資産の流動化のみを目的として設立される営利社団法人である。特定目的会社は、資産対応証券の発行や特定借入れ等によって得られる金銭で資産を取得し、これらの資産（特定資産）の管理および処分によって得られる金銭で、資産対応証券や特定借入れに係る債務の履行または優先出資に係る利益の配当および消却のための取得

または残余財産の分配を行うものである。

　資産流動化法は、特定目的会社について会社法上の会社の規定を準用しつつも、その業務内容については、投資家の保護等の観点から、次のような制限を付している。

① 業務開始の届出（資産流動化法4条）……資産の流動化に係る業務を行うときは、あらかじめ内閣総理大臣に届け出なければならず、この届出（業務開始届出）を行う際は、商号、営業所の名称および所在地、役員等の氏名・住所、主要な特定社員の氏名（名称）・住所等を記載した届出書に、定款、資産流動化計画等の書類を添付しなければならない。

② 特定資産の管理および処分の委託（同法200条）……特定目的会社自体は、資産を保有するための「器」にすぎないことから、財産の管理および処分等積極的行為に係る業務を外部に委託することが求められており、原則的には、特定資産（信託の受益権を除く）を信託会社等に信託しなければならない。ただし、不動産、指名債権、電子記録債権などの一定の特定資産については、信託によらない方法で管理を委託することも可能であるが、その際には従たる特定資産（同法4条3項3号、同法施行規則6条の2）を除き当該管理業務の受託者に信託の受託者と同等の義務を契約で課すことが求められている。

③ 他業の禁止（資産流動化法195条）等……資産流動化計画に従って営む資産流動化に係る業務およびその附帯業務に限定され、他業務との兼営は禁止されている。また、合名会社または合資会社の無限責任社員となることが禁止されている。

④ 資産の処分等の制限（同法213条）……特定目的会社における投資家にとっては特定資産が唯一の証券の裏付けであることから、投資家の意思に反して利益を損なうことのないよう、投資家が納得している資産流動化計画に定められている場合以外は、特定資産の貸付、譲渡、交換または担保提供を行うことができない。

⑤ 借入れの制限（同法200条、211条）……資産流動化計画で所定の事項が定められたものを除き、資金の借入れを行うことができない。

⑥ 資産の取得等の制限（同法212条）……組合・匿名組合、株式会社等の出

資持分や株式等について、一定の場合に取得が制限されている。

## 2 取引の相手方

　特定目的会社においては、1人または複数の取締役をおかなければならず、取締役が業務を執行し、会社を代表する機関となる。取締役が複数いる場合でも、原則として、各取締役が単独で会社を代表し、定款または社員総会の決議によって会社を代表する取締役を定めることができることになっている。したがって、特定目的会社と取引をする際には、取締役（代表取締役がいる場合は代表取締役）を取引の相手方とすればよい。この場合、取引の相手方たる取締役については、商業登記簿謄本（履歴事項全部証明書）とともに、印鑑登録証明書による確認が必要である。

## 3 取引上の注意点

　特定目的会社は、資産流動化法上、その特定資産の担保提供や借入れに制限が付されており、資産流動化計画に所定の事項が定められている場合以外にはこれらの行為ができない。したがって、これらの取引を特定目的会社と行うときには、資産流動化計画の写しか、少なくとも同計画に基づく取引であることを証する書面の提出を受け、資産流動化計画に基づく取引であることを確認しておく必要がある。なお、資産流動化計画の作成についてアレンジャー等の専門家に委ねられることを前提に取締役の責任を限定的に解した下級審判決（大阪地判平18.5.30）もある。資産流動化計画の内容の確認については個々の特定目的会社の設立経緯や取締役の選任状況等を勘案してアレンジャー等の関係者を相手に行う必要があろう。

## 125　有限責任事業組合（LLP）と取引するには、どのような注意をすればよいか

### 結　論

　有限責任事業組合（以下「LLP」という）とは、有限責任事業組合契約に関する法律（平成17年5月6日法律第40号）に定める有限責任事業組合契約

によって成立する組合をいう。LLPは、組合員の人格から独立した法人格は有せず、組合財産は、組合員の共有（合有）である点等民法上の組合と共通する点もある一方、組合員は出資の価額を責任の限度とし、全組合員が業務執行権を有し、組合の商業登記が可能となる等の相違点もある。

　LLPと取引を行う場合には、組合員（組合員が法人の場合は当該組合員の職務執行者）を相手方として取引を行い、その際は、登記簿謄本（履歴事項全部証明書）とともに、印鑑登録証明書の提出を受けて当該LLPの組合員であること等の確認をする。

　また、LLPの業務執行の決定は、原則総組合員の同意によらなければならず、特に重要財産の処分および譲受けや多額の借財に関しては、組合契約においても当該同意を要しない旨を定めることができないので、貸出や担保権設定にあたって、総組合員の同意があることを確認する必要がある。

――――――――解　説――――――――

## 1　LLPの意義

　有限責任事業組合とは、個人または法人が出資して、それぞれの出資の価額を責任の限度として共同で営利を目的とする事業を営むことを約し、各当事者がそれぞれの出資に係る払込みまたは給付の全部を履行することによって、その効力を生ずる有限責任事業組合契約によって成立する組合のことをいい、有限責任事業組合契約に関する法律（以下「LLP法」という）にその根拠を有する。一般にLLP（Limited Liability Partnership）と呼ばれる。

　LLPにおいては、会社のように構成員の人格から独立した法人格はもたず、組合財産は、組合員の共有（合有）となる一方、当該事業によって生じる債務について構成員全員が出資の価額の限度でしか責任を有しない（LLP法15条）有限責任性が実現している。その一方、債権者保護策として、組合財産の確保および不当な流出を防止するため、①組合契約の効力発生要件として、全組合員の出資の履行とし（同法3条1項）、②出資できる財産の種類について貸借対照表能力のない労務出資を認めず「金銭その他の財産のみ」に限定し（同法11条）、③組合財産の分配が制限されている（同法34条）。また、組合員等の職務執行にあたっての第三者に対する責任についても規定されて

いる（同法17条）。

　また、LLPにおいては、損益配分や権限などの組織内部の取決めについて組合員相互において自由に取り決めることができる。ただし、意思決定については組合員全員の同意をもって行うことを原則とする（例外については後記参照）。また、意思決定に基づく業務の執行について組合員全員がこれに携わることが権限であり、かつ義務として課されている。業務執行組合員に全部の執行権限を委任することは認められず、一部委任しかできず、結果的に全組合員が何らかの執行権限をもって事業に参画することが求められている。

　そのほか、民法上の組合と異なり、事業年度は1年以内とする必要があり（同法4条4項）、組合員がLLPの業務として行う行為は商行為となる（同法10条）。具体的には企業同士の連携（共同での研究開発や生産・物流・販売等）での活用などがある。

## 2　取引の相手方

　法人、個人いずれもLLPの構成員となることができるが、法人が構成員となるためには職務執行者を置かなければならない。ただし、民法上の組合や権利能力なき社団が組合員になることはできない。

　LLPの業務執行を決定するには、重要財産の処分および譲受けや多額の借財については、全員の同意を要する（LLP法12条1項。なお、同法施行規則5条において定める金額以下の場合には3分の2以上の同意と組合契約書で要件緩和の定めを設けることができる（LLP法12条2項））。それ以外の事項の決定については、組合契約書において総組合員の同意を要しない（たとえば、過半数により決定する）旨の定めをすることができる（同法12条1項ただし書）。また、組合員は、この総組合員の同意による決定に基づき、LLPの業務を執行する権利を有し、義務を負う（同法13条1項）。したがって、LLPにおいては組合員全員が業務執行者である。また、組合員のLLPの業務を執行する権利に加えた制限は、善意の第三者に対抗することができない（同条3項）。

　これらのことから、まず、LLPとの取引においては、組合員（組合員が法人の場合は当該組合員の職務執行者）を相手方として取引を行う。その際には、

LLPには法人格がないものの債権者保護の観点から商業登記がなされるので、登記簿謄本（履歴事項全部証明書）および印鑑登録証明書により、組合の事業内容や名称・所在場所、組合員および職務執行者（組合員が法人の場合）の氏名・名称や住所、組合の存続期間（ただし、特に制限はなく延長も可能）など所要の事項を確認することが必要である。

### 3 取引上の注意点

民法上の組合とは異なり、全組合員が業務執行権を有し、これに対する制限は善意の第三者に対抗することができないが、実務では、特に借入れや担保設定など総組合員の同意を要する取引である蓋然性が高いものについては、議事録の写しまたは他の組合員全員の記名押印のある同意書、決定書の提出を求め、総組合員の同意を確認しておくという対応が安全であろう。

なお、多額の借財については、他の借入金とあわせてもLLPの純資産額を下回る金額の借入れであれば、組合契約書において総組合員の同意を要しないとでき、また、重要財産の処分については、財産の価額がLLPの純資産額および20億円を下回ることその他法定の条件を満たせば、組合契約書において総組合員の同意を要しないとできる。したがって、貸出取引、担保設定取引に際し、その旨の説明がLLPからあった場合には、組合契約書の写しの提供を受けて、総組合員の同意免除の内部手続が行われているかを確認する必要がある。

## 126 投資事業有限責任組合（LPS）と取引するには、どのような注意をすればよいか

**結　論**

投資事業有限責任組合（以下「LPS」という）とは、投資事業有限責任組合に関する法律（平成10年6月3日法律第90号）に定める投資事業有限責任組合契約によって成立する無限責任組合員および有限責任組合員からなる組合をいう。組合員の人格から独立した法人格は有せず、組合財産は、組合員の共有（合有）である点等民法上の組合と共通する点もあるが、法に定める

事業範囲に限定されること、無限責任組合員のみが業務執行権を有すること、組合の商業登記が可能である等の相違がある。

　LPSと取引を行う場合には、業務執行権を有する無限責任組合員（組合員が法人の場合は当該組合員の職務執行者）を相手方として取引を行い、その際は、登記簿謄本（履歴事項全部証明書）とともに、印鑑登録証明書の提出を受けて確認をする。

　また、LPSの業務執行の決定は、無限責任組合員が行い、無限責任組合員が複数存する場合にはその過半数で決定する。貸出取引や担保権の設定にあたっては、無限責任組合員の過半数の同意のある決議資料等をもって組合内部の正式な意思決定手続が為されたことを確認する必要がある。

―――――――― 解　説 ――――――――

## 1　LPSの意義

　投資事業有限責任組合（以下「LPS」という）とは、投資事業有限責任組合に関する法律（平成10年6月3日法律第90号。以下「LPS法」という）に定める投資事業有限責任組合契約によって成立する無限責任組合員および有限責任組合員からなる組合をいう（LPS法2条2項）。実務上、投資先企業の規模や公開非公開を問わず、さまざまな投資のためのヴィークルとして広く利用され、ベンチャーキャピタル・ファンドやバイアウト・ファンドのようなプライベートエクイティ・ファンド（PEファンド）等に利用されている。

　LPSは、会社のように構成員から独立した人格の法人格はもたず、組合財産は、組合員の共有（合有）となることは民法上の任意組合と同じである。ただし、LPSにおいては、組合の債務について無限責任を負う無限責任社員と出資の価額の範囲内しか責任を有しない有限責任社員が存する点が異なる。また、無限責任組合員は、任意組合の組合員が分割責任で損失負担割合のみの責任を負うのに対し、LPSの無限責任組合員は、連帯責任を負い、組合債務全額の支払義務を負う（同法9条1項）。なお、有限責任組合員が組合の業務執行を行う権限があると誤解を与えるような行為を行うと無限責任組合員と同じ責任を負う（同条3項）。

　また、LPSにおいては、組合員の一部の責任が有限化されていることに伴

い、組合契約と取引関係に入る第三者の利益を保護するために、組合の名称には「投資事業有限責任組合」という文字を使用することが義務づけられ(同法5条2項)、また、組合契約の登記を可能にし、組合の名称、無限責任社員の氏名等が閲覧できるような措置が講じられている(同法17条)。

また、責任財産の充実の観点から組合員の出資財産について、任意組合では認められる労務出資を認めず「金銭その他の財産」に制限され(同法6条2項)、また、組合財産の分配を制限し、貸借対照表上の純資産の額を超えて分配できないこととされている(同法10条)。

LPSの業務執行の決定は、無限責任組合員が行い(同法7条1項)、また、無限責任組合員が複数存する場合には、組合の常務を除き、その過半数をもって決定することとされていた(同条2項・3項)。組合契約でこれらの規律を変更することは予定されていない。

また、組合の事業の範囲は、同法3条1項の範囲に制限されているが、仮にこの範囲を超えて投資を行った場合には、総組合員の同意をもってしても追認を受けることができず(同法7条4項)、無限責任組合員の無権代理行為として処理される。

## 2 取引の相手方

法律上、無限責任組合員、有限責任組合員のいずれも資格制限はない。ただし、無限責任社員は、登記において「氏名または名称及び住所」を記載する必要があることから、任意組合や人格のない社団等については、登記が行えるか留意が必要とされている(経済産業省「投資事業有限責任組合に関する最近の問い合わせ事例に対するFAQ集」平成23年4月)。

前述のとおり、LPSの業務執行権は、無限責任組合員のみが有するから、まず、LPSとの取引においては、無限責任組合員を相手方として取引を行う。その際には、LPSには法人格がないものの債権者保護の観点から商業登記がなされるので、登記簿謄本(履歴事項全部証明書)および印鑑登録証明書により、組合の事業内容や名称・所在場所、無限責任組合員の氏名・名称や住所、組合の存続期間など所要の事項を確認する。

## 3　取引上の注意点

　LPSにおいては、前述のとおり、無限責任組合員が業務執行権を有する。また無限責任組合員が複数いる場合には、組合の常務を除き、その過半数で業務執行を決定することになることから、貸出取引等組合の常務と解されない取引を行う場合には、議事録等、組合内部の業務執行の決定を確認できる書類を徴求する必要がある。

　なお、無限責任組合員の業務執行権限については、組合契約で委任を受けた範囲でしか及ばないと解されることから、当該取引がその範囲内であるかどうかの確認が必要であろう。特に、借入れ等については、当該組合の事業リスクをコントロールする観点から、一定の金額に抑える等の制限が課されている可能性がありうる。投資事業有限責任組合契約書等により業務執行権限を確認するとよい。

## 127　投信法に基づく投資法人と取引するには、どのような注意をすればよいか

### 結　論

　「投資法人」とは、資産を主として特定資産に対する投資として運用することを目的として、「投資信託及び投資法人に関する法律」（昭和26年6月4日法律第198号）に基づき設立された社団をいう（投信法2条12項）。

　投資法人は、資金調達方法や役員会等の機関構成等、その仕組みは株式会社に類似するところも多い。しかし、投資ヴィークルとして設立されることから、従業員の雇用を禁止され、資産の運用以外の行為を営業として行うことができない等、必ずしも同じということではないことに留意する必要がある。

　投資法人と取引を行うには、執行役員を相手方として行い、その際は、登記簿謄本（履歴事項全部証明書）とともに、印鑑登録証明書の提出を受けて確認をする。

　投資法人の借入金および投資法人債発行の限度額は、株式会社の定款にあたる投資法人規約に規定されている（同法67条1項15号）（投資信託及び投資

法人に関する法律施行規則（平成12年11月17日総理府令第129号）105条7号）。貸出取引にあたっては、投資法人規約に抵触していないかの確認を行う必要がある。

―――― 解　説 ――――

## 1　投資法人の特徴

　投資法人とは、資産を主として特定資産に対する投資として運用することを目的として、「投資信託及び投資法人に関する法律」（昭和26年6月4日法律第198号。以下「投信法」という）に基づき設立された社団をいう（投信法2条12項）。

　特定資産とは、有価証券、デリバティブ取引に係る権利、不動産、不動産の賃借権、地上権、約束手形、金銭債権等（投信法施行令3条）をいう。2000年11月の投信法の改正により、従前有価証券に限定されていた投資法人、投資信託の投資対象が不動産を含む幅広い資産に広げられたものであるが、投資法人については、もっぱら、不動産を主たる投資対象とする金融商品であるリート（Real Estate Investment Trust）の投資ヴィークルとして活用されている。

　投資法人は、株式会社の株式に相当する投資口を発行して資金を集めること、株式会社の株主、取締役および監査役に相当する、投資主、執行役員および監督役員が存在する等、その仕組みは株式会社に類似するところも多い。しかしながら、投資ヴィークルとして設立されることを目的としていることから、必ずしもすべてが同じということではない。

　たとえば、役員等については、①執行役員は、最低1名いればよく（投信法95条1号）、また、監督役員は執行役員の員数に一を加えた数以上の選任があればよいこと（同条2号）、②執行役員と監督役員が共同で役員会を構成し、執行役員の職務執行を監督すること（同法112条）、③執行役員が複数存する場合には、各執行役員が投資法人を代表する（代表執行者という機関がない）等、必ずしも同じということではない。

　また、従業員の雇用を禁止され、資産運用については資産運用会社に、資産管理については資産保管会社に、その他の一般事務は一般事務受託会社に

委託しなければならず、資産の運用以外の行為を営業として行うことができない等の制限がある。

## 2 取引の相手方

執行役員は、投資法人の業務を執行し、投資法人を代表する（投信法109条）ことから、投資法人と取引を行う場合には、執行役員を相手方として行わなければならない。また、投資法人の登記については、基本的には商業登記法が準用されており、会社と同様に、商業登記簿謄本（履歴事項全部証明書）と印鑑証明書の交付を受けて、投資法人の執行役員等を確認する。

## 3 取引上の注意点

投資法人においては、前述のとおり、業務執行役員が業務執行権を有する。また、執行役員の権限に加えた制限は善意の第三者に対抗することができない（投信法109条5項で準用する会社法349条5項）。また、役員会の承認を得る必要があるとされている投信法109条2項に列挙されている事項も、金融取引を行うにあたっては、特段の制約とならないことから、業務執行役員の行為は一般に「有効」なものとして取り扱うことができよう。ただし、規約の必要的記載事項として、借入金および投資法人債発行の限度額（投信法67条1項15号）があることから、貸出取引を行うにあたっては、これら規約の定めに抵触しないか確認する必要があろう。

## 128 限定責任信託と取引するには、どのような注意をすればよいか

**結論**

限定責任信託との取引の相手方は信託の受託者であるから、まず受託者の属性に注意し、限定責任信託の登記により信託の目的等を確認する。責任財産が当該限定責任信託の信託財産に限定され、受託者の固有財産は、当該限定責任信託に属する債務の引当にならないことから、貸出にあたっては信託財産の内容や信託財産の運用方法等を確認する必要がある。

―――― 解　説 ――――

## 1　限定責任信託の意義等

限定責任信託とは、受託者が信託に関して負担する債務について信託財産に属する財産のみをもって履行責任を負う信託である（信託法2条12項）。

信託の受託者は信託事務処理として取引をする場合、受託者と取引する債権者は、信託財産と受託者の固有財産との双方を責任財産として引当とすることができるが、限定責任信託の場合は、受託者の固有の財産に対して強制執行できないため、信託財産の信用力のみを引当てとして取引を行うことになる。

上記のような責任の制限があるため、限定責任信託については債権者保護のため、限定責任信託の受託者として取引を行う旨の明示義務（同法219条）、限定責任信託に係る登記（同法232条）、受託者の第三者に対する責任（同法224条）、受益者に対する財産給付制限（同法225条）等の規律が設けられている。

## 2　取引の相手方

取引の相手方は、一般の信託と同様に信託受託者となる。限定責任信託の受託者には一般の信託と同様、未成年者、成年被後見人、被保佐人以外の者がなることができるため、個人の場合もあれば法人の場合もある。そのため、取引に際しては受託者の本人確認や行為能力の確認、商業登記や定款などの通常の取引の相手方に対する確認をする必要があるが、それに加えて、限定責任信託についての確認をする必要がある。

まず、限定責任信託の登記を確認する。登記事項は次のとおりである（信託法232条各号）。

① 限定責任信託の目的
② 限定責任信託の名称
③ 受託者の氏名または名称および住所
④ 限定責任信託の事務処理地
⑤ 信託財産管理者または信託財産法人管理人が選任されたときは、その氏名または名称および住所

⑥　信託の終了についての信託行為の定め
⑦　会計監査人設置信託（受益証券発行限定責任信託で会計監査人をおくもの）であるときは、その旨および会計監査人の氏名または名称

次に行う取引の内容が受託者の権限の範囲外でないことの確認をする。

信託の受託者は、信託財産に属する財産の管理または処分およびその他の信託の目的の達成のために必要な行為をする権限を有する（信託法26条）が、受託者が権限外の行為をした場合には、そのような権限外行為を一定の条件のもとで信託の受益者が取り消すことができるからである（同法27条）。

その条件とは、取引の相手方が、①信託財産のためになされることを知って（取引対象の信託財産が登記・登録できる場合はこの条件は不要）、かつ②受託者の権限外の取引であることを知って（もしくは重過失によって知らずに）、取引を行ったことである。限定責任信託の場合は、取引の相手方に限定責任信託の受託者である旨を示して取引をするため、②の条件を満たしているかが問題となる。この点については、受託者と取引する者に積極的な調査義務が課されているとは解されないので、相手方の行為等に、当然に行おうとする取引が権限外行為であることを明らかにするものがなければ、重過失とはならないであろう。なお、不動産等の登記登録できる財産については、信託登記において信託目的、信託財産の権限等に関する記載があるのでこれらに関する取引を行う場合には、その内容を確認した方がよいであろう。また、受託者から信託契約書等を受領する場合にも、受託者の権限を制限する特約がないか確認する必要があろう。

なお、信託のために受託者が「借入れ」等を行う権限については、「信託財産の管理または処分」といえないまでも「信託目的達成のために必要な行為」に含まれうる。しかしながら、「借入れ」等の債務負担行為については、信託財産をき損するリスクの高い取引として、その権限を信託行為で制限されている可能性があり、この点については限定責任信託においても、例外でない。貸出取引を行うに際して、細心の注意を払うことが求められる金融機関としては、受託者の権限を確認したり、必要に応じて権限違反でないことについて表明保証させる等の措置が必要であろう。

## 3　取引上の注意点
### (1) 相殺の制限
　一般の信託の受託者と取引を行う場合と異なり、受託者の固有財産は信託財産を責任財産とする債務に係る債権（自働債権）の引当とならないことから、信託法の相殺制限が一段と厳しく課されていることに留意する必要がある。

① 　相殺できる場合……自働債権と受働債権とが双方とも同じ限定責任信託に対するものである場合には通常の相殺が可能である。

② 　相殺できない場合……自働債権が、固有財産または他の信託の信託財産を責任財産とする債務に係る債権で、受働債権が限定責任信託に属する債権に係る債務である場合、および自働債権が限定責任信託の信託財産を責任財産とする債務に係る債権で、受働債権が受託者の固有財産または他の信託の信託財産に属する債権に係る債務である場合（同法22条1項・3項）。

　なお、信託法には第三者保護のための規定があり、たとえば22条3項ただし書には「当該固有財産に属する債権が信託財産に属するものでないことを知らず、かつ、知らなかったことにつき過失がなかった場合は、この限りでない」と定められているが、受託者が金融機関取引で限定責任信託の信託財産を引当とする債務を負担する場合にはその旨を明示して取引するであろうから、通常の取引ではこれらの規定が適用される場面は限定される。

### (2) 信託財産の確認
　限定責任信託においては、受託者が信託事務処理として行った取引等によって生じた債務の引当は信託財産のみであることから、貸出等の取引にあたっては、信託財産が将来どのように変動するかについて把握する必要がある。

　したがって、取引時点における信託財産の内容と併せて、信託財産の運用方法、あるいは受託者が信託財産を使用して行う事業内容等について確認する必要があろう。

# 第5節 支店、出張所、支社との取引

**129** 支店、出張所、支社との取引では、どのような注意をすればよいか

### 結論

　支店と取引をする場合、当該支店の営業の主任者である支店長等の名義で取引が行われることがあるが、その場合、当該支店長等が取引に関する代理権を有しているかを確認する必要がある。支店長等が、取引先会社の支配人として包括的な代理権を有していることが、登記事項証明書により確認できれば、その者の名義で直ちに取引を行ってさしつかえないが、そうでない場合は、原則として、取引先の代表者（代表取締役等）から、支店長等を代理人とする旨の委任状（代理人届）を徴求したうえで、取引をすべきである。

　出張所、支社との取引を、営業の主任者の名義で行う場合も、同様の対応が必要である。なお、出張所長、支社長が、一般的に有する権限の範囲の違いについて留意が必要である。

### 解説

1　総論

　支店、出張所、支社は、いずれも本店と同一の法人格に属する営業所であるため、これらの営業所との取引であっても、法的には、会社との間で取引を行うということになんら変わりない。ただし、会社の代表者（代表取締役等）名義で取引を行う場合と異なり、これらの営業所の主任者は、当然に会社の代表権を有するわけではないため、実行しようとする取引に関する代理権を有しているかを慎重に確認する必要がある。

## 2 支店との取引
### (1) 支店の意義
　会社が営業活動を行う拠点すなわち営業所は一つとは限らず、むしろ、その規模に応じて複数の営業所を有しているのが通常である。そして、二つ以上の営業所が存在する場合には、営業所相互間に、指揮命令関係あるいは営業活動範囲の点で主従の差が生じる。数個の営業所のうち、主たる営業所を「本店」、従たる営業所を「支店」といい、いずれも株式会社の登記事項とされている（会社法911条3項3号）。なお、ここにいう支店とは、単に「支店」という名称が付されている場所を指すのではなく、営業所としての実体、すなわち、本店から離れて一定の範囲内で独自に決定・実行できる組織の実体を有することが必要であることに留意が必要である。

### (2) 支店長が支配人に選任されて登記がなされているケースの取引方法
a　支配人の意義

　支配人とは、会社によって本店または支店の営業の主任者として選任された使用人のことをいう。会社が支配人を選任したときは本店所在地で登記される（同法918条）。

b　支配人の包括代理権

　支配人は、会社にかわって特定の営業所の事業に関するいっさいの裁判上または裁判外の行為をなす権限を有する使用人であり（同法10条、11条1項）、特定の営業所の事業に関する事項である限り、金融機関との取引を含む広範な代理権が認められる。

c　支配人であることの確認

　以上から、支店長名義の取引にあたり、会社の登記事項証明書の記載により、当該支店長が会社の支配人であることを確認できる場合には、直ちにその者の名義で取引を行ってさしつかえない。

### (3) 支配人登記がなされていないケースの取引方法
　もっとも、実際には、支店長が支配人として選任されている例はむしろ少なく、また選任されていても支配人登記がなされていることはまれである。そして、支店長について支配人登記がなされていない場合に、直ちにその者の名義で取引を行ってしまうと、仮に、真に支配人としての選任がなされて

いなければ、無権代理行為（民法113条1項）として、相手方の会社に取引の効果が帰属しない可能性がある。

したがって、支配人登記がなされていない支店長の名義で取引をする場合は、会社から支店長に対し、当該取引に関する代理権が個別に与えられていることを確認する必要がある。そこで、このような場合、原則として、当該取引について支店長に委任する旨の会社代表者（代表取締役等）名義の委任状（代理人届）を徴求したうえで取引を行うべきである。

なお、支店長等、支店の営業所の事業の主任者であることを示す名称を付した使用人は、当該営業所の事業に関し、いっさいの裁判外の行為をなす権限があるものとみなされ、実際にはかかる権限を有していない場合でも、相手方は、善意無重過失であれば保護される（表見支配人：会社法13条）。しかしながら、金融機関に対しては、金融取引に関し、一般よりも高度の注意義務が要求されることも考慮すれば、権限の有無を確認しなかった点について重過失が認められ表見支配人制度の保護を受けられない可能性もあるため、表見支配人の制度による保護を期待して取引を実行することは危険である。

## 3　出張所、支社との取引

出張所長、支社長が、会社からどのような権限を与えられているかは、各会社の組織構成により千差万別であり、一概に判断することはできない。したがって、実務上の対応としては、支店長名義の取引と同様、商業登記により、その者が支配人の資格を有することを確認できる場合を除き、原則として、会社の代表者（代表取締役等）から、その者を代理人とする旨の委任状（代理人届）を徴求したうえで取引をすべきである。

### (1)　出　張　所

出張所という名称が付されていても、支店同様の営業活動が行われているケースもあるが、支店としての実質を有さず、本店または支店の決定に従って機械的な代金の請求や受領を行うような簡易な機構を指すことが一般である。かかる出張所の活動範囲を反映し、会社から出張所長に与えられている権限の範囲も限定的であることが多い。

なお、このような出張所の意義にかんがみ、出張所長との名称が付された

使用人の行為に関しては、支店長、支社長の行為に比較して、その取引相手方は、前述の表見支配人制度の保護は受けにくいと考えられるので、この点にも留意が必要である。

(2) 支　　社

支社という名称は、支店と同様、単に本店以外の営業所を指すものとして用いられる場合もあるし、大規模な会社においては、各地域における営業所を統括する機能を有することを強調する名称として用いられる場合もある。

支社長名義で取引を行う場合は、支店との間の取引と同様、当該支社長について支配人登記がなされているか否かを確認し、登記がなされていない場合は、会社代表者（代表取締役等）名義の委任状（代理人届）を徴求する必要がある。なお、大規模な支社の支社長は、会社の代表者（代表取締役等）であるケースもあると思われるが、その場合は当然、当該支社長名義の取引を行ってさしつかえない。

## 130　支店人との取引では、どのような注意をすればよいか

**結　論**

支配人と取引をする場合、その者が真に会社の支配人であるか否かを、会社から与えられている名称によるのではなく、登記事項証明書の記載により確認する必要がある。そして、支配人登記がなされていれば、その者の名義で直ちに取引を行ってさしつかえないが、そうでない場合は、原則として、取引先の代表者（代表取締役等）から、支店長等を代理人とする旨の委任状（代理人届）を徴求したうえで、取引をすべきである。

**解　説**

1　支配人の意義・権限

支配人とは、会社にかわって特定の営業所の事業に関するいっさいの裁判上または裁判外の行為をなす権限を有する使用人である（会社法10条、11条1項）。そして、会社が支配人を選任した場合、本店の所在地において、そ

の旨を登記しなければならない（同法918条）。

　支配人には、特定の営業所の事業に関する包括的な代理権が認められるため、たとえば、会社を代理して金融機関と取引を行い、事業資金の貸付を受けることもその権限に属する行為であると考えられる。

## 2　支配人であることの確認と取引方法等

### (1)　支配人であることの確認

　会社における支配人の選任は、会社の代表機関によりなされる（ただし、取締役会設置会社においては取締役会決議が必要である。会社法362条4項3号）。したがって、会社のある使用人が支配人にあたるかは、その者の肩書や役職のいかんではなく、会社から支配人として選任された否かにより決まる。

　そこで、金融機関が取引先の支配人名義で取引をしようとする場合、その者が真に会社から支配人として選任されているかを、商業登記の登記事項証明書の記載により確認するべきである。その結果、支配人であることが確認できれば、その者の名義で取引をしてもさしつかえない。

　なお、取引にあたっては、あわせて、支配人の印鑑証明書を徴求し、登記されている支配人と行為者の同一性を確認すべきである。

### (2)　支配人登記がなされていない場合

　ある使用人が、支配人登記がなされていない場合でも、実体として会社により支配人として選任されていることは、理論的にはありうる。また、たとえば、支店長、支社長といった営業所の主任者を意味する名称を付されているものの支配人として選任されていない者が行った取引に関しては、次に述べる表見支配人の制度により、取引相手方が保護される余地がある。

a　表見支配人の制度

　会社法13条は「会社の本店又は支店の事業の主任者であることを示す名称を付した使用人は、当該本店又は支店の事業に関し、一切の裁判外の行為をする権限を有するものとみなす」と規定し、一定の場合に、事業の主任者を意味する名称を付された使用人が、支配人と同様の権限を有しているものとみなすことにより善意無重過失の取引相手方を保護している。

b 表見支配人の要件
 (a) 取引相手方が同法13条の保護を受けるためには、第一に、取引を行った使用人の営業活動をなす場所が「本店又は支店」に該当することが必要である。そして、同条にいう「本店又は支店」に該当するためには、単に支店、支社、出張所という名称のいかんを問題とするのではなく、当該場所が、営業所としての実質を備えていること、すなわち、本店から離れて一定の範囲内で独自に決定・実行できる組織の実体を有することが必要である。
 (b) 第二に、使用人に付された名称が「事業の主任者であることを示す名称」であることが必要とされる。具体的にいかなる名称がこれにあたるかは、一般の取引通念に照らして個別具体的に判断するほかないが、たとえば、「支店長」、「支社長」といった名称は、一般に、営業所の長を指す名称であると理解されるため、「事業の主任者であることを示す名称」にあたることに問題はないと考えられる。他方、支店の「庶務係長」は、かかる名称に該当しないと判断した判例がある（最判昭30.7.15金法91号30頁）。
c 支配人登記がなされていない場合のあるべき対応
 支配人であるものとして取引をした者が、実際には会社の支配人ではなかった場合にも、上述のとおり、表見支配人制度による保護を受ける余地はある。
 しかしながら、取引相手方の使用人が、会社に無断で取引を行っていたようなケースでは、後日、会社との間で、取引の効果に関し紛争が生じる可能性が高い。また、訴訟等に至った場合、事案によっては、前述の表見支配人の各要件が認められるとは限らないし、金融機関に金融取引に関する高度の注意義務が要求される結果、金融機関が、取引相手方の権限の有無について確認を怠っていた場合には、重過失が認定され保護されないことも想定される。
 したがって、表見支配人制度による保護に期待して取引を行うことは危険であり、取引相手方たる使用人について支配人登記がなされていない以上は、会社代表者（代表取締役等）名義の当該使用人を代理人とする旨の委任状（代理人届）を徴求し、当該取引についての個別の授権を受けていることを確認したうえで、取引を行う必要がある。

## 3　共同支配人制度の廃止

　旧商法39条は、支配人の代理権の濫用を防止する制度として、会社は、数人の支配人が共同して代理権を行使すべき旨を定めることができるとしていたが、会社法においては、かかる規定は廃止されている。

## 131　部長、課長等と取引する場合には、どのような注意をすればよいか

**結　論**

　会社代表者（代表取締役等）から、当該部長、課長等を、金融機関取引に関する代理人とする旨の委任状（代理人届）の提出を受けたうえで、取引を行うべきである。ただし、当該部長、課長等について、支配人登記がなされている場合には、直ちに部長、課長名義で取引をしてさしつかえない。

**解　説**

### 1　総　論

　会社の使用人との間で取引をするに際しては、取引相手たる使用人が会社から、金融機関取引に関する正当な授権を受けていればよく、部長、課長等も、かかる授権を受けている限り、これらの者の名義で有効に取引をすることは可能である。

　もっとも、部長、課長等の会社の使用人の有する権限は、会社の組織構成等により異なるため、会社から、部長、課長との肩書を与えられた使用人が、当然に金融機関取引に関する代理権を与えられているわけではない。したがって、取引に際しては、部長、課長が取引に関する代理権を有しているかを確認する必要がある。

### 2　会社の使用人

**(1)　会社法上の使用人の類型**

　会社の使用人とは、契約により、特定の会社に従属して継続的にその事業活動を補助する者をいう。会社法は、会社の使用人について、会社から授権

を受けた代理権の範囲を基礎に、以下の3種類に分けて規定している。
① 支配人
　会社にかわってその事業に関するいっさいの裁判上または裁判外の行為をする権限を有する使用人である（会社法10条、11条）。
② ある種類または特定の事項の委任を受けた使用人
　事業に関するある種類または特定の事項の委任を受け、かかる事項についてのみ代理権を有する使用人である（同法14条）。
③ 物品販売等を目的とする店舗の使用人
　物品販売を目的とする店舗の使用人は、実際の授権の範囲にかかわらず、その店舗にある物品の販売等をする権限を有するものとみなされる（同法15条）。

(2) 取引方法
　会社の部長、課長は、これらの類型のうち、②に該当する場合が多いと思われる。同法は、事業に関するある種類または特定の事項の委任を受けた使用人について、会社から委任を受けた事項に関するいっさいの裁判外の行為をなす権限を有するものとし、この権限に加えられた制限は、善意の第三者に対抗できないものとして、取引先の保護を図っている（同法14条2項）。
　もっとも、実際には、部長、課長の肩書きを有する使用人が、会社からいかなる事項について委任を受けているかは、会社の組織構成等により千差万別である。また、多くの場合、外部者は実際の権限の内容を知りえず、金融機関との取引が、当該使用人が授権された種類の事項に属するかということも不明であるのが通常であるから、同条の保護に期待して取引を行うことは現実的ではない。
　したがって、会社の部長、課長と取引をする場合は、実行しようとする取引について会社から個別に委任を受けていることを確認するため、会社の代表者（代表取締役等）名義の部長、課長を代理人とする旨の委任状（代理人届）を徴求したうえで、取引をするべきである。

(3) 支配人として選任されている場合
　実際の例は少ないと思われるが、会社の部長、課長が会社の支配人である場合は、当該部長、課長は、事業所の事業に関するいっさいの裁判上または

裁判外の行為をする権限を有しており（同法10条、11条）、金融機関との取引も、かかる包括的代理権に含まれるものと考えられる。そこで、取引にあたり、当該部長、課長が会社の支配人である旨の申告を受けた場合には、会社の登記事項証明書により、真に支配人であることが確認できれば、取引に関する委任状を徴求することなく、直ちに取引を行ってもさしつかえない。

## 第6節 解散、通常清算

**132** 清算法人と取引を行う場合、どのような注意をすればよいか

### 結論

当該取引の効果を清算法人に帰属させるためには、清算の目的の範囲内の行為であることが必要であるため、当該目的の範囲内にある行為か否かを確認するよう注意すべきである。また、清算法人の職務執行は、清算人（または代表清算人）が行うため、商業登記簿謄本において清算人（または代表清算人）を確認するよう注意すべきである。

### 解説

#### 1 清算法人の権利能力

清算とは、最終的な法人格の消滅前に、現務の結了、債権の取立て、債務の弁済、株主への残余財産分配等を行う手続のことをいう。

かかる清算手続に入った清算法人の権利能力は、清算の目的の範囲内に縮減され（会社法476条、645条）、清算の目的の範囲外の取引の効果は、会社に帰属しないことから、清算法人と取引を行う場合には、当該清算の目的の範囲内にあることが必要となる。

清算の目的の範囲内か否かについては、一般的に、清算の目的たる行為自体、すなわち清算事務それ自体に限らず清算事務を遂行するため必要な行為も含まれるとされている。また、ある行為が清算事務の遂行に必要かどうかは、清算人の職務範囲を定める規定（同法481条）だけでなく、法文全体の趣旨から判断すべきと解されている（大判大2.7.9、落合誠一「会社法コンメンタール12」168頁（商事法務、2009年））。

判例上、清算の目的の範囲内に属する行為として認められたものとしては、株主総会決議で、解散前の会社の役員・使用人・特別功労者に対して、

慰労金を贈呈すること（大判大2.7.9）、抵当権実行のため競売の申立てをなし、その上で自ら抵当不動産を競落すること（大決大14.7.11民集4巻423頁）などがあげられる。

　また、清算法人は、原則として営業取引を行うことはできないものの、清算の目的（現務の結了）のために行う商品の売却、仕入れ等や、財産換価のため事業譲渡等をなす予定の場合には、事業の減価を防止するため、営業を継続することも許されると解されている（大阪地判昭35.1.14下民集11巻1号15頁、落合誠一「会社法コンメンタール12」169頁（商事法務、2009年））。

　なお、清算法人が存続会社となる吸収合併、清算法人が承継会社となる吸収分割はできないこととなっている（会社法474条、643条）うえ、株式会社においては、株式交換および株式移転はできないこととなっている（同法509条1項3号）。他方で、清算法人が、消滅会社となる合併や、分割会社となる会社分割、事業譲渡は可能とされている（奥島考康他「別冊法学セミナー新基本法コンメンタール会社法2」481頁（日本評論社、2010年））。

　以上のとおり、清算法人と取引をする場合には、上記の判断基準に従って、清算の目的の範囲内に属するか否かを確認するよう注意すべきである。

## 2　清算人の選任
### (1)　清算株式会社

　清算株式会社においては、株主総会や監査役はそのまま存続するものの、従前の営業が行われなくなるため、取締役はその地位を失い、それにかわって、会社の清算にかかる業務（現務の結了、債権の取立て、債務の弁済、残余財産の分配）を執行する清算人を1人または2人以上選任する必要がある（会社法477条1項）。

　清算人には、取締役、定款で定める者、株式総会の決議によって選任される者や、裁判所が選任した者がなる（同法478条）。

　清算人会設置会社以外の清算株式会社の清算人は、清算株式会社の業務を執行し（同法482条1項）、清算人が2人以上ある場合には、清算株式会社の業務は、定款に別段の定めがある場合を除き、過半数をもって決定する（同条2項）。

また、清算人は、他に代表清算人その他清算株式会社を代表する者を定めた場合以外は、清算株式会社を代表し（同法483条1項）、この場合に、清算人が2人以上ある場合には、清算人は、各自清算株式会社を代表する（同法483条2項）。

　また、清算人会を置いた場合には、代表清算人を選定しなければならず（同法489条3項）、かかる代表清算人が清算株式会社を代表する。

　以上のとおり、清算株式会社においては、業務執行者が変更するため、代表権限を有する清算人あるいは代表清算人がだれであるかを確認する必要がある。なお、確認の手段としては、商業登記簿謄本による確認が望ましい。清算株式会社は解散事由が生じた場合、遅滞なくその旨を公表し、一定期間内に債権を届け出るよう債権者に通知しなければならない。その期間は2カ月を下ることができず、その期間内に債権を届け出ないと清算から除外される。一方、清算株式会社はその間弁済をすることができない（同法499条、500条1項）。

(2) **清算持分会社**

　清算持分会社においても、清算株式会社と同様に、清算人を1人または2人以上選任する必要があり（同法646条）、業務を執行する社員、定款で定める者、社員（業務を執行する社員を定款で定めた場合には、その社員）の過半数の同意によって定める者や、裁判所が選任した者が清算人になる（同法647条）。

　清算持分会社の清算人は、清算持分会社の業務を執行し（同法650条1項）、清算人が2人以上ある場合には、清算持分会社の業務は定款に別段の定めがある場合を除き、過半数をもって決定する（同条2項）。

　また、清算人は、他に代表清算人その他清算持分会社を代表する者を定めた場合以外は、清算持分会社を代表し（同法655条1項）、この場合に、清算人が2人以上ある場合には、清算人は、各自清算持分会社を代表する（同条2項）。

　以上のとおり、清算持分会社においても、業務執行者が変更するため、代表権限を有する清算人あるいは代表清算人がだれであるかを確認する必要がある。なお、確認の手段としては、商業登記簿謄本による確認が望ましい。

清算持分会社のうち合同会社については債務の処理について清算株式会社と同様の公告の必要および弁済の制限がある（会社法660条、661条1項）。

## 133 会社が解散した場合、どのような書類を徴求するか

**結論**

　会社が解散した場合には、会社の解散事由に関する書類（定款の写し、株主総会議事録の写し等）とともに、会社の解散の事実がわかる商業登記簿謄本を徴求する。また、銀行や保険会社など特定の事業を行う会社が解散する場合には、監督官庁の認可を要するため、かかる認可の存在を確認するための書類も徴求する。

**解説**

### 1　株式会社の解散について

#### (1) 解散の事由

　解散とは、会社の法人格の消滅をもたらす原因となる法律事実をいい、株式会社は、①定款で定めた存続期間の満了、②定款で定めた解散の事由の発生、③株主総会の決議、④合併（合併により当該株式会社が消滅する場合に限る）、⑤破産手続開始の決定、⑥会社法824条1項（会社の解散命令）、または同法833条1項（会社の解散の訴え）の規定による解散を命ずる裁判のいずれかの事由があるとき（会社法471条）や、⑦休眠会社（株式会社であって、当該株式会社に関する登記が最後にあった日から12年を経過したものをいう）のみなし解散（同法472条1項）により、解散する。

#### (2) 徴求書類

　解散によっても、合併の場合を除き、直ちに法人格が消滅するものではないが、会社が清算手続に入り、債権の取立て、債務の弁済などが行われることになるため、解散の事実はすみやかに把握する必要がある。

　そこで、会社が解散した場合、どのような書類を徴求するかという点が問題となるが、上記解散事由のうち、①定款で定めた存続期間の満了および②

第6節　解散、通常清算　319

定款で定めた解散の事由の発生については、定款の写しを徴求すべきである。また、③株主総会の決議については、株主総会議事録の写しを、④合併にあっては、合併に関する公告等の写しを、⑤破産手続開始の決定については、破産手続開始決定書の写しを、⑥同法824条1項または同法833条1項の規定による解散を命ずる裁判については、裁判書の写しを、⑦休眠会社のみなし解散については、官報の公告の写しを徴求すべきである。

加えて、会社が解散したときは、合併、破産手続開始の決定、解散を命ずる裁判および休眠会社のみなし解散による場合を除いて、2週間以内に、その本店の所在地において、解散の登記をしなければならないとされていることから（同法926条）、商業登記簿謄本も徴求すべきである。

また、合併、破産手続開始の決定、解散を命ずる裁判または休眠会社のみなし解散の場合においても、職権による登記の嘱託等がなされるため、この場合も、商業登記簿謄本を徴求すべきである。なお、合併により取引の相手方が消滅してしまった場合には、存続会社または新設会社に対して、取引の継続の有無について確認し、あらためて契約書等を徴求することが望ましい。

## 2 持分会社

### (1) 解散の事由

持分会社においても、株式会社と同様に、解散の事由が定められており、①定款で定めた存続期間の満了、②定款で定めた解散の事由の発生、③総社員の同意、④社員が欠けたこと、⑤合併（合併により当該持分会社が消滅する場合に限る）、⑥破産手続開始の決定、⑦会社法824条1項（会社の解散命令）、または同法833条2項（会社の解散の訴え）の規定による解散を命ずる裁判のいずれかの事由があるときに解散する。

### (2) 徴求書類

持分会社の場合も、株式会社と同様に、解散の事実はすみやかに把握する必要があり、①定款で定めた存続期間の満了および②定款で定めた解散の事由の発生については、定款の写しを徴求すべきである。また、③総社員の同意および④社員が欠けたことについては、当該事実を証明する書面を徴求す

べきである。その他、⑤合併、⑥破産手続開始の決定、⑦同法824条1項または同法833条2項の規定による解散を命ずる裁判については、株式会社と同様である。

また、①定款で定めた存続期間の満了、②定款で定めた解散の事由の発生、③総社員の同意または④社員が欠けたことにより、会社が解散したときは、2週間以内に、その本店の所在地において、解散の登記をしなければならないとされていることから（同法926条）、商業登記簿謄本も徴求すべきである。

合併、破産手続開始の決定、解散を命ずる裁判または休眠会社のみなし解散の場合においては、株式会社と同様である。

### 3 特定の事業を行う会社について

解散決議により会社が自主的に解散することについては、会社法上特別の制限はないが、銀行や保険会社など特定の事業を行う会社については、監督官庁の認可を要するものがある。

たとえば、保険会社においては、①保険会社等の解散についての株主総会等の決議、②保険業の廃止についての株主総会の決議、③保険業を営む株式会社を全部または一部の当事者とする合併（保険業法167条1項の合併を除く）による解散については、内閣総理大臣の認可を受けなければ、解散の効力は生じないとされている（同法153条1項）。

したがって、これらの会社は、監督官庁の認可があったかどうかを確認する書類を徴求する必要がある。

## 134 清算会社と取引する場合、どのような手続を行うか

**結　論**

清算会社と取引する場合には、①適正な手続を経た清算会社であることの確認、②当該取引が清算の目的の範囲内であることの確認、③担保の徴求など回収手段の確保の検討、④代表権限を有する清算人の確認、⑤清算会社内

第6節　解散、通常清算

において必要な手続が履行されていることの確認、⑥契約書の作成・締結といった手続を行う。

―― 解　説 ――

1　適正な手続を経た清算会社であることの確認

　清算会社と取引を行う場合の前提としては、まずそもそも解散手続が適正になされており、適正手続を経た清算会社であることを確認する必要があり、当該事実を証明する客観的書類を徴求する必要がある（〔133〕参照）。

2　清算の目的の範囲内であることの確認

　清算会社の権利能力は、清算の目的の範囲内に縮減され（会社法476条、645条）、清算の目的の範囲外の取引の効果は、会社に帰属しないため、当該取引が清算の目的の範囲内であることを確認することが必要となる（〔132〕参照）。

　当該取引が清算の目的の範囲内か否かについては、取引態様や取引の目的・経緯など個々の具体的な事情によって結論が異なり、明確な判断は困難な場合もありうることから、実務的には、弁護士など専門家に事前に相談することが望ましい。

3　担保の徴求など回収手段の確保の検討

　清算会社においては、営業を行うことができないため、清算手続中に債務の弁済資金がなくなってしまうといった不測の事態が生じる可能性も考えられるため、貸付取引や、業務受託取引などを行い、清算会社に金銭債権を有する場合には、清算人やその他の者に対する連帯保証を求めたり、物的担保を取得するなど、金銭債権の回収手段を確保できないか、検討することが望ましい。

4　代表権限を有する清算人の確認

　清算会社を代表する者との間で取引を行わなければ、無権代表として、取引が原則として無効となってしまうため、清算会社の代表権限を有する者、

すなわち清算人（代表清算人がいない場合）または代表清算人を確認する必要がある。

清算人を確認する手段としては、商業登記簿謄本に記載がなされるため、当該謄本を法務局において取得すべきである。

### 5 清算会社内において必要な手続の履行の確認

清算人会非設置会社の場合には、清算人の過半数の決定があったかどうか、清算人会設置会社の場合には、清算人会の決議があったかどうかなど、清算会社内において必要な手続を履行されているか確認し、場合によっては決議書等を徴求することが望ましい。

### 6 契約書の作成・締結

一般の会社との取引と同様に、清算会社との間の取引においても、取引内容を明確にし、万一紛争が生じた場合に、清算会社に対して請求が即座に可能となるよう、契約書を作成し、前記5において確認した代表権限を有する清算人との間で、契約書を取り交わし、会社の印鑑登録証明書も徴求することが必要である。

特に、清算会社との間で、貸付取引や、業務受託取引などを行い、清算会社に対して金銭債権を有することになる場合には、前記のとおり担保を差し入れる条項を入れるほか、支払期限を短期化することや、清算会社に対して、清算状況について、定期的に報告する義務を課すことなど、回収可能性をできる限り高める内容とすることが望ましく、契約書の内容については、十分に吟味すべきである。

## 135 清算人の代表権限はどこまであるか

**結 論**

清算株式会社の場合、代表清算人を定めない場合には清算人が、代表清算人を定めた場合には、代表清算人が、会社の業務を代表し、当該代表清算人

は、株式会社の業務に関するいっさいの裁判上または裁判外の行為をする権限を有するうえ、かかる権限に加えた制限は、善意の第三者に対抗することができない。もっとも、清算株式会社の業務は、清算の目的の範囲内に限定されるため、清算人の業務権限も、清算の目的の範囲内に限定される。代表清算人の代表権限については、清算持分会社においても、同様である。

## 解説

### 1　株式会社の場合
#### (1) 清算人会非設置会社について
**a　清算株式会社の代表**

　清算人は、清算株式会社を代表し（会社法483条1項本文）、清算人が2人以上ある場合には、各自、清算株式会社を代表する（同条2項）。

　もっとも、清算人会設置会社を除く清算株式会社にあっては、定款、定款の定めに基づく清算人（同法478条2項から4項までの規定により裁判所が選任したものを除く）の互選または株主総会の決議によって、清算人のなかから代表清算人を定めることができ（同法483条3項）、代表清算人を定めた場合には、当該代表清算人が清算株式会社を代表する（同条1項ただし書）。なお、会社法478条1項1号の規定により取締役が清算人となる場合において、代表取締役を定めていた場合には、当該代表取締役が代表清算人となる（同法483条3項）。

　代表清算人は、同法349条4項（代表権の範囲）および5項（代表権に加えた制限）を準用することとされているため（同法483条6項）、代表清算人は、株式会社の業務に関するいっさいの裁判上または裁判外の行為をする権限を有するうえ、かかる権限に加えた制限は、善意の第三者に対抗することができない。

　もっとも、清算株式会社の業務は、清算の目的の範囲内に限定されることから（同法476条）、代表清算人の権限も、清算の目的の範囲内の業務に限定されるものと解されている（奥島孝康他「別冊法学セミナー新基本法コンメンタール会社法2」437頁（日本評論社、2010年））。

　そして、清算人が行う具体的な業務としては、①現務の結了（会社の解散

時において、未了の状態にある会社の事務の後始末をすること)、②債権の取立ておよび債務の弁済、③残余財産の分配（同法481条）や、付随的な職務として、会社財産の現況調査および財産目録等の作成（同法492条）などを行うほか、財産の換価も行うことができる。

b　業務の決定方法

　清算人は、清算株式会社の業務を執行し（同法482条1項）、清算人が2人以上ある場合には、清算株式会社の業務は、定款に別段の定めがある場合を除き、清算人の過半数をもって決定する（同条2項）。

　この場合、清算人は、①支配人の選任および解任、②支店の設置、移転および廃止、③同法298条1項各号（同法325条（株主総会に関する規定の準用）において準用する場合を含む）に掲げる事項（株主総会を招集する場合の決定事項）、④清算人の職務の執行が法令および定款に適合することを確保するための体制その他清算株式会社の業務の適正を確保するために必要なものとして法務省令で定める体制の整備に関する事項についての決定を、各清算人に委任することはできない（同法482条3項）。

(2)　**清算人会設置会社について**

a　清算人会の権限等

　清算株式会社は、定款の定めにより、清算人会を設置することができる（同法477条2項）とされており、その設置は、原則として任意であるが、監査役会を置く旨の定款の定めのある清算株式会社は、清算人会を置かなければならない（同条3項）。

　清算人会は、すべての清算人で組織し（同法489条1項）、①清算人会設置会社の業務執行の決定、②清算人の職務の執行の監督、③代表清算人の選定および解職に関する職務を行う（同条2項）。

　そして、清算人会設置会社においては、清算人のなかから代表清算人を定めなければならないことになっているため（同条3項）、対外的には代表清算人が清算株式会社の業務を代表して執行する（同条7項1号）。

　代表清算人の代表権限の範囲および具体的な職務は、清算人会非設置会社と同様である。

　なお、清算人会は、①重要な財産の処分および譲受け、②多額の借財、③

支配人その他の重要な使用人の選任および解任、④支店その他の重要な使用人の選任および解任、⑤同法676条1号に掲げる事項（募集社債の総額）その他の社債を引き受ける者の募集に関する重要な事項として法務省令で定める事項、⑥清算人の職務の執行が法令および定款に適合することを確保するための体制その他清算株式会社の業務の適正を確保するために必要なものとして法務省令で定める体制の整備に関する事項その他の重要な業務執行の決定を清算人に委任することはできない（同法489条6項）。

b 清算人会の決議方法

清算人会設置会社においては、取締役会の決議等に関する同法369条から371条を準用しているため（同法490条5項）、清算人会の決議は、議決に加わることができる清算人の過半数（これを上回る割合を定款で定めた場合、その割合以上）が出席し、その過半数（これを上回る割合を定款で定めた場合、その割合以上）をもって行う。

2 清算持分会社の場合

清算持分会社の場合は、清算株式会社と異なり、清算人会は存在せず、清算人が、清算持分会社の業務を執行し（会社法650条1項）、清算人が2人以上ある場合には、定款に別段の定めがある場合を除き、清算人の過半数をもって決定する（同条2項）。ただし、社員が2人以上いる場合において、清算持分会社の事業の全部または一部の譲渡をする時には、社員の過半数をもって決定する（同条3項）。

そして、清算株式会社と同様に、清算人が会社を代表し、清算人が2人以上ある場合は、各自清算持分会社を代表する（同法655条1項本文、同条2項）。

もっとも、清算持分会社にあっては、定款または定款の定めに基づく清算人（同法647条1項から4項までの規定により裁判所が選任したものを除く）の互選によって、清算人のなかから代表清算人を定めることができ（同法655条3項）、代表清算人を定めた場合には、当該代表清算人が清算株式会社を代表する（同条1項ただし書）。なお、会社法647条1項1号の規定により業務を執行する社員が清算人となる場合において、持分会社を代表する社員を定めていた場合には、当該代表社員が代表清算人となる（同法655条4項）。

代表清算人は、同法599条4項（代表権の範囲）および5項（代表権に加えた制限）を準用することとされているため（同法655条6項）、代表清算人は、持分会社の業務に関するいっさいの裁判上または裁判外の行為をする権限を有するうえ、かかる権限に加えた制限は、善意の第三者に対抗することができない。

　もっとも、清算持分会社の業務は、清算の目的の範囲内に限定されることから（同法645条）、代表清算人の権限も、清算の目的の範囲内の業務に限定されるものと解される。

　そして、清算人が行う具体的な業務としては、①現務の結了（会社の解散時において、未了の状態にある会社の事務の後始末をすること）、②債権の取立ておよび債務の弁済、③残余財産の分配（同法481条）や、付随的な職務として、会社財産の現況調査および財産目録等の作成（同法658条）などを行うほか、財産の換価も行うことができる。

## 136　清算手続完了前に清算人が死亡・行方不明になった場合、どのような手続をするか

### 結論

　清算人が死亡した場合は、①株主総会によって新清算人を選任するか、②裁判所に新清算人の選任を請求する。行方不明の場合は、①株主総会によって解任、新清算人を選任するか、②裁判所に新清算人の選任を請求する。また、仮清算人の選任を裁判所に請求することができる。

### 解説

### 1　清算人の設置

　株式会社の場合、清算人の就任は、定款の規定によるかまたは株主総会の選任による。これらがない場合は全取締役（代表取締役に限られない）が清算人となる（会社法478条1項1号）。この清算人を「法定清算人」という。なお、株主総会が選任する場合には、取締役の場合と異なって選任決議の定足数も必要ではなく、累積投票も認められない。しかし、選任を取締役に一任

することはできないと解されている。

これらの方法によって清算人が選任されていない場合には、利害関係人の請求により裁判所が選任する（同法478条2項）。利害関係人には清算会社の債権者も含まれる。

また、解散を命ずる裁判で会社が解散した場合（同法824条、833条）は、裁判所は利害関係人もしくは法務大臣の請求によりまたは職権をもって清算人を選任することができる。また、設立無効の判決が確定して清算する場合にも、利害関係人の請求により裁判所が清算人を選任する。このほか、破産同時廃止決定（破産法216条）の場合にも、利害関係人の請求があった場合、裁判所が清算人を選任すべきであると解されている。

## 2　清算人の死亡、行方不明

このようにして選任された清算人が清算手続完了前に行方不明となった場合、定款の規定がなければ、6カ月前から引き続き発行済株式総数の100分の3以上に当たる株式を有する株主の裁判所への申立てによって行方不明となった清算人を解任し（会社法479条2項）、同時に株主総会によって新たな清算人を選任すればよい。

死亡の場合は、清算人と会社との関係は委任の規定に従う（同法478条6項）から、清算人の死亡によって当然委任は終了する（民法653条1号）。したがって、次は新たな清算人を株主総会によって選任すればよい。

このほか、裁判所の選任によって就任した清算人が死亡したり、行方不明となったりした場合は、新清算人の選任を利害関係人が裁判所に請求することができる。また、行方不明の事情いかんによって、裁判所は利害関係人の請求により一時清算人の職務を行う者（仮清算人）を選任することもできる（会社法479条4項、346条2項）。

合資会社等の場合、無限責任社員の過半数をもって清算人を選任できる（同法647条）。その清算人が死亡、行方不明となったときは、利害関係人は裁判所に清算人の選任を申請しうる（同法647条）。

## 137 清算結了の確認手続は何をするか

### 結 論
清算が結了した場合、その旨の商業登記をしなければならないので、登記によって確認することができる。ただし、財産が残存していたり、重要な事務を清算人が行わなかったりした場合には、登記の記載にかかわらず法人格は消滅しない。

### 解 説

#### 1 清算結了と登記
株式会社の場合、清算中に債務超過の疑いがあるとき、またはそれが明らかなときには特別清算や破産手続に移行するが、順調に清算手続が進展して残余財産の分配が終了すると会社は消滅する。清算が結了したときには、代表清算人は決算報告書の承認のあった後、本店所在地においては2週間内に、支店の所在地においては3週間内に清算結了の登記をなすことを要するとされている（会社法507条、929条、932条、商登法75条）。したがって、清算が結了したかどうかは商業登記簿の記載によって一応確認できる。

#### 2 法人格の消滅
しかし、債権その他の財産が残存する限り、たとえ清算結了の登記をしていても会社は消滅するものではない。

また、代表清算人が重要な事務を残しているときも会社は消滅しない。たとえば、会社に債務超過のおそれがあるときには、代表清算人は特別清算の申立てをなすべき義務を負っているから、清算結了の登記をなしても会社は消滅するものではない。したがって、清算結了の登記だけ確認しても会社が消滅していない場合もありうる。

## 138 清算結了後、清算人から徴求すべき書類が必要となった場合、どのような手続をするか

**結論**

原則として清算人に請求すればよい。しかしながら、清算結了の登記後会社が消滅し、かつ、清算人が死亡または行方不明となった場合は、当該書類が会社の重要な事務や財産が残存していることを前提とするものでない限り、請求の相手方は存在しないと解さざるをえず、書類の徴求も困難である。

**解説**

まず、清算結了の登記がなされていても、重要な事務や財産が残っているときは、会社は消滅せず、清算事務をなす必要があるときは、従来の清算人が引き続き職務権限を有するものとするほかはないと解せられる。したがって、このような場合は、従来の清算人に対して必要とする書類を徴求すればよい。

次に、清算結了の登記があり、重要な事務や財産が残存せず、会社が消滅してしまった後で、徴求すべき書類を必要とした場合はどうか。この場合、当該書類が清算結了以前に徴求すべきものであったときは、やはり清算人に請求すればよい。清算人の住所、氏名は商業登記簿謄本によって確認できる。

最後に、清算結了登記後で、重要な事務や財産が残存せず、会社が消滅し、かつ、清算人が死亡または行方不明となった場合はどうか。この場合、原則として、清算人は清算結了登記後10年間重要書類を保管するものとされている（会社法508条）が、当該清算人が死亡または行方不明の場合、利害関係人の申立てにより裁判所は書類保存者を選任することができるとされているので（同条2項）、まず利害関係人として新たな書類保存者の選任を申請することが考えられる。

しかしながら、判例によれば、清算の結了した株式会社の利害関係人が帳簿・重要資料の閲覧または謄写を請求することはできない、とされている（最判平16.10.4民集58巻7号1771頁）。この判例に従えば、すでに実体的にも

清算が結了し、手続的にも清算が結了している場合には、利害関係人であってももはや書類を徴求することはできないことになるので、清算結了の時期を見逃さないよう留意する必要がある。

## 139 債権者に知らせず清算結了の登記がなされていた場合、債権者はどうすればよいか

**結論**

債権者が株主でもあった場合には、決算報告書の承認の決議取消しの訴えによることができる。その他の一般債権者は個別に争うことができる。

**解説**

### 1 清算結了登記と公信力

会社は清算の結了によって消滅するが、清算結了の登記がなされても、現実に清算が結了していなければ、会社は依然として清算法人としては存続する。

したがって、そのような場合、清算結了後、その旨の登記をすませたからといっても、債権者（ただし、会社法503条の場合を除く）は清算法人に対して、その権利を主張することができる。

### 2 訴訟等の提起

まず、債権者が株主でもある場合は、会社法831条、836条に基づき決算報告書の承認の決議取消しを請求することができる。この訴えを提起する場合、同法831条1項の規定により、決議の日より3カ月以内に提起することを要する。

そのほか、代表訴訟により、清算人の責任を追及することができる（会社法847条）。

次に、債権者は、清算人の事務執行上の注意義務（同法482条4項、355条による清算人の忠実義務、同法478条6項、330条、民法644条の受任者の善管注意義務）の違反を追及することができる。

このほか、清算人がその職務を行うにつき悪意または重過失があったとき、その清算人は債権者を含む第三者に対して連帯して損害賠償義務を負う（会社法487条、488条）。

### 3　特例有限会社の場合

　特例有限会社については、特別清算手続は認められていない（整備法35条）が、通常の清算手続を行うことは可能である。ただし、この場合、清算会社である特例有限会社の株主総会以外の機関は、監査役だけであり、清算人会や監査役会を置くことができないが（同法33条）、清算人の注意義務等については株式会社におけるそれと同様である。

## 第7節 合併、会社の分割、組織変更

### 140 株式会社の合併はどのようなものか

**結　論**

合併とは、契約の当事者となった二つ以上の会社の一部または全部が解散し、解散により消滅する会社の権利義務の全部が、清算手続を経ることなく、合併後存続する会社または合併により設立する会社に一般承継される効果をもつものである。

―――― 解　説 ――――

#### 1　合併の意義

合併とは、二つ以上の会社が契約（合併契約）を締結して行う行為であって、契約当事者となった会社の一部（吸収合併の場合）または全部（新設合併の場合）が解散し、解散により消滅する会社（消滅会社）の権利義務の全部が清算手続を経ることなく、合併後存続する会社（存続会社・吸収会社の場合）または合併により設立する会社（新設会社・新設合併の場合）に一般承継される効果をもつものである（会社法2条27号・28号、750条1項、752条1項、754条1項、756条1項）。

#### 2　合併の種類

合併には、吸収合併と新設合併とがある。吸収合併とは、消滅会社の権利義務の全部を存続会社に承継させる合併をいう（会社法2条27号）。新設合併とは、全消滅会社の権利義務の全部を新設会社に承継させる合併をいう（同法2条28号）。実務上は、登録免許税が安いことおよび存続会社の許認可等を利用できることを理由に、吸収合併のほうが圧倒的に多く利用されている。

## 3 合併の当事者

株式会社および持分会社のいずれも、合併の当事者および新設会社となることができるが（会社法748条）、特例有限会社（会社法の施行に伴う関係法律の整備等に関する法律により、株式会社として存続する廃止前の有限会社、同法2条1項）は、吸収合併における存続会社となることができない（整備法36条）。

## 4 合併の手続
### (1) 簡易合併・略式合併以外の合併の手続
a 合併契約前の交渉・基本合意書の作成・デューデリジェンス

会社法に規定はないが、合併契約締結前に、合併の当事者となる会社は、他方の会社について調査し、合併条件について交渉を行い、基本合意書を作成し、さらにデューデリジェンス（due diligence）を行う。

b 合併契約の締結

合併の当事者となる会社は合併契約を締結する（会社法748条）。合併契約に記載すべき事項は法定されている（同法749条、751条、753条、755条）。

c 合併契約等に関する書面の備置・開示

吸収合併の当事者となった株式会社ならびに新設合併の当事者となった株式会社および新設会社は、法定の合併契約等備置開始日（同法782条2項、794条2項、803条2項、新設会社は会社成立日：同法815条3項）から6カ月間、合併契約等に関する書面を、本店に備え置かなければならない（同法782条1項、794条1項、803条1項、815条3項）。

d 合併承認の株主総会決議

吸収合併および新設合併の当事者となった株式会社は、株主総会決議によって、合併契約等の承認を受けなければならない（同法783条1項、795条1項、804条1項）。

e 反対株主等の株式買取請求権・新株予約権買取請求権

吸収合併における消滅会社の株主および新株予約権者ならびに吸収合併における存続会社および新設合併契約の当事者となった株式会社の株主のうち、合併に反対する者は、株式会社に対し、株式および新株予約権を公正な

価格で買い取ることを請求できる（同法785条1項、787条1項1号、797条1項、806条1項）。

 f 債権者の異議手続

 吸収合併契約および新設合併契約の当事者となる株式会社の債権者は合併について異議を述べることができ、異議があった場合、株式会社は、異議を述べた債権者に対し、弁済、相当の担保の提供または債権者への弁済を目的とした信託会社への相当の財産の信託をしなければならない（同法789条、799条、810条）。

 g 登　　記

 吸収合併の場合、合併契約に定めた効力発生日（同法749条1項6号、751条1項7号）から2週間以内に、存続会社の本店所在地において、消滅会社につき解散の登記、存続会社につき変更の登記をしなければならない（同法921条、976条1号）。

 新設合併の場合、会社法922条に定める日に、新設会社の本店所在地において、消滅会社につき解散の登記、新設会社につき設立の登記をしなければならない（同法921条、976条1号）。

(2) 簡易合併・略式合併の手続

 存続会社に比べ消滅会社の規模が小さい等法定の事由がある場合、株主総会決議による合併契約等の承認を要しない（簡易合併：同法796条3項）。

 また、吸収合併における存続会社が消滅会社の特別支配会社（同法468条1項）である場合、または吸収合併における消滅会社が存続会社の特別支配会社である場合、原則として、株主総会決議による合併契約等の承認を要しない（略式合併：同法784条1項、796条1項）。

## 5 合併に関するその他の規制

 競争制限となる合併または不公正な取引方法による合併は、独占禁止法により禁止されている（独占禁止法15条）。また、特定の業種または会社を当事者とする合併は主務大臣の認可を受けなければ合併の効果が生じない（銀行法30条1項、信託業法36条1項、保険業法153条1項3号等）。

## 6 合併の効果

### (1) 私法上の権利義務の全部の承継

消滅会社のすべての権利義務（株主・社員との間の権利義務関係を除く。これについては次項のとおり）は、存続会社または新設会社に包括的に承継される。したがって、事業譲渡と異なり、一部の権利義務のみを存続会社または新設会社に移転させることはできない。合併により全部の権利義務が包括的に承継されるので、個々の権利義務についての移転手続は不要である。

### (2) 存続会社または新設会社による消滅会社の株主・社員の承継

新設合併の場合、合併契約の定めに従って、消滅会社の株主（消滅会社が株式会社の場合）または社員（消滅会社が持分会社の場合）に対し、これらの者の有する株式または持分に代えて、必ず新設会社の株式（新設会社が株式会社の場合）または持分（新設会社が持分会社の場合）が交付される（会社法753条1項6号・7号、755条1項6号・7号）。したがって、新設合併の場合、消滅会社の株主・社員は必ず新設会社の株主・社員として承継されることになる。

これに対し、吸収合併の場合、消滅会社の株主または社員に対し、必ず存続会社の株式または持分が交付されるとは限らず、存続会社の社債、新株予約権、新株予約権付社債または金銭等その他の財産を交付されることもある（同法749条1項2号ロないしホ・3号、751条1項3号・4号）。したがって、吸収合併の場合、消滅会社の株主・社員は必ずしも存続会社の株主または社員として承継されないことになる。吸収合併の際に消滅会社の株主または社員に対し存続会社の親会社の株式を与える合併を三角合併と呼ぶ。

### (3) 効力発生時期

吸収合併の効力は、合併契約に定められた効力発生日に生じ（同法750条1項、752条1項）、新設合併の効力は、新設会社の設立の登記による成立（同法49条）の日に生じる（同法754条1項、756条1項）。

### (4) 合併無効の訴え

合併の無効は、合併の効力が生じた日から6カ月以内に、訴えをもってのみ主張することができる（同法828条1項7号・8号）。

## 141 会社の新設分割と吸収分割とはどのようなものか

### 結 論
会社分割のうち、権利義務を承継する会社が、既存の他の会社（承継会社）である場合を吸収分割といい、分割により新設する会社（新設会社）である場合を新設分割という。

### 解 説

#### 1 会社分割の意義
会社分割とは、株式会社または合同会社が、その事業に関して有する権利義務の全部または一部を、分割後、他の会社または分割により設立する会社に承継させることを目的とする会社の行為をいう（会社法757条以下）。会社分割により分割される会社を分割会社という。

会社分割を利用する主な目的は、会社の規模が大きすぎることによる非効率性をなくすこと（経営の効率化）にある。会社分割によらずとも、現物出資（同法28条1号）や財産引受け（同条2号）等により子会社を設立する方法があり、また、他の会社へ事業譲渡する方法（同法467条）により経営の効率化を実現することもできるが、これらの方法による場合、裁判所の選任する検査役の調査を受ける必要があり（同法33条2項、ただし合同会社の場合は不要）、また、会社の債務を免責的に移転するには債権者の個別の同意を必要とするなど、手続が煩雑であるため、会社分割を利用するメリットがある。

#### 2 会社分割の種類
会社分割のうち、権利義務を承継する会社が、既存の他の会社（承継会社）である場合を吸収分割といい、分割により新設する会社（新設会社）である場合を新設分割という（会社法2条29号・30号）。

#### 3 分割会社の当事者
会社分割において分割会社になることができるのは株式会社および合同会

社に限られ、合名会社および合資会社が分割会社となることは認められていない（会社法2条29号・30号、757条、762条）。これは、合名会社および合資会社の社員は無限責任を負い、債権者もそれを期待しているところ、会社分割により債務（債権者からみると債権）が他の会社に承継されると、債権の引当てとなる財産が大きく変わり、債権者に不利益を与える可能性があるからである。

これに対し、承継会社および新設会社については、株式会社および合同会社だけでなく、合名会社および合資会社もなることができる（同法760条1項4号イ・ロ、765条1項1号）。

## 4　会社分割の手続

### (1)　簡易分割・略式分割以外の会社分割の手続

a　吸収分割契約の締結・新設分割計画の作成

吸収分割の場合、当事者となる各会社（分割会社・承継会社）は、法定事項を内容とする吸収分割契約を締結しなければならない（会社法757条、758条、760条）。

新設分割の場合、分割会社は、法定事項を内容とする新設分割計画を作成しなければならない（同法762条1項、763条、765条、共同新設分割の場合は各分割会社が共同して作成：同法762条2項）。

吸収分割契約および新設分割計画に記載すべき法定事項のうち、合併、株式交換および株式移転にない特徴的なものとしては、分割会社から承継会社および新設会社が承継する資産、債務、雇用契約その他の権利義務（分割株式会社および承継株式会社の株式および新株予約権に係る義務を除く）がある（同法758条2号、760条2号、763条5号、765条1項5号）。

なお、委員会設置会社においては、吸収分割契約および新設分割計画の内容の決定を執行役に委任することはできない（同法416条4項17号・18号）。

b　吸収分割契約および新設分割計画等の備置・開示

吸収分割および新設分割の当事者となった株式会社ならびに新設会社は、法定の分割契約等備置開始日（同法782条2項、794条2項、803条2項、新設会社は会社成立日：同法815条3項）から6カ月間、分割契約等に関する書面を、

本店に備え置かなければならない（同法782条1項2号、794条1項、803条1項、815条3項2号）。

　c　会社分割承認の株主総会決議

　吸収分割の場合、当事者となる各会社（分割会社・承継会社）は、吸収分割契約について、株主総会決議による承認（株式会社の場合）または総社員の同意（持分会社の場合）を受けなければならない（同法783条、793条、795条、802条、322条1項8号・9号）。

　新設分割の場合、分割会社は、新設分割計画について、株主総会決議による承認（株式会社の場合）または総社員の同意（持分会社の場合）を受けなければならない（同法804条、813条、322条1項10号）。

　d　反対株主等の株式買取請求権・新株予約権買取請求権

　吸収分割における分割会社の株主および新株予約権者ならびに吸収分割における承継会社および新設分割における分割会社の株主のうち、分割に反対する者は、株式会社に対し、株式および新株予約権を公正な価格で買い取ることを請求できる（同法785条1項、787条1項2号、797条1項、806条1項）。

　e　債権者の異議手続

　会社分割がなされると分割会社に帰属していた権利義務が、分割会社と承継会社・新設会社に割り振られる。その結果、各会社の債権者が不利益を被る場合があるため、分割会社の債権者のうち、会社分割後に分割会社に対し債務の履行を請求できなくなる者や承継会社の債権者等には異議を述べることが認められている（同法789条1項2号、793条2項、810条1項2号、813条2項、同法789条1項2号括弧書、810条1項2号括弧書、813条2項、799条1項2号、802条2項）。

　異議を述べることができる債権者が存在する場合には、会社は、一定の事項を公告・催告しなければならない（同法789条2項・3項、793条2項、799条2項・3項、802条2項、810条2項・3項、813条2項）。債権者からの異議があった場合、会社は、異議を述べた債権者に対し、弁済、相当の担保の提供または債権者への弁済を目的とした信託会社への相当の財産の信託をしなければならない（同法789条5項、793条2項、799条5項、802条2項、810条5項、813条2項）。

f 労働者の異議申出手続

会社分割がなされると、他の権利義務と同様に雇用契約も、吸収分割契約および新設分割計画の定めに従って、個々の労働者の承諾なしに承継会社・新設会社に承継されるため（同法759条1項、761条1項、764条1項、766条1項）、労働者の利益を保護するために、「会社分割に伴う労働契約の承継等に関する法律」により、労働者の異議申出手続が設けられている。

g 登　記

吸収分割の場合、分割契約に定めた効力発生日（同法758条7号、760条7号）から2週間以内に、分割会社および承継会社は、存続会社の本店所在地において、変更の登記をしなければならない（同法923条、976条1号）。

新設分割の場合、会社法924条に定める日に、新設会社の本店所在地において、分割会社につき変更の登記、新設会社につき設立の登記をしなければならない（同法924条、976条1号）。

(2) **簡易分割・略式分割の手続**

存続会社に比べ消滅会社の規模が小さい等の法定の事由がある場合、株主総会決議による分割契約等の承認を要しない（簡易分割：同法784条3項、805条）。

また、吸収分割における承継会社が分割会社の特別支配会社（同法468条1項）である場合、または吸収分割における分割会社が承継会社の特別支配会社である場合、原則として、株主総会決議による分割契約等の承認を要しない（略式分割：同法784条1項、796条1項）。

## 5 会社分割に関するその他の規制

競争制限となる分割または不公正な取引方法による分割は、独占禁止法により禁止されている（独占禁止法15条の2）。また特定の業種または会社を当事者とする分割は主務大臣の認可を受けなければ分割の効果が生じない（銀行法30条2項、信託業法37条、38条等）。

## 6 会社分割の効果

### (1) 私法上の権利義務の承継

吸収分割の場合、債権者保護手続が終了していない場合を除いて、吸収分割契約で定められた効力発生日に効力が発生し、承継会社が分割会社から吸収分割契約に従って権利義務を承継する（会社法759条1項、761条1項）。

新設分割の場合、新設会社の成立する日に、新設会社は分割会社から新設分割計画に従い権利義務を承継する（同法764条1項、766条1項）。

### (2) 分割無効の訴え

会社分割の無効は、分割の効力が生じた日から6カ月以内に、訴えをもってのみ主張することができる（同法828条1項9号・10号）。

## 142 会社分割の場合、債権者はどのようなことに注意して対応するか

> **結論**
>
> 債権者は、自己の債権の帰属について確認し、法定の期間制限内に異議を述べることに注意すべきである。また、異議手続により保護されない損害が生じた場合には、取締役の責任を追及することも検討すべきである。

――――― 解　説 ―――――

## 1 債権者の異議手続き

### (1) 総　論

会社分割がなされると分割会社に帰属していた権利義務が、分割会社と承継会社・新設会社に割り振られる。その結果、各会社の債権者が不利益を被る場合があるため、不利益を被る可能性のある債権者には異議の手続が認められている。

### (2) 分割に関する事項を記載した書面等の備置・開示および債権者の閲覧・謄写

債権者が異議を述べるためには、その前提として、会社分割により債権者に利害を及ぼす事実について、債権者が情報収集できることが必要である。

そこで、吸収分割または新設分割の当事者となった株式会社ならびに新設合併の当事者となった株式会社および新設会社は、法定の分割契約等備置開始日（会社法782条2項、794条2項、803条2項、新設会社は会社成立日：同法815条3項）から6カ月間、分割契約等に関する書面を、本店に備え置かなければならない（同法782条1項2号、794条1項、803条1項、815条3項2号）。分割に関する事項を記載した書面（または電磁的記録）には、吸収分割契約・新設分割計画の内容、分割条件等の相当性に関する事項、他の会社の計算書類等の内容、会社分割の当事者となる会社の重要な後発事象等の内容および会社の債務の履行の見込みに関する事項等が記載される（会社法施行規則183条、192条、205条）。

会社債権者は、営業時間内であればいつでも、分割に関する事項を記載した書面等を閲覧することができ、また、当該会社の定めた費用を支払ってその謄本・抄本の交付等を請求することができる（会社法782条3項、794条3項、803条3項、976条4号）。

(3) **異議を述べることのできる債権者**

まず、分割会社の債権者のうち、会社分割後に分割会社に対し債務の履行を請求できなくなる債権者は、債権の引当てとなる財産が大きく変動することにより不利益を被る可能性があるので、異議を述べることができる（同法789条1項2号、793条2項、810条1項2号、813条2項）。これに対し、分割会社の債権者のうち、会社分割後に分割会社に対し債務の履行を請求できる債権者は、原則として、異議を述べることができない。これは、分割会社は承継会社・新設会社から移転した純資産の額に等しい対価を取得しているはずであり、分割会社に対し履行請求できる以上、債権者は害されないとの考えによる。

次に、分割会社が、承継会社・新設会社へ承継した資産の対価として交付を受けた承継会社・新設会社の株式を、全部取得条項種類株式の取得対価または剰余金の配当として、分割会社の株主に交付した場合は、会社分割後に分割会社に対し債務の履行を請求できる分割会社の債権者であっても、会社分割について異議を述べることができる（同法789条1項2号括弧書、810条1項2号括弧書、813条2項）。これは、上記の分割会社株主への株式の交付は

分配可能額内とする制限がないため、会社分割後に分割会社に対し債務の履行を請求できる分割会社の債権者であっても、会社分割により不利益を被る可能性があるからである。

　また、吸収分割における承継会社の債権者は異議を述べることができる（同法799条1項2号、802条2項）。会社分割により、承継会社の債務の負担が増大し、また、分割契約における資本金および資本準備金の額に関する事項の定めにより、承継会社の資本金および資本準備金が減少する可能性があるためである（同法749条1項2号イ）。

(4) **公告・催告**

　異議を述べることができる債権者が存在する場合には、原則として、会社分割をしようとする会社は、債権者が一定の期間内に異議を述べることができること等一定の事項を公告し、かつ、知れている債権者には催告しなければならない（同法789条2項・3項、793条2項、799条2項・3項、802条2項、810条2項・3項、813条2項）。

　もっとも、公告を、官報に加え、定款に定めた日刊新聞紙または電子公告によってするときは、知れている債権者への催告は不要である（同法789条3項、793条2項、799条3項、802条2項、810条3項、813条2項）。ただし、分割会社の債権者の有する債権が不法行為により生じた債権である場合には催告を省略することができない（同法789条3項括弧書、793条2項、810条3項括弧書、813条2項）。

(5) **効　果**

　債権者からの異議があった場合、会社分割をしても債権者を害するおそれがない場合を除き、会社は、異議を述べた債権者に対し、弁済、相当の担保の提供または債権者への弁済を目的とした信託会社への相当の財産の信託をしなければならない（同法789条5項、793条2項、799条5項、802条2項、810条5項、813条2項）。

　債権者が異議を述べることができる期間内に異議を述べなかった場合、当該債権者は、会社分割について承認したものとみなす（同法789条4項、799条4項）。

## 2 債権者が注意すべき点

### (1) 期間制限

債権者が異議を述べることができる期間は制限されているので(会社法789条2項4号、793条2項、799条2項4号、802条2項、810条2項4号、813条2項)、期間制限内に異議を述べるよう注意すべきである。

### (2) 債務の帰属が不明確な場合

会社債権者は、上述のとおり、営業時間内であればいつでも、分割に関する事項を記載した書面等を閲覧等することができるが(同法782条3項、794条3項、803条3項)、分割契約書・分割計画書における債務の帰属に関する記載内容が不明確な場合がある。そこで、そのような場合は、債権者は、会社分割の当事者である会社に対し、自己の債務の帰属について、個別に確認すべきである。

### (3) 債権者異議手続以外による債権者保護

分割会社の債権者のうち、会社分割後に分割会社に対し債務の履行を請求できる債権者は、原則として、異議を述べることができない。この理由は、分割会社は承継会社・新設会社から移転した純資産の額に等しい対価を取得しているはずであり、分割会社に対し履行請求できる以上、債権者は害されないとの考えによることは前述した。しかし、現実には、分割会社から承継会社・新設会社に移転した純資産の額が過小評価され、分割会社の取得する対価が十分でないことも生じうる。もっとも、このような場合は会社分割無効の訴えの無効原因とされておらず、その他債権者を保護するための会社分割に関する規定もない。

そこで、このような場合には、不公正な分割条件を内容とする分割契約・分割計画を定めた取締役の責任(同法429条1項)を追及すべきである。

また、会社分割自体を詐害行為として、詐害行為取消権を行使するという方法もある(最判平24.10.2金商1402号16頁)。

## 143 事業譲渡とは何か。取引先が事業譲渡を行ったときに、債権者はどのようなことに留意して対応するか

### 結 論

事業譲渡とは、会社が事業を他の者に譲渡する取引行為（特定承継）である。債権者保護手続は設けられていないため、債権の移転について同意するか否かを判断するための資料を収集するとともに、移転に同意する場合には、その際の保証および物上保証について書面により確認すべきである。

### 解 説

## 1 事業譲渡の意義

### (1) 意 義

事業譲渡とは、会社が事業を他の者（会社に限られない）に譲渡する取引行為（特定承継）である（会社法467条1項1号・2号）。

吸収分割と比較すると、事業譲渡の場合、事業譲渡の相手に移転する契約について個々の契約の相手方の同意が必要となるのに対し、吸収分割の場合、承継される契約について個々の契約の相手方の同意は不要である。

他方、吸収分割で要求される吸収分割契約または新設分割計画等の備置・開示（同法782条1項2号、794条1項、803条1項、815条3項2号）、使用者の移動が生じない労働者についての事前通知義務（会社分割に伴う労働契約の承継等に関する法律2条1項）は、事業譲渡においては不要である。

### (2) 手 続

a 一 般

(a) 取締役会決議

事業譲渡が重要な財産の処分にも該当する場合、取締役会設置会社では、事業譲渡について取締役会で決定する必要がある（会社法362条4項1号）。

(b) 事業譲渡契約の締結

会社法は、合併契約等と異なり、事業譲渡契約の内容について定めていない。一般に、事業譲渡契約に定められる事項は、事業譲渡の効力発生日、譲渡対象となる資産・負債、承継資産・負債の移転時期、事業譲渡の対価、対

価の支払方法および支払時期、労働契約の承継の範囲、競業避止義務の範囲等である。

(c) 株主総会の特別決議

事業譲渡の対象が、事業の全部または重要な一部であるときは、譲渡する資産の帳簿価額が当該会社の総資産額として法務省令で定める方法により算定される額の5分の1を超えない場合を除き、効力発生日の前日までに、事業譲渡契約について、株主総会の特別決議による承認を受けなければならない（同法467条1項1号・2号、309条2項11号）。譲渡する資産の帳簿価額が譲渡会社の総資産の5分の1を超えない場合は重要な一部の事業譲渡にあたらない（同法467条1項2号）。事業の重要性の判断基準については、この条文以外、規定はないが、量的側面と質的側面（事業の将来性など）を考慮して判断すべきである。

(d) 対価が株式である場合の現物出資に関する手続

事業譲渡の対価に譲受会社の株式が含まれており、事業譲渡が譲受会社への現物出資にも該当する場合、譲受会社において、原則として、検査役の調査等の手続を行うことが必要となる（同法207条）。

(e) 通知・公告

事業譲渡を行う場合、会社は、事業譲渡の効力発生日の20日前までに、株主に対し、事業譲渡をする旨の通知をしなければならない（同法469条3項）。ただし、事業譲渡をする会社が公開会社である場合、または、株主総会の決議により事業譲渡等の契約が承認された場合には、公告を行えば足りる（同条4項）。これらの通知や公告は、株主に株式買取請求権（同条1項）の行使の機会を与えるために要求される。

(f) 反対株主の株式買取請求権

会社が事業譲渡を行う場合、事業譲渡の株主総会決議と同時に解散の決議を行う場合を除き（同条1項ただし書）、事業譲渡に反対する株主は、株式会社に対し、自己の有する株式を公正な価格で買い取ることを請求できる（同条1項）。

(g) 債権者保護手続

合併や会社分割の場合と異なり、原則として、債権者保護手続はない。

もっとも、銀行や無尽会社等を当事者とする事業譲渡については、債権者異議手続が設けられている（銀行法34条、35条、無尽業法21条の4）。また、「産業活力の再生及び産業活動の革新に関する特別措置法」に基づき株式会社が行った事業譲渡により、自己の有する債権が譲受人へ移転した債権者については、債権者異議手続が設けられている（同法22条）。

 b　略式事業譲渡

事業譲渡の相手方が譲渡会社の総株主の議決権の10分の9以上を有するときは、譲渡会社における株主総会決議による承認は不要である（会社法468条1項）。

(3)　**事業譲渡に関するその他の規制**

競争制限となる事業譲渡は、「私的独占の禁止及び公正取引の確保に関する法律」により禁止されている（同法16条1項）。

(4)　**効　果**

承継される資産・債務、労働契約は、当事者間の事業譲渡契約により決定される。

## 2　事業全部の譲受け

他の会社から事業の全部を譲り受ける会社は、原則として、事業譲渡契約について、株主総会決議による承認を得ることが必要である（会社法467条1項3号）。また、事業全部の譲受けにより、譲受会社が自己株式を取得するときは、取締役は上記の株主総会において当該株式に関する事項を説明しなければならない（同法467条2項）。

## 3　債権者の留意事項

事業譲渡は一般承継事由ではなく、債権の移転は免責的債務引受となるため個々の債権者の同意がない限り、譲受会社に債権は移転しない。したがって、合併や会社分割のような債権者保護手続は設けられていない。

また、債権者は、事業譲渡を差し止めることはできず（会社法360条、385条1項、407条参照）、事業譲渡にかかる株主総会決議の取消しの訴えを提起することもできない（同法831条1項柱書）。

債権者としては、免責的債務引受に同意するか否かを判断するための資料を収集する必要がある。事業譲渡契約に関する資料を収集する方法は法定されていないため、譲渡会社に対し任意の情報提供を求めるべきである。

　免責的債務引受がなされた場合、保証債務や第三者の提供した物上担保は、保証人および物上保証人の同意がなければ、原則として、移転しない（質権について、最判昭46.3.18判時623号71頁）。そこで、債権者が免責的債務引受に同意する際には、保証人および物上保証人も引き続きかかる債務について担保することを承諾するか否かを書面により確認すべきである。

　また、債権者の有する担保権が根抵当権の場合、元本確定前に免責的債務引受があったときは、引受人の債務について根抵当権を行使することができなくなる（民法398条の7）。そこで、債権者としては、根抵当権変更契約証書を作成し、根抵当権債務者を変更し、また、引受債務を被担保債権に追加する旨の被担保債権の範囲の変更を行うべきである。

　なお、事業を譲り受けた会社が、譲渡会社の商号を引き続き使用する場合には、譲渡会社が責任を負わない旨の登記または通知を行わない限り、譲受会社も、譲渡会社の事業によって生じた債務を弁済する責任を負うので（会社法22条1項・2項）、この場合、債権者は事業の譲受会社に対しても、弁済を請求できる。また、譲受会社が譲渡会社の商号を使用しない場合であっても、譲受会社が譲渡会社の事業によって生じた債務を引き受ける旨の広告をしたときは、譲渡会社の債権者は譲受会社に対し、弁済を請求できる（同法23条）。

# 第8節 外国法人との取引

## 144 外国法人の能力は制限されるか

**結　論**

外国法人の場合、一般的権利能力および行為能力は原則として法人の従属法によるため、各従属法において制限があれば、それによる。また、個別的権利能力については、個々の権利義務の準拠法によるところ、日本では、法令により一定の制限がされている場合がある。

**解　説**

### 1　法人の能力

法人の能力としては、大きく権利能力と行為能力がある。また、権利能力については、私法上の権利義務の主体となりうる資格である一般的権利能力と、個々の権利（たとえば、損害賠償請求権）を享有する能力である個別的権利能力とがある。

この点、通則法には、法人の能力についての規定がなんら存在しないため、解釈によって定められる。

### 2　権利能力

上述のとおり、権利能力は、一般的権利能力と個別的権利能力とに分けられる。

#### (1)　一般的権利能力

法人の一般的行為能力の問題は、言い換えれば法人格の存否およびその範囲の問題であり、法人の従属法（法人に関するさまざまな法的問題に適用される法）による。なお、従属法の決定基準については、設立準拠法説と本拠地法説が対立しているが、通説は設立準拠法説による。

法人の一般的行為能力が法人の従属法による結果、外国法人の権利能力が、行為地である国内の法人に認められる権利能力より制限される場合があるので注意を要する。

もっとも、この場合には、行為地における取引保護の観点から、通則法4条2項を類推適用し、行為地法によれば権利能力が認められる場合には取引を有効とすべきという考えがあり、多数説である。同説によれば、たとえば、英米法系を従属法とする法人が日本において、目的の範囲外の行為を行った場合、英米法系では、法人の権利能力は定款目的のみに制限される（「能力外の理論（ultra vires doctrine）」）ため、無効となるが、日本における取引保護の観点から、行為地法である日本法を適用し、目的自体に包含されない行為であっても、目的遂行に必要な行為であれば有効（最判昭27.2.15民集6巻2号77頁）であるということになる。

したがって、法人の一般的権利能力に関しては、場合により行為地法の適用を受けるという救済がありうるが、まずはそのような解釈によらずとも行為能力が認められるかどうか、法人の従属法（通説に従い設立準拠法）を確認すべきである。

(2) **個別的権利能力**

法人の個別的権利能力、すなわち個々の権利義務を法人が享有しうるかという問題については、当該権利義務の準拠法による。

日本では、民法3条2項において、「法令又は条約の規定により禁止される場合を除き、私権を享有する」とされている。

現在、条例による外国法人の権利享有の制限は存在しないが、国家的利益にかかわる権利について、法律による制限がみられる。たとえば、鉱業法17条は「日本国民又は日本国法人でなければ、鉱業権者となることができない」とする。また、船舶法1条は、「日本船舶」の要件を掲げているが、同条2号には「日本国民ノ所有ニ属スル船舶」とある。これと同種の規定として、航空法4条もある。

外国為替及び外国貿易法（以下「外為法」という）27条は、外国投資家による対内直接投資等につき事前届出を義務づけ、国による変更勧告等について規定する。なお、この関連では、たとえば、外国法人が日本の防衛関連企

業の買収資金を融資する金融取引などにおいて十分注意する必要がある。この場合、外為法27条4項・5項により届出後の待機期間が延長されたうえに、買収契約の変更または中止が勧告されるおそれがあるからである。

3　行為能力

　法人の行為能力の問題は、法人がいかなる機関により法律行為をなしうるか（法人の機関の代表権の有無および範囲）の問題であり、原則として、法人の従属法（通説は設立準拠法）による。最高裁昭和50年7月15日判決（民集29巻6号1061頁）も、設立準拠法および本店所在地をニューヨークとする会社を設立するにあたり、発起人が同会社設立準備のために第三者と締結した契約の効力が、設立後の会社に及ぶかが争点となった事案において、これを会社の行為能力の問題と解したうえ、法例3条1項（通則法4条1項）を類推適用して、法人の従属法に準拠して定めるべきであるとした。

　もっとも、取引の相手方との関係において問題となる場合には、取引保護の見地から、従属法の適用を行為地法により制限することが考えられる。つまり、一般的権利能力の場合と同様に、通則法4条2項を類推適用し、法人の従属法によれば行為能力が認められなくとも、行為地法によれば行為能力が認められる場合、行為能力を肯定するという考えである。

　上記のとおり、法人の行為能力に関しても、行為地法の適用による救済がある余地があるが、まずはそのような解釈によらずとも行為能力が認められるかどうか、法人の従属法を確認すべきである。

## 145　外国法人の代表者については、どのような確認手続をするか

**結　論**

　日本において継続して取引を行おうとする外国法人については、日本において登記がされているため、それを確認することで代表者を確認することができる。他方、それ以外の日本において登記されていない外国法人の場合、同会社の設立国等において代表者について確認する必要があるため、同会社

の設立準拠法等の手続や法制度を確認すべきである。

――― 解　説 ―――

1　日本において継続して取引を行う外国会社（日本において登記がされている会社）

　外国法人（会社法2条2項参照）が日本において継続して取引を行おうとするときは、日本における代表者を定め、かつ、外国会社につき登記しなければならない（同法817条1項、818条1項）。日本における代表者の氏名および住所はこの登記事項の一つである。

　したがって、日本において登記がされている外国法人については、登記簿謄本を取得し、日本における代表者の住所、氏名などを確認することができる。

　また、日本において登記がされている会社については、印鑑登録も行われているため（商登法20条1項）、印鑑証明書も徴求し、代表者を確認すべきである。

　なお、外国会社の日本における代表者については、当該外国法人の日本における業務に関するいっさいの裁判上または裁判外の行為をする権限を有するとされ、仮に代表権に制限を加えたとしても、その制限を善意の第三者に対抗できないとされている（会社法817条2項・3項）。したがって、少なくとも日本における通常の取引については、原則としてこの代表者を相手に行えばよい。この点、平成14年改正前商法は、代表権の範囲について、国内合名会社の規定を準用していたため、代表者の権限が外国法人の日本国外における営業にも及ぶかどうかについて見解が分かれていたが、会社法では「日本における業務」と規定されたことにより、国外における営業には権限が及ばないことが明らかにされた。

2　1以外の会社（日本において登記がされていない会社）

　日本において登記がされていない会社については、同会社の設立国等においてこれを確認する必要があるため、同会社の設立準拠法等の手続や法制度を確認する必要がある。

この点、中国のように、日本の商業登記簿制度と類似した「営業許可証」の制度をもつ国もあるが、これを有さない国も多く存在する。その場合には、各国の制度を確認し、それに従った方法で代表権限を有する者を確認することとなる。

ところで、特に英米会社法においては、そもそも日本の会社法におけるような代表取締役制度が存在しないことに注意しなくてはならない。米国の会社の場合、その業務執行権限は取締役会（board of directors）に付託されている。株主はたとえ大多数の株式を所有していても会社業務を執行することはできない。ただ、会社の全資産（または実質的な全資産）を売却・賃貸するような会社の運命に重大な影響を与える特定の行為については、株主の授権ないし同意を必要とする。個々の取締役はこのような合議体としての取締役会の構成員であるにすぎず、取締役会の議長（Chairman of the Board）といえども当然に1人で会社を代表して業務執行することはできない。会社の日常的な業務執行はだれが行うかというと、会社役員（officer）がこれに当たる。

役員には、一般に社長（president）、副社長（vice-president）、秘書役（secretary）および会計役（treasurer）がいる。役員は必ずしも取締役である必要はなく、取締役会または株主総会によって任命される単独の業務執行者を意味する。したがって、米国の会社においては、「社長」の肩書を有するものといえども、取締役であるとは限らないし、まして「代表取締役」として、一般的に広く会社を代表する権限を有すると考えることはできない。明示もしくは黙示に権限を与えられていない限り、当然には会社のために行為する権限を有しないとする厳格な立場もありうる。

しかし、判例は社長（president）に通常の業務過程において会社のために行為する権限を認める傾向にある。つまり、社長は、特別な権限または明示的に与えられた権限がなくとも、その執行役員の長たる地位に基づいて、会社の通常業務から生じ、かつこれに関する事項について、会社を代表して契約を締結することができるとされる。一方、副社長は、通常の場合、附随定款（by-laws）または取締役会の決議による権限付与がない限り、なんら会社を代表する権限をもたない。日本において副社長は代表権を有することが多

く、そうでない場合にも、表見代表取締役の規定（会社法354条）の適用を受けるのと大きく異なる。実際に米国の会社は何十人もの副社長を有していることが珍しくない。ただし、副社長のなかにも一般的な業務執行権を付与されている者もいる。これらは、executive vice-presidentのような肩書がつけられているのが普通である。

　いずれにしても、大きな取引ほど、署名予定者の肩書、および実質的にその者が当該契約書の締結につき会社のために行為する権限を与えられているかどうかを慎重に検討したほうがよい。株主総会や取締役会の承認を要するのではないかと一般的に考えられる取引のときは、その会社の設立準拠法に詳しい現地の弁護士の意見を徴し、そのうえで取締役会議事録等を提出してもらうなどの必要がある。

# 第9節 地方公共団体・地方公営企業

## 146 地方公共団体と地方公営企業とはどう違うか

**結 論**

　地方公共団体とは都道府県市町村、特別区などの地方自治体を指し、地方公営企業とは地方公共団体が経営する電気、ガス、水道などの事業を行う企業である。
　前者の代表者は知事・市町村長などであるが、出納権限はないのに対し、後者の代表者は管理者（ただし、管理者のないときは当該地方公共団体の長）で、管理者は出納の権限をも有する。また、借入形式については、両者とも地方債と一時借入金の二つの方法があるが、地方債については、公営企業単独での起債は認められず、地方公共団体の起債によらなければならない。

**解 説**

### 1 地方公共団体とは

　地方公共団体には、都道府県および市町村の普通地方公共団体と、特別区（東京都の区）、地方公共団体の組合および財産区などの特別地方公共団体（〔151〕参照）があり、地方自治法1条の3にて大別されている。
　いずれも法人格を有し（地方自治法2条1項）、その代表者は、都道府県では都道府県知事、市町村では市町村長、特別区では区長、地方公共団体の組合では管理者、財産区では市町村長・区長である（同法147条等）。特別地方公共団体は、法令に特別の定めがある場合を除き、普通地方公共団体の規定が適用あるいは準用されるが、その権能・組織は特殊なものであることに注意する必要がある。
　地方公共団体についての主な事項としては、
① 普通地方公共団体の長（以下、単に「長」という）は当該団体を代表し、

統轄するが（同法147条）、現金出納・保管などの会計事務は会計管理者がつかさどる（同法170条）。会計管理者は長の補助機関としてその会計監督に服するが、会計事務の執行については独立の権限を有する（予算執行機関と会計機関の分離のため）。
② 地方公共団体の公金収納支払を取り扱うこととなる指定金融機関の数は一つである（地方自治法235条、同法施行令168条）。
③ 地方公共団体の借入行為には地方債と一時借入金の二つの方法があり、借入れについての長の権限は予算によるが、起債については、その他原則として総務大臣（都道府県・政令指定都市等の場合）または都道府県知事（政令都市以外の市町村および特別区等の場合）との協議を要する（地方財政法5条の3、5条の4）。なお、一時借入金は当該会計年度の収入で償還しなければならない。

## 2　地方公営企業とは

　地方公営企業とは、地方公共団体自らが経営する企業で、水道、工業用水、軌道、自動車運送、電気、ガス、鉄道などの事業がある。これらの特定事業については地方公営企業法に規定があり、組織、財務などについて経営の根本基準が定められている。
　地方公営企業は地方公共団体の組織の一部をなすが、経営の基本原則としての経済性と公共性を発揮させるために、合理的・能率的な運営ができるよう組織・会計などできるだけ独立的に取り扱うこととなっている。ただし、地方公共団体による制約も多い。
　地方公営企業につき、地方公共団体との主な違い・特徴をあげてみると、
① 地方公営企業には、原則として各事業ごとに長の任命した管理者が置かれているが、管理者は当該業務の執行につき、当該地方公共団体を代表する（管理者が置かれていないときは長が代表する）（地方公営企業法7条の2、8条）。また、長と異なり、管理者が出納その他の会計事務も行う（同法27条）。
　　もっとも、長は必要に応じ管理者の業務執行につき指示を与える権限を有する（同法16条）。

② 指定金融機関は単一でなくてもよいが、複数の指定をしたときは、一つの金融機関が総括をする（地方公営企業法施行令22条の４）。
③ 地方公営企業の建設・改良などに要する資金にあてるための起債（地方債）は、公営企業でなく地方公共団体が行う。
　また、管理者は予算内支出をするため一時借入れができ、その償還は当該事業年度内に行うのを原則とするが、借換えも１年に限り例外的に認められている（地方公営企業法29条）。

## 147 地方公共団体と金融機関取引を行う場合、どのような注意をすればよいか

**結　論**

地方公共団体との貸出取引、起債、手形取引、保証契約のいずれについても、少なくとも予算による裏付けの有無を確認する必要がある。なお、地方公共団体との損失補償契約も原則として有効であり、同様に予算による裏付けの有無を確認する必要がある。

**解　説**

以下に取引類型ごとの注意事項をあげるほか、取引の相手方およびその確認等については〔149〕〔150〕参照。

### 1　貸出取引（一時借入金）

地方公共団体による一時借入金は、歳出予算内の支出をするためのものであり、その会計年度の歳入をもって償還しなければならない（地方自治法235条の３第１項、３項）。

一時借入金は借入れの最高額を予算で定めなければならないため（同条２項）、地方公共団体から申込みがあったときは、予算（一時借入れ）書写し、予算に関する説明書写し、執行手続（計画）書写しを徴求して、予算を確認する。

具体的には、まず、予算（一時借入れ）書写し等で、議会で議決された歳

出予算の有無および議決された歳出予算の範囲内か否かを確認する。地方公共団体は、借入れの最高額内であれば何回でも借入れを行うことはできるが、借入れの最高額を超えるときは補正予算が必要となるため、補正予算書写しを徴求して確認する。この場合、他の金融機関に対する借入れの額がわからず、最高額内であるか否かは知りえない面もあるが、可能な確認をしておかないと過失を問われるおそれがある（最判昭41.9.16金法458号8頁）。また、資金使途についても、違法な支出を目的とした一時借入金を無効とした判決があるので（東京地判昭35.2.29判夕102号56頁）、予算に関する説明書写し等で、資金使途を確認する。

借入金の返済が起債によって行われる起債つなぎ融資も、性質上、一時借入金であって、当該会計年度の歳入をもって償還しなければならない。そのため、起債の確実性がポイントであり、予算（一時借入れ）書写し、予算に関する説明書写し、起債予定額通知書写し等などを徴求して確認する。

なお、担保をとるケースは少ないが、地方公共団体の財産のうち行政財産については、そもそも担保権を設定することができない（地方自治法238条の4）。

## 2　起　　債

地方公共団体は、地方財政法、地方財政健全化法等で定める場合において、予算の定めるところにより、地方債を起こすことができる（地方自治法230条1項）。地方債の方法には、証券の発行によるものと、証書貸付によるものとがある。

起債は、その目的、限度額、起債の方法、利率および償還の方法は、予算でこれを定めなければならないため（同条2項）、地方公共団体から申込みがあったときは、予算（地方債）書写し、予算に関する説明書写し、執行手続（計画）書写しを徴求して、予算を確認する。

また、起債は、原則として、総務大臣（都道府県・政令指定市等の場合。地方財政法施行令2条1項1号）または都道府県知事（政令都市以外の市町村および特別区等の場合。同条1項2号）と事前協議を行い（地方財政法5条の3第1条）、その同意を得た場合または同意を得ないときは議会に報告した場合に、

行うことができる（同条5項）。ただし、①前年度に資金の不足がある地方公共団体（地方財政法施行令15条、16条）、②地方債の元利償還金の支払を遅延し、または過去において遅延したことがあり、かつ、将来において遅延するおそれがあるものとして総務大臣が指定した地方公共団体、または③総務大臣・都道府県知事との協議・同意を得ずに地方債を起こし、または協議・同意を得るにあたり不正の行為をしたことがあり、かつ、総務大臣が指定した地方公共団体については、事前協議にかわり、総務大臣・都道府県知事の許可を受けなければならない（地方財政法5条の4第1項）。したがって、①から③までの事実の有無およびそれぞれの手続を経たことを証する関係書類の写しを徴求して、確認する。

## 3 起債（企業債）

企業債（地方公営企業の建設、改良等に充てるために起こす地方債）については、地方公共団体が起こす。

起債が、原則として、総務大臣（都道府県・政令指定市等の場合）または都道府県知事（政令都市以外の市町村等の場合）と事前協議を行い（地方財政法5条の3第1項）、その同意を得た場合または同意を得ないときは議会に報告した場合に行うことができるのは、通常の地方債と同じである（同条5項）。ただし、①繰越欠損金がある地方公営企業、または②前年度に資金の不足がある地方公営企業を経営する地方公共団体が当該地方公営企業に要する経費の財源とする企業債を起こすことについては、事前協議にかわり、総務大臣・都道府県知事の許可を受けなければならない（同法5条の4第3項）。

## 4 手形取引

地方公共団体も、手形振出しなどの手形行為をすることができる（その権限は、小切手と異なり、長に帰属する（最判昭41.6.21金法448号6頁））。

しかし、議会の議決もないのにその権限を越えて自己のために振り出された約束手形について、金融機関が市に対して損害賠償を求めたのに対し、議決の有無などについて確認をしないことの過失相殺の余地を認めた判例があるので（前掲最判昭41.6.21）、やはり所定の手続を経ていることの確認が求

められる。

　一時借入金のために約束手形の振出しを受ける場合、1のとおりに確認する。支払のために振り出されて第三者が取得した約束手形を割り引く場合、当該第三者および地方公共団体の主管部課（財政課、会計課など）に照会するなど、振出しの経緯を調査するとともに、振出しと予算の関係を調査し、たとえば当該振出しが債務負担行為に当たるときは（単なる歳出予算の執行行為であるときもある）、必要に応じ、予算（一時借入れ）書写し、予算に関する説明書写しなどにより予算に計上されているかどうか確認する。

## 5　保証取引

　地方公共団体は、原則として、会社その他の法人の債務を保証することができないが、総務大臣の指定する会社その他の法人の債務については、この限りでない（昭和21年法律第24号（財政援助制限法）3条）。

　しかし、総務大臣の指定は、実務上行われていない。そのため、保証類似の効果を期待して、損失補償契約が用いられることがある。地方公共団体が、金融機関に対し、融資等の危険を引き受け、そこから生じる損害を担保する契約であり、保証と異なり、付従性、随伴性、補充性がない。また、担保すべき損害は、当事者の合意によって定まる。

　なお、かかる損失補償契約については、実質的に地方公共団体による保証であるとして、財政援助制限法3条の類推適用により無効であるとする見解もあったが、最高裁は、「財政援助制限法3条の規定の類推適用によって直ちに違法、無効となる場合があると解することは、公法上の規制法規としての当該規定の性質、地方自治法等における保証と損失補償の法文上の区別を踏まえた当該規定の文言の文理、保証と損失補償を各別に規律の対象とする財政援助制限法及び地方財政法など関係法律の立法又は改正の経緯、地方自治の本旨に沿った議会による公益性の審査の意義及び性格、同条ただし書所定の総務大臣の指定の要否を含む当該規定の適用範囲の明確性の要請等に照らすと、相当ではないというべきである。上記損失補償契約の適法性及び有効性は、地方自治法232条の2の規定の趣旨等に鑑み、当該契約の締結に係る公益上の必要性に関する当該地方公共団体の執行機関の判断にその裁量権

の範囲の逸脱又はその濫用があったか否かによって決せられるべきものと解するのが相当である」として、原則として有効である旨を判示した（最判平23.10.27金法1937号100頁）。

　損失保証契約の締結は債務負担行為であるから、地方公共団体に損失保証契約の締結を求めるときは、予算（一時借入れ）書写し、予算に関する説明書写し、執行手続（計画）書写しを徴求して、予算を確認する。ただし、金融機関としては、当該地方公共団体の財政規模および財政力ならびに予算上の損失補償限度額との関係を十分に検討しておくべきであろう。

　参考までに書式例を掲げておく。この例では金融機関側の義務はかなり厳しくなっているが、かかる規定がない場合でも、金融機関の債権管理につき、故意または重大な過失があれば担保責任を追及しえなくなる場合があるので、十分な注意が必要である。

〔書式〕　損失補償契約書

契　約　書

　〇〇県〇〇町（以下甲という）と〇〇銀行（以下乙という）とは、債務者〇〇（以下丙という）の設備資金として乙が丙に融資するにあたり、甲が乙に損失補填することについて左のとおり契約する。
第1条　甲は乙が丙に対し平成〇年〇月〇日付〇〇契約書に基づく融資をしたことによって乙に生じた損失に対して、元金〇〇円を限度としその利息とともに損失補償を行うものとする。
第2条　前条の乙に生じた損失とは、乙が丙から融資元本およびその利息について償還期限を〇カ月経過してもなおその全部または一部について弁済が受けられなかった場合の債権額をいうものとする。
第3条　第1条の融資の内容および償還の予定は別紙のとおりである。
　　　　乙は融資をするにあたっては、あらかじめ甲の意見を徴するとともに融資を行った後は直ちに融資金額、融資条件を甲に報告する。
第4条　乙は、前1条の融資金について、常にその保全に注意し、かつ適切な措置を講ずるものとする。
第5条　甲は第1条所定の損失が乙に生じたときは、乙の請求により、第6条に定める期間内に、その補償額を現金をもって支払うものとする。

第6条　甲は乙から損失補償について前条の請求があった場合において、当該請求書を受理した日から〇〇日以内にこれを支払うものとする。
　　　甲が前項の期間内に損失補償金を支払わないときは、前項の期間満了の日の翌日から支払日まで請求金額に対し年〇％の割合による損害金を加算して支払うものとする。
第7条　甲が乙に対し損失補償を行ったときは、甲の請求がある場合において、乙は補償を受けた債権を甲の指示する方法により甲に譲渡するものとする。
第8条　甲が本融資に関し報告を求めた場合、またはその職員をして本融資に関する書類・帳簿等を調査させることを必要とする場合には、乙はこれに協力する。
第9条　本契約に定めるもののほか、必要な事項については、甲乙協議のうえ定める。

平成　　年　　月　　日
　　　　　　　　　　　　　　　　甲

　　　　　　　　　　　　　　　　乙

## 148　地方公営企業と金融機関取引を行う場合、どのような注意をすればよいか

**結　論**

　地方公営企業との貸出取引、手形取引、保証契約のいずれについても、地方公共団体とのものと同様、少なくとも予算による裏付けの有無を確認する必要がある。ただし、起債については、地方公共団体との間で行う。

**解　説**

　以下に取引類型ごとの注意事項をあげるほか、取引の相手方およびその確認等については〔149〕〔150〕参照。

1　**貸出取引**

　地方公営企業による一時借入金も、予算内の支出をするためのものであ

り、原則として当該事業年度内に償還しなければならないものの、1年以内に償還されることを条件に借換えが可能である（地方公営企業法29条）。借り換えられた借入金は、さらに借換えをすることはできない（同条3項）。

　一時借入金は借入れの最高額を予算で定めなければならないため（地方公営企業法施行令17条1項6号）、地方公営企業から申込みがあったときは、地方公共団体からのときと同様、予算を確認する。

　上記のとおり1年以内に償還されるものであれば借換えも可能であるが、その結果翌年度にまたがった場合は、この額は翌年度の限度額に含まれる点に注意が必要である。

## 2　手形割引

　地方公営企業も、手形振出しなどの手形行為をすることができる（その権限は、管理者に帰属するものと解される）。

　確認が求められることについては、地方公共団体のときと同様である。

## 3　保証取引

　地方公営企業による損失補償契約についても、地方公共団体による損失補償と同様に考えてよいと思われる。なぜなら、地方公営企業というのは地方公共団体の経営する水道、電気、ガスなどの事業であって、特別会計を設けて処理するものの、基本的には地方公共団体とまったく同様に考えるべきものだからである。

## 149　取引はだれとすべきか

> **結　論**
> 
> 　地方公共団体では長（知事・市町村長）が代表機関であり、会計管理者が会計事務をつかさどる。預金取引では、口座・名義は地方公共団体自体とし、会計管理者を相手方として行う。また、貸出取引では、契約は長と行い、これに対して貸出金は会計管理者に交付することになる。

> 地方公営企業の場合は、管理者が代表権を有し、かつ現金出納の権限を有するので、預金取引も貸出取引もすべて管理者と行う。

---
**解　説**
---

## 1　預金取引の場合

　地方公共団体との預金取引をだれとの間でするかについては、二つの考え方がある。

　第一は当該地方公共団体の長（以下、単に「長」という）とするという考え方である。この考え方の根拠は、地方公共団体を統轄し代表するのは長だから、という点にある（地方自治法147条）。

　第二の考え方は、会計管理者とすべしというもので、その根拠は、会計に関する長と、会計管理者との関係について、具体的な現金出納・保管は、後者の職務権限である（同法170条2項）という点にある。

　以上の考え方のうち、第一の考え方は現行地方自治法の趣旨からいって、必ずしも適切ではなく、結局第二の考え方となろう。

　また、口座の名義については、総務省の考え方に従い、当該地方公共団体自体とするべきである。その根拠は、地方公共団体は法人であり、権利義務の主体となりうるので、地方公共団体の公金の預金口座名義は、当該団体名義が適当であるというものである。

　以上をまとめると、預金取引契約・預金口座は団体名義、資金の受払いなどは、会計管理者またはその代行者（同法171条）とし（会計管理者から委任を受けた出納員などの場合もありうる）、受取書、払出請求書、印鑑届はこれら取扱者のものを徴求する。特定目的のための基金に属する現金の預金名義についても、同様に地方公共団体名義とし、会計管理者が取扱者となる。

　なお、口座の名義を会計管理者とすることも法令に触れるわけではなく、この方式による金融機関もあるようである。この方式では、預金取引契約・預金口座、受取書、払出請求書、印鑑届の名義は、いずれも会計管理者またはその代行者となる。

　会計管理者は長が任命するが（同法168条2項）、その確認にあっては、必ず会計管理者の印鑑を届けてもらう必要がある。実務上だれが会計管理者

で、その印鑑はどうかということがよくわからないときは、長の名前で、会計管理者の氏名・印鑑を届けてもらうのがよい（会計管理者が交代したときは交代届と印鑑届を長から提出してもらう）。なお、会計管理者以外の代行者との取引が発生するときは、当然これらの者の氏名・印鑑届を徴求することとなる。

## 2　貸出取引の場合

　貸出取引の場合は、貸出取引契約は長名義とし、これらの者と金融機関の両者が記名捺印したときに契約が成立する（地方自治法234条5項）。ただし、現金その他会計事務の執行は会計管理者に権限があるので、貸出金は会計管理者に交付する（会計管理者名義の領収書）。貸出取引契約自体は、現金の出納および保管以前の基本的行為であって、当然に長の権限に属することであり（一時借入金については同法235条の3第1項に明文がある）、約定書類、証書、手形などは、これらの長名義で行う必要がある。

　長についても当然印鑑届の受入れが必要であるが、その場合は当該地方公共団体と連絡（または連携）し、適宜な方法でその真正を確認しておく必要がある。地方公共団体によっては、長の印影を告示している例もあるようであるし、市長の職印の印鑑証明書を市長名義で発行している例もあるようであるから、その場合にはこれらの物を利用して、その真正につきチェックしておくべきである。

## 3　地方公営企業の場合

　以上は普通地方公共団体の場合であるが、地方公営企業の場合、管理者が置かれているときは、管理者が代表権を有し、かつ現金出納の権限を有するので（地方公営企業法8条1項）、取引契約あるいは貸出契約は「××市××事業管理者何某」というように管理者名義とする（条例により管理者が置かれていないときは長が管理者の権限を行うが（同条2項）、その取引名義は単に××市長何某が適当とされる）。管理者であることおよび使用印鑑の確認資料は、長による資格証明書および印鑑証明書である。なお、実際の会計事務は、通常、管理者により任命された（同法28条）企業出納員（必置）および現金出

納員（任意）が行う。

　また、地方公営企業の経営に関する事務を共同処理する一部事務組合（企業団という）、および地方公営企業の経営に関する事務を処理する広域連合の管理者は企業長といい（同法39条の２）、企業長が管理者の権限を行う。

## 150　会計管理者との取引で留意すべきことは何か

**結　論**

　現金出納および保管は、法律上会計管理者の権限で、預金の受払い、貸金の交付はすべて会計管理者に対して行わなければならない。会計管理者が交代したときは、会計管理者には交代届と新印鑑届を提出してもらい、預金名義を変更する。

**解　説**

　会計管理者は地方公共団体の会計事務をつかさどる会計機関であるが、その取引にあたっては、次の諸点に留意する。

### 1　法律上の地位・職務の権限

　会計管理者は知事、市町村長（以下、両者を含め「長」という）のもとに属する補助機関の一つであり、長の一般的会計監督に従うが、会計事務については独立の職務権限を有する（長の指揮命令を受けるものではない）。現金の出納・保管は会計管理者の職務権限となっている（地方自治法170条）。会計管理者は長の命令がなければ支出をすることができないが、その支出が法令または予算に違反していないかどうかなどを審査する権限と義務がある。

　すなわち、預金の受入れ・支払などはすべて会計管理者に対して行わなければならない（長に預金払戻金を手交すると、会計管理者に二重払いをせねばならない危険がある）。貸出金にしても、貸出取引契約や手形の振出名義は長としなければならないが、貸出金は会計管理者に交付しなければならない。

　法令上、会計管理者の職務権限として例示されているものをあげると、①

現金（歳計現金、歳入歳出外現金、一時借入金、財産に属する現金のいっさいを総称する）の出納および保管を行うこと、②小切手を振り出すこと、③有価証券の出納および保管を行うこと、④物品の出納および保管を行うこと、⑤現金および財産の記録管理を行うこと、⑥支出行為に関する確認を行うこと、⑦決算を調整し、これを地方公共団体の長に提出することなどである（同条1項）。

2　他の職員などとの関係

　会計管理者に事故がある場合において必要があるときには、当該地方公共団体の規則で定めた他の職員が、会計管理者の職務を代理する（地方自治法170条3項）。

　さらに会計管理者を補助するものとして置かれる出納員は（ただし町村では置かない場合もある）、会計管理者の指揮指令を受けて、現金の出納（小切手振出しを含む）・保管などの事務をつかさどるが（同法171条3項）、会計管理者からその事務の一部の委任を受けて自己の名と責任において処理することもある（同条4項）。

　なお、特別なものとして現金出納を扱う指定金融機関（ただし、市町村では設置は任意）が置かれている（同法235条）。

　地方公営企業の現金出納保管については、〔149〕を参照。

3　預金取引との関係について

　(イ)　預金名義は〔149〕参照。ただし、会計管理者以外の者の印鑑が届けられたときは、その者が会計管理者代理人であることを確認したうえ、長・会計管理者から代理人届の形式で届けてもらう。

　(ロ)　会計管理者は支払に必要なものは当座預金とし（支出は指定金融機関を支払人とする小切手によるのが原則）、当座預金は各会計ごとに別口座とする。その他資金は有利確実性の建前から、指定金融機関またはその他の金融機関へ預金として預け入れることもあるが、運用面では長と協議するのが適当とされている。また、指定金融機関以外の指定（収納）代理金融機関が公金を収納したとき、指定金融機関の口座に振り替える期間も会計管理者が定

める。

　なお、地方公共団体が受け入れた手形・小切手などの有価証券の支払呈示、取立委任のため金融機関に交付する際に行う取立委任裏書、領収裏書は、会計管理者の名義とする（純粋な譲渡のための裏書は長）。

## 4　貸出取引名義について
　〔149〕を参照のこと。

## 5　会計管理者が交代したとき
　会計管理者が交代したときは会計管理者の交代届および新印鑑届を提出してもらい、会計管理者の名義の預金は、名義変更を行う。もっとも交代届は、会計管理者の交代が公報その他で確認できれば省略してもよい。

## 151　特別地方公共団体とは何か。また、代表者はだれか

**結　論**

　特別地方公共団体はいずれも法人格を有するが、その組織および権能も特殊な団体である。なお、特別地方公共団体には、法令に特別の定めがある場合を除き、普通地方公共団体の規定が適用または準用されるが、融資取引については以下のとおりである。

**解　説**

　特別地方公共団体には、①都の区（特別区）、②地方公共団体の組合、③財産区がある。なお、平成23年の地方自治法改正法の施行時にある地方開発事業組合および合併特例区も、特別地方公共団体の一つである。以下、それぞれにつき解説する。

### 1　特別区
　特別区とは東京都の区である。

代表者たる区長は区民により直接公選される（地方自治法283条）。区の事務については、都との間で事務配分を適正化するため、特別規定があり（同法281条の2）、都が一体的に処理するものを除き、特別区には市に関する規定が適用される。したがって、特別区には区長のほか、副区長、会計管理者、区議会などが置かれ、区長は法令に定めがある場合を除き、区の事務および市長権限に属する事務を管理し、執行する。区議会についても市議会と同様に考えればよく、一時借入金、起債についても原則として市と同様に取り扱う。

融資取引契約は代表者である区長と締結し、融資に係る資金の授受は会計管理者との間で行う。

## 2　地方公共団体の組合

地方公共団体の組合とは、二つ以上の地方公共団体が協議により規約を定め、「××河川組合」というように、治山、治水、衛生など、その団体の事務などを共同処理するために設ける組合である（地方自治法284条）。地方公共団体の組合の設立は、総務大臣または都道府県知事の許可を得てなされる（同条2項・3項）。なお、公益上必要がある場合に、都道府県知事は、市町村および特別区の組合を設けるように勧告することができる（同法285条の2）。

組合は法人格をもち、執行機関として管理者または長が置かれるので、管理者または長が組合を代表することになり、また、組合の議会も置かれる（同法287条、291条の4）。

地方公共団体の組合については、都道府県が加入するものは都道府県に関する規定、市・特別区が加入するもので都道府県が加入しないものは市に関する規定、その他のものにあっては、町村に関する規定が準用される（同法292条）。組合の形式は、①一部事務組合、②広域連合の二つがある。一部事務組合は、その事務の一部を共同して処理するために設けられ、特に環境衛生、厚生福祉、学校教育等の各種施設の設置・管理について広く活用されている。広域連合は、広域にわたり処理することが適当な事務に関し、広域計画を作成し、必要な連絡・調整を図り、総合的かつ計画的に処理するために設けられる（「関西広域連合」など）。

いずれについても、組合設立にあたっては規約を作成し、共同事務の内容、組合の議会と執行機関の組織などにつき規定することとなっており、組合ができればそれによって共同処理するものとされた事務は関係地方公共団体の権限から外され（関係地方公共団体はその事務を組合に引き継がせなければならない）、共同処理の対象となった業務については、組合側に執行権および議決権が発生することになる。したがって、組合がその共同事務に関して一時借入れや起債をするときは、普通地方公共団体と同様、当該組合の予算に計上して組合の議会の議決を要する（〔147〕参照）。

なお、地方公営企業の経営事務を処理するための組合については特例がある点に注意する（地方公営企業法39条の2、39条の3）。

## 3 財産区

財産区というのは、主として市町村および特別区の一部で、財産または営造物を有しているものなどがあるとき、その財産、営造物の管理・処分について法律上の人格を与えられたものである（地方自治法294条）。財産区の財産、営造物とは、土地・山林・建物などの不動産に限らず、用水路、温泉、共同作業場等などがある（通常、登記面上財産区の所有であることが明らかなことが多い）。

財産区は、財産または公の施設を所有する市町村および特別区の議会の議決により設置される。財産区は所有、設置する財産または営造物の範囲において権能をもつにすぎず、目的、権能はきわめて限定され、課税権や起債権、一時借入れをする権限はないと解される。

財産区には原則として固有の議会や執行機関がないので（同法295条参照）、財産区がその一部である市町村、特別区の長および議会が、執行機関および議決機関となる（財産区に区長が置かれていても市町村長が財産区を管理し、かつ外部に対して代表する）。したがって、起債・一時借入れは普通地方公共団体自体の借入れとなるが、償還財源は財産区の負担となる。そこで、財産区に対する融資は、相手方を市町村、特別区の長名義とし、一時借入れおよび地方債の議決書写しは、市町村、特別区の議会のものを徴求して確認することが必要である。

ただし、財産区に例外的に財産区議会または総会が置かれているときは、市町村議会の行うべき権限を行使できるので（財産区に関する予算、一時借入金なども財産区議会、総会が議決）、財産区議会または総会の議決書写しを徴求する。

　また、財産区管理会が条例で置かれているときは（同法296条の2）、財産区の財産または公の施設の管理および処分または廃止で、条例または協議で定める重要な事項は、財産区管理会の同意がない限り、市町村長等は執行できない（同法296条の3）。財産区管理会または管理委員は執行機関として、当該財産区の財産または公の施設の管理に関する事務の全部または一部の委任を受けて自ら執行することができ、委任された範囲で財産区を代表する。しかし、予算の作成、金銭出納などは受任できないと解されている。したがって、融資取引は当該市町村または特別区の長名義ですることになる。

# 第4章

# 法の整理等

## 第1節 事業再生手続を利用する場合の取引

**152** 取引先が事業再生ADR手続を利用している場合、どのような注意をすればよいか

### 結 論

ADRとは、「裁判外紛争解決手続（Alternative Dispute Resolution）」の略称で、訴訟手続によらずに当事者間の話合いを基調に紛争の解決を図ろうとする手続の総称である。事業再生ADR手続は、平成19年度産業活力の再生及び産業活動の革新に関する特別措置法（以下「産活法」という）の改正により、過剰債務に悩む企業の事業再生の円滑化を目的として創設された。主として金融債権者を対象とした私的整理手続であり、対象債権者の全員一致による決議を経て、金融支援（返済条件の変更、債権放棄等）を行うものである。

取引先が事業再生ADR手続を利用している場合、債権者としては、一時停止の通知から2週間以内に開催される債権者会議に参加し、事業再生計画案を吟味したうえでこれに同意するかどうかの判断をすることが必要である。また、取引先につなぎ融資をするかどうかの判断に際しては、債務保証制度や、法的整理移行時の優先弁済に関する特例に注意する必要がある。

### 解 説

#### 1 事業再生ADR事業者

裁判外紛争解決手続の利用の促進に関する法律（ADR法）に基づき法務大臣の認証を受け、かつ、産活法48条に基づき経済産業大臣の認定を受けた民間業者（特定認証紛争解決事業者）が事業再生ADR手続を行うことができる。これらの認証、認定を受けた業者として事業再生実務家協会（JATP）がある。

## 2　手続の流れ
### (1)　一時停止の通知
　事業再生ADR手続は、再生対象となる企業の申込み後、対象債権者（金融債権者等）に対する一時停止の通知から始まる。

　一時停止の通知とは、対象債権者に対し、債権の回収、担保権の設定、法的倒産手続開始の申立ての禁止等を求める通知であり、債務者と事業再生ADR事業者の連名で書面によりなされるものである。一時停止の通知を発した場合には、原則として2週間以内に債権者会議を開催しなければならない（事業再生に係る認証紛争解決事業者の認定等に関する省令7条）。

### (2)　債権者集会
　事業再生ADR事業者は、事業再生計画案（債務者が作成する事業再生の計画の案）の概要の説明のための債権者会議、事業再生計画案の協議のための債権者会議、事業再生計画案の決議のための債権者会議をそれぞれ開催しなければならない（同省令8条）。

a　事業再生計画案の概要の説明のための債権者会議

　事業再生計画案の概要の説明のための債権者会議では、債務者による現在の債務者の資産・負債の状況や事業再生計画案の概要の説明、これらに対する質疑応答、債権者間の意見の交換等が行われる（同省令9条1項）。

　債権者としては、事業再生計画案の内容をよく吟味し、疑問や意見等があれば、この会議において質問のうえ疑問を解消し、また意見を述べることが肝要である。

b　事業再生計画案を協議するための債権者会議

　事業再生計画案を協議するための債権者会議では、事業再生計画案の概要の説明のための債権者会議において選任された手続実施者が、事業再生計画案が公正かつ妥当で経済的合理性を有するものであるかについて意見を述べることとされている（同省令10条）。

c　事業再生計画案の決議のための債権者会議

　事業再生計画案の決議のための債権者会議では、債権者全員の書面による合意の意思表示によって事業再生計画案の決議をする（同省令11条）。

　債権者としては、事業再生計画案に同意する場合には、会議当日までに同

意書提出の準備を行うことが必要である。

　事業再生計画案が債権者全員の合意の意思表示により決議されると私的整理が成立し、同時に事業再生計画案に従った権利変更がなされる。債権者の一部の反対があり私的整理が成立しなかった場合には、特定調停手続や法的整理の手続に移行することになる。

### 3　事業再生ADR手続の特例

　事業再生ADR手続を利用する場合の特例として、以下のような定めがある。

#### (1)　特定調停の特例

　事業再生ADR手続を経た案件につき私的整理が成立せず、特定調停が申し立てられた場合には、通常であれば調停委員会（裁判官と専門家の民事調停委員2名以上からなる）によりなされる調停を、裁判官単独で行うことが可能となる（産活法49条、民事調停法5条1項）。

　事業再生ADR手続の結果を考慮し簡易・迅速な手続で調停ができるようにする趣旨で設けられた特例である。

#### (2)　債務保証制度

a　中小企業基盤整備機構の債務保証

　事業再生ADR手続の開始から終了に至るまで（これらの期間において法的整理の申立てがあった場合には当該申立ての時点まで）の間（事業再生準備期間）に行う事業継続に不可欠な資金の借入れ（つなぎ融資（プレDIPファイナンス））については、中小企業基盤整備機構が債務の保証を行う（産活法50条1号）。

　一般的に事業再生ADR手続を利用するような債務者からは新たな担保設定を受けることがむずかしく、それがつなぎ融資をためらわせる一因となっていることから、中小企業基盤整備機構の保証によりつなぎ融資を得やすくし、債務者が債権者調整の間に事業資金不足に陥り倒産することを防ぐためにこのような規定が設けられた。

b　中小企業信用保険法の特例

　日本政策金融公庫が信用保証協会に対し普通保険、無担保保険または特別小口保険（中小企業信用保険法3条、3条の2、3条の3）の保険契約をする場

合において、事業再生円滑化関連保証（事業再生を行おうとする中小企業者の事業継続に不可欠な費用のために事業再生準備期間に行われた借入れについての保証）を受けた中小企業者については、債務保証の限度額が、事業再生円滑化関連保証とその他の保証それぞれについて別枠が設定される等の特例がある（産活法51条）。中小企業基盤整備機構による保証（同法50条1号）と同様、つなぎ融資を得やすくする趣旨で設けられた規定である。

### (3) 法的整理移行時のつなぎ融資の優先弁済

手続が民事再生法・会社更生法による法的整理に移行した場合、裁判所は、一定の要件が満たされた（当該借入れが債務者の事業継続に不可欠なものであり、かつ優先的な取扱いについて対象債権者全員の同意を得ていることが事業再生ADR事業者により確認された）ことを考慮したうえで、つなぎ融資に係る債権を他の再生債権や更生債権より優先的に取り扱っても衡平を害しないものとして許容できるかどうか判断することとしている（同法52～54条）。

私的整理が成立せず民事再生手続・会社更生手続に移行した場合、私的整理期間中のつなぎ融資も他の金融債権者の有する債権と同様の弁済率とされてしまうことから、金融機関はつなぎ融資をためらいがちである。このような状況に配慮し、民事再生手続・会社更生手続に移行した場合でも、他の債権と弁済率に差異を認めることにより、つなぎ融資を得やすくする趣旨で設けられた規定である。

## 153 取引先がRCC企業再生スキームを活用している場合、どのような注意をすればよいか

**結論**

RCC企業再生スキームとは、会社更生法や民事再生法などの法的整理の手続によらず、金融債権者間の合意のもと事業の再生を行わせることにより事業収益からの回収の最大化を図ることを目的とし、株式会社整理回収機構（以下「RCC」という）が主要債権者として、または主要債権者の委託を受けて取り組む企業再生案件の手続や依拠すべき基準等の準則を定めたものである。

取引先がRCC企業再生スキームを活用している場合、債権者としては、債

> 権者集会に参加し、再生計画案を吟味したうえでこれに同意するかどうかの判断をすることが必要である。再生計画の成立後も、定期的に開催される債権者集会に参加するなどして再生計画の実行状況をモニタリングし、計画の履行が危ぶまれる際は再生計画の見直し等について協議を行うことが必要である。また、状況によっては、債権の売却を図ることを検討する必要がある。

――― 解　説 ―――

## 1　RCC企業再生スキーム

　RCC企業再生スキームとは、会社更生法や民事再生法などの法的整理の手続によらず、金融債権者間の合意のもと事業の再生を行わせることにより事業収益からの回収の最大化を図ることを目的とし、RCC自身が主要債権者として、または主要債権者の委託を受けて取り組む企業再生案件について、企業再生の対象、手続、再生計画の要件等の準則を定めたものである。

## 2　手続の流れ

### (1)　再生計画作成の着手

　RCCは、RCC自身が主要債権者として、または主要債権者の委託を受けて、債務者の事業につき、企業再生に取り組むことが妥当であるか否かを判断する。企業再生に取り組むことが妥当であると判断された案件については、さらに企業再生検討委員会（企業再生につき専門的知識を有する外部の弁護士、公認会計士、税理士、企業再生コンサルタント、RCC役職員により構成される機関）により再生計画作成着手の可否が判定される。再生計画作成の着手が可と判定された場合、債務者は、再生計画案を作成し、RCCにこれを提出する。RCCは提出された再生計画案の妥当性を検証し、企業再生検討委員会の意見をふまえて、必要な修正を加える。

### (2)　債権者集会

　再生計画作成の着手が可とされた場合、債務者、RCCは他の主要債権者の意向を確認し、第1回債権者集会を開催する。第1回債権者集会では、債務者の事業や財務の状況、再生の可能性についての説明や、一時停止の合意、債権者調整を進めることについての合意の形成がなされる。

債務者は第2回債権者会議までの間に債権者に再生計画案を提示しその内容について説明する。第2回債権者集会では、再生計画案に対する質疑応答や意見調整が行われ、債権者が再生計画案について同意・不同意を表明する期限が定められる。

債権者としては、再生計画案の内容をよく吟味し、疑問や意見等があれば、債権者集会において質問のうえ疑問を解消し、また意見を述べることが肝要である。

(3) 再生計画の成立

債権者が全員同意した場合、再生計画が成立し、再生計画にしたがった権利変更がなされる。再生計画の成立により債務者は再生計画を実行する義務を負い、定期的に開催される債権者集会等において、再生計画の実行状況等を債権者に報告することになる。

債権者としては、再生計画の実行についてモニタリングし、再生計画の実行が不完全な場合は、再生計画の見直しまたは法的再生等の申立てについて、債務者と協議を行うことが必要である。

## 3　RCC信託ファンド

債権者には取引先を再生させて取引を継続することを望む者もいる一方、再生可能であっても取引の継続を望まない者もいることから、債権の売却を可能とする仕組みが設けられている。

RCCは、複数の投資家を募集して、RCCに金銭信託以外の金銭の信託をさせ（「RCC信託ファンド」の設定）、再生計画に合意した債権者から債権売却の希望がある場合には、再生計画の存在を前提にRCC信託ファンドに入札で債権を売却させたうえ、再生計画に基づく債務免除等をRCCファンドが実施することとしている。債権を売却した債権者で債務者との取引再開を希望する者は、RCCファンドによる債務免除後の残債権に相当する額のリファイナンスを債務者に実施し、債務者との間で新しい債権債務関係を設定することができる。

債権の売却を希望しない債権者は、再生計画に基づき自ら債務免除を行い、再生計画に従って残債権につき弁済を受けることとなる。

## 第2節 取引先が民事再生になった場合の取引

### 154 民事再生手続上の機関の種類と役割および代表者の権限はどうなっているか

**結　論**

　民事再生手続では、再生債務者は引き続き業務遂行権や財産の管理処分権を有する。再生手続では、再生債務者の後見的役割として監督委員が選任されることが一般的であるが、監督委員は業務遂行権や財産の管理処分権を有しない。また、再生債務者が法人の場合、保全管理人や管財人が選任されることがあり、この場合には業務遂行権や財産の管理処分権は保全管理人、管財人に専属する。

**解　説**

1　DIP型手続

　民事再生手続においては、再生手続の申立てがあっても、再生債務者は、業務遂行権や財産の管理処分権を有するので（Debtor in Possession＝DIP型手続：民再法38条1項）、原則として従来の取引先を相手に取引を行えばよい。たとえば、会社について民事再生手続の申立てがあっても、取締役の権限は当然には消滅しないので、従来の代表取締役を相手方として取引を行えばよい。ただし、法人である債務者については保全管理人や管財人が選任されることがあり、この場合には業務遂行権や財産の管理処分権は、保全管理人、管財人に専属することになるので、以後、保全管理人、管財人を相手方として取引を行わなければならない。

2　民事再生手続上の機関の種類と役割

(1)　保全管理人

　裁判所は、再生手続開始の申立てがあった場合において、再生債務者の財

産の管理または処分が失当であるとき、その他再生債務者の事業の継続のために特に必要があると認めるときは、利害関係人の申立てによりまたは職権で、再生手続開始の申立てにつき決定があるまでの間、再生債務者の業務および財産に関し、保全管理人による管理を命ずる処分をすることができる（保全管理命令：民再法79条1項）。保全管理命令が発令されて保全管理人が選任されるのは、再生債務者が法人の場合に限定される。保全管理人が選任されたときは、再生債務者の業務遂行権および財産の管理処分権は保全管理人に専属する（同法81条1項本文）。ただし、保全管理人が「常務」に属さない行為をするときは裁判所の許可を得なければならない（同項ただし書）。また、裁判所は、保全管理人が民事再生法41条1項に列挙された行為をするには裁判所の許可を得なければならないことにすることができる（同条3項）。

(2) **監督委員**

裁判所は、再生手続開始の申立てがあった場合において、必要があると認めるときは、利害関係人の申立てによりまたは職権で、監督委員による監督を命ずる処分をすることができる（監督命令：民再法54条1項）。監督命令は裁判所の裁量に任されており、命令の時期は開始決定の前後を問わない。東京地裁の運用では監督命令による監督委員の選任を原則としている。監督委員は、その職務を行うに適した者であれば足り、再生債務者との利害関係のないことまでは要求されていない（民再規則20条1項）。法人を選任することも可能である（民再法54条3項）。監督命令を発令する場合、裁判所は、監督委員の同意を得なければ再生債務者がすることができない行為を指定しなければならない（同条2項）。

監督委員の主な役割は、①再生債務者の行為（要同意事項）への同意、②財産管理状況等の調査（同法125条3項）、③否認権の行使（同法56条1項）、④再生計画の遂行の監督（同法186条2項）である。

(3) **調査委員**

裁判所は、再生手続開始の申立てがあった場合において、必要があると認めるときは、利害関係人の申立てによりまたは職権で、調査委員による調査を命ずる処分をすることができる（調査命令：民再法62条1項）。調査委員は裁判所が定めた特定の事項について調査を行い報告する、裁判所の補助機関

である。調査命令は裁判所の裁量に任されており、命令の時期は開始決定の前後を問わない。

(4) 管財人

裁判所は、再生債務者の財産の管理または処分が失当であるとき、その他再生債務者の事業の再生のために特に必要があると認めるときは、利害関係人の申立てによりまたは職権で、再生手続の開始の決定と同時にまたはその決定後、再生債務者の業務および財産に関し、管財人による管理を命ずる処分をすることができる（管理命令：民再法64条1項）。管理命令が発令されて管財人が選任されるのは、再生債務者が法人の場合に限定される。管財人には、法人もなることができる（同法78条、54条3項）。管財人が選任されると、再生債務者の業務遂行権および財産の管理処分権は管財人に専属する（同法66条）。また、管財人が民再法41条に基づき裁判所の指定した行為を行うには、裁判所の許可を得なければならない。

## 155 民事再生債務者との取引はだれとすればよいか。また、その確認方法はどうすべきか

**結　論**

民事再生手続の申立てないし開始決定があっても、再生債務者は業務遂行権や財産の管理処分権を有するので、原則として従来の取引先を相手にすればよい。ただし、法人である債務者について保全管理人や管財人が選任されたときは、保全管理人や管財人を相手に取引を行わなければならない。

民事再生手続の開始決定は、公告され、知れている再生債権者に通知される。また、再生債務者が法人の場合には登記される。

**解　説**

### 1 取引の相手方

民事再生手続では、再生手続開始の申立てないし開始決定があっても、再生債務者は、業務遂行権や財産の管理処分権を有するので（Debtor in Possession＝DIP型手続：民再法38条1項）、従来の取引先を相手に取引を行え

ばよい。たとえば、会社について民事再生手続の申立てがあっても、取締役の権限は当然には消滅しないので、従来の代表取締役を相手方として取引を行えばよい。ただし、法人である債務者について保全管理人や管財人が選任されることがあり、この場合には業務遂行権や財産の管理処分権は、保全管理人、管財人に専属することになるので、以後、保全管理人、管財人を相手方として取引を行わなければならない。

　また、監督命令を発令する場合には、裁判所は、監督委員の同意を得なければ再生債務者がすることができない行為を指定しなければならないので（同法54条2項）、監督委員の同意が必要な行為かどうかを確認しなければならない。

## 2　確認方法

　裁判所は、再生手続の開始決定をしたときは、直ちに開始決定の主文および再生債権の届出期間、再生債権の一般調査期間等を公告しなければならない（民再法35条1項本文）。公告は官報への掲載を通じてなされ（同法10条1項）、公告の効力は掲載があった翌日に生じる（同条2項）。

　また、裁判所は、再生債務者および知れている再生債権者にこれらの事項を通知しなければならない（同法35条3項1号）。監督委員、管財人または保全管理人が選任されている場合には、これらの者に対しても通知をしなければならない（同項2号）。ただし、裁判所は、知れている再生債権者の数が千人以上であり、かつ、相当と認めるときは、通知をしない旨の決定をすることができ（同法34条2項）、この決定があった場合には、公告の際に通知等を省略する旨も公告しなければならない（同法35条2項）。

　再生債務者が法人である場合には、裁判所書記官は、職権で、再生手続の開始決定後遅滞なく、再生手続開始の登記を再生債務者の本店または主たる事務所所在地を管轄する登記所に嘱託しなければならない（同法11条1項）。監督命令、管理命令、保全命令がなされたときも同様である（同条2項、54条1項、64条1項、79条1項）。これらの嘱託によりなされる登記には、監督委員、管財人、保全管理人の氏名または名称、住所、監督委員の同意を要するものとして指定された行為等が登記される（同法11条3項）。これらの処分

について変更や取消しがあった場合も登記される（同条4項）。

## 156 民事再生債務者の行為を制限することができるか

**結　論**

　民事再生手続開始決定があっても、再生債務者は業務の遂行権や財産の管理処分権を有する。ただし、監督委員の選任に際して、監督委員の同意を得なければ再生債務者が行うことができない行為（財産の処分、借財、別除権の目的物の受戻し等）が指定される点に注意が必要である。

　管財人や保全管理人（管財人等）が選任されている場合には、管財人等に業務遂行権や財産の管理処分権が専属するので、管財人等と取引を行うこととなる。

―――― 解　説 ――――

### 1　DIP型手続

　民事再生手続は、再生手続開始決定があっても、再生債務者は業務の遂行権や財産の管理処分権を有する（Debtor in Possession＝DIP型手続：民再法38条1項）。

### 2　監督委員の同意

　実務上、ほとんどの事件で、申立て後、直ちに監督委員が選任される。監督委員の選任に際して、裁判所は、同時に、監督委員の同意を得なければ再生債務者がすることができない行為を指定しなければならない（民再法54条2項）。監督委員が裁判所にかわって再生債務者の活動を監督する機関であるところから、要同意事項は裁判所の要許可事項（同法41条1項）を基準として決定される。したがって、再生債務者との間で、金銭消費貸借契約（同項3号）、担保権設定契約（同項1号）、別除権の目的物の受戻し（同項9号）等を行う場合は、同意付与の有無を確認する必要がある。なお、要同意事項についての同意の申請および監督委員の同意は書面でしなければならないと

されている（民再規則21条1項）。監督委員の同意が必要とされている行為について、再生債務者が監督委員の同意を得ないで行っても無効である。ただし、善意の第三者には対抗できない（民再法54条4項）。

3　要許可事項

　裁判所が要許可事項としうる事項（民再法41条1項）については、監督委員の要同意事項とされる場合が多いため、実際に要許可事項とされることが少なく、監督委員の同意のみでできることが多い。ただし、再生債務者の営業または事業の全部または重要な一部の譲渡については、裁判所の許可を要する事項と定められている（同法42条）。裁判所の許可が必要とされている行為について、再生債務者が裁判所の許可を得ないで行っても無効である。ただし、善意の第三者には対抗できない（同法41条2項）。

4　管理命令

　法人である再生債務者による業務の遂行や財産の管理処分が適切に行われない場合には、その適正化を図るために、裁判所は管財人による管理を命ずる処分（管理命令）をすることができる（民再法64条）。民事再生手続は、前述のとおり、DIP型が原則であり、監督委員も通常選任されるので、管理命令は例外的な措置であるが、管理命令が発せられた場合には、再生債務者は業務の遂行や財産の管理処分についての権限を失い、これらの権限が管財人に専属する（同法38条3項、66条）ので、管財人と取引を行わなければならない。また、再生手続開始前には保全管理人が選任されることがあり（同法79条）、その場合、同様に業務遂行や財産の管理処分についての権限が保全管理人に専属する（同法81条1項）ので、保全管理人と取引を行わなければならない。管財人または保全管理人が、民再法41条に基づき裁判所の指定した行為を行うには、裁判所の許可を得なければならない点に注意が必要である（同法41条1項、81条3項）。

## 157 民事再生法による保全処分・要許可事項を知らずになした行為は、どの程度効力があるか

### 結　論

　弁済禁止の保全処分が発令されると、再生債務者は弁済を停止しなければならない。弁済禁止の保全処分に反する弁済は、債権者が弁済禁止の保全処分がされたことを知っていたときは再生手続の関係では無効になる。したがって、弁済として受領したものを再生債務者に返還しなければならない。これに対し、債権者が弁済禁止の保全処分がされたことを知らなかったときは、当該弁済は有効ということになる。

　裁判所の許可を必要とする行為について、許可を得ずに行っても無効である。ただし、相手方が善意の第三者の場合には対抗できない。

### ■解　説■

#### 1　保全処分とは

　再生手続開始の申立ての後、再生手続開始の決定までの間には、裁判所の判断等のためにある程度の期間が必要になる。再生手続開始の申立てがあっただけでは、債権者の権利行使が当然には妨げられず、再生債務者の財産が隠匿・毀損されることや、あるいは、一部の債権者が抜け駆け的に弁済等を受ける等により、利害関係人間の公平が害されるおそれがある。かかる事態を避けるため、裁判所は、再生手続開始の申立てがあった場合には、利害関係人の申立てまたは職権によって、再生手続開始決定がなされるまでの間、債務者の業務および財産に関し、仮差押、仮処分、その他必要な保全処分を命じることができる（民再法30条1項）。具体的には弁済禁止、担保提供禁止の保全処分、不動産の処分禁止、借財禁止の仮処分などが考えられる。

#### 2　保全処分に違反した行為の効力

　保全処分のなかで最も重要なものは、弁済禁止の保全処分である。弁済禁止の保全処分が発令されると、再生債務者は弁済を停止しなければならない。弁済禁止の保全処分に反する弁済は、債権者が弁済禁止の保全処分がさ

れたことを知っていたときは再生手続との関係では無効となり（民再法30条6項）、弁済として受領したものを再生債務者に返還しなければならない。これに対し、債権者が弁済禁止の保全処分がされたことを知らなかったときは、当該弁済は有効ということになる。

　また、保全処分に違反してなされた行為は開始決定後に否認（同法127条）、役員等の行為者の損害賠償（同法143条）、詐欺再生罪（同法255条）などの対象となり、その違反の程度によっては、申立棄却（同法25条4号後段）、再生計画の排除（同法169条1項3号）、不認可（同法174条2項1号）、廃止（同法193条1項1号）の事由になりうる。

## 3　要許可事項に違反した行為の効力

　再生債務者は、再生手続が開始された後も、業務遂行権や財産の管理処分権を失わない（民再法38条1項）。しかし、借財等の重要な行為については裁判所の許可を得なければならないものとすることができ、裁判所の要許可行為について、再生債務者が裁判所の許可を得ないで行っても無効である（同法41条2項）。ただし、相手方が善意の場合には対抗できない（同項ただし書）。したがって、取引の相手方において当該取引が要許可事項であることを知らなかったのであれば、裁判所の許可がなくても当該取引は有効ということになる。

## 第3節 取引先が会社更生になった場合の取引

### 158 会社更生手続とはどういうことか

**結論**

会社更生手続は、経営危機状態にはあるが再建の見込みのある株式会社について、裁判所の関与のもと、債権者、株主その他利害関係人の利害を調整しつつ、その事業の維持更生を図る法的再建手続の一つであって、会社更生法によって規律される。法律上は株式会社であればよいが、実際は大規模な株式会社を想定した手続である。

**解説**

### 1 会社更生手続の目的

会社更生手続は、経営危機状態にはあるが再建の見込みのある株式会社について、裁判所の関与のもと、債権者、株主その他利害関係人の利害を調整しつつ、その事業の維持更生を図ることを目的としている（会更法1条）。すなわち、なんらかの事情で経営が危機状態にはあるが、その事業の全部または一部が、社会的経済的に重要な価値、影響を有するものであり、その会社の破綻により取引先、消費者、下請企業、従業員等に多大な影響を有する会社であって、再建が可能と判断される場合には、裁判所の監督のもと、その事業の再建を図ろうとするものである。

### 2 対象となる会社

法律上は株式会社であればよい（会更法1条）が、会社更生手続は民事再生手続と比較すると、手続の対象となる利害関係人の範囲は広く、厳格な手続が定められていることから、比較的大規模な株式会社を想定した再建手続である。

## 3 会社更生手続の申立て

　申立権者は債務者たる会社、債権者、株主である（ただし、債権者および株主が申立てをする場合には特別の要件が課される（会更法17条2項））。申立ての要件は、破産手続開始の原因となる事実の生ずるおそれがあるとき、または、弁済期にある債務を弁済することとすればその事業の継続に著しい支障をきたすおそれがある場合である（同条1項）。会社の再建を図る手続であるため、清算手続である破産と比べて、経営危機の早い時期に申立てが認められている。申立てに先立ち、申立ての2週間程度前には申立権者と裁判所の間で事前相談が行われ、スケジュールや保全処分等について打ち合わせをするのが通常である。

## 4 民事再生手続との比較

　再生手続と比較した会社更生手続の特徴として、以下の点をあげることができる。
① 　DIP型を原則とする再生手続に比べ、必ず管財人は選任される管理型の手続である点（会更法42条1項）。
② 　担保権者が別除権者として原則として手続外で権利を行使できる再生手続に比べ、更生手続は担保権者も更生担保権者として手続に組み込み、その権利実行を禁止し（同法47条1項、50条1項）、権利内容を変更できる点（同法168条1項1号）。
③ 　計画内容が限定され、組織変更には原則として会社法上の手続を必要とする再生手続に比べ、更生手続では、更生計画の内容として、会社分割・合併・株式交換・株式移転など多様なものが認められ、さまざまな会社法上の特則も設けられている点（同法174条以下）。

## 5 会社更生手続の流れ

　会社更生手続の流れの概略は次のとおりである。

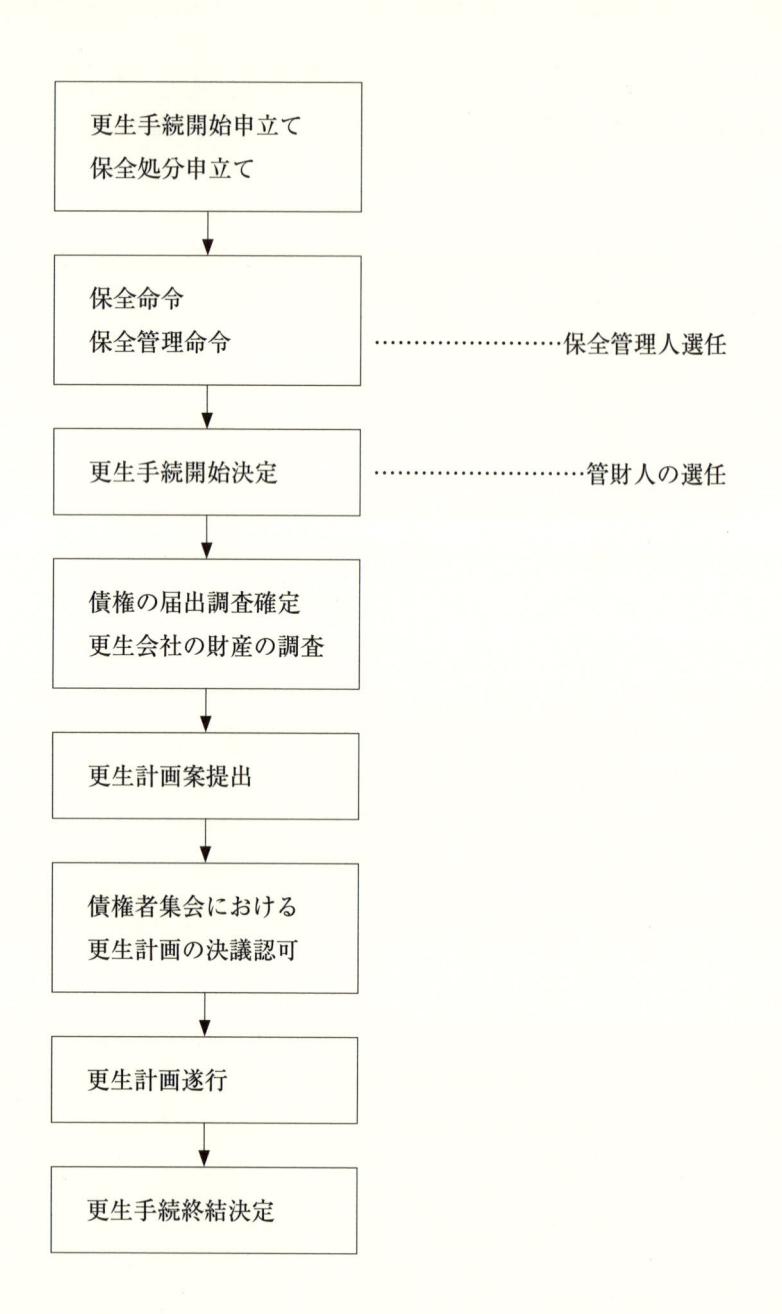

```
┌─────────────────┐
│ 更生手続開始申立て  │
│ 保全処分申立て    │
└────────┬────────┘
         ↓
┌─────────────────┐
│ 保全命令         │
│ 保全管理命令      │·················保全管理人選任
└────────┬────────┘
         ↓
┌─────────────────┐
│ 更生手続開始決定   │·················管財人の選任
└────────┬────────┘
         ↓
┌─────────────────┐
│ 債権の届出調査確定  │
│ 更生会社の財産の調査 │
└────────┬────────┘
         ↓
┌─────────────────┐
│ 更生計画案提出    │
└────────┬────────┘
         ↓
┌─────────────────┐
│ 債権者集会における │
│ 更生計画の決議認可 │
└────────┬────────┘
         ↓
┌─────────────────┐
│ 更生計画遂行      │
└────────┬────────┘
         ↓
┌─────────────────┐
│ 更生手続終結決定   │
└─────────────────┘
```

## 159 更生手続開始の申立て以後、代表取締役との取引はどうしたらよいか

**結　論**

更生手続開始申立てがなされても、それだけで当然に従来の代表取締役が権限を失うわけではないが、実務上保全管理人が選任されるのが通常である。保全管理人が選任された場合、権限は保全管理人に専属するので、申立て後も代表取締役が引き続き事業に関する権限を有している事態は起こらない。そこで、通常は保全管理命令を確認したうえで、保全管理人との取引を考えることとなる。

――――――― **解　説** ―――――――

### 1　保全管理命令

　更生手続開始決定があると、会社の事業の経営、ならびに財産の管理および処分をする権利は、管財人に専属する（会更法72条1項）が、更生手続開始の申立てがなされても、それだけで当然に取締役が権限を失うわけではない。

　しかし、現在の実務では、ほとんどの場合に更生手続開始の申立てがあると保全処分および（または）保全管理命令が出されて保全管理人が選任され、会社の事業の経営ならびに財産の管理および処分をする権利は、保全管理人に専属する（同法32条1項）。したがって、申立て後も代表取締役が引き続き事業に関する権限を有している事態は起こらない。そこで、通常は保全管理命令を確認したうえで、保全管理人との取引を考えることとなる。ただし、もし申立てや保全処分から保全管理命令までに間隙があれば、その間は、代表取締役が会社を代表することとなる（なお、保全管理命令が出された場合については〔160〕参照）。

2 申立て後開始決定までの代表取締役の行為（保全処分、保全管理命令、監督命令がいずれも発せられない場合）

(1) 借入れ

代表取締役の権限は制限されないから、理論上は借入れも可能である。しかし、開始決定前の原因に基づいて生じた請求権は更生債権となるのが原則であり（会更法2条8項）、更生債権に優先して弁済を受けられるのは、裁判所の許可を得て、会社の事業の継続に欠くことのできない行為によって生じた請求権（共益債権）に限られる（同法128条2項、132条1項・2項）。

(2) 弁済

同様に代表取締役の行為としてなされた弁済も一応有効である。しかし、更生手続開始後、管財人による否認の対象となる可能性が高い（同法86条の3）。

3 保全処分に反してなされた行為の効力

開始前会社が財産を処分したり、一部の債権者に弁済したりして、財産が散逸し、更生手続による債務者の再建が困難となったり、利害関係人間の公平が害されたりすることを避けるため、裁判所は、利害関係人の申立てまたは職権により、更生手続開始の申立てについて決定があるまでの間、開始前会社の業務および財産に関し、仮差押・仮処分・その他の必要な処分を命ずることができる（会更法28条1項）。弁済禁止の保全処分が命じられた場合に、そのことを知って弁済を受けた更生債権者等は、更生手続との関係で、その弁済の効力を主張することができない（同条6項）。したがって、更生手続開始の申立てがなされた直後であったために弁済を受けた債権者が当該申立ての存在を知らなかったという例外的な場合を除けば、更生手続開始申立て後の弁済の効力は更生手続との関係では無効となるケースが多いものと思われる。

## 160 保全管理人が選任された場合の取引はどうなるか

**結　論**

保全管理人が選任されると、会社の事業の経営ならびに財産の管理および処分をする権利は保全管理人に専属する。したがって、取引はすべて保全管理人を相手として行わなければならない。

---

**解　説**

### 1　保全管理人の選任

　更生手続は、その開始決定の時から効力を生ずる（会更法41条2項）。したがって、更生手続開始の申立てがなされても、取締役が当然に権限を失うわけではない。しかし、更生手続開始の申立てから開始決定まで数週間から数カ月を要した以前と比べてその期間が短縮されてきているとはいえ、その間なんら手当がなされなければ、債権者からの取立や回収手続、あるいは債務者による財産の処分や隠匿がなされ、更生手続開始決定がなされたときには、再建が不可能になってしまうおそれがある。そこで、会社更生法はさまざまな保全処分に関する規定を置いている。そして実務上は、申立と同時または時を置かずに弁済禁止・財産処分禁止・借財禁止の保全処分および（または）保全管理命令を発令し保全管理人を選任する（同法30条1項）のが通常である。

### 2　保全管理人の職務と権限

　保全管理人は、保全管理命令によって裁判所から選任される会社更生手続上の機関であって、会社の事業の経営ならびに財産の管理および処分をする権利を専有する（会更法32条1項本文）。その結果、代表取締役は、これらの権限を喪失することとなる。ただし、保全管理人も会社の常務に属さない行為および裁判所が指定した行為をなすには、裁判所の許可を要する（同項ただし書）。

## 3 取引の相手方

上述のとおり、保全管理人が選任されると、会社の事業経営権、財産管理処分権は保全管理人に専属するから、金融機関取引も保全管理人を相手として行わなければならない。実務的には、確認資料として、商業登記簿謄本、資格証明書、保全管理人選任証等を徴求して、代表者変更手続に準じて取引名義を変更する。

### (1) 融資取引

**a 相　殺**

相殺の通知、担保処分の通知などは、保全管理人に対して行う。特に相殺は、相手方に対する意思表示によって効力を生ずる（民法506条1項）から注意が必要である。

**b 新規融資**

やむをえず救済融資など新規融資を行うときも、保全管理人を相手方とする。借入行為は、それが仕入れや従業員給料の支払資金など、事業の継続に必須の運転資金の借入れであれば、会社の「常務」に属する行為として、保全管理人の権限の範囲内と考えられる（会更法32条1項ただし書）。保全管理人の権限に基づく行為によって生じた請求権は当然に共益債権となり、更生手続によらないで、随時かつ更生債権、更生担保権に優先して弁済を受けられる（同法128条、132条1項・2項）。これに対し、新規設備投資のための多額の借入れ等、会社の通常の業務行為に属しない場合には、裁判所の許可を得なければならない（同法32条1項ただし書）。

### (2) 預金取引

保全管理人選任後は、預金取引についても保全管理人を相手として行う。預金の払戻しも保全管理人に対して行わなければならない。

## 161 監督委員が選任された場合、取引をするうえで注意することは何か

**結　論**

監督命令により監督委員が選任された場合でも、代表取締役は職務権限を失うわけではないから、金融機関取引の相手方は引き続き代表取締役である。しかし、会社が裁判所の指定した行為を行うには監督委員の同意を要するから注意が必要である。

**解　説**

### 1　監督委員の選任

監督委員は、更生手続開始の申立てがなされた際、開始決定の可否が決まるまでの間の保全処分として監督命令が発せられたときに選任される会社更生手続上の監督機関である（会更法35条1項）。監督命令は、更正手続開始申立てにつき決定があるまでの間、現経営陣に開始前会社の経営および財産管理処分を認めつつ監督委員の監督に服させるものであり、開始前会社の経営および財産管理処分を保全管理人に専属させる保全管理命令（同法32条1項）よりも保全措置としては緩やかなものである。

監督命令が発せられると、会社が裁判所の指定した行為を行うには監督委員の同意を要する（同法35条3項）。監督命令がなされると官報に公告され、商業登記簿に登記される（同法36条1項、10条1項、258条4項）。

### 2　金融機関取引の相手方

監督命令により監督委員が選任された場合でも、代表取締役は職務権限を失うわけではないから、金融機関取引の相手方は引き続き代表取締役であって、監督委員は代表取締役の行為を監督する。しかし、会社が裁判所の指定した行為を行う場合には監督委員の同意がなければならない。したがって、取引を行うには、当該行為が裁判所の指定する同意を要すべき行為であるか否かについて、官報、商業登記簿、監督命令の写しなどにより確認する必要がある。

金融機関取引のうち、借入行為、担保設定行為などは要同意行為に指定される可能性が高い。したがって、これらの行為を行う際には、監督委員の同意があることを確認しなければならない。もっとも、監督委員の同意があっても、裁判所の共益債権化の許可を得てなした行為でなければ、その貸金債権は共益債権とはならないので、注意を要する（会更法128条2項。なお、裁判所は、上記許可にかわる承認をする権限を監督委員に付与することができる（同条3項）。共益債権については同法127条参照）。

## 162 保全管理命令・監督命令のあったことを知らずになした取引には、どのような効力があるか

**結論**

保全管理人選任後それを知らずに従前の会社代表者と行った取引の効力については、一般に、保全管理人の選任登記後は、金融機関が正当な理由により登記を知らなかったことを立証できない限り無効と解されている。監督委員が選任され、監督委員の同意を要する行為について、同意を得ずしてなした行為も同様に解される。したがって、なんらかの方法で更生手続開始の申立てがあったことを知ったときは、直ちに会社、申立代理人、裁判所、さらに保全管理人、監督委員に確認すべきである。

**解説**

### 1 保全管理人選任を知らずになした取引の効力

保全管理命令により保全管理人が選任されると、事業経営および財産管理処分権は、保全管理人に専属する（会更法32条1項）。そこで、保全管理人が選任されたことを知らず、代表取締役等従来の会社代表者を相手方としてなされた取引の効力はどうなるか。会社更生法において明文の規定がないことから問題となる（なお、開始前会社に対する「弁済」については、同法34条1項において更生開始決定後について規定する57条、59条が準用されているため、保全管理命令の公告前は善意、公告後は悪意と推定され、公告前の弁済者は保護される）。

この点、保全管理人が選任されると、商業登記簿に登記される（同法258条4項）ことから、第三者（取引の相手方を含む）は、商業登記に関する商法12条（会社法908条1項）の規定により、保全管理人の登記がなされる前は、保全管理人の選任を知らなかったことをもって取引の有効性を保全管理人や管財人に対し主張しうるが、登記後は、第三者が善意であることにつき正当の事由があることを主張・立証しない限り、取引の有効性を主張できないと解する裁判例がある（会社更生法平成15年改正前のもの。大阪高判昭55.2.21金法928号32頁、同昭56.12.25判時1048号150頁）。

通常、金融機関が保全管理人選任の登記を知らなかったことに正当な事由があったということを主張・立証するのは困難と考えられることから、注意が必要である。

## 2 保全管理人が裁判所の許可を得ないでなした行為の効力

保全管理人による保全管理命令においては、同時に裁判所の許可を必要とする行為が定められることが通常である（会更法32条1項ただし書）。保全管理人がこれに反して裁判所の許可を得ないでした行為は無効である。ただし、善意の第三者には対抗できない（同条2項）。

## 3 監督委員の選任を知らずになした取引の効力

監督委員が選任された場合、取引の相手方は変わらないが、監督委員の同意の必要な行為であるにもかかわらず、監督委員の選任を知らず、その同意なしになされた行為の効力が問題となる。この点についても、会社更生法上はなんら規定がないが、監督委員の選任および同意を要する事項については、商業登記簿に登記される（会更法258条4項）ことから、会社法908条1項後段により、登記後は正当な事由により登記を知らなかった場合を除き、取引の有効性を主張できないと解することができる。

## 163 更生手続開始後はだれと取引をすることになるか

**結　論**
　更生手続開始決定後の取引は、管財人を相手として行わなければならない。管財人は、更生手続開始決定と同時に必ず設置される常置機関である。管財人代理が置かれたときは、管財人代理は管財人と同一の権限を有するので、管財人代理を相手方として取引をすることができる。

---
**解　説**

### 1　管財人の地位と権限

　管財人は、更生手続開始決定と同時に必ず設置される常置機関である（会更法42条）。更生会社の事業の経営ならびに財産の管理および処分をする権利は管財人に専属する（同法72条1項）から、更生手続開始決定後の取引は、「更生会社〇〇株式会社管財人甲」の名義で行われる。したがって、管財人を相手として行わなければならない。しかし、管財人は会社の代表者ではない。

### 2　複数の管財人が選任されたとき

　管財人が複数選任されているときは、共同してその職務を行うことが原則であり（会更法69条1項本文）、単独で行った行為は無効とされる。もっとも、管財人に対する意思表示は、管財人の1人に対してすれば足りる（同条2項）。裁判所から分掌の許可を得ているとき（同条1項ただし書）は、その範囲内では、各管財人は独立して職務を行うことができる。したがって、複数の管財人が選任されているときは、分掌の許可の有無を確認しなければならない。

### 3　管財人代理

　管財人は、必要があるときは、その職務を行わせるため、裁判所の許可を得て、自己の責任で管財人代理を置くことができる（会更法70条）。管財人代

理は、包括的権限を有し、管財人にかわって法律行為を行う。したがってその行為は、管財人と同一の効果を生じさせるので、管財人代理を相手方として取引を行うことに問題はない。管財人代理選任は公告事項ではないので、裁判所の許可の写しを徴求して確認する。

なお、管財人代理は、管財人の代理人とは異なる。後者は、個別特定の事項の代理人として管財人が委任する者で、裁判所の許可は不要であるが、代理権の範囲には十分注意が必要である。また、管財人代理のほか、管財人補佐という呼称の者を置くこともある。しかし、管財人補佐も管財人が任意に選任するものであり、裁判所の許可を要しないが、その権限は包括的なものではなく、個別の案件につき管財人から個別の代理権を付与されているにすぎない。したがって、経常的な金融機関取引の相手方としては避けるべきである。

## 164 裁判所の許可を要する管財人との取引では何に注意すべきか

**結論**

裁判所は、必要があると認めるときは、会社更生法72条2項に規定する行為（財産の処分、財産の譲受け、借財等）について、裁判所の許可を要すると定めることができる。管財人との取引行為が、これらの要許可事項に該当する場合は、管財人はあらかじめ裁判所の許可を受ける必要がある。この許可の有無は裁判所の許可書の提出を受けて確認する。

―――― 解　説 ――――

### 1　管財人の行為は許可不要が原則

更生手続は裁判所の監督のもとに行われるから、管財人は裁判所の監督に服する（会更法68条1項）。しかし、更生手続は破産手続と異なり会社の更生に重点が置かれるため、管財人がその手腕・機能を機動的かつ十分に発揮することが必要となる。このため、会社の事業経営および財産の管理・処分権は管財人に専属することとされ、管財人の行為は裁判所の許可を要しないこ

とが原則である。

## 2 裁判所の許可を要する行為

しかし、管財人の行為についてすべて管財人の自由裁量に委ねると、実際には更生手続に対して裁判所のコントロールが困難になる場合がある。

そこで、裁判所は、会社更生法72条2項に列挙された行為については、管財人はあらかじめ裁判所の許可を要すると定めることができるとされた。

## 3 金融機関取引上で問題となる行為

要許可行為のうち、金融機関取引上問題となるのは、会社更生法72条2項1号の会社財産の処分と同項3号の借財である。

会社財産の処分につき、実務では、商品等が要許可事項となってしまうと管財人による機動的な会社の事業経営が阻害されることへの配慮から、財産の範囲を固定資産に限定する運用がなされている。金融機関取引では担保物件の処分および新たな担保提供に際して、管財人が裁判所の許可を得ていることを確認しなければならない。

借財は、新規借入れの問題である。管財人から新規借入れの申出があった場合にも、金融機関は管財人が裁判所の許可を得ていることを確認しなければならない。なお、実務では、小切手の振出や、商業手形の裏書譲渡（商業手形割引により金融を得る場合）を要許可事項から除く運用がなされている。

## 4 許可を得ないでした行為の効力

許可を要する場合に裁判所の許可を得ないでした行為は無効である（会更法72条3項）から注意を要する。

## 5 確認方法

要許可行為については、管財人から裁判所に対し許可の申請書を提出し、これに対し裁判所が許可書を交付するのが通例である。したがって、管財人からこの許可書の提出を受けることにより、許可のあったことを確認することができる。

## 165 更生計画認可後の会社と取引する場合、何に注意するか

**結　論**

更生計画認可後の取引は管財人名義で行うのが原則であるが、管財人の権限専属が排除され取締役が権限を回復した場合には、その取締役名義で行う。

**解　説**

### 1　更生手続開始決定の場合

更生手続の開始決定があると、会社の代表取締役は事業経営権および財産の管理・処分権を失い、これらの権限は管財人に専属することになる（会更法72条1項）から、その後の取引名義は管財人となる。

### 2　更生計画認可後の場合

更生計画が認可されても、管財人は依然として会社の事業経営権および財産の管理・処分権を有するので、この段階でも管財人名義（「更生会社○○管財人甲」等）で取引を行うのが原則である。

しかしながら、更生計画で、更生計画認可決定後の更生会社について、事業経営権および財産の管理処分権を管財人に専属させないことができる（会更法72条4項前段）。この場合、更生計画で更生会社の取締役等を選任し（同法167条1項2号）、取締役等に事業経営権および財産の管理処分権を回復させたうえで、管財人がその経営・財産処分を監督することができる（同法72条4項後段）。金融機関としては、更生計画認可後、すみやかに取引名義を管財人から、権限が回復した取締役に変更する（「更生会社○○取締役乙」等）。

また、更生計画に定めがなくとも、必要があると認めるときは、管財人の申立てによりまたは職権で、事業経営権および財産の管理処分権を管財人に専属させない決定ができる（同法72条5項）。この場合は決定後、すみやかに取引名義を管財人から、権限が回復した取締役に変更する（「更生会社○○取締役乙」等）。

管財人から取締役に権限が移った場合、権限が回復した取締役と管財人が

権限を共有するわけではないので、金融機関取引は管財人名義のままとすることはできない。

### 3 権限回復の確認方法

管財人の申立てまたは裁判所の職権による管財人への権限専属排除の決定は、公告され、かつ管財人および更生会社に送達される（会更法72条7項）。また、更生会社の取締役等が権限を回復したときには職権によりその旨の登記がなされる（同法259条1項）。したがって、権限回復の旨は、認可された更生計画、送達された決定の写し、登記事項証明書（または登記簿謄（抄）本）によって確認することができる。

## 第4節 取引先が破産手続開始決定を受けた場合の取引

### 166 保全処分決定後はだれと取引をすることになるか

**結論**

保全管理命令が発せられた場合は、債務者の財産の管理処分権は保全管理人に専属するので、取引の相手方は保全管理人となる。

**解説**

1 破産手続開始の申立て後、破産手続開始決定がなされるまでの法律関係

　破産手続開始の申立てがなされても、破産手続開始決定（以下「開始決定」という）までは、債務者は自由に自己の財産を処分できる。そうすると、開始決定までの間、債務者は自己の財産を散逸・隠匿したり、逆に債権者が債務者から回収を図ることにより、債務者の財産が失われ、破産手続の実行性が損なわれるおそれがある。そこで、破産手続開始の申立てから開始決定までの間、債務者の財産を一時的に凍結するため、保全処分の制度が設けられている。

2 保全処分の種類および内容
(1) **債務者の財産に関する保全処分**

　裁判所は、債務者の財産が散逸するのを防ぐため、債務者の財産に関し、その財産の処分禁止の仮処分その他必要な保全処分を命ずることができる（破産法28条1項）。具体例としては、債務者財産の処分禁止や占有移転禁止の仮処分、債権者に対する弁済禁止の保全処分があげられる（債権者が弁済禁止の保全処分がなされたことを知りつつ弁済を受けた場合には、債権者は弁済の効力を主張することができない）。

#### (2) 他の手続の中止命令

裁判所は、利害関係人の申立てによりまたは職権で、債務者の財産に対してすでになされている強制執行、仮差押え、仮処分の手続等の中止を命ずることができる（同法24条1項）。財団債権となるべき債権に基づく強制執行等の手続も中止の対象となる（同項1号）。

#### (3) 包括禁止命令

裁判所は、個別の強制執行等の手続に対する中止命令では破産手続の目的を十分に達成することができないおそれがあると認めるべき特別の事情があるときは、すべての債権者に対し、債務者の財産に対する強制執行等の禁止を命ずることができる（同法25条1項本文）。ただし、包括禁止命令の発令は、事前にまたは同時に、債務者の主要な財産に対する保全処分をした場合または後に述べる保全管理命令が発令された場合に限られる（同項ただし書）。

#### (4) 保全管理命令

裁判所は、債務者（法人に限る）の財産の管理および処分が失当であるとき、その他債務者の財産の確保のために特に必要があると認めるときは、破産手続開始の申立てにつき決定があるまでの間、債務者の財産に関し保全管理人による管理を命ずる処分をすることができる（同法91条1項）。

保全管理命令が発せられた場合は、債務者の財産の管理処分権は保全管理人に専属する（同法93条1項本文）。なお、保全管理人が債務者の常務に属しない行為、破産管財人の要許可行為を行う場合には、裁判所の許可が必要である（同条1項ただし書・3項）。

#### (5) その他の保全処分

その他、破産法には否認権を保全するための保全処分（同法171条）や、役員の財産に対する保全処分（同法177条）も規定されている。

### 3 保全処分の確認方法

保全処分の決定は、まちまちではあるが、債務者等への送達や公告等によって内容を確認することが可能である。また、債権者等の利害関係人であれば、裁判所が作成した文書の閲覧等を請求することにより内容を確認することもできる（破産法11条、破産規則10条）。また、債務者の財産に属する権

利で登記・登録されたものに関し保全処分がなされた場合には、裁判所書記官が職権で保全処分の登記を嘱託することとされている（破産法259条1項1号、262条）ので、これを確認することで内容を知ることもできる。また、保全管理人の確認は、資格証明書（破産規則29条）や登記事項証明書、登記所発行の印鑑証明書（商登法12条）等の資料により行うことが可能である。

### 4 保全処分決定後の取引の相手方

保全管理命令が発せられた場合は、債務者の財産の管理処分権は保全管理人に専属するので、取引の相手方は保全管理人となる（ただし、前述のとおり、保全管理人が債務者の常務に属しない行為、破産管財人の要許可行為を行う場合には、裁判所の許可が必要である点に注意すべきである）。

その他の保全処分については、取引主体の変更はないものの、前述のとおり取引等が制限される。

## 167 破産手続開始決定後はだれと取引をすることになるか

**結　論**

破産手続開始決定後は破産者の財産は原則として破産財団となり、その管理処分権は破産管財人に専属するので、以後の取引・交渉は破産管財人と行うこととなる。

**解　説**

### 1 破産手続開始決定と財産管理処分権の移転

裁判所は、破産手続開始決定と同時に破産管財人を選任する（破産法31条1項）。破産管財人は、破産者が破産手続開始時に有する財産（破産財団）を換価して債権者に配当する。そのため、破産財団の管理処分権は、破産手続開始決定により破産者から破産管財人に移転する（同法78条1項）。したがって、破産手続開始決定後は破産財団に属する財産についての取引の相手方（相殺の意思表示等の相手方も含む）は破産管財人となり、破産者が破産財団

に属する財産について売買などの法律行為を行っても、その効力を主張できない（同法47条。なお、破産手続開始の事実を知らないで行った破産者に対する弁済が有効となりうる点につき、同法50条1項）。なお、破産管財人が不動産処分、事業譲渡、借財、有価証券の譲渡等、類型的に重要な行為を行う際は、裁判所の許可が必要であることに注意を要する（同法78条2項）。

これに対し、破産財団に属しない財産（自由財産）や一身専属権については、破産管財人の管理処分権が及ばないので、取引の相手方は破産者のままとなる。

## 2 破産財団と自由財産

前述のとおり、破産者が破産手続開始時に有する財産は、原則として破産財団とされ、破産管財人に管理処分権が移転する。これに対し、破産手続開始時に破産者が有していた財産であっても、差押禁止財産（破産法34条3項）や破産管財人が破産財団から放棄した財産（同法78条2項12号参照）は破産財団に属しない。破産者が破産手続開始後に取得した財産（新得財産）も同様である。これらは自由財産と称されている。さらに、個人の破産者については、破産者の生活状況や破産手続当時において破産者が有していた財産の種類・金額および破産者が収入を得る見込み等を考慮して、破産財団に属しない財産の範囲を拡張することができる（自由財産の拡張：同法34条4項）。

## 3 破産管財人の確認方法

破産者および破産手続開始決定時にすでに知れている債権者に対しては、裁判所から破産管財人の住所・氏名・電話番号の記載された決定書等の送付により通知がなされるうえ、同様の事項が官報において公告されるので（破産法32条1項・3項）、これらをみることにより破産管財人を確認することが可能である。また、債権者などの利害関係人であれば、裁判所で決定書の閲覧等を請求することも可能である（同法11条、破産規則10条）。その他、信用情報機関の情報を利用したり、直接債務者や代理人の弁護士に確認するといった方法もある。

## 168 破産手続終結の確認手続はどのように行うか

**結　論**

破産手続終結決定は、破産管財人や破産者から破産手続終結決定書や各種登記事項証明書の提示・提出を受けたり、官報広告をみる方法により確認することができる。

**解　説**

### 1　破産の終結

　破産管財人は、最後配当（簡易配当、同意配当）を実施した後、計算報告書を裁判所に提出し（破産法88条1項）、任務終了による計算報告のための債権者集会の招集を求めなければならない（同条3項、135条1項本文）。破産裁判所は、上記招集の申立てを受けて債権者集会を招集するとともに、債権者集会の期日に破産管財人、破産者および届出をした破産債権者を呼び出さなければならず（同法136条1項）、債権者集会の期日および会議の目的である事項を官報で公告しなければならない（同条3項）。そして、上記債権者集会が終結したときは、破産手続終結決定をし（同法220条1項）、主文および理由の要旨を公告し、かつ破産者には個別に通知する（同条2項）（なお、破産法の改正により、破産管財人は債権者集会の招集申立てにかえて、書面による計算報告をする旨の申立てをすることができるようになった（同法89条1項）。その場合、裁判所は計算報告書の提出があった旨および計算に異議があれば一定期間内にこれを述べるべき旨の公告を行ったうえ（同条2項）、上記期間の経過後に破産手続終結決定を行う（同法220条1項））。

　法人の破産者については、破産手続終結決定があった場合には、裁判所書記官は、職権で、遅滞なく、破産手続終結の登記を当該破産者の各営業所または各事業所の所在地の登記所に嘱託しなければならない（同法257条7項、同条1項）。破産手続終結の登記をしたときは、その登記記録は閉鎖される（商登規117条3項1号）。

　個人の破産者については、当該破産者または破産財団に関する権利に関し

て破産手続開始の登記をした場合において、破産手続終結決定があったときは、裁判所書記官は、職権で、遅滞なく、破産手続終結の登記を嘱託しなければならない（破産法258条2項・1項。登録のある権利も同様（同法262条））。

## 2　終結決定の確認手続

　金融機関としては、計算報告のための債権者集会の期日や計算報告書に対する異議申出期間から、破産手続終結決定の時期についてはおよその推測ができる（前述のとおり、破産債権を届け出ている場合には、上記集会の招集通知がなされるし、集会期日や異議申出期間は公告によって知ることができる）。次に、破産管財人や破産者から破産手続終結の連絡を受けたときは、破産手続終結決定書をみせてもらったり、各種登記事項証明書の提出を受けることにより、その事実を確認することもできる。また、前述のとおり破産手続終結決定は公告されるので、官報で確認することもできる。金融機関が利害関係人（債権者等）であれば、破産事件記録の閲覧等も可能である（破産法11条、破産規則10条）。

## 169　復権者と取引する場合、どのようなことに注意するか

**結　論**

　復権により、相応の信用回復があったと考えうるが、破産手続開始後の民事再生手続（民再法39条1項）における再生計画認可決定の確定による復権者は、再生計画に従った債務弁済を要する点に注意する。

**解　説**

## 1　復権制度について

　復権とは、破産手続開始により破産者に科せられた資格あるいは権利の制限を消滅させ、破産者の本来の法的地位を回復させる制度である。

　破産法は、懲戒主義をとっていないので、同法には、破産手続開始に伴う破産者の資格制限などの規定は設けられていない。しかし、同法以外の法令

において、破産者の資格や権利を制限する規定が設けられている例もある（破産者は、公証人（公証人法14条2号）、弁護士（弁護士法7条5号）、公認会計士（公認会計士法4条4号）、弁理士（弁理士法8条10号）等の欠格事由とされているほか、後見人（民法847条3号）、後見監督人（同法852条、847条3号）、保佐人（同法876条の2第2項、847条3号）、遺言執行者（同法1009条）等の欠格事由にもされている。なお、平成18年施行の会社法において、それまで破産者が欠格事由とされていた取締役、監査役について、欠格事由ではなくなった）。これらの制限は、破産者となったことつまり破産手続開始に基づく効果であり、破産手続が終了しても当然には消滅しない。そこで、個人破産者の再生のため、復権制度が設けられている（復権は、個人（自然人）破産者の経済的再生のための制度であって、法人は問題にならない。法人の場合は、破産手続終結により、原則として法人格が消滅する（破産法35条））。

## 2 復権制度の種類

　復権には、一定の要件が備わりさえすれば、申立ておよび裁判を経ずに復権の効果が生じる「当然復権」（破産法255条1項）と、破産者の申立てに基づき復権の決定がなされる「申立てによる復権」（同法256条1項）の2種類がある。

　当然復権は、①免責許可決定が確定したとき（1号）、②同意による破産手続廃止決定が確定したとき（2号）、③（ある債務者について一度破産手続が開始された後に再生手続が開始された場合に）再生計画認可決定が確定したとき（3号）、④破産手続開始決定後破産者が詐欺破産罪について有罪の確定判決を受けることなく10年が経過したとき（4号）のいずれか一つの事由に該当すれば、法律上当然に復権が認められるものである。

　これに対し、申立てによる復権は、上記当然復権事由に該当しない場合であっても、破産者が弁済、免除、消滅時効等によって破産債権者に対する債務の全部についてその責任を免れた場合に、破産者の申立てに対し破産裁判所が復権の決定をすることによって認められるものである（なお、復権の効力は決定の確定によって生じる（同法255条1項柱書））。

## 3 実務上の注意点

　復権者は、上記2の各復権事由を満たした者であるから、基本的には相応に信用回復を果たしたものとみてさしつかえないと思われる。ただし再生計画認可決定の確定による復権者は、再生計画に従って債務を弁済しなければならないから、当該復権者との間で融資等の取引をする場合には、少なくともこれらの条件・計画について十分に検討して、取引の可否等を判断する必要がある。また、免責許可決定、再生計画認可決定の確定による復権は、それぞれ免責取消決定、再生計画取消決定が確定した場合には、復権は将来に向かってその効力を失うので注意が必要である（破産法255条3項）。

## 第5節 取引先が特別清算になった場合の取引

**170** 特別清算における清算人の義務と裁判所の権限はどうなっているか

### 結　論

　通常清算の清算人が、主として会社に対して責任を負うのに対し、特別清算の清算人は会社、株主および債権者に対し公平かつ誠実に清算事務を処理する義務を負う。また特別清算は、裁判所の監督下で行われる裁判上の手続であり、裁判所は広範な監督処分権限を有する。

### 解　説

#### 1　特別清算の意義
　特別清算とは、すでに解散し清算に入った株式会社について、清算の遂行に著しい支障をきたすべき事情、または債務超過の疑いがある場合に、裁判所の命令により開始され、その厳重な監督のもとに行われる特別の清算手続である。

#### 2　特別清算の清算人の義務
　特別清算手続においては、同様に清算型の倒産手続である破産手続において管財人が選任されるのと異なり、その手続が開始されても新たに特別清算の清算人が選任されるわけではなく、通常清算の清算人がそのまま特別清算の清算人として清算事務を遂行する。しかし、通常清算の清算人がそのまま特別清算の清算人になるといっても、両者はその性格をまったく異にする。すなわち、通常清算の清算人は、取締役に準じ、会社との間は委任関係にあり（会社法478条6項、330条）、会社に対して忠実義務を負うが（同法482条4項、355条）、株主や債権者に対してこのような義務を負うことはなく、第三者に対しては職務を遂行するにあたり悪意または重過失のあった場合にのみ

損害賠償責任を負う（同法487条1項）にすぎない。これに対し、特別清算の清算人は、会社との委任関係がない一方で、会社、株主および債権者に対し公平かつ誠実に清算事務を処理する義務を負う（同法523条）。したがって特別清算の清算人は、会社の利益のためにのみ職務を遂行することは許されず、義務に反して株主や債権者に損害を生ぜしめた場合は、これらの者に対する損害賠償の責を免れない。

　また、特別清算の清算人には特別背任罪（同法960条2項1号）、贈収賄罪（同法967条1項1号）の適用があり、一定の行為に対して過料の制裁が科せられる（同法976条）。

## 3　裁判所の権限

　特別清算開始の命令があったときは、清算株式会社の清算は、裁判所の監督に属する（会社法519条1項）。なお、会社法下では、通常の清算手続は裁判所の監督に属さないこととされた。特別清算手続において裁判所に特に認められている監督処分としては、主に次のようなものがある。

(1)　裁判所の調査
① 　監督のための調査（同法520条）
② 　調査命令（同法522条1項）

(2)　裁判所の処分
① 　監督のための処分……会社の財産に関する保全処分（同法540条）、株主名簿の記載等の禁止（同法541条）、役員等の財産に対する保全処分（同法542条）
② 　その他の処分等……執行手続や他の倒産処理手続の中止命令（同法512条）、清算人の任免（同法524条）、債権者集会の議決権に異議あるときの決定（同法553条）、監督委員の選任等（同法527条1項）、清算行為の許可（同法536条1項）、協定・協定条件変更決議の認可（同法569条）

## 171 清算ないし特別清算に入った会社と取引する場合、どうすればよいか

**結　論**

会社の代表者である代表清算人（代表清算人その他清算株式会社を代表する者が定められていない場合には、清算人）と取引をなすべきである。

---　解　説　---

### 1　取引の相手方

株式会社は、解散すると清算手続に入る。清算中の会社では、取締役はいなくなり、清算人が清算事務の執行にあたる。清算株式会社は、1人以上の清算人を置かなければならない（会社法477条1項）。通常清算における清算人は、次のとおり決まる。

**(1)　定款または株主総会の選任による清算人**

定款に定めがあるときはその定めに従って清算人が決まり、株主総会において取締役以外の者を選任したときは、その者が清算人になる（同法478条1項2号・3号）。

**(2)　法定清算人**

定款に定めがなく、株主総会においても清算人を選任しなかったときは、取締役全員が当然清算人となる（同法478条1項1号）。

**(3)　裁判所の選任による清算人**

会社の解散当時において取締役が存在せず、かつ、定款に別段の定めもなく、株主総会において清算人を選任しないときは、利害関係人の申立てにより裁判所が清算人を選任する（同法478条2項）。

清算人は、清算株式会社の業務を執行する（同法482条1項）。清算人が2人以上いる場合には、定款に定めがある場合を除き、清算人の過半数をもって決定する（同条2項）。

清算人会が設置される場合には、清算人会は清算事務に関する意思決定機関となり、代表清算人についても、原則として清算人会の決議で定められるが（同法489条2項3号）、裁判所が代表清算人を定めたときは、清算人会は

代表取締役を選定できない（同条5項）。清算人会は、定款で清算人会または監査役会を置く旨の定めがない限り、設置する必要はなく（同法477条2項・3項）、清算人会が設置されていない場合には、定款、定款の定めに基づく清算人の互選または株主総会の決議によって代表清算人を定めることができる（同法483条3項）。ただし、取締役全員が引き続き清算人になったときには、代表取締役が代表清算人となり（同法483条4項）、裁判所が2人以上の清算人を選任したときには、裁判所はそのなかから代表清算人を定めることができる（同条5項）。代表清算人は、清算事務に関するいっさいの裁判上または裁判外の行為をなす権限を有する（同法483条6項、349条4項）。代表清算人その他清算株式会社を代表する者が定められていない限り、清算人は、各自、清算株式会社を代表する（同法483条1項・2項）。

(4) **特別清算の場合**

特別清算手続は、すでに解散し清算に入った株式会社について、清算の遂行に著しい支障をきたすべき事情、または債務超過の疑いがある場合に、裁判所の命令により開始され、その厳重な監督のもとに行われる特別な清算手続である。特別清算手続においては、その手続が開始されても特別清算の清算人が新たに選任されるわけではなく、裁判所が解任または追加選任しない限り（会社法524条）、通常清算の清算人がそのまま特別清算手続の清算人として清算手続を遂行する。

したがって、特別清算に入った会社との取引は、その会社の代表者である代表清算人（代表清算人その他清算株式会社を代表する者が定められていない場合には、清算人）となすべきことになる。

## 2 取引上の留意点

清算人および代表清算人については、取締役が清算人となった場合は解散の日から、清算人が選任されたときは選任の日から2週間以内に、本店の所在地を管轄する登記所においてその氏名と住所、および清算人会設置会社である場合にはその旨が登記される（会社法928条1項各号・3項）。裁判所が代表清算人の選任を行った場合にも、裁判所書記官が遅滞なく本店の所在地を管轄する登記所に登記嘱託を行う（同法937条1項2号ロ、938条2項1号）。

したがって、特別清算中の会社との取引にあたっては、その商業登記の登記簿謄本または登記事項証明書によって、代表者である代表清算人（代表清算人その他清算株式会社を代表する者が定められていない場合には、清算人）を確認する必要がある。

また、特別清算手続においては、裁判所に清算人の解任権が与えられている。裁判所の選任による清算人も含めたすべての清算人について、清算人が清算事務を適切に行っていないなどの重要な事由があると裁判所が判断すると、清算人が解任されることもありうる（同法524条1項）。清算人および代表清算人の解任等もまた、登記しなければならないこととされているので（同法928条4項、915条1項、917条）、特別清算中の会社との取引について変更等を行うときは、あらためて商業登記の登記簿謄本または登記事項証明書で、取引の相手方である代表清算人または清算人について、変更の有無を確認しておくのが安全である。

## 172 特別清算手続開始後の清算株式会社と取引する場合、どのような制約を受けるか

**結論**

特別清算手続開始後の清算株式会社の行為については、裁判所の許可またはこれにかわる監督委員の同意を要する場合があるので、それらを得ているかどうか確認しておくべきである。

**解説**

### 1 特別清算における清算株式会社の行為に関する特則

清算株式会社が特定の行為をなす場合の権限については、会社法535条1項、536条1項、537条により制約が加えられている。すなわち、事業の全部の譲渡、および事業の重要な一部の譲渡をするためには、常に裁判所の許可が必要となる。また、①財産の処分、②借財、③訴えの提起、④和解または仲裁契約、⑤権利の放棄、⑥その他裁判所の指定する行為をするためには、裁判所の許可（監督委員が選任されているときは、裁判所の許可にかわる監督委

員の同意）を得る必要があるが、①から⑤については、100万円以下の価額を有するものに関する場合（会社法535条2項1号、会社非訟事件等手続規則33条）、または裁判所が当該行為について許可を要しないとした場合（会社法535条2項2号）は、裁判所の許可は不要である。これは、特別清算手続の開始がすでに会社の財産状態が不良であることを意味するので、特別清算手続の当事者自治的性格、および清算事務の機動性にも配慮しつつ、会社財産を減少させ、あるいは負債を増加させるなど、清算株式会社が債権者の利害に影響を及ぼす重要な行為をするには、清算株式会社の決定に任せず、原則として裁判所の許可を要するものとすることにより、債権者の利益を保護しようとする趣旨である。また、清算株式会社が債務の弁済を行う場合にも、その内容によっては裁判所の許可を要する場合がある（同法537条2項）。

## 2　金融機関が特別清算株式会社と取引するにあたって問題となりうる行為

裁判所の許可等を要する行為、または要する場合がある行為として上記にあげられているもののうち、金融機関が特別清算株式会社と取引するにあたって問題となりうるのは、事業の全部または重要な一部の譲渡、会社財産の処分、借財および債務の弁済が考えられる。

### (1)　事業の全部の譲渡、または事業の重要な一部の譲渡

事業の全部または重要な一部については、その重要性から、常に裁判所の許可を要する。監督委員の同意の対象とはならず、裁判所がその裁量で許可を要しないものとすることもできない。かかる事業の譲渡について許可の申立てをする場合には、清算人は、知れている債権者の意見を聴き、その内容を裁判所に報告しなければならない（会社法896条1項）。また、裁判所は、事業の譲渡の許可をする場合には、労働組合等の意見を聴かなければならない（同条2項）。なお、事業の譲渡の許可の申立てについての裁判に対しては、不服を申し立てることができない（同法884条1項・3項）。金融機関が事業の譲渡の相手方となる例は少ないであろうが、金融機関と清算株式会社との取引が事業の譲渡により影響を受ける場合はあるであろう。

### (2)　財産の処分

会社財産には、動産、不動産はもちろん、債権、無体財産権なども含まれ

る。処分には、譲渡のほか、担保権、用益物件、賃借権等の設定も含まれるとされるが、特別清算において、担保権等を設定する例は少ないであろう。契約の合意解除もこれに当たる。なお、上記(1)の事業の全部または重要な一部の譲渡は、会社法535条1項1号の「財産の処分」には含まれない。

### (3) 借　　財

借財は、金銭消費貸借による借入れだけでなく、社会通念上これと同視すべきものを含み、手形割引もこれに含まれる。なお、手形割引が借財に該当するかどうかについては、法的性質が手形の売買だから該当しないという説と、経済的には与信行為にほかならないから該当するという説がある。裁判所の手形割引のとらえ方について、大阪地裁では基本的に手形割引を借財とみなしながらも、「手形割引を除く」などと明記した場合は借財に手形割引を含めないことを認めており、一方、東京地裁は当然に「手形割引も借財に含まれる」と解しているようである。いずれにしろ、その時々に応じて裁判所に確かめてみる必要がある。特別清算においては、実務上借財を必要とする例もあまりないであろうが、訴え提起に伴う仮差押え・仮処分の担保金不足、労働債権の支払資金不足などの場合に、必要となることはありうる。

### (4) 債務の弁済

債務の弁済は、金銭債務であれば現金の処分ともいえるが、上記の財産の処分とは別に規定されており、会社法537条のほか協定の趣旨（同法564条）等に従う。特別清算開始後は、清算株式会社は、協定債権者に対してその債権の割合に応じて弁済する必要があり（同法537条1項）、一定の債権（少額の協定債権、清算株式会社の財産につき存する担保権によって担保される協定債権その他これを弁済しても他の債権者を害するおそれがない協定債権）についてその債権額の割合を超えて弁済するためには、裁判所の許可が必要である（同条2項）。

## 3　裁判所の許可等を得ないでした特別清算株式会社の行為の効力

裁判所の許可等を得なければならない場合に、これを得ないでした清算株式会社の行為は、当該特別清算株式会社については効力を生じない。ただし、特別清算株式会社は、その無効をもって善意の第三者に対抗することが

できない（会社法535条3項、536条2項）。

　善意とは、当該行為については裁判所の許可等が必要であることを知らないこと、または特別清算株式会社が必要とされる裁判所の許可等を得ていないことを知らないことを意味すると解される。この場合、善意の立証責任は第三者の側が負うと考えられているので、金融機関としては、融資やそれに伴う担保取得などの取引を行うときには、特別清算株式会社から、裁判所の許可等必要な手続を得ている旨の確認書を徴求しておくのが安全であろう。

## 173 保全処分のあった場合の特別清算株式会社との取引を行う際に、どのようなことに注意するか

**結論**

保全処分にはさまざまな種類があるため、どのような保全処分が出されたのかを確認し、特別清算株式会社との取引が可能か否かに注意すべきである。

**解説**

　ここで扱う保全処分とは、民事保全法に定める仮差押え・仮処分といった手続ではなく、特別清算の場合において会社財産の散逸を防ぐために行うものを指している。

　清算が開始すると、清算人が就任して手続を進めていくこととなるが（会社法478条）、債務超過や清算の遂行に著しく支障をきたすような事情がある場合には、特別清算に移行することになる（同条510条）。特別清算手続においては、特別清算株式会社が一定の行為を行う場合、裁判所の許可等を得なければならない（同法535条1項、536条1項）。また、裁判所は、いつでも特別清算の監督上必要な調査をすることができ（同法520条）、さらに会社の業務や財産の状況、保全処分の必要性等について調査委員による調査を命ずることもできる（同法522条1項）。そして、これらの調査の結果、裁判所が必要と判断すれば、会社財産の散逸を防ぐために保全処分を行うことができる（同法540条1項）。また特別清算の開始前であっても、必要な場合には裁判所は保全処分を行うことができる（同条2項）。

これがここで扱う特別清算株式会社の財産に関する保全処分であり、その内容は特別清算株式会社の行為を制限するものである。
　したがって、特別清算株式会社との取引にあたっては、裁判所によってなされた保全処分により禁じられた行為に抵触しないよう注意する必要がある。
　特別清算株式会社の財産に関する保全処分の内容としては、以下のものが主である。保全処分がなされても、適正な目的である場合、裁判所によって禁止を解除される場合もあるが、これを確認せずに取引することが危険であることはいうまでもない。
① 弁済禁止……特別清算株式会社による弁済を禁じるもの。一部の債権者に対し優先的に弁済し、債権者間の平等を損なうような行為を禁じる。保全処分の目的が債権者の公平を保つことにあることは、他の保全処分にも通じる。
② 処分禁止……処分を禁止すべき会社財産が特定され（不動産など）、所有権の移転や担保権の設定といった処分行為が禁止される。
③ 借財禁止……新たに債務が増大すると財政状態を圧迫し、ひいては既存債務の引当となるべき会社財産のうえに新たな債務が加わり、弁済能力の低下を招きかねないため、これを禁じる保全処分である。

　ほかにも、株主名簿の記載等の禁止（名義書換等の防止）や、役員等の財産に対する保全処分といった保全処分も定められており（同法541条、542条）、特別清算に入った清算株式会社に関しては、その周辺取引についても注意が必要である。

## 174　保全処分を知らずになした第三者との取引には、どのような効力があるか

**結　論**

　特別清算株式会社の財産に関する保全処分は、特別清算株式会社の行為を制限するものであり、直接に第三者の行為を制限するものではないため、特

> 別清算株式会社の取引の相手方が善意であれば取引は有効に成立するが、保全処分に対抗できない場合もある。

## 解　説

　特別清算株式会社の財産に関する保全処分は、特別清算株式会社を名宛人として発せられるものであり、特別清算株式会社に対する効力は裁判所から保全処分の決定告知によって生ずる。債権者がこれを知らずに取引を行った場合には、当該取引は有効とする説が有力である。この点、弁済禁止の保全処分については立法上の手当がなされており、債権者が、その行為の当時、当該弁済禁止の保全処分がなされていたことを知っていた場合に限り、当該保全処分に反してなされた弁済その他の債権を消滅させる行為の効力を主張することができない（会社法540条3項）。

　それでは、処分禁止の保全処分によって処分を禁じられている財産が取引の対象となった場合はどうであろうか。不動産など登記・登録による公示方法が定められている財産については、保全処分に従い、その内容が登記・登録されるため、これを知らずに取引をした第三者はその財産につき権利を取得できない。

　一方、登記・登録のない動産・債権などについては、保全処分に基づき仮差押えや仮処分といった手続をとっている場合は第三者に対抗できるが、そうでない場合は善意取得した第三者は保護される可能性がある。

　そもそも、特別清算に入った清算株式会社と取引をするにあたっては、代表者である代表清算人（代表清算人その他清算株式会社を代表する者が定められていない場合には、清算人）との間で取引を行わなければならない。

# 第5章

# 民事介入暴力への対応

## 175 全国銀行協会における反社会的勢力排除の取組みはどうなっているか

**結論**

各銀行による反社会的勢力との関係遮断を可能とするため、全国銀行協会によって、反社会的勢力のデータベース構築の検討に加え、銀行取引約定書、普通預金規定、当座勘定規定および貸金庫規定に盛り込むべき暴排条項の参考例が公表されている。

**解説**

### 1 政府指針

　近年、暴力団その他の反社会的勢力が、活動形態において政治活動や企業活動を装うなどの不透明化がいっそう進み、その組織実態を隠蔽することで、不正な資金獲得活動等が行われている。このような状況のもと、平成19年6月19日付政府の犯罪対策閣僚会議幹事会申合せとして、「企業が反社会的勢力による被害を防止するための指針」（以下「政府指針」という）が公表され、反社会的勢力に資金提供を行わないことはコンプライアンスそのものであること、反社会的勢力との関係遮断は企業防衛の観点からも必要不可欠な要請であること、さらには業務の適正を確保するために必要な法令等遵守・リスク管理事項として内部統制システムに位置づけられることなどが示され、反社会的勢力による被害を防止するための基本原則の一つとして、反社会的勢力との取引を含めたいっさいの関係遮断が定められている。

### 2 金融庁における取組み

　政府指針を受け、金融庁は平成20年3月26日付で各監督指針を改正し（たとえば主要行等向けの総合的な監督指針Ⅲ－3－1－4参照）、同28日付でほぼ同内容の事務ガイドラインの改正をしている。そこでは、金融機関には反社会的勢力とのいっさいの関係遮断および関係解消が求められている（なお、監督指針においては「個々の取引状況等を考慮しつつ」対応するものとされており、普通預金口座の開設等について一律に排除を求める趣旨ではないとのパブコ

メ回答が金融庁からなされている。詳細については〔177〕参照)。

## 3 全国銀行協会における取組み

### (1) データベースの構築等

全国銀行協会は、平成19年7月24日付「反社会的勢力介入排除に向けた取り組み強化について」という申合せを公表し、その後、平成20年5月に警察庁、金融庁、預金保険機構をメンバーに含めた反社会的勢力介入排除対策協議会を設置して反社会的勢力についてのデータベース構築の検討に着手している。

### (2) **暴排条項の参考例の制定**

反社会的勢力による不当な資金獲得活動につながる銀行取引を防止し、各行による反社会的勢力との関係遮断を可能ならしめるために、平成20年11月25日付で銀行取引約定書に盛り込むべき暴排条項の参考例が、平成21年9月24日付で普通預金規定、当座勘定規定および貸金庫規定に盛り込むべき暴排条項の参考例が公表されている。

### (3) **参考例の改正**

東日本大震災の復興事業への参入の動きなど、暴力団を中核とする反社会的勢力が暴力団の共生者(たとえば平成19年版警察白書にいうところの、「暴力団関係企業以外にも、暴力団に資金を提供し、又は暴力団から提供を受けた資金を運用した利益を暴力団に還元するなどして、暴力団の資金獲得活動に協力し、又は関与する個人やグループ」など)等を利用しつつ不正に融資等を受けることにより資金獲得活動を行っている実態に対応し、より適切かつ有効に対処するため、平成23年6月2日付で、融資取引および当座勘定取引における暴力団排除条項を実態に即してより明確するよう、参考例が改正されている。

## 176 反社会的勢力か否かの確認はどのようにすればよいか

**結論**

警察からの情報のほか、新聞、雑誌やインターネットなどの情報に基づいて、属性要件または行為要件該当性を総合的に判断することになる。ただし、取得経緯によって情報の正確性・信用性も異なることから、個々の情報利用の場面に応じて対応する必要がある。

―――― 解　説 ――――

### 1　反社会的勢力の意義

関係遮断の対象となる「反社会的勢力」については監督指針では明確に定義されておらず、属性要件と行為要件に着目することが重要であるとのポイントが指摘されるにとどまっており、一義的には各金融機関が定義づけすることになる。

各金融機関が定義づけするうえで参考となるものとして、警察庁による「組織的犯罪対策要綱」、全国銀行協会が公表している暴排条項の参考例（詳細については、〔175〕〔178〕参照）や政府指針に関するパブリックコメント回答等がある。

### 2　反社会的勢力か否かの確認

#### (1)　確認方法

反社会的勢力であることの確認方法としては、警察からの情報（平成12年9月21日付警察庁暴力団対策部通達「暴力団排除等のための部外への情報提供について」において、「暴力団対策に資すると認められる場合」には暴力団情報の提供を行うものとしている）、過去の取引記録のほか、新聞、雑誌やインターネットなどの情報があげられる。取得経緯によって情報の正確性・信用性も異なることから、個々の情報利用の場面に応じて対応する必要がある。

なお、金融庁の監督指針（たとえば主要行等向けの総合的な監督指針Ⅲ－3－1－4－2(2)）では、「反社会的勢力による不当要求が発生した場合の対

応を総括する部署（以下「反社会的勢力対応部署」という。）を整備し、反社会的勢力による被害を防止するための一元的な管理態勢」の構築が求められている。このうちの一つとして、反社会的勢力に関する情報を積極的に収集・分析し、当該情報を一元的に管理するデータベースを構築する体制が求められている。これに基づき、各金融機関は、上記方法により取得した反社会的勢力に関する情報のデータベースを構築しているものと考えられるが、新規取引を行う際や継続中の取引のモニタリングにおいて利用されることになる。

(2) **留意点**

警察からの情報によって暴力団であることが明らかであるような場合は別かもしれないが、特に共生者（〔175〕参照）等の場合には、これらによっても一義的・客観的に属性要件に該当するかどうかを判断することはむずかしく、最終的には、前記の方法により取得する情報（個人であれば過去の属性等、法人であれば暴力団フロント企業としての特徴を備えているかなど）を総合的に考慮して判断することになるが、反社会的勢力であることの立証が要請される契約解除等の場面においては、警察から情報を取得するなどより慎重な対応が求められる。

## 177　反社会的勢力が取引を求めてきた場合、どのように対処すべきか

**結論**

反社会的勢力との取引は拒絶しなければならない。取引拒絶にあたっては、「総合的判断の結果」にとどめるなど、具体的な理由の開示は避けることに留意する必要がある。

――――――――解　説――――――――

1　反社会的勢力との銀行取引防止の必要性

　反社会的勢力に資金が流れることは反社会的活動の助長・支援・促進につながりうるものであり、これらを排除する観点からは、反社会的勢力の資金

源を断つことが求められる。この点、銀行取引のうち、与信取引は資金獲得に直結するものであるし、預金口座も反社会的勢力の資金獲得活動の一種と考えられる振込詐欺等金融犯罪や、反社会的活動により得られた違法な収益の洗浄（マネーローンダリング）等で悪用される可能性があり、関係遮断の必要性は高い。

## 2　取引を求めてきた場合の基本的考え方

### (1)　契約締結前段階の問題

〔175〕に記載のとおり、反社会的勢力との取引についてはいっさいの関係遮断が求められるため、反社会的勢力から銀行取引の申出があった場合にはこれを拒絶しなければならない。預金口座開設であれ融資取引であれ、契約締結前であれば、契約自由の原則が妥当するため、基本的に銀行の判断で取引を拒絶することが可能と考えられる。

なお、銀行の公共性との関係で、反社会的勢力であるという理由だけをもって普通預金のような一般市民向けの取引を拒絶することが許されるかどうかも問題となるが、反社会的勢力との取引拒絶が政府としての公的施策である政府指針や地方公共団体の暴排条例に沿っていることなどからすると、このような対応は許されるものと考える。

### (2)　契約の締結過程の問題

たとえば融資約束後に相手方が反社会的勢力であることが判明した場合、銀行は融資取引を拒絶することが許されるであろうか。銀行との融資取引においては金銭消費貸借契約証書等が作成されることが通常であり、それに至らない場面においては、いまだ契約が成熟せずに金銭消費貸借契約の成立には至っていないものと考えられる場合もある（契約締結後の取引解消については、〔178〕参照）。このような場合でも、反社会的勢力との関係遮断が求められることは変わらず、(1)の場合同様、契約締結前に取引を拒絶すべきものと考える。相手方が反社会的勢力であることが融資義務の免除事由とされていればそれに依拠すればよいが、そうではない場合に取引の拒絶を法的に正当化するものとして、次の裁判例が参考となる。

反社会的勢力に関連するものではないが、銀行が貸出条件に基づく融資を

する旨を記載した融資証明書を発行して融資する旨の明確な約束をした場合において一方的に融資約束を破棄する行為に出た場合につき、東京高判平6.2.1（金法1390号32頁）は、取引上是認するに足る正当な事由がない限り当該銀行は不法行為による損害賠償責任を負うとしている。ここでは拒絶することにつき取引上是認するに足る正当な事由があると評価できるかがポイントと考えられるが、反社会的勢力との取引防止は政府指針や地方公共団体の暴排条例に沿っていることなどからすると、基本的には取引上是認するに足る正当な事由があると評価されるものと考えられる。

#### (3) 生活利用口座の場合

なお、平成20年3月26日付金融庁の監督指針の改正に係るパブリックコメントNo.30の回答では、「口座の利用が個人の日常生活に必要な範囲内である等、反社会的勢力を不当に利するものではないと合理的に判断される場合にまで、一律に排除を求める趣旨ではありません」とされている。もっとも、日常生活の範囲の内外の区別はむずかしいうえ、生活口座であるとしても犯罪行為やマネーローンダリングに転用される可能性はあり、仮にこのような対応をとる場合であっても、当該口座に関するモニタリングは必須と考えられる。

#### (4) 拒絶の方法

相手方へ取引拒絶の意思を伝える際には、事後の紛争化を避けるためにも、具体的理由を述べる必要はなく、「総合的判断の結果」にとどめることでよい。

### 3 反社会的勢力と取引をした場合の金融機関側の問題

以上のとおり、金融機関には反社会的勢力との関係遮断が求められているところであるが、相手方が反社会的勢力であることを知りながら漫然と取引関係に入るなどした場合や反社会的勢力との関係遮断のための態勢が構築されていない場合には、取締役の善管注意義務の問題が生じる可能性もあるし（「企業が反社会的勢力による被害を防止するための指針に関する解説」（以下「政府指針解説」という）(1)では、政府指針につき法的拘束力は否定されるものの、取締役の善管注意義務の判断に際して、民事訴訟等の場において、政府指針が参

考にされることなどはありうるものとされている)、行政処分の可能性があることにも留意する必要がある。

## 178 取引を開始してしまった場合、どのように対処すべきか

**結　論**

相手方が反社会的勢力であることが判明した時点で可能な限りすみやかに取引を解消することが求められる。

取引解消にあたっては、暴排条項導入ずみであればそれに依拠し、暴排条項がない場合でも、他の規定や民法の一般条項（公序良俗違反）等を根拠とした取引解消の可能性が考えられる。

**――解　説――**

### 1　基本的考え方

反社会的勢力との関係遮断のためには、そもそも反社会的勢力と取引関係に入らないことが重要であるが、事前審査の段階でのスクリーニングにかからなかった場合であっても、判明した時点で可能な限りすみやかに取引の解消を行うことが求められる（たとえば主要行等向けの総合的な監督指針Ⅲ－3－1－4－2(1)参照）。

政府指針や金融庁の監督指針では暴排条項を盛り込んでおくことが反社会的勢力による被害の防止のための基本的手段としてあげられているが、暴排条項はこのような取引の解消を円滑に進める場面において特に効果的に機能することになる。

**全銀協による銀行取引約定書に盛り込む暴力団排除条項参考例**（全銀協HPより引用）

第○条（反社会的勢力の排除）
①　私または保証人は、現在、暴力団、暴力団員、暴力団員でなくなった時

から5年を経過しない者、暴力団準構成員、暴力団関係企業、総会屋等、社会運動等標ぼうゴロまたは特殊知能暴力集団等、その他これらに準ずる者（以下これらを「暴力団員等」という。）に該当しないこと、および次の各号のいずれにも該当しないことを表明し、かつ将来にわたっても該当しないことを確約いたします。
1. 暴力団員等が経営を支配していると認められる関係を有すること
2. 暴力団員等が経営に実質的に関与していると認められる関係を有すること
3. 自己、自社もしくは第三者の不正の利益を図る目的または第三者に損害を加える目的をもってするなど、不当に暴力団員等を利用していると認められる関係を有すること
4. 暴力団員等に対して資金等を提供し、または便宜を供与するなどの関与をしていると認められる関係を有すること
5. 役員または経営に実質的に関与している者が暴力団員等と社会的に非難されるべき関係を有すること

② 私または保証人は、自らまたは第三者を利用して次の各号の一にでも該当する行為を行わないことを確約いたします。
1. 暴力的な要求行為
2. 法的な責任を超えた不当な要求行為
3. 取引に関して、脅迫的な言動をし、または暴力を用いる行為
4. 風説を流布し、偽計を用いまたは威力を用いて貴行の信用を毀損し、または貴行の業務を妨害する行為
5. その他前各号に準ずる行為

③ 私または保証人が、暴力団員等もしくは第1項各号のいずれかに該当し、もしくは前項各号のいずれかに該当する行為をし、または第1項の規定にもとづく表明・確約に関して虚偽の申告をしたことが判明し、私との取引を継続することが不適切である場合には、私は貴行から請求があり次第、貴行に対する一切の債務の期限の利益を失い、直ちに債務を弁済します。

④ 手形の割引を受けた場合、私または保証人が暴力団員等もしくは第1項各号のいずれかに該当し、もしくは第2項各号のいずれかに該当する行為をし、または第1項の規定に基づく表明・確約に関して虚偽の申告をしたことが判明し、私との取引を継続することが不適切である場合には、全部の手形について、貴行の請求によって手形面記載の金額の買戻債務を負い、直ちに弁済します。この債務を履行するまでは、貴行は手形所持人として一切の権利を行使することができます。

⑤ 前2項の規定の適用により、私または保証人に損害が生じた場合にも、貴行になんらの請求をしません。また、貴行に損害が生じたときは、私ま

> たは保証人がその責任を負います。
> ⑥ 第3項または第4項の規定により、債務の弁済がなされたときに、本約定は失効するものとします。

## 2 取引解消の方法
### (1) 暴排条項を導入ずみの場合
a 普通預金取引・当座勘定取引・貸金庫取引の場合

普通預金取引・当座勘定取引・貸金庫取引の場合、約款に暴排条項が導入されていれば、全銀協の参考例を前提とすると、暴排条項に該当することを理由に取引を停止または解約することが可能となる。解約の法的効果を生じさせるためには、取引の相手方に通知することが必要となる。基本的には通知が到達する必要があるが、金融機関によっては発信主義を採用しているケースも見受けられる。

b 融資取引の場合

融資取引の場合、銀行取引約定書に暴排条項が導入されていれば、全銀協の参考例を前提とすると、銀行の判断で請求により期限の利益を喪失させることが可能となる（請求喪失事由）。

なお、銀行取引約定書が締結されていない場合、暴排条項導入前の既存の銀行取引約定書のまま変更契約が締結されていない場合や特定の金銭消費貸借契約において銀行取引約定書の適用を排除するような場合には、別途暴排条項を個別の金銭消費貸借契約において定めていない限り、後述の暴排条項を導入していない場合と同様に考えることに注意する必要がある。

c 留意点

暴排条項を適用する前提として、暴排条項（属性要件・行為要件）への該当性については慎重に確認を行ったうえで判断する必要がある。事後に解約の有効性等について争いになった場合に、暴排条項への該当性について立証できなければ、場合によっては不法行為に基づく損害賠償請求を受けかねない。他方、反社会的勢力との取引を漫然と続けることも、取締役の善管注意義務、行政処分との関係やレピュテーションの点でも問題が生じうる。

反社会的勢力との疑いのある場合には、モニタリングを欠かさず、警察と

連携のうえで対応していくことが肝要と思われる。

(2) **暴排条項を導入していない場合**

　暴排条項を導入していない場合には、理論的には、他の規定や民法の一般条項、意思表示に関する規律等を理由に取引を解消する可能性も考えられる。

　たとえば、預金取引であれば、「法令や公序良俗に反する行為に利用され、またはそのおそれがあると認められる場合」には解約することが可能とされていることが多く、政府指針等により反社会的勢力との取引解消が求められていることからすれば、これに基づく解約も可能と考えられる。融資取引の場合には、たとえば資金使途違反を理由とした契約違反等に該当するかなど他の期限の利益の喪失事由に該当するかどうかがポイントとなろう。

　ただしこれらの場合には、暴排条項がある場合と比較して直截的な根拠ではないため、その判断にあたっては個々の事案に基づいてより慎重な対応が必要と考えられる。

〔資料〕 各種取引先の法的性格と代表者の資格一覧表

| 種　類 | A<br>確認資料 | A'<br>解説および根拠法規 | B<br>代表または代理人との自己取引または双方代理となる場合の処置 | B'<br>解説および根拠法規 |
|---|---|---|---|---|
| I　自然人<br>a　制限行為能力者<br>1　未成年者 | 戸籍謄本<br>親権者または後見人の印鑑証明 | 1　満20歳未満の者は未成年者である（民4）。ただし、20歳未満でも婚姻した者は成年とみなされる（民753）。<br>2　未成年者との取引においては法定代理人の同意を受けるか、未成年者の法定代理人と取引を行う必要がある（民5本文）。<br>3　法定代理人は、親権者（両親または養親）、親権者がいないときは遺言もしくは法定によりまたは家庭裁判所の選任によって定まる後見人である（民818～847）。<br>4　未成年者が法定代理人の同意 | 特別代理人を選任して子を代理させる。 | 1　親権者または後見人と子との利益が相反するときは、当該親権者および後見人の請求によって家庭裁判所が子のため特別代理人を選任する（民826I、860）。<br>　特別代理人の代理権は包括的なものではなく、行為ごとに定められるものであるから特別代理人選任の審判の謄本により代理権の内容を確認する必要がある。<br>2　親権者または後見人が数人の子に対して親権または後見を行う場合に、その1人と他の子と |

| | | | | | |
|---|---|---|---|---|---|
| | | を要しない場合<br>イ　単に権利を得、または義務を免れるべき行為（民5Ⅰ但）。<br>ロ　処分を許された財産の処分（民5Ⅲ）。<br>ハ　包括的に許可された営業上の行為（民6Ⅰ）。<br>商業を営む場合は登記される（商5）。 | | | の利益が相反するときも同様である（民826Ⅱ）。 |
| 2　成年被後見人 | 登記事項証明書<br>成年後見人の印鑑証明書 | 1　精神上の障害により事理を弁識する能力を欠く常況にある者で、家庭裁判所より後見開始の審判を受けた者は、成年被後見人となる（民7）。<br>2　成年被後見人との取引においては、成年被後見人の成年後見人と取引する（民859Ⅰ）。ただし、成年被後見人の居住用不動産の処分・担保提供等については、家庭裁判 | 成年後見監督人があるときはその者、ないときは特別代理人を選任して成年被後見人を代理させる。 | 1　特別代理人の選任については、未成年者の場合と同様（民860）。特別代理人選任の審判謄本により代理権の内容を確認する。もっとも成年後見監督人がいるときは、選任を要しない（民860ただし書）。<br>2　成年後見監督人は、成年被後見人、その親族もしくは成年後見人の請求によって、家庭裁判所が選任する |

| | | | | | |
|---|---|---|---|---|---|
| | | | 所の許可を要する（民859の3）。許可の審判謄本により確認する必要がある。<br>3　成年後見人は、家庭裁判所によって選任された者である（民843）。<br>4　成年被後見人が日常生活に関する行為をした場合、取り消すことはできない（民9ただし書）。 | | （民849の2）。 |
| 3 | 被保佐人 | 登記事項証明書<br>印鑑証明書（家庭裁判所の審判により保佐人に代理権が付与されているときは不要）<br>保佐人の印鑑証明書（家庭裁判所により同意にかわる許可がある場合は不要）<br>家庭裁判所により保佐 | 1　精神上の障害により事理を弁識する能力が著しく不十分な者で、家庭裁判所より補佐開始の審判を受けた者は、被保佐人となる（民11）。<br>2　被保佐人にとって重要な取引（民13Ⅰ各号参照）については、保佐人の同意またはこれにかわる家庭裁判所の許可を要するので、被保佐人と保佐人との連名で取引を行 | 補佐監督人があるときは、その者、ないときは臨時保佐人を選任して行う。 | 保佐人またはその代表する者と被保佐人との利益が相反する行為については、保佐人は、臨時保佐人の選任を家庭裁判所に請求しなければならない。臨時保佐人選任の審判謄本により権限の内容を確認する。ただし、補佐監督人がある場合には不要（民876の2Ⅲ）。 |

| | | | | |
|---|---|---|---|---|
| | 人の同意にかわる許可があるときはその許可書<br>家庭裁判所により保佐人に特定の法律行為につき代理権が付与されているときはその審判書 | うか、もしくは家庭裁判所の許可書を得て被保佐人と取引する必要がある（民13）。なお、保佐人に代理権が付与された特定の法律行為の場合には、保佐人と取引する（民876の4Ⅰ）。<br>ただし、被保佐人の居住用不動産の処分・担保提供については、家庭裁判所の許可を要する（民876の3Ⅱ）。許可の審判謄本により確認する。<br>3　保佐人は、家庭裁判所によって選任されたものである（民876の2Ⅰ）。 | | |
| 4　被補助人 | 登記事項証明書<br>印鑑証明書<br>（家庭裁判所の審判により、補助人に代理権が付与されているときは不要） | 1　精神上の障害により事理を弁識する能力が不十分な者で、家庭裁判所により、補助審判の開始を受けた者は、被補助人となる（民15）。<br>2　被補助人に | 補助監督人があるときはその者、ないときは臨時補助人を選任して行う。 | 補助人またはその代表する者と被補助人との利益が相反する行為については、補助人は、臨時補助人の選任を家庭裁判所に請求しなければならない。臨時補助人選任の審判謄本に |

| | | | |
|---|---|---|---|
| 補助人の印鑑証明書（家庭裁判所の審判により同意権または代理権が付与されている場合。ただし、同意にかかわる家庭裁判所の許可があるときは不要）<br>家庭裁判所により補助人の同意にかかわる許可があるときはその許可書<br>家庭裁判所により補助人に特定の法律行為につき代理権が付与されているときは、その審判書 | とって重要な取引においては、補助人に同意権または代理権の一方または双方を付与することができる（民17Ⅰ）。補助人の同意を要する行為については、補助人の同意もしくはこれにかわる家庭裁判所の許可を要するので、被補助人と補助人の連名で取引を行うか、もしくは家庭裁判所の許可書を得て、被補助人と取引する必要がある（民17Ⅰ）。なお、補助人に代理権が付与された特定の法律行為の場合には、補助人と取引する。ただし、被補助人の居住用不動産の処分・担保提供については、家庭裁判所の許可を要する（民876の10）。許可の審判謄本により確認する。 | | より権限の内容を確認する。ただし、補助監督人がある場合には不要（民876の7Ⅲ）。 |

| | | | | | |
|---|---|---|---|---|---|
| | | 3　補助人は、家庭裁判所によって選任された者である（民876の7Ⅰ） | | | |
| b | 外国人 | 在留カード・特別永住者証明書・住民基本台帳カード（外国人登録済証）外国為替管理法その他の法律に基づく認可書等 | 1　中長期在留者には、在留カードが、特別永住者には、特別永住者証明書が、外国人住民には、住民基本台帳カードが交付されることとなっており、身許確認の必要があるときは、これをもって確認する。<br>　ただし、中長期在留者および特別永住者以外の者が所持する従来の外国人登録証明書は当分の間在留カードまたは特別永住者証明書とみなされる。<br>2　外国人との取引においては、法律・条約等の適用について注意を要する。<br>　イ　外国人の行為能力については、その本 | | |

国法（無国籍者については住所地法）で判断される。ただし、日本法によれば行為能力を有するときには、能力者とみなされる（法例3、4、5、27）。
ロ　外国人との日本国内での取引（各種の契約、手形行為等）の成立、効力、方式は、当事者の他の意思が明らかでない限り、日本法による（法例7、8）。
ハ　異法地域間の意思表示の効力は、発信地法による（法例9）
ニ　動産・不動産物権、登記すべき権利は、目的物の所在地法によって定まる（法例10）。
ホ　親族・相続関係について

| | | | | | |
|---|---|---|---|---|---|
| | | | | | は、当事者の本国法による（法例13～26） |
| II 会社<br>1 株式会社 | | 会社の履歴事項全部証明書、現在事項全部証明書、履歴事項一部証明書（役員区を含むもの）、現在事項一部証明書（役員区を含むもの）、当該代表者に係る代表者事項証明書<br>定款<br>代表取締役等の印鑑証明書<br>取締役会の議事録謄本 | 1 株式会社は、本店所在地において設立登記をして成立する。<br>2 代表者は、原則として代表取締役である。なお、委員会設置会社の代表は、原則として代表執行役である。<br>3 会社と取締役との間で競業し、または利益が相反する取引および重要な財産の処分、多額の借財、その他定款で決議が必要とされる行為については、株主総会または取締役会の承認の有無を確かめる。<br>4 届出された代表取締役の代理人の代理権は、代表取締役の交代があっても消滅しない。 | 取締役会の承認を得る。 | 1 取締役が会社の製品その他の財産を譲り受け、会社に対し、自己の製品その他の財産を譲渡し、会社より金銭の貸付を受け、その他自己または第三者のために会社と取引するときは株主総会または取締役会の承認を要する。<br>2 株主総会もしくは取締役会の議事録謄本または取締役会の承認のあったことを証する代表取締役の証明書の提出を求める。 |
| 2 特例有限会社 | | 会社の履歴事項全部証明書、現在 | 1 特例有限会社とは、有限会社法に基づいて設 | 株主総会の承認 | 取締役が自己または第三者のために会社と取引しよう |

〔資料〕　各種取引先の法的性格と代表者の資格一覧表

| | | 事項全部証明書、履歴事項一部証明書（役員区を含むもの）、現在事項一部証明書（役員区を含むもの）、当該代表者に係る代表者事項証明書　定款　代表取締役等の印鑑証明書 | 立されていた有限会社が、平成18年5月1日施行の会社法によって、会社法上の株式会社として取扱われているものをいう（整備法2Ⅰ）。<br>2　特例有限会社の取締役は原則として、各自が代表権を有するが、会社を代表すべき取締役が定められていると代表取締役のみが代表権を有する。<br>3　特例有限会社の業務は、定款に別段の定めのある場合を除き、取締役の過半数をもって決定されるが、代表取締役がいない場合には、基本的に、取締役は各自代表権を有するので、届出のある取締役と取引をすることで足りる。 | | とするとき、または会社が取締役の債務を保証すること、その他取締役以外の者との間において会社と取締役との利益が相反する取引をしようとするときは、株主総会の承認を要する。 |
| 3 | 合名会社 | 会社の履歴事項全部証明書、現在 | 1　合名会社とは、無限責任社員のみからなる | 利益が相反する社員を除く社員の | 業務執行社員が、自己または第三者のために会社と取 |

| | | | | | |
|---|---|---|---|---|---|
| | | 事項全部証明書、履歴事項一部証明書（社員区を含むもの）、現在事項一部証明書（社員区を含むもの）、当該代表者に係る代表者事項証明書<br>定款<br>代表社員等の印鑑証明書 | 会社をいう。<br>2　合名会社の社員は原則として各自が業務執行権を有し、会社を代表するが、業務執行社員のなかから代表社員を定めることができ、代表社員が定められると代表社員のみが代表権を有する。<br>3　社員が二人以上ある合名会社の業務は、定款に別段の定めのある場合を除き、社員の過半数をもって決定されるが、代表社員がいない場合には、社員は各自代表権を有するので、届出のある社員と取引をすることで足りる。 | 過半数の承認 | 引しようとするとき、または会社が業務執行社員の債務を保証することその他社員でない者との間において会社と当該執行社員との利益が相反する取引をしようとするときは、定款に別段の定めのある場合を除き当該社員を除く社員の過半数の承認を要する。 |
| 4 | 合資会社 | 会社の履歴事項全部証明書、現在事項全部証明書、履歴事項一部証明書（社員区を含むもの | 1　合資会社とは、無限責任社員と有限責任社員とからなる会社をいう。<br>2　合資会社の社員は原則として各自が業務執行 | 利益が相反する社員を除く社員の過半数の承認 | 業務執行社員が、自己または第三者のために会社と取引しようとするとき、または会社が業務執行社員の債務を保証することその他社員でない |

〔資料〕　各種取引先の法的性格と代表者の資格一覧表　441

| | | | | | |
|---|---|---|---|---|---|
| | | の）、現在事項一部証明書（社員区を含むもの）、当該代表者に係る代表者事項証明書　定款　代表社員等の印鑑証明書 | 権を有し、会社を代表するが、業務執行社員の中から代表社員を定めることができ、代表社員が定められると代表社員のみが代表権を有する。<br>3　合資会社の業務は、定款に別段の定めのある場合を除き、社員の過半数をもって決定されるが、代表社員がいない場合には、社員は代表権を有するので、届出のある社員と取引をすることで足りる。 | | 者との間において会社と当該執行社員との利益が相反する取引をしようとするときは、定款に別段の定めのある場合を除き当該社員を除く社員の過半数の承認を要する。 |
| 5 | 合同会社 | 会社の履歴事項全部証明書、現在事項全部証明書（社員区を含むもの）、現在事項一部証明書（社員区を含むもの）、当該代表者に係る代表者事 | 1　合同会社とは、有限責任社員のみからなる会社をいう。<br>2　合同会社の社員は原則として各自が業務執行権を有し、会社を代表するが、業務執行社員の中から代表社員を定めることができ、代表社員 | 利益が相反する社員を除く社員の過半数の承認 | 業務執行社員が、自己または第三者のために会社と取引しようとするとき、または会社が業務執行社員の債務を保証することその他社員でない者との間において会社と当該執行社員との利益が相反する取引をしようとするときは、定 |

| | | | | |
|---|---|---|---|---|
| | 項証明書<br>定款<br>代表社員等の印鑑証明書 | が定められると代表社員のみが代表権を有する。取引は代表社員と行う。<br>3　合同会社の業務は、定款に別段の定めのある場合を除き、社員の過半数をもって決定されるが、取引は代表社員との間で行う。 | | 款に別段の定めのある場合を除き当該社員を除く社員の過半数の承認を要する。 |
| 6　外国会社 | 会社の履歴事項全部証明書、現在事項全部証明書、履歴事項一部証明書（役員区または社員区を含むもの）、現在事項一部証明書（役員区または社員区を含むもの）、当該代表者に係る代表者事項証明書<br>定款<br>代表者の印鑑証明書(印鑑使用時)または領事 | 1　外国会社とは、外国の法令に準拠して設立された会社をいう。<br>2　日本において継続して取引するには、日本における代表者を定め、登記をしなければならない。<br>3　法律行為の準拠法等の注意点は、外国人の場合と同じ。 | | |

〔資料〕　各種取引先の法的性格と代表者の資格一覧表　443

| | | | | |
|---|---|---|---|---|
| | 館等発行のサイン証明書（印鑑不使用時） | | | |
| Ⅲ　一般社団法人、一般財団法人<br>1　一般社団法人 | 法人の履歴事項全部証明書、現在事項全部証明書、履歴事項一部証明書（役員区を含むもの）、現在事項一部証明書（役員区を含むもの）、当該代表者に係る代表者事項証明書<br>理事長等の印鑑証明書<br>定款「写」<br>社員総会議事録「写」<br>理事会議事録「写」（理事会設置一般社団法人の場合）<br>定款において内部的制限がある場合はその制限に従った内部手続を踏んでいる | 1　一般社団法人とは、一般社団法人および一般財団法人に関する法律に基づき、設立された社団法人をいう。<br>2　一般社団法人は、主たる事務所所在地において設立登記をして成立する。<br>3　代表者は原則として代表理事である。<br>4　取引の相手方は代表理事となる。 | 社員総会(理事会設置一般社団法人にあっては理事会）の承認 | 理事が自己または第三者のために一般社団法人と取引をしようとするとき、または一般社団法人が理事の債務を保証することその他理事以外の者との間において一般社団法人と当該理事との利益が相反する取引をしようとするときは、理事は社員総会（理事会設置一般社団法人にあっては理事会の承認を要する。 |

| | | | | |
|---|---|---|---|---|
| | ことの確認書類 | | | |
| 2 一般財団法人 | 法人の履歴事項全部証明書、現在事項全部証明書、履歴事項一部証明書（役員区を含むもの）、現在事項一部証明書（役員区を含むもの）、当該代表者に係る代表者事項証明書<br>理事長等の印鑑証明書<br>定款「写」<br>理事会議事録「写」<br>評議員会議事録「写」<br>定款において内部的制限がある場合はその制限に従った手続を踏んでいることの確認書類 | 1 一般財団法人とは、一般社団法人および一般財団法人に関する法律に基づき、設立された財団法人をいう。<br>2 一般財団法人は、主たる事務所所在地において設立登記をして成立する。<br>3 代表者は、原則として代表理事である。<br>4 取引の相手方は代表理事となる。 | 理事会の承認 | 理事が自己または第三者のために一般財団法人と取引をしようとするとき、または一般財団法人が理事の債務を保証することその他理事以外の者との間において一般財団法人と当該理事との利益が相反する取引をしようとするときは、理事は理事会の承認を得なければならない。 |
| 3 公益社団法人、公益財団法人 | 公益社団法人の場合は、一般社団法人、公益財 | | | |

| | | 団法人の場合は、一般財団法人に準じて取扱う。 | | | |
|---|---|---|---|---|---|
| 4 | 学校法人 | 法人の履歴事項全部証明書、履歴事項一部証明書（役員区を含むもの）、現在事項一部証明書（役員区を含むもの）、当該代表者に係る代表者事項証明書 理事長等の印鑑証明書 寄附行為 評議員会議議事録謄本 | 1　一定の資産を有する学校は、私立学校法の規定により、学校法人となることができる。主たる事務所の所在地において設立の登記をして成立する。<br>2　学校法人には、理事および理事長がいるが、理事は原則としてすべて代表権を有する。ただし、寄附行為でその代表権を制限することができることとなっている。一般的には、理事長のみが代表権を有するとする場合が多い。<br>3　学校法人は、教育に支障のない限り、その収益を学校経営に充てるため、収益事業を行うことができる。 | 学校法人特別代理人を選任して代表させる。 | 学校法人と理事との利益が相反する事項については、理事は、代理権を有しないとされており、この場合においては、所轄庁は利害関係人の請求によりまたは職権で、特別代理人を選任しなければならない。利益相反に該当する行為については特別代理人を相手に取引を行う。 |

| | | | | | |
|---|---|---|---|---|---|
| | | | 4 借入れ（当該会計年度内に償還する一時借入れを除く）および重要な資産の処分については、評議員会の意見または寄附行為で定める評議員会の議決を求めることを要するので、その議事録謄本提出を求める。 | | |
| 5 | 宗教法人 | 法人の履歴事項全部証明書、現在事項全部証明書、履歴事項一部証明書（役員区を含むもの）、現在事項一部証明書（役員区を含むもの）、当該代表者に係る代表者事項証明書<br>規則<br>代表役員の印鑑証明書<br>責任役員会議事録謄本 | 1 宗教団体は、宗教法人法によって法人となることができる。主たる事務所の所在地において設立の登記をして成立する。<br>2 宗教法人には、3人以上の責任役員を置き、そのなかの1人が代表役員となり、法人を代表する。<br>3 宗教法人は、本来の目的のほかに、公益事業および本来の目的に反しない限度で、公共事業以外の事業を行 | 仮代表役員を選任して代表させる。 | 代表役員は、宗教法人と利益が相反する事項については、代表権を有しない。この場合は、規則の定めるところにより、仮代表役員を選ばなければならない。 |

| | | | | | |
|---|---|---|---|---|---|
| | | | うことができる。<br>4　借入れ（当該会計年度内に償還する一時借入れを除く）および不動産の処分、担保笹入れについては、責任役員の定数の過半数の議決を経て、かつ、その実行には少なくとも1カ月前に信者その他の利害関係人に対し、その要旨を示めして公告をすることを要するので、責任役員会議議事録謄本の提出を求めるほか、公告の有無を確認する。 | | |
| 6 | 医療法人 | 法人の履歴事項全部証明書、現在事項全部証明書、履歴事項一部証明書（役員区を含むもの）、現在事項一部証明書（役員区を含むも | 1　病院または医師もしくは歯科医師が常時勤務する診療所または介護老人保健施設を開設しようとする社団または財団は、医療法の規定によって法人となることができる。主たる事務 | 特別代理人を選任して代表させる。 | 医療法人と理事との利益が相反する事項については、理事は、代理権を有しない。この場合、都道府県知事は、利害関係人の請求によりまたは職権で、特別代理人を選任しなければならない。利益相反に該当する行 |

| | | | | |
|---|---|---|---|---|
| | の）、当該代表者に係る代表者事項証明書<br>定款または寄附行為<br>理事長の印鑑証明書 | 所の所在地において設立の登記をして成立する。<br>2　理事のなかから理事長が選出され（都道府県知事の認可を受けて一人の理事を置く医療法人にあっては当該理事を理事長とみなす。）、医療法人を代表する。 | | 為についてはこの特別代理人を相手に取引を行う。 |
| 7　社会福祉法人 | 法人の履歴事項全部証明書、現在事項全部証明書、履歴事項一部証明書（役員区を含むもの）、現在事項一部証明書（役員区を含むもの）、当該代表者に係る代表者事項証明書<br>定款<br>理事の印鑑証明書<br>評議員会議議事録謄本 | 1　社会福祉事業を行うことを目的として、社会福祉法の定めるところによって設立された法人である。主たる事務所の所在地において設立の登記をして成立する。<br>2　社会福祉法人は、その経営する社会福祉事業に支障のない限り、公益事業またはその収益を社会福祉事業もしくは公益事業の経営に充てることを目的とする事業である収 | 特別代理人を選任して代表させる。 | 理事の行為が利益相反行為に該当するときは、所轄庁である厚生大臣、都道府県知事または市長（特別区の区長を含む。）は利害関係人の請求によりまたは職権で特別代理人を選任しなければならない。 |

| | | | | | |
|---|---|---|---|---|---|
| | | | 益事業を行うこともできる。<br>3　理事はすべて代表権を有している。ただし、定款をもって、その代表権を制限することもできる。この制限は登記される。<br>4　借入れ、保証、担保設定などの重要事項は定款をもって評議員会の議決を要するものと定めることができるので、この場合は、評議員会の議事録謄本の提出を求める。 | | |
| 8　特定非営利活動法人 | 法人の履歴事項全部証明書、現在事項全部証明書、履歴事項一部証明書（役員区を含むもの）、現在事項一部証明書（役員区を含むもの）、当該代表者に係る代表者事項証明書 | 1　特定非営利活動法人は、所轄庁の設立の認証を受け、主たる事務所の所在地において設立の登記をして成立する。<br>2　特定非営利活動法人は、その行う特定非営利活動に係る事業に支障がない限り、当該特定非営利活動に係る事業以外の事業 | 特別代理人を選任して代表させる。 | 理事の行為が利益相反行為に該当するときは、所轄庁は利害関係人の請求によりまたは職権で特別代理人を選任しなければならない。 |

| | 定款<br>理事の印鑑証明書 | を行うことができる。この場合において、利益を生じたときは、これを当該特定非営利活動に係る事業のために使用しなければならない。<br>3　理事はすべて代表権を有している。ただし、定款をもって、その代表権を制限することもできる。この制限は登記される。 | | |
|---|---|---|---|---|
| Ⅳ　公法人<br>1　普通および特別の地方公共団体（組合を含む） | 議会の議事録謄本 | 1　地方公共団体には、都道府県および市町村の普通地方公共団体と、特別区都の区、地方公共団体の組合一部事務組合、全部事務組合、役場事務組合その他の組合、財産区および地方開発事業団の特別地方公共団体とがあり、いずれも法人格を有する。<br>2　一般に地方公共団体を代表して法律行為をす | なし | 特別の規定なし |

〔資料〕　各種取引先の法的性格と代表者の資格一覧表　451

る権限は、都道府県知事、市区町村およびこれらの者の代理人としての副知事・助役が有している。もっとも、地方公共団体の会計事務およびその長または各種委員会の権限に属する事務の出納その他の会計事務の権限は、出納長（都道府県の場合）または収入役が有している。ただし、町村では条例で収入役の代わりに助役に兼任させることもできる。したがって、融資に当たっては、都道府県知事、市区町村長、管理者または代理人としての助役の署名のある証書、手形の提出を求め、貸出金の交付は出納長または収入役に対して行う。
3　地方公共団体は、特定の目的

| | | | | | |
|---|---|---|---|---|---|
| | | のため地方債を起債できる。起債については、従来は、総務大臣または都道府県知事の許可を要したが、現在は原則として、協議制となり、一定の地方公共団体に限り許可を要するものとなっている。 | | | |
| 2　地方公営企業 | 都道府県知事、市町村長による管理者の資格証明書および印鑑証明書 | 1　地方公営企業とは、地方公共団体の経営する企業の内、水道、軌道、自動車運送、鉄道、電気、ガスの各事業である。<br>2　地方公営企業は、地方公共団体の長が命ずる管理者がこれを代表する。ただし、管理者を置かず当該地方公共団体の長が代表することもできる。<br>3　地方公益企業の建設、改良等のために地方公共団体は、行政庁の許可なしに企業債を起債し | なし | 特別の規定なし | |

〔資料〕　各種取引先の法的性格と代表者の資格一覧表

| | | | | | |
|---|---|---|---|---|---|
| | | | うるが、地方公営企業自体は起債できない。<br>4　管理者は、予算内の支出をするため一時借入れをすることができる。また一年と限って、一時借入金の借換えができる。<br>5　地方公共企業の出納権限は管理者が有する。 | | |
| Ⅴ　法人格を有しない団体<br>1　民法上の組合 | 組合契約書<br>組合の決議録印鑑証明書添付<br>有力者の連帯保証書 | | 1　民法の規定に従い、各組合員が出資して共同事業を営むことを契約することによって成立するが、法人格はなく組合財産は各組合員の共有に属する(民667、668)。<br>2　組合の業務の執行は、各組合員の過半数の決議で行うが、あらかじめ執行者を定め、その者が組合員全員を代表して取引を行うことは可能である。その場合は、組合契約書その他委任関 | | |

| | | | | | |
|---|---|---|---|---|---|
| | | 係を示す組合員全員の署名ある書面または議事録等印鑑証明書添付による確認を要する(民670、671)。<br>3 組合員全員の署名を取ることが困難なときは、主たる組合員との取引とし、当該取引につき、個人保証または担保契約することで対応することも考えられる。 | | | |
| 2 | 匿名組合 | 組合契約書 | 1 匿名組合員が営業者の営業のために出資をなし利益分配を受ける契約により成立する(商法535条以下)。<br>2 組合員の出資は、営業者の財産に属するので、営業者そのものとの取引と考えること。<br>　匿名組合員はいっさい対外的責任を負わない。 | | |
| 3 | 権利能力なき社団 | 定款または規約 | 1 代表の方法、総会の運営、財 | | |

〔資料〕 各種取引先の法的性格と代表者の資格一覧表　455

| | | | | | | |
|---|---|---|---|---|---|---|
| | | | 産の管理等社団としての組織が規約その他によって確立しているが、実定法上法人格を取得していないものを、権利能力なき社団と呼び、社団法人の規定を類推適用することとされている。<br>2　代表者や代表者の権利制約の確認は、規約により代表者の選任方法・権利制約の有無を確かめ、総会議事録や役員会議議事録により、その具体的内容を確認する。<br>3　社団に対する融資は、社団の総有財産の範囲内でのみ履行責任を負い、社団構成員の固有の財産は、責任財産とならないので、代表者や社団の有力者の連帯保証をとるのが望ましい。 | | | |
| VI　地縁によ | | 規約 | 1　いわゆる自治 | | | |

| | | | | |
|---|---|---|---|---|
| る団体<br>　認可地縁団体 | | 会や町内会などの地縁による団体は、地方自治法により不動産または不動産に関する権利等を保有するため市町村長の認可を受けたときは、その規約の範囲内で権利義務を有する。<br>2　認可地縁団体の組織や行為には、社団法人に関する民法等の規定が読み替え準用されるため、取引は規約とそれらの規定による。 | | |

取引の相手方と金融実務【改訂版】

平成25年5月9日　第1刷発行
（平成14年10月16日　初版発行）

監修者　吉　原　省　三
発行者　倉　田　　　勲
印刷所　図書印刷株式会社

〒160-8520　東京都新宿区南元町19
発　行　所　一般社団法人 金融財政事情研究会
　　　　　　編集部　TEL 03（3355）2251　FAX 03（3357）7416
販　　売　株式会社きんざい
　　　　　　販売受付　TEL 03（3358）2891　FAX 03（3358）0037
　　　　　　URL http://www.kinzai.jp/

・本書の内容の一部あるいは全部を無断で複写・複製・転訳載すること、および磁気または光記録媒体、コンピュータネットワーク上等へ入力することは、法律で認められた場合を除き、著作者および出版社の権利の侵害となります。
・落丁・乱丁本はお取替えいたします。定価はカバーに表示してあります。

ISBN978-4-322-12135-3